Johannes Zimmermann

Von der Gemeinschaft zur Gemeinde

Wege zu mehr Eigenständigkeit in der Gemeinschaftsbewegung

Eine praktisch-theologische Erkundungstour

BRUNNEN
Verlag GmbH · Giessen

2. Auflage 2026

Brunnen Verlag GmbH
Gottlieb-Daimler-Str. 22, 35398 Gießen
info@brunnen-verlag.de
www.brunnen-verlag.de
Umschlaggestaltung: Jonathan Maul
Druck: CPI books GmbH, Leck
ISBN: 978-3-7655-9584-4
ISBN E-Book: 978-3-7655-7729-1

Inhalt

Geleitwort von Steffen Kern

Es ist Zeit für neue Wege

Das Christentum in Europa erlebt eine Zeitenwende. Der Wandel hat historische Ausmaße. Volkskirchliche Strukturen schmelzen dahin wie die Gletscher in den Alpen. Die Bindekraft der Kirchen schwindet. Zugleich haben sich in der Gemeinschaftsbewegung neue Identitäten entwickelt. Eigenständigkeit und Selbstbewusstsein sind gewachsen. In den letzten 30 Jahren haben sich eigene Gottesdienste und neue Formen des hauptamtlichen wie ehrenamtlichen Dienstes etabliert. Dazu eine Vielfalt neuer Formate von Gemeinschaften und Gemeinden, die in je eigener Weise ihre evangelistische, diakonische und missionale Existenz leben. Zunehmend gerät die gesellschaftliche Relevanz christlicher Gemeinschaft in ihrem jeweiligen kommunalen Kontext in den Blick; Sozialraumorientierung und Quartiersentwicklung gewinnen an Bedeutung. Fest steht: Kirche und Gemeinschaftsbewegung haben sich dramatisch verändert und tun dies noch. Beide begegnen sich als je eigene und zugleich miteinander verwobene Größen zunehmend auf Augenhöhe – das sollten sie zumindest, wenn beide ihrem jeweiligen Gegenüber gerecht werden wollen und dem, was in jüngerer Zeit geworden ist und in nächster Zeit noch werden kann.

Auf Augenhöhe: Freiheit und Zugehörigkeit

Klar ist jedenfalls: Wer verstehen will, was Gemeinschaften heute bewegt, muss dieses Buch lesen. Johannes Zimmermann zeichnet wesentliche Entwicklungen nach, reflektiert sie theologisch fundiert und eröffnet Perspektiven für neue Wege. Dabei wird auch deutlich: Freiheit und Verbundenheit, Mitgliedschaft und Zugehörigkeit, Kasualpraxis und Rechtsformen müssen in Kirche und Gemeinschaft stets neu bedacht, beschrieben und geordnet werden. Für die Gliedkirchen der EKD wie für die Mitglieder der Gemeinschaftsbewegung ist die Aufgabe von grundlegender Bedeutung. Beide brauchen einander und dienen einander zum Segen. Die Mitgliedswerke des Gnadauer Verbandes, dem Dachverband der Gemeinschaftsbewegung im deutschsprachigen Raum, sind an 2.400 Orten tätig. Das zeigt eine jüngst erhobene Statistik. Etwa 40.000 Ehrenamtliche und 7.000 Hauptamtliche engagieren sich. Sie erreichen durch Gemeindeveranstaltungen rund 250.000 Menschen. Zählt man die Angebote offener Arbeiten in Kultur, Bildung, Diakonie, Medien, Freizeit- und Gästebetrieb dazu, mag sich die Zahl der erreichten Personen noch einmal verdoppeln. Die größte freie Bewegung im Raum der EKD hat an Eigenständigkeit gewonnen und braucht zugleich eine verlässliche Form der Zugehörigkeit zur Kirche. Denn: Wer einer Gnadauer Arbeit begegnet, begegnet einer freien Form Evangelischer Kirche.

Präses Steffen Kern,
Evangelischer Gnadauer Gemeinschaftsverband e.V.

Geleitwort von Michael Herbst

Dieses Buch kommt genau zur richtigen Zeit. Während die großen Umwälzungen und Reformprozesse der evangelischen Landeskirchen in sehr vielen Aufsätzen und Büchern (auch von Johannes Zimmermann) kundig diskutiert wurden, fehlte bislang eine präzise Beobachtung der Veränderungen, die sich im Verlauf der letzten Jahrzehnte auch in den landeskirchlichen Gemeinschaften ereignet haben. Grob gesagt trifft der Titel des vorliegenden Buches den Nagel auf den Kopf! Denn die bedeutsamste Veränderung der meisten Gemeinschaften betrifft ihr Selbstverständnis – und in der Folge auch die Art und Weise, das eigene Gemeinschaftsleben zu gestalten. Aus ‚Gemeinschaften', die das Leben der Kirchengemeinden ergänzen, wurden immer öfter (vollständige) Gemeinden, die auf Augenhöhe mit den jeweiligen Kirchengemeinden in ihrem Umfeld agieren – oder sagen wir vorsichtiger: agieren wollen. Johannes Zimmermann, der in ‚beiden Welten' zu Hause ist, beschreibt die Veränderungen, deren Wirkungen, auch Problemlagen und Konflikte. Das allein lohnt die Lektüre. Noch gewichtiger aber ist das Plädoyer für einen eigenen Weg, der das Gemeinde-Sein der Gemeinschaften bejaht, aber nicht einfach Kirchengemeinden kopiert, sondern die ‚Gabe der eigenen Tradition' für die neue Gestalt von Gemeinschaftsgemeinden fruchtbar macht. Wer immer in Kirche und Gemeinschaftsbewegung mit diesen Themen befasst ist (oder sich schlicht dafür interessiert), sollte unbedingt zu diesem Buch greifen!

Prof. Dr. Michael Herbst

Vorwort

„Gemeinde“ ist das Thema, das mich seit vielen Jahren in der Praktischen Theologie begleitet. Als ich 2017 an die Evangelische Hochschule Tabor in Marburg an der Lahn kam, merkte ich rasch, dass „Gemeinde“ und „Gemeindeaufbau“ innerhalb der Gemeinschaftsbewegung anders aussehen als im Bereich der landeskirchlichen Ortsgemeinden. Viele „Gemeinschaften“ sind in den zurückliegenden Jahren zu „Gemeinden“ geworden. Die damit verbundenen Entwicklungen haben mich neugierig gemacht und führten dazu, einen Schwerpunkt meiner praktisch-theologischen Forschungen in diesem Feld anzusiedeln. Das war verbunden mit einer spannenden Entdeckungsreise, zumal es dazu bisher kaum Forschungsbeiträge gibt. Was vor allem fehlt, ist eine zusammenhängende Darstellung der Entwicklung unter praktisch-theologischer Perspektive. Diese Lücke versucht der vorliegende Band zu schließen.

Viele zeigten Interesse an diesem Projekt, in der Schlussphase bekam es eine bis dahin nicht geahnte Aktualität, konkret durch die Frage, ob die Rechtsform der „Körperschaft des öffentlichen Rechts“ für landeskirchliche Gemeinschaften bzw. Gemeinschaftsverbände und ihren Auftrag eine geeignete Rechtsform darstellt. Ich habe diese Diskussion im zweiten Teil des Buches integriert[1].

Zu danken habe ich vielen, die mich bei diesem Projekt unterstützt haben: durch Gespräche und Rückmeldungen, durch Reaktionen und Kommentare zum Manuskript. Die Kolleginnen und Kollegen an der Evangelischen Hochschule Tabor haben das Projekt mit Interesse begleitet, vor allem Prof. Dr. Norbert Schmidt und Prof. Dr. Frank Lüdke. Theo Schneider (Wittenberg) und Dr. Christoph Morgner (Garbsen) waren aufgrund ihrer langjährigen Leitungserfahrung im Gnadauer Verband wichtige Gesprächspartner. Eine wichtige Plattform für den Austausch waren die jährlichen „Pia-Desideria-Heute-Gespräche“ in Hofgeismar mit Vertretern von Landeskirche und Gemeinschaftsverbänden. Stellvertretend für weitere, die das Manuskript gelesen oder mit in Gesprächen Anregungen gegeben haben, nenne ich Dr. Klaus vom Orde (Halle). Lydia Fehmel hat als studentische Hilfskraft Korrekturarbeiten durchgeführt. Für die Zusammenarbeit beim Brunnen-Verlag danke ich Uwe Bertelmann. Für großzügige Beiträge zu den Druckkosten danke ich der Evangelischen Landeskirche in

[1] Ich danke Martin Siehler, Inspektor des Liebenzeller Gemeinschaftsverbandes (LGV) und Prof. Dr. Michael Herbst dafür, dass Sie mir ein vom LGV in Auftrag gegebenes Gutachten zur Verfügung gestellt und erlaubt haben, daraus zu zitieren (Herbst/Kammerer/Penßel, „Soll der Liebenzeller Gemeinschaftsverband KdöR werden?“ einschließlich des Nachtrags).

Württemberg, der Union evangelischer Kirchen (UEK) und der Evangelischen Kirche in Deutschland (EKD) sowie dem Gnadauer Verband.

Objektivität zu beanspruchen, wäre vermessen, aber ich versuche, in der Darstellung beiden Seiten gerecht zu werden. Meine Absicht ist es, mit diesem Buch durch Darstellungen und Analysen, durch theologische Erörterungen und das Aufzeigen von Handlungsoptionen einen Beitrag zum weiteren Miteinander der im Gnadauer Verband zusammengeschlossenen Gemeinschaften und der Evangelischen Landeskirchen mit ihren Kirchengemeinden zu leisten.

Vaihingen an der Enz, in der Osterzeit 2023
Johannes Zimmermann

Teil I:

Von der Gemeinschaft zur Gemeinde

1. Einführung

1.1 Zwei Beispiele

Beispiel A: Am Sonntag Vormittag nehmen Susanne und Hans am Gottesdienst der örtlichen landeskirchlichen Kirchengemeinde teil. Am Sonntag Abend sind sie in der „Gemeinschaft" zu finden, die sich als Teil der Kirchengemeinde versteht. Die „Gemeinschaft" versammelt sich in einem eigenen Gebäude. Dort findet unter der Woche auch die Kinder und Jugendarbeit statt, die dem EC-Verband (Jugendverband Entschieden für Christus) angegliedert ist[1]. Der EC für hat die Kinder- und Jugendarbeit im Auftrag der Kirchengemeinde durch. Susanne ist im Vorstand der „Gemeinschaft" und zugleich im Kirchenvorstand der landeskirchlichen Gemeinde; Hans leitet den Posaunenchor der Kirchengemeinde.

Beispiel B: Wenn Sonntag ist, sind Sabine und Jörg im Gottesdienst der „Evangelischen Gemeinschaft", einer landeskirchlichen Gemeinschaft. Der Gottesdienst findet abwechselnd vormittags und am frühen Abend im Haus der Gemeinschaft statt. Meist predigt der Gemeinschaftspastor, aber immer wieder übernehmen auch engagierte Mitarbeiterinnen und Mitarbeiter die Predigtdienste. Auch hier gibt es eine Kinder- und Jugendarbeit des EC. Sabine leitet das Lobpreisteam, Jörg ist im Gemeindevorstand. Beide sind Mitglieder der Evangelischen Kirche, haben aber nur wenig Beziehungen zur örtlichen Gemeinde. Sie betrachten die „Gemeinschaft" als „ihre" Gemeinde.

Die beiden Beispiele sind fiktiv, bilden aber reale Gegebenheiten ab. Beide beziehen sich auf sog. „landeskirchliche Gemeinschaften" innerhalb des Gnadauer Verbandes. Beide Gemeinschaften arbeiten eigenständig innerhalb der evangelischen Landeskirchen. Wie die Beispiele zeigen, können dabei die Arbeit der Gemeinschaft und die Beziehung zur örtlichen Kirchengemeinde sehr unterschiedlich aussehen.

Man kann darin zwei unterschiedliche Ausprägungen der Arbeit innerhalb der Gemeinschaftsbewegung sehen, die nebeneinanderstehen. Was aber geschieht, wenn eine Gemeinschaft den Weg von A nach B geht? Genau das ist seit den 1970er-Jahren eine zunehmende Tendenz. Landeskirchliche Gemeinschaften gehen den Weg „von der Gemeinschaft zur

[1] Der EC ist der größte dem Gnadauer Verband angeschlossene Jugendverband, s. EC, Entschieden für Christus Deutschland.

Gemeinde". Das bedeutet, dass aus landeskirchlichen Gemeinschaften – häufig als Teil einer Kirchengemeinde – eigenständige Gemeinden werden. Dieser Weg bringt Veränderungen in vielen Bereichen mit sich: Aus der „Gemeinschaftsstunde" wird der Gottesdienst, aus den Predigern werden (Gemeinschafts-)Pastorinnen und Pastoren, die in ihren Gemeinden Kasualien (Taufen, Konfirmation, Trauung, Bestattung) übernehmen.

Der Weg in die Eigenständigkeit umfasst bewusst angestrebte Veränderungen ebenso wie unbeabsichtigte „Nebenwirkungen". In diesem Band sollen diese Veränderungen unter praktisch-theologischer Perspektive dargestellt und reflektiert werden.

Zunächst werden die Thematik und die Gemeinschaftsbewegung kurz vorgestellt. Das dient auch dazu, Leserinnen und Leser, denen dieses Umfeld bisher wenig vertraut war, die nötigen Grundlagen zum Verständnis der weiteren Teile zu vermitteln.

Der erste Hauptteil wird sich dann den einzelnen Bereichen zuwenden, die von den Veränderungen betroffen sind: Der Weg zum eigenen Gottesdienst (Kap. 2) und die Veränderungen für Hauptamtliche in der Gemeinschaftsbewegung (Kap. 3). Weiter geht es um den „bleibenden Auftrag" der Evangelisation (Kap. 4), um die Kasualien (Kap. 5), um das Thema „öffentliche Präsenz" (Kap. 6), um die Mitgliedschaft in Gemeinschaft und Landeskirche (Kap. 7), und schließlich um einen Vergleich landeskirchlicher Gemeinschaften mit landes- und freikirchlichen Gemeinden (Kap. 8).

Der zweite Hauptteil vertieft die „Kirchenfrage" (Kap. 9-13). Es geht um Motive und Faktoren, die hinter dem Weg „von der Gemeinschaft zur Gemeinde" stehen (Kap. 9-10), um ekklesiologische Fragen und Themen (Kap. 11), um das Ideal einer „biblischen Gemeinde" (Kap. 12) – und schließlich um „Innerkirchlichkeit als Gabe und Aufgabe" (Kap. 13).

1.2 Eine Gemeinschaft wird Gemeinde

Um eine Vorstellung von der Entwicklung zu bekommen, die im Fokus dieses Bandes stehen wird, skizziere ich idealtypisch die Entwicklung „von der Gemeinschaft zur Gemeinde", wie sie seit den 1970er-Jahren in der Gemeinschaftsbewegung vonstattenging. „Gemeindewerdung"[2] können wir uns etwa so vorstellen: Die Gemeinschaft bestand aus der Gemeinschaftsstunde am Sonntagabend oder unter der Woche. Daneben gab es den EC-Jugendbund und einige Angebote für Kinder, vielleicht noch einen Chor. Die Verbindungen von Jugendbund und Gemeinschaft konnten sehr

[2] Nach mündlichen Berichten v. a. von Norbert Schmidt und Günther Hopp.

eng, aber auch eher lose sein. Vor allem im letzteren Fall konnte sich der Übergang schwierig gestalten, wenn die Mitglieder des Jugendbundes älter wurden. Mancherorts gab es einen Kreis junger Erwachsener, aber der Übergang zur Gemeinschaft war keineswegs ein Automatismus. Die Grenzen einer solchen Konstellation wurden vor allem dann erkennbar, wenn ein junges Paar aus dem EC heiratete: Für die Trauung zuständig war das örtliche Pfarramt, zu dem kaum Beziehungen bestanden. Wurde aus dem Paar eine Familie, war die Struktur der Gemeinschaft mit der abendlichen Gemeinschaftsstunde dafür nicht ideal – kein Wunder, dass manche junge Familie sich anderweitig orientierte. Oft führte der Weg in eine Freikirche, bisweilen auch in eine landeskirchliche Gemeinde. Der Weg von der Gemeinschaft zur eigenständigen Gemeinde mit Gottesdiensten und Angeboten für Kinder am Sonntagvormittag machte hier andere Entwicklungen möglich und war vor allem im städtischen Bereich nicht selten mit Wachstumsdynamiken verbunden. Solche Geschichten stehen für ein pragmatisches Vorgehen, das von der Situation vor Ort und ihren Herausforderungen ausging.

Die ersten und grundlegenden Merkmale der Gemeindewerdung waren in der Anfangszeit neben der neuen Selbstbezeichnung „Gemeinde" die Umbenennung der Gemeinschaftsstunde in „Gottesdienst". Nach und nach wurden Gottesdienste auf den Sonntagvormittag verlegt, in der Stadt eher als auf dem Land. Weitere Merkmale sind die eigenständige Durchführung von Kasualien und die Umbenennung des Predigers in „(Gemeinschafts-)Pastor". Nicht immer erfolgten alle Schritte, nicht immer erfolgten sie zeitgleich.

Initiativ beim Prozess der Gemeindewerdung ist in der Regel die landeskirchliche Gemeinschaft. Aus dem Selbstverständnis als innerkirchliche Gemeinschaft stellt sich daher die Frage, wie sich dabei die Eigenständigkeit und die Zugehörigkeit zur Landeskirche zueinander verhalten. Damit verbunden ist die Frage nach Vereinbarungen und Absprachen. Das betrifft insbesondere diejenigen Bereiche, die bis dahin ausschließlich in die Zuständigkeit der landeskirchlichen Gemeinde fielen, vor allem der Gottesdienst am Sonntagvormittag und die Kasualien. „Darf" eine Gemeinschaft das einfach machen? Kann die Landeskirche das verhindern?

Der Weg zum eigenen Gottesdienst konnte in Konsens und Absprache mit der Landeskirche erfolgen. Ellen Eckstein berichtet von Gesprächen „mit der Leitung der Kirche nebenan", die sehr offen reagierte: „Sie erreichen ganz andere Leute als wir." Fazit: „Auch nachdem wir unsere eigenen Gottesdienste feierten, blieb das Verhältnis gut"[3]. Weitere Beispiele dazu

---

[3] Ellen Eckstein, Von der Gemeinschaftsstunde zum Gemeinschaftsgottesdienst, 85.

kenne ich aus dem Altpietistischen Gemeinschaftsverband in Württemberg, wo die Verbundenheit etwa dadurch zum Ausdruck kommt, dass beim Eröffnungsgottesdienst der neuen Gemeinde ein Vertreter der Kirchenleitung (ein Prälat oder zumindest ein Dekan/eine Dekanin) anwesend ist und ein Grußwort spricht. Aber genauso konnten und können Konflikte der Auslöser für die Gemeindewerdung sein: Die Verlegung des Gottesdienstes auf den Sonntagmorgen erfolgte ohne Absprache konnte und wurde als Affront gegen die Landeskirche verstanden. An manchen Orten war das Verhältnis zwischen Gemeinschaft und Landeskirche immer schon angespannt, teilweise begegnete die Landeskirche dem mehrfach vorgetragenen Wunsch nach größerer Eigenständigkeit mit einer Blockadehaltung. Irgendwann waren die Verantwortlichen der Gemeinschaft die ständigen Reibereien leid und gingen ihren eigenen Weg.

Ein Beispiel für Stationen auf dem Weg in zunehmende Eigenständigkeit sind Notizen zur neueren Geschichte des landeskirchlichen Gemeinschaft Pfuhl bei Neu-Ulm[4]: „2000er. Viel Veränderung bringt das neue Jahrtausend. Ein erster hauptamtlicher Pastor wird 2007 angestellt. 2010 erfolgt der Umzug ins neue Gemeindezentrum, 2013 der Anschluss an den Süddeutschen Gemeinschaftsverband und 2017 wird ein Jugendpastor angestellt". – Der Weg zum eigenen Gottesdienst wird hier nicht genannt, ist aber Teil dieser Entwicklung.

Schon die bisherige Darstellung lässt erahnen, dass die Gründe für den Weg von der Gemeinschaft zur Gemeinde vielfältig sein konnten: Auf der einen Seite kann die Erfahrung stehen, dass dieser Weg in bestimmten Situationen die Gemeinschaftsarbeit voranbringt. Negativ können es Konflikte mit der Landeskirche oder der örtlichen Gemeinde sein; Innerkirchlichkeit wird hier als Korsett und Einschränkung der eigenen Arbeit wahrgenommen. Positiv kann es die Erfahrung oder die Aussicht darauf sein, dass die Eigenständigkeit förderlich für den Auftrag der Gemeinschaft ist und neue missionarische Möglichkeiten eröffnet.

Wo bisher die Zusammenarbeit mit der örtlichen Kirchengemeinde eng war, kann die Eigenständigkeit für die landeskirchliche Gemeinschaft dort bedeuten, dass die Mitarbeit und Mitwirkung etwa in der Jugendarbeit und Gemeindeleitung reduziert werden bzw. dass grundsätzlich die wechselseitigen Beziehungen neugestaltet werden müssen.

Theologische und strukturelle Fragen verbinden sich mit dem „Faktor Mensch" zu einem kaum entwirrbaren Knäuel von Motiven und Faktoren, die im zweiten Teil zur „Kirchenfrage" näher in den Blick kommen sollen.

---

[4] Landeskirchliche Gemeinschaft Pfuhl, 100 Jahre Heimat & Zukunft, 10; vgl. Landeskirchliche Gemeinschaft Pfuhl, Homepage.

1.3 Das Vorhaben

„Von der Gemeinschaft zur (Gemeinschafts-)Gemeinde“: Um die mit diesen Worten beschriebene Entwicklung und die damit verbundenen Veränderungen insbesondere seit den 1970er-Jahren wird es im Folgenden gehen. In den Blick kommen dabei sowohl Veränderungen innerhalb der Gemeinschaftsbewegung und den dazu gehörenden Gemeinschaften als auch Veränderungen im Verhältnis zu den Landeskirchen bzw. Ortsgemeinden.

„Von der Gemeinschaft zur Gemeinde“ ist nicht nur eine Beschreibung, sondern auch eine These. Die Darstellung ist von der These geleitet, dass es sich bei dieser Entwicklung um einen der größten, wenn nicht sogar den größten Umbruch in der Geschichte der Gemeinschaftsbewegung handelt.

Dabei ist es wichtig, gleich vorneweg festzuhalten, dass die Situation und die Entwicklung örtlich und regional sehr unterschiedlich sein konnte und sein kann. Nicht alle Gemeinschaften waren an den Entwicklungen beteiligt und nicht alle Beteiligten waren dies in gleichem Ausmaß. Die Gemeinschaftsbewegung ist in dieser Hinsicht bis heute durch eine „Gleichzeitigkeit des Ungleichzeitigen“ gekennzeichnet. Manche, die nur eine örtliche Situation mit einer bestimmten Konstellation aus eigener Erfahrung kennen, werden erstaunt sein, welche Vielfalt und Unterschiedlichkeit innerhalb des landeskirchlichen Pietismus zu finden ist. In diesem Band geht es jedoch nicht darum, die Vielfalt von Formen und Ausprägungen der Gemeinschaftsarbeit zu kartografieren. Durch die beiden Pole „Gemeinschaft“ und „Gemeinde“ kommt gleichwohl die Gemeinschaftsbewegung in ihrer Breite in den Blick.

Die Entwicklung „von der Gemeinschaft zur Gemeinde“ ist seit einigen Jahrzehnten im Gange und geht auch in der Gegenwart weiter. Gingen anfangs manche Wogen hoch und sorgten für Aufregung, so haben sich einige davon mittlerweile geglättet. Das bedeutet keinen Stillstand, nach wie vor wirken Dynamiken weiter, aber vieles verläuft in einem ruhigeren Fahrwasser. Daher ist es Zeit für eine Zwischenbilanz und die praktisch-theologische Reflexion: Was sind die Entwicklungen und Faktoren, die zu diesen Veränderungen geführt haben? Welche Motive bewegten und bewegen die Akteure? Welche Chancen und welche Gefährdungen sind damit verbunden? Was sind die Folgen und Auswirkungen – einschließlich unbeabsichtigter „Nebenwirkungen“? Welche Handlungsperspektiven werden dadurch eröffnet?

Ich gehe diese Fragen als praktischer Theologe an und weniger als Historiker. Gleichwohl wird immer wieder ein Blick in die Geschichte nötig sein, um die gegenwärtige Situation in ihrem Gewordensein verstehen zu können. Leitend ist dabei für mich nicht, die Geschichte in ihren vielfältigen Facetten darzustellen. Mein Interesse besteht vielmehr darin, durch das Nachzeichnen von Entwicklungen einen Beitrag dazu zu leisten, in der Gegenwart Verantwortung übernehmen zu können.

Am Anfang stehen dabei Wahrnehmungen und Beobachtungen mit dem Bemühen, Hintergründe, Entwicklungen und Beweggründe zu verstehen und zu interpretieren. Als praktisch-theologischer Beitrag zum Weg der Gemeinschaftsbewegung soll dieses Buch über eine Darstellung und Bestandsaufnahme hinaus eine theologische Kriterien- und Urteilsbildung einschließen und Handlungsoptionen aufzeigen.

Dabei gab und gibt es innerhalb der Gemeinschaftsbewegung (von extern vertretenen Positionen ganz zu schweigen) unterschiedliche Positionen, insbesondere zur „Kirchenfrage". Mein Ziel ist es, diese so darzustellen, dass die Betroffenen sich darin wiederfinden können und dass dadurch zugleich eine theologische Urteilsbildung ermöglicht und gefördert wird. Das schließt nicht aus, dass ich selbst Position beziehe, aber mein Ziel ist es, dass alle Leserinnen und Leser dieses Buches unabhängig von ihrer jeweiligen Position von diesem Buch profitieren: Haupt- und Ehrenamtliche in den unterschiedlichen Teilen der Gemeinschaftsbewegung ebenso wie Betrachter von „außen" in Landeskirchen und Freikirchen, praktisch-theologische Kolleginnen und Kollegen und alle, die an der Thematik Interesse haben.

Als *Quellen* dienen dabei die vorhandene Literatur zur Geschichte und Gegenwart der Gemeinschaftsbewegung; außerdem „Kleinschriften", Quellen im Internet, persönliche Erfahrungen und Gespräche mit Personen aus der Gemeinschaftsbewegung, darunter auch solche, die in leitenden Positionen stehen oder standen. Mehrfach habe ich meine Beobachtungen und Interpretationen zusammengestellt und zur Diskussion gestellt bzw. andere um ihre Einschätzung gebeten.

Ich verstehe das als ersten Beitrag, der auf eine Weiterführung zielt, wünschenswert wären insbesondere empirische Beiträge mit sozialwissenschaftlicher Methodik.

An dieser Stelle einige Worte zu meiner Person: Ich kenne die Gemeinschaftsbewegung aus unterschiedlichen biographischen Perspektiven: Aufgewachsen bin ich im württembergischen Altpietismus, die Zusammengehörigkeit von „Gemeinschaft" und landeskirchlicher Gemeinde habe ich vom Elternhaus und der Heimatgemeinde auf der Schwäbischen Alb her als selbstverständlich erlebt. Geprägt haben mich sowohl die landeskirchliche Jugendarbeit am Ort als auch überregionale Bibelseminare und Angebote des altpietistischen Gemeinschaftsverbandes, die zugleich eine wichtige Grundlage für das Theologiestudium wurden.

Mein weiterer Weg führte mich über das Studium der evangelischen Theologie in den kirchlichen Dienst und ins Pfarramt in Württemberg; außerdem war ich viele Jahre in Forschung und Lehre tätig. In dieser Zeit war ich eher Beobachter von außen, auch wenn ich immer wieder Berührungen und Begegnungen mit der Gemeinschaftsbewegung hatte.

Von 2017–2023 war ich als Professor für Praktische Theologie an der Evangelischen Hochschule Tabor in Marburg an der Lahn, einer vom Neupietismus geprägten Ausbildungsstätte, die mir nochmals neue Erfahrungen, Begegnungen und Perspektiven innerhalb der Gemeinschaftsbewegung vermittelte. Seit Frühjahr 2023 bin ich Dekan im Kirchenbezirk Vaihingen-Ditzingen (Evangelische Landeskirche in Württemberg).

Insgesamt ist mir dadurch eine weite Bandbreite des Gnadauer Verbandes aus eigener Erfahrung vertraut. Ich schreibe einerseits als Beobachter, der darstellen und beschreiben will. Auf der anderen Seite bin ich nicht „neutral" in dem Sinne, dass ich indifferent im Blick auf die weitere Entwicklung der Gemeinschaftsbewegung wäre. Als einer, der selbst darin involviert ist, der beide Seiten kennt und sich mit beiden Seiten und ihren Anliegen verbunden weiß, liegt mir der weitere Weg am Herzen; für mich ist Innerkirchlichkeit nicht nur eine Zustandsbeschreibung, sondern eine Gabe und zugleich Aufgabe der Gemeinschaftsbewegung[5].

1.4 Die Gemeinschaftsbewegung

Immer wieder führte es bei Studierenden zu Aha-Erlebnissen, wenn wir im Unterricht an der Evangelischen Hochschule Tabor über landeskirchliche Gemeinschaften, die Gemeinschaftsbewegung und den Gnadauer Verband sprachen. Studierende lernten ihre gemeindliche Herkunft zu verstehen, immer wieder auch ihre doppelte Verwurzelung in Gemeinschaftsbewegung und Kirche. Oder ihre bisherige Überzeugung, aus einer Freikirche zu kommen, erweiterte sich zur Erkenntnis, dass es sich bei der vermeintlichen Freikirche um eine landeskirchliche Gemeinschaft handelt, die in ihrer Selbstbezeichnung „Gemeinschaft" durch „Gemeinde" ersetzt hatte.

Die Gemeinschaftsbewegung stellt ein Unikum in der deutschen Kirchenlandschaft dar, und Außenstehende brauchen oft einige Zeit, um ihre Besonderheit zu verstehen: innerhalb der Landeskirchen, aber eigenständig, auf der anderen Seite aber auch keine Freikirche. Dieses Unikum wird zunächst kurz skizziert, im weiteren Verlauf des Bandes erfolgen „Tiefenbohrungen".

---

[5] S. u. Kap. 13.

Die Gemeinschaftsbewegung kann als „organisatorische Gestaltung pietistischer Frömmigkeit"[6] gesehen werden, die sich seit den 1880er-Jahren formiert hat. Eine Besonderheit besteht darin, dass es sich um eine „prinzipiell innerkirchliche Reformbewegung"[7] handelt.

a) Als ihren spezifischen Auftrag versteht die Gemeinschaftsbewegung seit ihren Ursprüngen die beiden Anliegen von „Evangelisation und Gemeinschaftspflege": auf der einen Seite die zum Glauben rufende und auf eine „Entscheidung" zielende Verkündigung des Evangeliums, auf der anderen das gemeinschaftliche Leben als Christen, bei dem im Vordergrund die Auslegung der Bibel und die Praxis des allgemeinen Priestertums stehen, verbunden mit der Ausbildung eigener Versammlungsformen und der Selbstbezeichnung „Gemeinschaft".
b) „In der Kirche, soweit möglich mit der Kirche, aber nicht unter der Kirche"[8]: Dieses auf Theodor Christlieb zurückgeführte, aber bei diesem nicht nachweisbare Diktum bringt das Selbstverständnis der Gemeinschaftsbewegung zum Ausdruck: Der Ausgangspunkt ist die Innerkirchlichkeit; auf dieser Grundlage arbeitet die Gemeinschaftsbewegung „soweit möglich mit der Kirche", eine möglichst enge Zusammenarbeit wird angestrebt, die eigene Arbeit wird als Teil des kirchlichen Auftrags verstanden. Die konkrete Durchführung soll „nicht unter der Kirche", in organisatorischer Hinsicht eigenständig und in eigener Verantwortung und damit unabhängig von kirchlichen Finanzen und inhaltlichen Vorgaben erfolgen.
c) Was nach außen hin für manche als monolithischer Block erscheinen mag, ist ein höchst vielfältiges Gebilde. Auf der einen Seite gibt es einen starken Zusammenhalt und eine Identität der „Gnadauer". Zugleich gibt es unterschiedliche Arbeitsformen und Prägungen, die auch mit inhaltlichen und theologischen Differenzen verbunden sind. Der Verband stellt sich selbst so dar[9]:

> „Der Evangelische Gnadauer Gemeinschaftsverband HEUTE:
> Der Evangelische Gnadauer Gemeinschaftsverband ist die Dachorganisation der landeskirchlichen Gemeinschaftsbewegung in Deutschland, in Österreich und in den Niederlanden. Er ist die größte freie Bewegung im Raum der Evangelischen Kirche in Deutschland (EKD). Als Dachverband ist er der Zusammenschluss der regionalen Gemeinschaftsverbände und der mit ihnen verbundenen Werke:

[6] Geldbach, Art. Gemeinschaftsbewegung I. Europa, 645.
[7] Ohlemacher, Art. Gemeinschaftsbewegung, 448.
[8] S. dazu unten Kap. 13.
[9] Gnadauer Verband, Über uns (Homepage).

- 34 regionale Gemeinschaftsverbände, zwei davon in Österreich
- 6 Jugendverbände
- 13 Bibelschulen / theologische Seminare / Hochschulen
- 6 Missionsgesellschaften
- 16 Diakonissen-Mutterhäuser
- 13 Werke mit besonderer Aufgabenstellung
- 16 diakonische Einrichtungen“

Insgesamt können Gemeinschaftsbewegung und Gnadauer Verband weithin gleichgesetzt werden. Das schließt nicht aus, dass es neben den im „Evangelischen Gnadauer Gemeinschaftsverband“ zusammengeschlossenen Verbänden und Werken noch weitere Formen des landeskirchlichen Pietismus gibt, etwa die auf Michael Hahn (1758–1819) zurückgehenden „Hahn'schen Gemeinschaften“ in Württemberg[10] oder der AB-Verband in Baden[11].

In organisatorischer Hinsicht gibt es viele Gemeinsamkeiten mit dem CVJM und anderen innerkirchlichen und kirchennahen Werken und Gemeinschaften.

1.5 Arbeitsformen in der Gemeinschaftsbewegung

Der Hintergrund für die eingangs genannten Beispiele sind unterschiedliche Arbeitsformen in der Gemeinschaftsbewegung. Christoph Morgner unterscheidet 2004 fünf Arbeitsformen, die geeignet sind, einen ersten Überblick über die bisherigen und derzeitigen Formen innerhalb der Gemeinschaftsbewegung zu vermitteln. An späterer Stelle werde ich ausführlicher auf die damit verbundenen drei „Gnadauer Modelle“ eingehen[12].

> *Arbeitsform A:* kleine Gemeinschaft, z. B. Bibelstundenkreis in einem Außenort. Er trifft sich im kirchlichen Gemeindehaus oder in einem Privathaushalt. Oft findet er in Abstimmung und Abwechslung mit der Kirchengemeinde statt. Dieses Arbeitsform versteht sich bewusst als Teil der Kirchengemeinde. Dort arbeitet man mit.
> *Arbeitsform B*: kompakte, umfassende Gemeinschaftsarbeit mit vielfältigen Angeboten, meist in einem eigenen Haus. Häufig steht ein Prediger zur Verfügung. Auch hier versteht man sich als Teil der jeweiligen Kirchengemeinde, arbeitet jedoch eigenständig und sucht das arbeitsteilige Miteinander.

---

[10] Hahn'sche Gemeinschaft (Wikipedia).
[11] S. Evangelischer Gemeinschaftsverband AB (Wikipedia).
[12] S. dazu u. Kap. 9.3.2, S. 110ff.

> *Arbeitsform C*: wie B, aber angereichert durch stellvertretende Dienste, weil der Prediger Gottesdienste und Kasualhandlungen im kirchlichen Kontext übernimmt.
> *Arbeitsform D*: die Gemeinschaft als Personal- bzw. Gemeinschaftsgemeinde mit vollem Angebot, eingebunden in das kirchliche System. Die Gemeinde wird zur innerkirchlichen Alternative.
> *Arbeitsform E*: die Gemeinschaft, die sowohl kirchliche sowie nichtkirchliche Mitglieder hat und allen einen *full service* anbietet. Auch hier ist man Alternative zur Kirchengemeinde, versteht sich aber nicht mehr unbedingt als innerkirchlich.[13]

Wichtig im Blick auf die weitere Diskussion sind zwei Perspektiven von Morgner, die über die reine Darstellung hinausreichen:

Zum einen sieht er Aufbrüche dort, wo die Gemeinschaftsarbeit zur Gemeindearbeit wird, während die „herkömmliche Gemeinschaftsarbeit mehr und mehr an ihre Grenzen stößt“[14].

Arbeitsform E sieht er eher kritisch und bemerkt dazu: „Die Arbeitsform E arbeitet de facto als Freikirche, wohl aber innerhalb des betreffenden Gemeinschaftsverbände und damit auch innerhalb unseres Gesamtverbandes“[15].

---

[13] Morgner, „Freude, Freude über Freude“. Präsesbericht 2004, 31. – Die Arbeitsformen A und B entsprechen „Modell 1“ (ergänzender Dienst); Arbeitsform C dem „Modell 2“ (partiell stellvertretender Dienst“) und Arbeitsform D dem „Modell 3“ (alternativer Dienst); Arbeitsform E entspricht einem gelegentlich propagierten „Modell 4“ (s. dazu Morgner, Geistliche Leitung als theologische Aufgabe, 507ff).

[14] Morgner, „Freude, Freude über Freude“, 30.

[15] A. a. O., 32.

2. Von der Gemeinschaftsstunde zum Gottesdienst

Gottesdienste in der Gemeinschaftsbewegung

2.1 Der Weg zum eigenständigen Gottesdienst in landeskirchlichen Gemeinschaften

2.1.1 Am Anfang war die Gemeinschaftsstunde

Um den Wandel noch deutlicher zu machen, könnte die Kapitelüberschrift auch formuliert werden „von der *Privat*-Erbauungsstunde[1] zum *öffentlichen Gemeinde*-Gottesdienst“. Es ist in der Tat ein weiter und mit großen Veränderungen verbundener Weg, den Teile der Gemeinschaftsbewegung an dieser Stelle hinter sich haben.

Die „Gemeinschaftsstunde“ oder „Bibelstunde“, auch „Erbauungsstunde“ oder im Schwäbischen ganz einfach „d’Schtond“ („die Stunde“) genannt, war lange Zeit das Markenzeichen des landeskirchlichen Pietismus. In der Gemeinschaftsbewegung bildete sie an vielen Orten das Zentrum der Gemeinschaftsarbeit. Das „Leben aus dem Wort“ war das Herzstück und die Brunnenstube des Pietismus. Die heutigen pietistischen Gemeinschaften verstehen sich als Weiterführung der „collegia pietatis“ bei Philipp Jakob Spener und den anderen Vätern des Pietismus im 17. und 18. Jh. Bereits in den „pia desideria“ („fromme Wünsche“) von 1675, bis heute als Programmschrift des Pietismus betrachtet, schlägt Spener neben den Gottesdiensten und der privaten Bibellektüre solche zusätzlichen Versammlungen mit dem Ziel der brüderlichen Unterredung über das gelesene biblische Wort vor, in denen nicht nur der Pfarrer zu Wort kommen sollte, auch wenn sie unter dessen Leitung zu stehen hatte.

Erweckungsbewegung, Methodismus, Evangelisationsbewegung und Heiligungsbewegung hinterließen ihre Spuren im Blick auf inhaltliche

---

[1] S. dazu Dietrich/Brockes, Die Privat-Erbauungsgemeinschaften innerhalb der evangelischen Kirchen Deutschlands.

Akzente, auf das Liedgut und die Gestaltung. Die Gemeinschaftsstunde erwies sich als prägende und zugleich flexible und wandelbare Form.

Die Akzente in den Gemeinschaftsstunden konnten und können sehr unterschiedlich sein und spiegeln darin auch die unterschiedlichen Prägungen und Strömungen wider, die von der sich am Ende des 19. Jh. formierenden Gemeinschaftsbewegung aufgenommen und integriert wurden: Aufrufe zur Entscheidung für Jesus und zur Heiligung, zeugnishafte persönliche Erfahrungen, Wirkungen des biblischen Wortes im eigenen Leben, Erkenntnisse des eigenen Schriftstudiums und Einsichten aus der Lektüre der „Väter“, insbesondere aber teils schlichte, teils tiefsinnige, zumeist aber alltagspraktische Bibelauslegungen.

Eine der Nebenwirkungen war eine beachtliche theologische Bildung bei vielen Gemeinschaftsleuten, vor allem bei denen, die sich gründlich mit den Bibeltexten und ihrer Auslegung befassten, um „am Wort zu dienen“. Das waren lange Zeit weithin ausschließlich Männer, hin und wieder, im Lauf des 20. Jh. vor allem in der Person von Diakonissen, kamen auch Frauen zu Wort.

Die Formen konnten variieren, abgesehen von besonderen Anlässen wie „Missionsstunden“ mit Berichten von Missionaren, stand im Mittelpunkt durchweg ein biblischer Text und seine Auslegung. Die Auslegung konnte von mehreren „Brüdern“ nacheinander erfolgen (so habe ich es im württembergischen Altpietismus kennengelernt), die Tendenz insgesamt ging und geht jedoch in die Richtung, dass die Auslegung Aufgabe eines Einzelnen ist, meist des Predigers bzw. der Predigerin. Häufig übernehmen ehrenamtliche Mitarbeiterinnen und Mitarbeiter die Predigtdienste, teilweise mit landeskirchlicher Prädikantenausbildung. In kleineren Gemeinschaften kann die Bibelstunde stärker als Hausbibelkreis interaktiv gestaltet werden und Formen des Gesprächs integrieren.

Auch die Orte waren unterschiedlich: Die Versammlungen konnten im Wohnzimmer abgehalten werden – im Pfarrhaus, in Bauern- und Handwerkerstuben ebenso wie in vornehmen Häusern von Adligen und Fabrikbesitzern. Im 19. Jh. wurde vielerorts das „Vereinshaus“ zum Versammlungsort, inzwischen meist „Gemeinschaftshaus“ genannt. Seit der „Erfindung“ des kirchlichen Gemeindehauses Anfang des 20. Jh. kommen Gemeinschaften auch in kirchlichen Gemeindehäusern zusammen.

Tageszeit war häufig der Sonntagnachmittag oder Sonntagabend, jedenfalls nicht der dem kirchlichen Gottesdienst vorbehaltene Sonntagmorgen. Wo ein Prediger mehrere Orte zu bedienen hatte, konnte die Gemeinschaftsstunde auch unter der Woche stattfinden, tendenziell eher abends, bei älteren Besuchern auch nachmittags.

Die Gemeinschaftsstunde wurde als Ergänzung und Vertiefung des landeskirchlichen Gottesdienstes betrachtet. „Wer morgens gut gefrühstückt hat, wird kaum am Mittag sagen, er wolle nicht mehr essen" – so formulierte es sinngemäß Bernd Wetzel, Evangelist der Liebenzeller Mission. Er bringt damit das Selbstverständnis der Gemeinschaftsleute zum Ausdruck: Der Mensch lebt nicht vom Brot allein, und von Gottes Wort kann man nie genug bekommen.

Im Mittelpunkt stand die Wortauslegung, den Rahmen bildeten Gebete und Lieder. Oft war die Form schlicht, aber weitere Elemente konnten dazukommen: Chorlieder und Instrumentalstücke, persönliche „Zeugnisse", das Vaterunser und der Segen, selten auch das Glaubensbekenntnis. Mancherorts gehört dazu auch die Feier des Abendmahls, die freilich weithin den Kirchengemeinden vorbehalten war; eigene Feiern in den Gemeinschaften sorgten bereits am Beginn des 20. Jh. für Verstimmungen zwischen Landeskirchen und Gemeinschaften[2] – und sind seitdem mit Konfliktpotenzial und Regelungsbedarf verbunden.

2.1.2 Von der Gemeinschaftsstunde zum Gemeinschaftsgottesdienst

Gemeinschaftsstunden und Bibelstunden gibt es nach wie vor. Parallel zur Gemeindewerdung von Gemeinschaften und eng mit diesem Weg verschränkt vollzog sich seit den 1970er-Jahren an vielen Orten ein Übergang von der Gemeinschaftsstunde zum „Gemeinschaftsgottesdienst".

Ein Schwerpunkt dieser Entwicklung ist in den 1990er-Jahren zu beobachten. Vereinzelt gab auch schon vorher Gottesdienste (mit und ohne diese Bezeichnung) in der Gemeinschaftsbewegung, etwa in Diakonissenmutterhäusern, Freizeitheimen, Tagungsstätten und geistlichen Zentren. Neu war, dass nun vielerorts die Gemeinschaftsstunde zum Gottesdienst wurde und auch explizit so genannt wurde.

Gemeindewerdung und eigener Gottesdienst bedingen einander wechselseitig: Der eigene Gottesdienst ist ein zentraler Bestandteil des Weges zur eigenständigen Gemeinde, die nicht mehr „nur" Gemeinschaft innerhalb einer örtlichen Kirchengemeinde ist. Der Ausgangspunkt lag stärker auf dem Wunsch, eigenständig Gemeinde zu sein, aber der Gottesdienst konnte rasch zum Wahrzeichen dafür werden, dass eine Gemeinschaft sich als Gemeinde verstand.

Die Zusammengehörigkeit von Gottesdienst und Gemeinde ergibt sich auch in theologischer Perspektive: Im Gottesdienst werden die im Namen

[2] S. u. Kap. 5.4 zur „Abendmahlsfrage".

Jesu Versammelten zur Gemeinde, umgekehrt ist eine Gemeinde ohne Gottesdienst undenkbar.

Mancherorts hatte die Gemeinschaftsstunde bereits vorher den Charakter eines Gottesdienstes und wurde von den Besucherinnen und Besuchern als „ihr Gottesdienst“ betrachtet, vor allem dann, wenn wenig Bezüge zum landeskirchlichen Gottesdienst vorhanden waren.

Die Änderung der Bezeichnung markiert gleichwohl eine Zäsur, weil dadurch die Beziehung zum landeskirchlichen Gottesdienst grundlegend verändert wird: Zuvor stand die Gemeinschaftsstunde neben dem landeskirchlichen Gottesdienst als dessen Ergänzung – unabhängig davon, ob und wie weit das Ergänzungsmodell auch gelebt wurde. Das wurde auch durch die Tageszeit zum Ausdruck gebracht. Selbst dort, wo kaum noch Gemeinschaftsleute am landeskirchlichen Gottesdienst teilnahmen, bestand die Möglichkeit dazu, weil darauf geachtet wurde, dass es keine zeitlichen Überschneidungen gab[3].

Das änderte sich mit dem eigenen Gottesdienst: Für den „Gemeinschaftsgottesdienst“ bringt das den Anspruch zum Ausdruck, auf einer Ebene mit dem landeskirchlichen Gottesdienst stehen zu wollen, nicht mehr als Ergänzung oder Vertiefung; vielmehr ersetzt er ihn und nimmt seine Stelle ein.

Der neue Gottesdienst konnte und kann wie bisher die Gemeinschaftsstunde weiterhin am Sonntagabend stattfinden. Die Tendenz geht jedoch in eine andere Richtung: Das neue Selbstverständnis führte an vielen Orten nach und nach auch zu einer neuen Veranstaltungszeit. Es geschah nicht überall und nicht überall sofort, aber zunehmend fanden und finden „Gemeinschaftsgottesdienste“ am Sonntagvormittag parallel zu den landeskirchlichen Gottesdiensten statt. Im städtischen Bereich setzte diese Entwicklung früher ein (so etwa bei der Berliner Stadtmission), dort ist sie bis in die Gegenwart stärker ausgeprägt. Häufig erfolgte die Verlegung auf den Sonntagvormittag nach und nach: Es begann mit einem Gottesdienst pro Monat am Sonntagvormittag, bei entsprechender Resonanz und guten Erfahrungen wurde die Frequenz erhöht.

2.1.3 Veränderungen und ihre Auswirkungen nach außen und innen

Neuer Name und neue Zeit waren ein wichtiger symbolischer Akt, dessen Bedeutung nicht unterschätzt werden sollte. Bei sich als „landeskirchlich“ verstehenden Gemeinschaften konnte die Reaktion der örtlichen

[3] Voigt verweist zudem auf die staatliche Gesetzgebung im 19. Jh., die es Freikirchen und Gemeinschaften untersagte, „sich während der parochialen Gottesdienstzeit zu treffen“ (Voigt, Der Zeit voraus, 64).

Kirchengemeinden und der Landeskirchen sehr unterschiedlich ausfallen. Neben Verständnis und Einvernehmen konnte die offensichtliche „Parallel-Struktur" zum landeskirchlichen Gottesdienst auch zu Irritationen und Konflikten führen, vor allem dort, wo die neue Bezeichnung und die Verlegung auf den Sonntagvormittag ohne Absprache und Kommunikation erfolgten und die landeskirchliche Seite vor vollendete Tatsachen gestellt wurde. An dieser Stelle gab es durchaus auch Widerstand; davon zeugen auch Regelungen über die Gottesdienstzeit in den Vereinbarungen zwischen Gemeinschaftsverbänden und Evangelischen Landeskirchen, die bis heute noch teilweise Wert darauf legen, dass es zu keinen zeitlichen Überschneidungen am Sonntagvormittag kommt[4]. In der Praxis der Gemeinden sind solche Regelungen vielfach von der Realität überholt. Sie wirken wie vergeblich errichtete Dämme, die eine Dynamik aufhalten sollten, die nicht zu bremsen war.

Dabei war ein konfliktbehafteter Weg keineswegs eine Notwendigkeit. Im Gegenteil, es gibt auch Berichte über Wege hin zum Gottesdienst der landeskirchlichen Gemeinschaft, die in Absprache und gegenseitigem Einvernehmen erfolgten.

Inzwischen gibt es in mehreren Landeskirchen Regelungen und einen eigenen Status für landeskirchliche Gemeinschaften als „Gemeinschaftsgemeinden". Der Weg dorthin führt über gemeinsame Absprachen. Ein nach innen wie nach außen hin wahrnehmbares Signal dafür ist es dann, wenn ein Repräsentant der Landeskirche am Eröffnungsgottesdienst teilnimmt (Dekan, Superintendentin, Prälat).

Die Absprachen und Verortung „nach außen" waren die eine Seite. Ebenso mussten die „eigenen Leute" gewonnen und auf dem Weg der Veränderung mitgenommen werden. Auch da gab und gibt es unterschiedliche Situationen und Reaktionen. „Es brauchte Überzeugungsarbeit, jeder Schritt war schwierig", berichten die einen – dahinter konnte die Sorge stehen, den Ort, der bisher die vertraute geistliche Heimat darstellte, zu verlieren. „Gottesdienst" konnte mit ganz anderen Assoziationen verbunden sein als „Gemeinschaftsstunde" und daher Befürchtungen auslösen: etwa die, dass die „Gemeinschaft" wegfallen würde.

Ging es dann um die Frage, ob eine Verlegung auf den Sonntagvormittag möglich ist, konnten vor allem in Städten Verantwortliche erstaunt wahrnehmen, wie bisher der Sonntagvormittag der Gemeinschaftsmitglieder gefüllt war: „Kaum jemand ging in den Gottesdienst seiner Kirchengemeinde"[5] berichtet Sr. Ellen Eckstein: Die einen besuchten freikirchliche

---

4 S. Kirche und Gemeinschaft (2016).

5 Eckstein, Von der Gemeinschaftsstunde zum Gemeinschaftsgottesdienst, 85.

Gottesdienste, andere landeskirchliche Gottesdienste nach Wahl, bevorzugt bei „gläubigen Pfarrern". Schwieriger war es dort, wo Gemeinschaftsmitglieder als Presbyter oder Kirchengemeinderäte in kirchlicher Verantwortung standen oder an ihrem Wohnort im Kindergottesdienst mitarbeiteten (letzteres wurde mir z. B. aus Wolfsburg berichtet). Wo das der Fall war, konnte es dazu führen, dass die Gottesdienstzeit aus Rücksicht auf diese Verpflichtungen vorwiegend beim Sonntagabend blieb.

Neben den Hindernissen und Schwierigkeiten in der Umsetzung standen die Chancen: Parallel zum Gottesdienst der Gemeinschaft konnte eine Kinderstunde oder ein Kindergottesdienst angeboten werden. Das ermöglichte es vor allem Familien mit Kindern, gemeinsam am Gottesdienst teilzunehmen – bei der Bibelstunde am Abend konnte oft nur ein Elternteil dabei sein. Wo auf diese Weise die Integration der Familien gelang, konnte die Entwicklung von der Bibelstunde für die ältere Generation zum Gottesdienst für die ganze Familie bzw. für alle Generationen als Bestätigung für diesen Weg empfunden werden und Dynamiken des Wachstums auslösen, die auch nach außen ausstrahlten und andere anzogen.

Berichte davon gibt es bis in die jüngere Zeit hinein – etwa in der Evangelischen Gemeinde Silberburg in Reutlingen[6] (Altpietistischer Gemeinschaftsverband), die sich 2012 als Gemeinde konstituierte und seitdem Gottesdienste am Sonntagvormittag feiert; die Besucherzahl ist dadurch deutlich gestiegen.

Neue Bezeichnung, teilweise neue Uhrzeit – was ändert sich in der *Gestaltung* durch den Weg zum Gottesdienst? Auch hier konnten die Wege und Erfahrungen sehr unterschiedlich sein. Häufig zahlte sich ein Weg der kleinen Schritte aus, bei dem die Veränderungen behutsam und in einem breit angelegten Prozess und mit der Beteiligung möglichst vieler innerhalb der Gemeinschaft vorgenommen wurden. Durch die Integration neuer Elemente im Gottesdienst über die Wortverkündigung hinaus entstanden neue Möglichkeiten der Mitarbeit im musikalischen Bereich, in der Moderation, im kreativen Bereich usw. Damit wuchs freilich auch die Herausforderung, die einzelnen Beiträge zu koordinieren und zu einem stimmigen Gottesdienstablauf zusammenzufügen.

Was verändert sich an der *inhaltlichen Gestaltung*? Von der Tendenz her ist zu sagen, dass der zeitliche Anteil der Wortverkündigung zurückging. Das konnte von denen, denen es auf die Wortverkündigung ankam, durchaus kritisch beäugt werden. Andere, spezifisch gottesdienstliche Elemente kamen dazu: Gebete, Psalmengebet, Lesungen, Lieder, Zeiten der Anbetung, kreative Elemente und der Einsatz von Medien. Lag die

[6] Evangelische Gemeinde Silberburg (Homepage).

Gemeinschaftsstunde vorher häufig in der Verantwortung Einzelner, so kam jetzt häufiger die Gestaltung durch Teams dazu. Das machte verstärkt Absprachen nötig, teilweise entstanden Vorbereitungsteams.

Der Weg von der Gemeinschaftsstunde zum Gottesdienst hatte auch Auswirkungen auf die *Raumgestaltung*[7]. Waren die klassischen „Gemeinschaftssäle“ oft schlicht gehalten, so entwickelte sich in den zurückliegenden Jahrzehnten zunehmend ein Bewusstsein für die Bedeutung von Ästhetik und Raumgestaltung, das auch Auswirkungen auf die Gottesdiensträume hatte. Zunehmend werden künstlerische und sakrale Elemente integriert, auch wenn „klassisches“ kirchliches und liturgisches Inventar (Kirchenfenster, Kirchenbänke, Orgel, Altar, Taufbecken, Kanzel) eher die Ausnahme darstellt. Ein deutlich sichtbares Kreuz an der Wand hingegen gehört zum Standard. Insgesamt ähneln die Gottesdiensträume in den Gemeinschaften denen von Freikirchen, für die in jüngerer Zeit eine freundliche, eher helle Atmosphäre und eine dezente sakrale Gestaltung kennzeichnend sind.

2.1.4 Anlehnung und Abgrenzung zu landeskirchlichen Gottesdiensten

Mit der neuen Bezeichnung „Gottesdienst“ änderte sich das Selbstverständnis der zentralen Veranstaltung der Gemeinschaft; die Bezeichnung zielte ebenso wie die Selbstbezeichnung als „Gemeinde“ darauf, ein Verhältnis „auf Augenhöhe“ mit den Landes- und Freikirchen herzustellen.

Der naheliegende Vergleichspunkt für den Gemeinschaftsgottesdienst war der landeskirchliche Gottesdienst. Hier entstand ein doppeltes und gegensätzliches Spannungsfeld: Der landeskirchliche, häufig liturgisch gestaltete Gottesdienst war diejenige Form, die im Blick auf die Innerkirchlichkeit näher bei den landeskirchlichen Gemeinschaften stand. Der landeskirchliche Gottesdienst war den Gemeinschaftsleuten bekannt – sei es durch regelmäßige Teilnahme am Gottesdienst oder auch „nur“ durch die Kasualien. Der landeskirchliche Gottesdienst konnte dabei als Vorbild, aber auch als Negativfolie dienen; der Gottesdienst in der Gemeinschaftsbewegung steht hier im Spannungsfeld zwischen Anlehnung und Abgrenzung.

Auf der einen Seite sollte der Gottesdienst der Gemeinschaft ein „echter“ und „vollgültiger“ Gottesdienst sein. Aus diesem Grund wurden und werden typisch gottesdienstliche Elemente aus den Landeskirchen, die im Bewusstsein auch der Gemeinschaftsleute zu einem „echten“ Gottesdienst

---

[7] S. Sommer, Gestaltung der Liturgie in Landeskirchlichen Gemeinschaften, 148 zur „Ästhetik des Kirchenraumes“.

dazugehören, in die Gottesdienste integriert; das schließt nicht aus, dass sie vorher schon Teil der Gemeinschaftsstunde sein konnten. Dazu zählen das Vaterunser, der Segen oder (eher selten) das Glaubensbekenntnis. Fast noch stärker war diese Vergleichsdynamik bei den Kasualien, wo es darum ging, den Erwartungen an eine „echte" Trauung oder Bestattung zu entsprechen[8].

Neben dem Bedürfnis, „wie Kirche" zu sein, steht das entgegengesetzte Bestreben, „anders als Kirche" zu sein: statt der oft als steif und förmlich empfundenen Liturgie und Atmosphäre sollte es locker und familiär zugehen; an der Stelle der vorformulierten und als unpersönlich empfundenen Agendentexte sollten persönliche Worte und eigene Erfahrungen in Form eines Zeugnisses stehen. Dieses Bedürfnis nach Kontrast bis hin zur Abgrenzung konnte dadurch in Verbindung mit einem anti-liturgischen Effekt stehen, bei dem der Begriff „Liturgie" mit dem landeskirchlichen Gottesdienst in Verbindung gebracht wurde. „Anders" bedeutete daher häufig: Mit weniger „Liturgie"; in der Selbstwahrnehmung durchaus „ohne Liturgie". So sind etwa gesungene liturgische Stücke oder der Gruß „Der Herr sei mit dir – und mit deinem Geiste" in Gottesdiensten bis heute in der Gemeinschaftsbewegung kaum denkbar.

Den *Kasualien* ist in diesem Band ein eigenes Kapitel gewidmet[9]. Im Kontext des Gottesdienstes verdienen sie insofern Beachtung, als dort, wo sie im Rahmen der Vereinbarungen mit den Landeskirchen durchgeführt werden, als landeskirchliche „Amtshandlungen" anerkannt sind und deshalb auch in den Kirchenbüchern eingetragen werden. Damit sind Vorgaben an die Gestaltung verbunden, ohne eigene Akzentsetzungen und Formen auszuschließen. Daher ist bei den Kasualien die Nähe zu landeskirchlichen Formen am größten, insbesondere bei Bestattungen, die häufig auf örtlichen Friedhöfen stattfinden und dadurch auch von lokalen Traditionen und Sitten geprägt sind. Auch die BeG-Agende von 2009[10] folgt in ihren Formularen für Kasualien weithin landeskirchlichen Vorbildern und verbindet sie mit eigenen Akzenten.

Das Spannungsfeld „sein wie Kirche" – „anders sein als Kirche" ist auch eine Frage nach der Identität der zu Gemeinden mutierten Gemeinschaften im Blick auf die innerkirchliche Verortung: Dominiert eine Identität der Zugehörigkeit oder der Abgrenzung? Die konkrete Gestaltung kann dabei lokal und regional mit unterschiedlichen Akzenten verbunden sein, zumal

---

[8] In Bayern lehnen sich Abendmahlsfeiern in der Gemeinschaftsbewegung teilweise an die Messe der bayrischen Landeskirche an, während ansonsten eher die schlichte „oberdeutsche" Form verwendet wird (im Evangelischen Gottesdienstbuch die Grundform II).

[9] S. u. Kap. 5, S. 66ff.

[10] Ein neues Gottesdienstbuch für den BeG ist am Entstehen (Stand Frühjahr 2023).

auch die liturgischen Traditionen und Mentalitäten in den einzelnen Landeskirchen eine große Vielfalt aufweisen. Generell lässt sich eine Nähe zum Predigtgottesdienst vor allem der reformierten Tradition feststellen, der zugleich die Brücke zum freikirchlichen Gottesdienst darstellt (s. u. 2.2.1).

2.1.5 Von der „Ergänzung" zur „Ersetzung"

Wird aus der Gemeinschaftsstunde ein Gottesdienst, ändert sich auch die Funktion. Als Gemeinschaftsstunde stellte sie weithin eine *Ergänzung* zum Gemeindegottesdienst dar und konnte sich deshalb auf bestimmte Aufgaben beschränken, die der Gemeinschaftsbewegung wichtig waren: Eine vertiefte und mit alltagspraktischen Impulsen verbundene Auslegung biblischer Texte, aber auch Anliegen wie Evangelisation oder Heiligung. Die Gemeinschaftsstunde musste nicht alles leisten, weil es ja noch den Gemeindegottesdienst gab, der wiederum andere Akzente setzen konnte.

Als eigenständiger Gottesdienst wird der landeskirchliche Gottesdienst nicht mehr *ergänzt*, sondern *ersetzt.* Das Verhältnis ändert sich, es bringt einen Funktions- und Bedeutungszuwachs für den Gottesdienst in der Gemeinschaft mit sich: Dieser steht vor der Herausforderung, auch diejenigen Aufgaben und Funktionen zu übernehmen, die bis dahin dem landeskirchlichen Gottesdienst zukamen: Das gilt im Blick auf Inhalte und Erfahrungen, auf die Glaubensbildung und Traditionsweitergabe. Das ist den meisten Gemeinschaften einschließlich der für die Gottesdienstgestaltung Verantwortlichen bisher kaum im Blick. Manchmal ist es einfacher, Kontrapunkt zu sein, als die „ganze Musik" selbst spielen zu müssen!

Mit der Eigenständigkeit verbunden ist daher die Gefahr, dass vieles von dem verloren geht, was bisher Aufgabe des landeskirchlichen Gottesdienstes war – sofern es denn als Verlust wahrgenommen und betrachtet wird. Das sind „typisch kirchliche" Themen wie Taufe, Abendmahl, Kirchenjahr, Katechismus, Kirchenlieder. Das können aber auch Akzente und Prägungen der Frömmigkeit sein, die ergänzend und bisweilen auch in Kontrast zur Gemeinschaft die Mitglieder der landeskirchlichen Gemeinschaft prägten und so wesentlich dazu beitrugen, dass sich die Glaubensbildung und Prägung im doppelten Kommunikationsraum von Kirche und Gemeinschaft vollzog.

Dieser Kommunikationsraum, der auch die Begegnung mit Christen anderer Prägung und volkskirchlicher Christlichkeit einschloss, wird durch die Gemeindewerdung deutlich reduziert; er kann sogar ganz wegfallen. Hier liegt auf der einen Seite die Chance, eigenständig zu gestalten und zu prägen, ohne auf teils mühsame Absprachen und Kompromisse mit der landeskirchlichen Gemeinde angewiesen zu sein, auf der anderen Seite steht die Gefahr der Abkapselung und Nischenbildung. An vielen Orten war der gemeinsame Kommunikationsraum für beide Seiten mitunter anstrengend, aber aufs Ganze gesehen profitierten beide Seiten davon.

Ein Beispiel dafür ist das *Kirchenjahr*. In Zeiten der „geteilten Verantwortung“ gehörte das klar zum Bereich der Landeskirche und zum landeskirchlichen Gottesdienst. Für die Gemeinschaftsstunde wurde kein Bedarf einer stärkeren Orientierung am Kirchenjahr gesehen, das entsprach auch nicht der Jesus-Frömmigkeit im Pietismus; eingegangen wurde allenfalls auf die großen Feste im Kirchenjahr.

Treten Gottesdienste in landeskirchlichen Gemeinschaften an die Stelle landeskirchlicher Gottesdienste, kann die Frage der Orientierung am Kirchenjahr nicht mehr „delegiert“ werden. Das Kirchenjahr kommt nur noch dann vor, wenn es in der Gemeinschaft selbst vorkommt. Ansonsten droht es zu verschwinden oder auf populäre Reste reduziert zu werden. Wo es im Bewusstsein vor allem einen Distanzmarker zur Landeskirche darstellt und deshalb bewusst ausgeklammert wird, kommen die positiven Seiten nicht in den Blick: Das Kirchenjahr als Orientierung und Hilfe für den Glauben, als Struktur für den Jahreskreis – und zunehmend auch als missionarische Möglichkeit.

Fragen wie diese verdienen gründliche Reflexion, damit nicht aufgrund von Distanz zu kirchlichen Formen auch die Verbindung zu den Schätzen der Väter und Mütter im Glauben verloren geht.

Das Bedürfnis nach Abgrenzung zu landeskirchlichen Formen und Inhalten nimmt aufs Ganze gesehen eher ab. So ist beispielsweise in landeskirchlichen Gemeinschaften, die eigenständige Gottesdienste feiern, ähnlich wie in vielen Freikirchen eine zunehmende Orientierung am Kirchenjahr zu beobachten.

Ein weiteres Spannungsfeld ist dasjenige zwischen familiärem Charakter und Öffentlichkeit. Die „alte“ Gemeinschaftsstunde lag vielerorts zwischen privatem Treffen (vgl. die Bezeichnung „Privat-Erbauungsstunde“[11]) und einer Veranstaltung mit (semi-)öffentlichem Charakter. Durchweg war der gemeinschaftliche, familiäre Charakter prägend – nicht ohne Grund verbunden mit der Bezeichnung „Gemeinschaftsstunde“. Dazu gehörte häufig eine starke Binnenorientierung. Andere durften und konnten zwar dazukommen, aber der vertraute Umgang miteinander konnte auch einen exklusiven bis hin zu einem exkludierenden Charakter haben.

[11] Dietrich/Brockes: Die Privat-Erbauungsstunden innerhalb der evangelischen Kirchen Deutschlands, 1903.

Mit der Bezeichnung „Gottesdienst“ ändert sich in dieser Hinsicht nicht nur die Bezeichnung, es geht vielmehr um eine „Verwandlung des Charakters“[12], verbunden mit dem Selbstverständnis einer öffentlichen, allgemein zugänglichen Veranstaltung. „Die zentrale Veranstaltung, die vom Ziel die ‚Vollversammlung‘ ist, sollte vom Ablauf mehr sein als die (als Ergänzung auch berechtigte!) Gruppenversammlung einiger Gleichgesinnter“[13].

Doch der Weg von der internen Veranstaltung in die Öffentlichkeit versteht sich nicht von selbst. Die Frage ist hier vor allem, ob das Charakteristikum „öffentlich“ auch in der Gestaltung erkennbar ist und von außenstehenden Gottesdienstbesuchern so wahrgenommen wird. Eine starke Binnenorientierung kann mit hohen Beharrungskräften verbunden sein und in Spannung zum Anspruch stehen, offen und gastfreundlich zu sein. Die „Insidermentalität“ zu überwinden und Haltungen neu zu prägen, ist ein langwieriger und mühsamer Weg; er setzt voraus, dass das Problem als solches wahrgenommen wird.

Auch im Blick auf den *Gemeindeaufbau* hat der Weg von der Gemeinschaftsstunde zum Gottesdienst Folgen: Werden die nicht zuletzt aufgrund des Dienstplans des Predigers über die Woche verteilten Gemeinschafts- und Bibelstunden an unterschiedlichen Orten zu Sonntagsgottesdiensten, so ist damit die zeitliche Flexibilität der Hauptamtlichen eingeschränkt. Ein Pastor kann in einem, höchstens zwei Sonntagsgottesdiensten mitwirken. Das wiederum verstärkt die Konzentration der Gemeinschaftsarbeit auf wenige zentrale Orte; nicht jede kleine Gemeinschaft vor Ort kann einen eigenen Gottesdienst feiern. Auf der anderen Seite kann eine Konzentration der Kräfte auf einen Ort auch Dynamiken des Wachstums freisetzen.

2.2 Fragen der Gottesdienstgestaltung und neuere Entwicklungen

2.2.1 Der typische Ablauf von Gemeinschafts-Gottesdiensten im Wandel

Am Beginn soll der typische Ablauf eines Gottesdienstes in der Gemeinschaftsbewegung stehen, wie er um 1990 aussah; dem soll der typische Gottesdienst in jüngerer Zeit gegenübergestellt werden.

Der hier wiedergegebene Ablauf ist von Klaus Meiß (1991) zusammengestellt. Er bemerkt dazu: „Beim Vergleich einer Reihe von ‚Gottesdienst-

[12] Sommer, Gestaltung der Liturgie in Landeskirchlichen Gemeinschaften, 14.
[13] Weber, Ist die Gemeinschaftsstunde ein Gottesdienst?, 3, zit. bei Sommer, 15.

ordnungen‘ fiel auf, wieviel Gemeinsamkeiten die Gemeinden ganz unterschiedlicher Prägung (regional, Größe etc.) haben. Daher werden nicht verschiedene Ordnungen abgedruckt, sondern es wird eine Zusammenfassung geboten, die die verschiedenen Ordnungen kombiniert“[14].

- Stille und/oder Orgelvorspiel oder Chorlied
- Begrüßung der Besucher mit Wochenspruch oder einem anderen Wort Gottes (evtl. Gebet)
- Eingangslied oder Chor
- Bekanntmachungen mit Grüßen, „Familiennachrichten“, Fürbitte, Geburtstagswünschen; kurze Zeugnisse, Anteilnahme; ggf. Lieder
- Lied
- (Lob- und Anbetungsphase)
- (Lesung – eine wichtige Ergänzung der Predigt)
- Gebet (selten mit Glaubensbekenntnis, eher bei Abendmahlsfeiern)
- Lied vor der Predigt
- (Zeugnisgelegenheit, Anspiel o. ä.)
- Predigt (mit Gebet)
- Lied nach der Predigt oder Chor
- Gebet (auch mit Fürbitte), Vaterunser, Segen (oft stehend)
- (Einsammeln der Kollekte)
- Schlusslied

Diese Form stellt eine Variante des Predigtgottesdienstes dar, der auf der einen Seite in einigen Landeskirchen gefeiert wird (reformierte Kirchen und Gemeinden; Württemberg), auf der anderen Seite aber auch das Muster für freikirchliche Gottesdienste in den klassischen Freikirchen bildet (Methodisten, Baptisten, Freie evangelische Gemeinden, weniger pfingstliche und charismatische Kirchen).

Die gegenwärtig in landeskirchlichen Gemeinschaften verbreitete Abfolge hat sich demgegenüber markant geändert; auf die vor allem zwischen 1990 und 2020 erfolgten Änderungen wird noch näher eingegangen. Hier sollen die Stichworte „Lobpreismusik“ und „Moderation“ genügen. Der typische Gottesdienst in den landeskirchlichen Gemeinschaften, die diese Änderungen mitvollzogen haben, sieht etwa so aus:

- (musikalisches) Intro
- Moderation
- Gebet
- Lobpreiszeit (auch nach der Predigt möglich)

[14] In: Meiß (Hg.), Gottesdienst, Marburg 1991, 99-100 (daraus auch die folgende Zusammenstellung): „In Klammern wurden Elemente aufgeführt, die weniger verbreitet sind, die es allerdings wert scheinen, erwähnt zu werden“ (100).

- Predigt
- Lied (bzw. Lobpreiszeit, falls nicht vor der Predigt)
- Gebet (mit Vaterunser)
- Schlussmoderation mit Infos
- Segen
- Nachspiel

Auch die „neue“ Form entspricht weitgehend dem Ablauf in einer klassischen Freikirche. In Freikirchen wie in landeskirchlichen Gemeinschaften gibt es nach wie vor die alte, oben dargestellte Form; aber auch Abläufe, die zwischen den beiden dargestellten Formen liegen. Am meisten Unterschied macht dabei die Frage, ob die Lobpreismusik in Form einer „Lobpreiszeit“ mit mehreren Liedern am Stück in den Ablauf des Gottesdienstes aufgenommen wurde.

Während die zentrale Stellung der Predigt die alte mit der neuen Form verbindet, ist durch die Lobpreiszeit ein Gottesdienst mit zwei Gipfeln entstanden. Ebenso wie die Predigt kann auch die Lobpreiszeit als Höhepunkt wahrgenommen und erlebt werden. In dieser Hinsicht ist die Gestaltung im Gegenüber zu landes- ebenso wie zu freikirchlichen Formen weniger eine Frage der Konfession als eine der Kultur.

2.2.2 Die „nähere Verwandtschaft“: freikirchliche Gottesdienste

Wer heute den Gottesdienst einer landeskirchlichen Gemeinschaft besucht, dem wird an vielen Orten die Nähe zu freikirchlichen Formen auffallen. Es ist davon auszugehen, dass freikirchliche Gottesdienste in vielen Fällen bewusst oder unbewusst als Orientierung für neu etablierte Gottesdienste in der Gemeinschaftsbewegung dienten[15]. Der Charakter des Gottesdienstes als Predigtgottesdienst, die Räumlichkeiten, der Akzent auf dem Glauben des Einzelnen, auf persönlichen Berichten und Zeugnissen und weiteren Elementen bis hin zum Liedgut stehen deutlich näher bei freikirchlichen als bei landeskirchlichen Gottesdiensten. Hier treten auch gemeinsame Wurzeln in den Erweckungs- und Frömmigkeitsbewegungen des 19. Jh. zutage. Die Orientierung an freikirchlichen Vorbildern begegnet auch in anderen Bereichen der Gemeindearbeit bis hin zur Frage der Eigenständigkeit.

Gemeinsam ist beiden zunächst eine verbreitete Mentalität der Abgrenzung gegenüber landeskirchlicher Liturgie. Hier wittern Gemeinschaftsleute wie Freikirchler die Gefahr einer floskelhaften Sprache. Stattdessen soll der Gottesdienst und die darin verwendete Sprache eher durch

[15] Vgl. die Arbeit von Sommer, der ebenfalls die freikirchliche Liturgik einbezieht (47ff).

Stichworte wie „echt, authentisch, persönlich, alltagsrelevant" geprägt sein. Auch gottesdienstlich ist weniger die objektive Seite des Glaubens etwa in Gestalt des gemeinsamen Bekenntnisses, sondern die subjektive Seite der Glaubenserfahrung des Einzelnen prägend, wie sie im persönlichen Zeugnis ihren Ausdruck findet.

Wer über solche Wahrnehmungen hinaus den Vergleich vertiefen will, steht vor Problemen: Innerhalb der freikirchlichen Landschaft gibt es vielfältige, durchaus unterschiedliche Formen von einer Brüdergemeinde bis hin zu Pfingstgemeinden und ICF-Gottesdiensten[16]. Gottesdienstordnungen gibt es allenfalls in klassischen Freikirchen, aber auch dort bilden diese aufgrund des rapiden Wandels in den zurückliegenden Jahrzehnten die Gottesdienste der Gegenwart nur unzureichend ab. Kurzum: *„Freikirchliche Gottesdienste sind gut besucht, aber schlecht erforscht"*[17]. Stefan Schweyer (STH Basel) hat 2020 eine umfangreiche Studie über freikirchliche Gottesdienste in der deutschsprachigen Schweiz vorgelegt[18]. Seine Ergebnisse und Beobachtungen lassen sich weithin auch auf Deutschland übertragen und bieten aufschlussreiche Vergleichsmöglichkeiten zum Gottesdienst in landeskirchlichen Gemeinschaften.

Das in der empirischen Untersuchung von Stefan Schweyer dargestellte Panorama und Profil freikirchlicher Gottesdienste in der deutschsprachigen Schweiz zeigt diese Parallelen und Gemeinsamkeiten deutlich: Gottesdienste in landeskirchlichen Gemeinschaften folgen weithin freikirchlichen Formen, Logiken und Idealen, auch und gerade im Blick auf die neueren Entwicklungen.

Eine Auswahl der Charakteristika freikirchlicher Gottesdienste, die Schweyer nach einer Galerie von sechzehn Gottesdienstporträts resümierend zusammenstellt[19], zeigt wichtige Gemeinsamkeiten:

- In freikirchlichen Gottesdiensten wird die *„Andersartigkeit im Vergleich zu den Großkirchen"* betont: „Während einige Freikirchen darauf achten, alles zu vermeiden, was typisch kirchliche Assoziationen wecken könnte, wird in anderen Freikirchen kirchliche Symbolik verwendet und teilweise integriert".
- Das Teilnehmerfeld ist in der Regel *„altersdurchmischt"*: „Es scheint den Freikirchen recht gut zu gelingen, Jugendliche und jungen Erwachsene jenseits des Konfirmationsalters zur Gottesdienstteilnahme zu motivieren".

---

[16] International Christian Fellowship, verbreitet vor allem in der Schweiz und Deutschland.
[17] Schweyer, Freikirchliche Gottesdienste, 17 (kursiv im Original).
[18] Schweyer, Freikirchliche Gottesdienste, 2020.
[19] Schweyer, Freikirchliche Gottesdienst 149-150 (daraus auch die folgenden Zitate).

- Weitere gemeinsame Kennzeichen sind: „familiär-lebendige Atmosphäre“ – *„alltäglich-lockerer Kleidungsstil“* – *„informell-alltäglicher Sprachduktus“* – entspannte Atmosphäre, im Gottesdienst wird gelacht – *„emotional dichte Momente“* durch Musik und Gesang – *„Spontaneität“* – Unterscheidung zwischen gemeindeorientierten und gästeorientierten Gottesdiensten – Aufnahme charismatischen Liedguts (Praise & Worship-Music) – teilweise Integration *„eventkultureller Aspekte“*.

Bei allen diesen profilbildenden Gemeinsamkeiten gibt es nicht „den“ freikirchlichen Gottesdienst, sondern eine große Bandbreite unterschiedlicher Formen. Schweyer unterteilt sie in vier Submilieus[20] (hier jeweils mit Beispielen aus Deutschland dargestellt):

- Für den *konservativen* Typ stehen (russlanddeutsche) Aussiedlergemeinden und Brüdergemeinden.
- Das *klassische* Modell findet sich in Freien evangelischen Gemeinden, bei Methodisten und Baptisten.
- Der *pfingstlich-charismatische* Typ entspricht den „klassischen“ Pfingstgemeinden (Mühlheimer Verband, Bund Freikirchlicher Pfingstgemeinden).
- Als *Neocharismatisch*[21] können nach Schweyer Gottesdienste in Gemeinden wie der ICF, der *Ecclesia Church* und *Hillsong* bezeichnet werden.

Für die Gottesdienste in der Gemeinschaftsbewegung sind vor allem die ersten beiden Typen von Bedeutung. Die „alte“ Gemeinschaftsstunde weist mehrere Überschneidungen mit dem konservativen Typ auf, während die in jüngerer Zeit gefeierten Gottesdienste eine hohe Affinität mit dem klassischen Submilieu aufweisen. Das verdeutlicht ein Blick auf ausgewählte Charakteristika[22]:

- Kennzeichen des „konservativen Modells“ sind „kaum spontane Gesten, kein Applaus“, Gebetsgemeinschaft, Chor. „Die Gottesdienstteilnehmenden sind verhalten, die Emotionalität ist verinnerlicht. Was man tut, tun alle gemeinsam“.
- Im „klassischen Modell“ können Applaus und Spontanität vorkommen; verwendet werden Schlagzeug, Gitarre, Singen mit Projektor/Beamer; „Es kann ähnlich nüchtern sein wie in einer

[20] Schweyer, Freikirchliche Gottesdienst, 59-61 u. ö. Dabei ergänzt er eine Typologie von Jörg Stolz durch einen vierten, von ihm „neocharismatisch“ genannten Typ (61).

[21] Hier ist die Suche nach einer geeigneten Bezeichnung noch im Fluss, anderenorts werden sie „Lifestyle-Gemeinden“ genannt (Kick/Hemminger, Unabhängige Gemeinden neben Kirchen und Freikirchen, 18ff).

[22] Schweyer, Freikirchliche Gottesdienste, 60 (daraus die folgenden Zitate).

evangelisch-reformierten Kirche, aber auch viele Impulse der charismatischen Gemeinden aufnehmen".

Wo der Weg von der Gemeinschaftsstunde zum Gottesdienst auch Züge des Übergangs von einem Submilieu zum anderen trägt, bringt das die Frage mit sich, inwieweit ein solcher Übergang Änderungen von Haltungen und Einstellungen einschließt – bis hin zur Änderung weiterer Milieucharakteristika wie Lebensstile, Stilpräferenzen usw. Inwieweit ist eine Änderung der Träger- und der Zielgruppe damit verbunden? Oder handelt es sich nur um äußerliche, auf die Form begrenzte Änderungen?

In ihrer Nähe zu freikirchlichen Gottesdiensten haben die Gottesdienste in der Gemeinschaftsbewegung teil an den wichtigen Umbrüchen der freikirchlichen Gottesdienstlandschaft der zurückliegenden etwa 20-30 Jahre. Diese erstrecken sich vor allem auf Liedgut, Moderation und das Angebot von „Gästegottesdiensten"[23].

1. *Liedgut*: das klassische Liedgut der Gemeinschaftsbewegung wird ergänzt, weithin sogar ersetzt durch „Lobpreismusik", also „Praise & Worship"-Lieder, die ihren Ursprung in der weltweiten charismatischen Bewegung haben. Der Klavierspieler, die Gitarrenspielerin und Organistin werden abgelöst durch das „Lobpreisteam" bzw. die Band. Dienten zuvor vier bis sechs Lieder der Strukturierung des Gottesdienstes, wird nun aus der „Lobpreiszeit" als Block von ca. drei bis fünf Liedern vor oder nach der Predigt ein eigener Teil des Gottesdienstes, der auch oft eine zeitliche Dauer beansprucht, die vergleichbar mit der Länge der Predigt ist. Die in Freikirchen zu beobachtende „Entwicklung [...] von einer verkündigenden zu einer lobpreisenden Singkultur"[24] ist auch in landeskirchlichen Gemeinschaften zu beobachten.

   Zum Einsatz kommt dabei meist ein Beamer, der die Liedtexte an die Wand projiziert. Die 1995 erschienenen und von vielen Gemeinschaften angeschafften Gemeinschaftsliederbücher werden an manchen Orten noch verwendet, häufig jedoch bleiben sie ungenutzt in den Regalen stehen. Bei allen Vorzügen des Beamers hat er für den Gemeindegesang den Nachteil, dass in der Regel die Texte ohne Noten projiziert werden.

   War früher die Liedauswahl meist ausschließlich Sache des Predigers, der die Lieder auswählte und die Klavierspielerin informierte, so übernehmen vielerorts die Musikteams die Auswahl der Lieder. Die damit verbundene Verantwortung ist angesichts der Signalwirkung des

[23] Schweyer, Freikirchliche Gottesdienste 182ff; 294ff; 391ff.
[24] Schweyer, Freikirchliche Gottesdienste 197.

musikalischen Stils eines Gottesdienstes nicht zu unterschätzen: Welches Liedgut ist den Akteuren bekannt und vertraut? Welche Kriterien leiten sie bei der Liedauswahl? Geht es darum, den eigenen musikalischen Vorlieben Geltung zu verschaffen oder ist die Gemeinde als Ganze im Blick? Im schlechteren Fall kann die Frage der Liedauswahl auch zur Machtfrage werden. Mehr noch: Wer trägt die Verantwortung für den gesamten Gottesdienst? Die Mitwirkung und Mitgestaltung durch unterschiedliche Teams in eigener Verantwortung auf der einen Seite und auf der anderen die Notwendigkeit, den Gottesdienst als stimmiges Ganzes mit einem Spannungsbogen zu gestalten, werden zu einem Spannungsfeld.

2. Eine zweite markante Veränderung besteht in der Einführung der *Gottesdienstmoderation*. Vergleichbare Funktionen gab es schon vorher: Die Begrüßung, das Lesen der Tageslosung, ein kurzes persönliches Wort und ein Gebet konnten am Beginn stehen. Vor allem dort, wo der Prediger für einen ganzen Bezirk zuständig war, übernahm diese Aufgabe häufig ein Mitarbeiter aus der örtlichen Gemeinschaft.

   Was ändert sich durch die neue Bezeichnung? Während in den Landeskirchen vom „Liturgen" bzw. der „Liturgin" die Rede ist, rückt die Bezeichnung „Moderator" bzw. „Moderatorin" den Gottesdienst in die Nähe von „moderierten" Sendungen in Rundfunk und Fernsehen: Es geht darum, die Teilnehmenden freundlich zu begrüßen und so durch die Veranstaltung zu führen, dass sie zu „ihrer" Veranstaltung wird und sie zum Teil der gottesdienstlichen Gemeinschaft werden.

   Aufgabe der Gottesdienstmoderation ist die Eröffnung und Begrüßung („Eingangsmoderation"), meist auch Gebete, Lesungen und Ansagen. Weitere Elemente wie Fürbittengebet und Segen können vom Prediger ebenso wie von der Moderatorin übernommen werden („Schlussmoderation"). Auch die Frage, wer die Gesamtverantwortung und Leitung des Gottesdienstes innehat, wird von Ort zu Ort unterschiedlich gehandhabt.

3. Die dritte Veränderung, der *„Gästegottesdienst"*, ist mit nordamerikanischen Vorbildern, insbesondere mit der Willow Creek-Community verbunden. Die seit 1996 in etwa zweijährigem Abstand in Deutschland veranstalteten Kongresse trugen erheblich dazu bei[25], dass der Gedanke des „seeker service", des Gottesdienstes für Kirchendistanzierte, vielerorts aufgegriffen wurde. Diese Entwicklung läuft parallel zu einer Welle von „alternativen" Gottesdiensten seit den 1990er-Jahren mit oft evangelistischer Akzentsetzung, die gerade in der Gemeinschafts-

[25] Zu Willow-Creek s. Kap 3.3.5, S. 45ff.

bewegung eine starke Resonanz erfuhren. Der Gottesdienst soll auf Gäste ausgerichtet werden und dadurch einen missionarischen Charakter bekommen. Dahinter konnte die Erfahrung stehen, dass es zunehmend schwierig wurde, Menschen zu eigenen evangelistischen Veranstaltungen einzuladen. Das Format „Gottesdienst" hingegen war vielen bekannt, aber aus eigener Erfahrung negativ besetzt. Selbstbezeichnungen wie „Gottesdienst anders" oder „Gottesdienst alternativ" sollten hier Zugänge schaffen. Freikirchen und landeskirchliche Gemeinschaften, nicht selten auch landeskirchliche Gemeinden ließen sich davon inspirieren. In beträchtlicher Zahl wurden Gästegottesdienste veranstaltet, die sich durch kreative Elemente (z. B. Theaterstück), Themen mit Alltagsbezug, besondere Einladung und gesellige Angebote im Umfeld (anschließender Imbiss oder Kaffeetrinken) auszeichneten. In landeskirchlichen Gemeinschaften konnte das zur Verbindung von Gottesdienst und Evangelisation bzw. zur Integration des evangelistischen Anliegens in den Gottesdienst kommen. An manchen Orten wurde ein Gottesdienst im Monat als solcher Gästegottesdienst gestaltet.

Zu den neueren Entwicklungen gehört auch ein Blick auf die Corona-Zeit ab dem Frühjahr 2020. Bei allen lokalen und regionalen Unterschieden kann von der Tendenz her gesagt werden, dass es größeren Gemeinschaftsgemeinden im städtischen Bereich mit einem relativ großen Anteil von Jugendlichen und jungen Erwachsenen rasch und oft deutlich schneller als landeskirchlichen Gemeinden gelungen ist, die Gottesdienste auf digitale Formate umzustellen. Wo Beziehungen innerhalb der Gemeinde stabil sind, sind die Chancen einer digitalen Weiterführung gut. Im weiteren Verlauf der Corona-Zeit konnte der häufig im Vergleich zu Kirchengebäuden eher kleine Gottesdienstraum zu einer Begrenzung der Zahl der Teilnehmenden führen, die eine hybride Feier von Gottesdiensten erforderlich machte (zugleich in Präsenz und mit Übertragung).

Auf der anderen Seite stehen kleinere Gemeinschaften im ländlichen Bereich mit eher älteren Mitgliedern und Gottesdienstbesuchern. Digitale Formate scheitern hier häufig an den technischen Voraussetzungen, aber auch am Aufwand. Manche Bibelstunde fand über Telefonkonferenz-Schaltungen statt, an manchen Orten konnte in Kirchenräume ausgewichen werden, an wieder anderen Orten fielen Gottesdienste und andere Gemeindeveranstaltungen längere Zeit aus.

Wie die Entwicklung weitergehen wird, bleibt abzuwarten. Es ist zu befürchten, dass die Pandemie – wie in anderen Kirchen und Gemeinden auch – zu einer dauerhaften und merklichen Reduktion der Gottesdienstteilnahme führt.

2.2.3 „Baustellen" und Herausforderungen

1. Nachdem mittlerweile seit 30-50 Jahren in größerer Zahl Gottesdienste in landeskirchlichen Gemeinschaften gefeiert werden, ist es Zeit für ein Zwischenfazit. Wünschenswert wäre eine empirisch valide Bestandsaufnahme; vorerst werden wir uns mit einer Skizze begnügen müssen. Wenn in diesem Abschnitt das Augenmerk auf „Baustellen" und damit auf Problemzonen gerichtet wird, so bedeutet das nicht, dass derartige Entwicklungen flächendeckend das Bild prägen. Dazu ist die Situation regional und lokal zu unterschiedlich. Vielmehr sollen Gefährdungen aufgezeigt werden, die mit dem Weg von der Gemeinschaftsstunde zum Gottesdienst verbunden sind; dabei kommen insbesondere die eben skizzierten Entwicklungen der zurückliegenden Jahrzehnte in den Blick.

   Auf Gefährdungen im Blick auf Gottesdienste in der Gemeinschaftsbewegung wies Christoph Morgner bereits 1995 in seinem Präsesbericht hin:

   > „Durch fehlende Traditionen besteht die Gefahr der Formlosigkeit und der liturgischen Auszehrung. Der prägende Rahmen des Kirchenjahres kann verblassen. Der Gottesdienst kann unversehens zum frommen Happening geraten, wobei die weltweite und geschichtliche Dimension aus dem Blick gerät, in dem er steht"[26].

   Es gibt auf der einen Seite mit Sorgfalt vorbereitete und mit erkennbar liturgischer Kompetenz gestaltete Gottesdienste, auf der anderen Seite aber auch Orte, an denen immer mehr erkennbar wird, dass eine mit dem Anspruch von Authentizität praktizierte Formlosigkeit auf Dauer nicht trägt. Es kann auch zu gottesdienstlichen Situationen führen, in denen der erste Schwung der Neuerung vorbei ist. Bemühungen und guter Wille sind durchaus vorhanden, aber die „liturgische Bildung" der am Gottesdienst Beteiligten wurde versäumt. Im schlechteren Fall entgleitet der Gottesdienst zum Event, zur frommen Wohlfühlveranstaltung.

   Hinzu kommt, dass sich die Entwicklung häufig so rasch vollzog, dass die Bereitstellung der dafür notwendigen Ressourcen damit nicht Schritt halten konnte: Mit dem Wechsel von der Gemeinschaftsstunde zum Gottesdienst war nicht automatisch die Kompetenz zur Gottesdienstgestaltung bei den Verantwortlichen vorhanden. Bis heute gibt es vonseiten der Gemeinschaftsverbände kaum Vorgaben oder

[26] Morgner, Geistliche Leitung als theologische Aufgabe, 293.

Gestaltungshilfen für die Gottesdienste[27]. Viele Gemeinschaften haben Neuland betreten und standen überrascht vor der Herausforderung, ihren Weg in gottesdienstlicher Hinsicht zu finden und zu entwickeln.

Die fehlende Tradition bedeutet positiv eine Freiheit zur Gestaltung und zu Experimenten ohne den Ballast einer verbindlichen Vergangenheit, auf der anderen Seite stellt die Entwicklung einer eigenen gottesdienstlichen Kultur ohne eigene Tradition und mit nur wenig Erfahrung eine Herausforderung dar, die leicht zur Überforderung wird. Mangelnde Tradition und fehlende Kompetenzen – bis hin zum fehlenden Bewusstsein und Gespür dafür, dass etwas fehlt – können rasch zu einem Pragmatismus führen, der auf Kosten einer biblisch-theologischen Orientierung geht und sich primär am Erfolg und Beifall orientiert.

Von der Prediger-Ausbildung herkommend, liegt der Schwerpunkt der Gnadauer Ausbildungsstätten traditionell eher bei der Predigtlehre (Homiletik), teilweise mit einem Akzent bei der evangelistischen Predigt. Die Liturgik ist demgegenüber deutlich schwächer entwickelt oder fehlt ganz. Die Herausforderung besteht hier über die Ausbildung der Hauptamtlichen hinaus im gezielten Erwerb liturgischer Kompetenz aller an den Gottesdiensten und ihrer Gestaltung Beteiligten, verbunden mit Maßnahmen der Qualitätssicherung in den Verbänden.

Das bedeutet keineswegs, dass nichts geschehen wäre. Wo die Verantwortlichen in den Gemeinschaftsverbänden und im Gnadauer Verband das erkannten, wurde durch Studientage und Fortbildungsangebote versucht, Verständnis und Kompetenzen für den Gottesdienst und seine Gestaltung zu vermitteln[28].

2. Viele Gemeinschaften betrachten die Einführung der *Lobpreis-Musik* als Signal für Aufbruch und „moderne“ Gottesdienstgestaltung. Insbesondere bei der jüngeren Generation findet die „Praise & Worship“-Musik breite Resonanz, für viele ist es „ihr“ Stil. Gegenüber früheren Konflikten um die Einführung neuer Lieder war es überraschend, wie rasch sich dieser Musikstil durchsetzen konnte. Was anfangs nach einer Ergänzung und Bereicherung des herkömmlichen Liedguts aussah,

---

[27] Eine Ausnahme stellt die (auf Kasualien begrenzte) BeG-Agende von 2009 dar: Ordnung der Kasualien in den Gemeinschaften und Gemeinden des Bundes evangelischer Gemeinschaften (BeG), Mai 2009. – Eine Neubearbeitung, die auch den sonntäglichen Gottesdienst einschließt, ist in Vorbereitung.

[28] Der ehemalige Generalsekretär Theo Schneider erinnert sich an Fortbildungen, Studientage usw.: „Überhaupt gehe ich davon aus, dass die Thematik ‚Gottesdienst‘ im Gnadauer Raum vielfältig aufgenommen wurde – z. B. im Rahmen von Predigertagungen“ (Mail an den Vf. vom 9.12.2020).

führte oft dazu, dass sich faktisch eine neue Monokultur etablierte, bei der das erweckliche Liedgut aus der Tradition der Gemeinschaftsbewegung ebenso wie andere Liedrichtungen in den Hintergrund gedrängt wurden oder ganz verschwanden. Oft hing es schlicht an der mangelnden Bereitschaft der Musikteams und Bands, auch Lieder über die Lobpreislieder hinaus zu singen und zu begleiten.

Mittlerweile zeigt sich, dass der vermeintliche Gegensatz „traditionell – modern" durch die Milieuperspektive überholt ist, der zufolge bestimmte Musikstile bestimmte Milieus ansprechen. Hier macht auch die Lobpreismusik keine Ausnahme, auch sie ist milieubezogen und bildet nicht den Musikstil „für alle". Sie kann zwar viele innerhalb und über die Grenzen der Gemeinschaftsbewegung hinaus integrieren und ist anschlussfähig innerhalb der weltweiten evangelikalen und charismatischen Bewegungen, insbesondere für freikirchlich geprägte Christen, hat aber damit auch Anteil an deren Milieuprägungen und -begrenzungen.

3. Neben den oben genannten Chancen der *Moderation* stehen ihre Gefährdungen. Parallelen mit Unterhaltungsformaten erfordern eine erhöhte Sensibilität. Wenn die Aufgabe der Moderation in atmosphärischer Hinsicht primär darin gesehen wird, zu einer lockeren Atmosphäre beizutragen, in der auch gelacht wird, kann der Gottesdienst „kippen", wenn die andere Seite, eine festlich-würdevolle und mit Ehrfurcht verbundene Atmosphäre im Bewusstsein der Gegenwart Gottes, ganz in den Hintergrund tritt.

   Damit ist nicht gemeint, dass ein Gottesdienst nicht auch unterhaltsam und kurzweilig sein kann. Wo das aber zum Hauptkriterium für die Gestaltung wird, das auch über Inhalte entscheidet, kann sich die Frage stellen, ob ein „Spaßgottesdienst" als zu unverbindlichem Konsum einladende Unterhaltungsveranstaltung noch geeignet ist, dem Anliegen des Gottesdienstes, die Begegnung von Gott und Mensch zu ermöglichen und zu fördern, gerecht zu werden. Genau darin besteht die Aufgabe der Moderation: Menschen in die Gegenwart des lebendigen Gottes hineinzunehmen.

   Ein Hang zu Unterhaltungsformaten ergibt sich auch durch die Etablierung einer gottesdienstlichen Bühne im Raum: Es ist nicht mehr die Gemeinde, die gemeinsam Gottesdienst feiert, sondern das Gegenüber von Bühne mit Moderation, Musik und Rede auf der einen und dem Publikum auf der anderen Seite prägt das Geschehen. Das kann im schlechteren Fall zur Dominanz des „Show"-Charakters führen. Die äußere Form ist hier nicht nur eine beliebige „Verpackung". Vielmehr hat die Art und Weise, wie Gottesdienst gefeiert wird, unmittelbare Auswirkungen auf den Inhalt und die ankommende Botschaft.

4. 20-30 Jahre nach einer Welle von *Gästegottesdiensten* ist die Situation sehr unterschiedlich: Ein Teil der Gemeinden hat die dabei eingeführten Formen beibehalten und weiterentwickelt. An anderen Orten zeigte sich, dass der damit verbundene Aufwand auf Dauer nicht durchzuhalten war. Wurden Gästegottesdienste über längere Zeit veranstaltet, konnte es dazu kommen, dass der Reiz des Neuen sich verflüchtigte und es schwierig wurde, „Neue" einzuladen und dauerhaft zu integrieren. Insgesamt ist hier die Tendenz zunehmend, nicht mehr gesonderte Gottesdienste für Gäste anzubieten, sondern Gottesdienste insgesamt so zu gestalten, dass sie eine Begegnung mit Gott und die Erfahrung von Gemeinschaft ermöglichen. Das erfordert eine Überwindung der weithin vorherrschenden Insider-Mentalität, eine Sensibilität für den „ungeübten Gast" und eine Haltung der Gastfreundschaft. Der Versuch, besser noch das Real-Experiment, den Gottesdienst mit den Augen eines solchen „ungeübten Gastes" wahrzunehmen, kann hier die Augen für Barrieren öffnen.

Eine Adressatenorientierung, die Rücksicht auf den „fremden Gast" nimmt, ist dabei grundsätzlich zu begrüßen. Die Gefährdung besteht hier darin, aus falsch verstandener Rücksicht Elemente wegzulassen, die auf Kosten der geistlichen Tiefe gehen oder den Charakter des Gottesdienstes als gemeinsame Feier der im Namen Jesu Versammelten beeinträchtigen. Konkret kann das so aussehen: Ein Sündenbekenntnis wird weggelassen, weil man es niemand zumuten will.

An die Stelle der fortlaufenden Lektüre und Auslegung ganzer biblischer Bücher in der Bibelstunde tritt im Gästegottesdienst die Orientierung an alltagspraktischen Themen, von denen aus ein Bogen zu biblischen Texten und Aussagen geschlagen werden soll. Das ist eine Herausforderung, die nicht immer gelingt oder dabei enden kann, dass ein Vortrag mit Bibelversen garniert wird. Im schlechteren Fall steht am Ende ein Gottesdienst ohne textliche und thematische Vorgaben, bei dem der Prediger oder die Pastorin von Mal zu Mal entscheidet, worüber gepredigt werden will.

Eigene Textpläne der Gemeinschaftsverbände oder die Orientierung an den (landeskirchlichen und am Kirchenjahr orientierten) Perikopenordnungen könnten hier dazu beitragen, dass der Reichtum und die Vielfalt der biblischen Texte zum Tragen kommt.

5. Im Spannungsfeld zwischen Formlosigkeit und „förmlichen", als steril und leblos wirkenden Gottesdiensten liegt die Gefährdung der Gottesdienste in der Gemeinschaftsbewegung deutlich bei ersterem. Als „Baukastengottesdienste" bezeichne ich dabei Gottesdienste, bei denen unterschiedliche Beiträge aus dem gottesdienstlichen „Baukasten" unabgesprochen und aneinandergereiht werden: Hier die von der Band ausgesuchten Lieder und der Musikteil, dort die Moderation, und nochmals an anderer Stelle die Predigt. Es bleibt mehr oder weniger dem Zufall überlassen, ob sie durch einen erkennbaren roten Faden miteinander verbunden sind. Man begnügt sich damit, die Aufgaben zu verteilen, eine weitergehende Koordination findet nicht statt. Auch im Blick auf die Dauer des Gottesdienstes kommt es im schlechteren Fall dazu, dass die Gesamtdauer sich ohne Steuerung aus der Summe der Dauer der einzelnen Elemente ergibt, was bei unterschiedlichem Zeitempfinden auch zu unterschiedlichen Reaktionen führen kann.

   Dabei ist die Situation von Ort zu Ort sehr unterschiedlich. Es ist schwierig, ein Gesamtbild der gottesdienstlichen Landschaft in der Gemeinschaftsbewegung zu zeichnen. Die angezeigten Probleme sind keineswegs nur Einzelfälle, sie können aber auch nicht als repräsentativ betrachtet werden.

2.3 Auf dem Weg zu einem eigenen gottesdienstlichen Profil der Gemeinschaftsbewegung

Die Gemeinschaftsbewegung besitzt keine eigene liturgische Tradition. Mit dem Weg von der Gemeinschaftsstunde zum Gottesdienst wurde an vielen Stellen Neuland betreten. Nach einer Skizze der Gefährdungen soll in diesem Teil konstruktiv weitergedacht werden: Zunächst im Blick auf die Gestaltung der Gottesdienste, dann vor allem mit der Frage nach einem eigenen gottesdienstlichen Profil in der Gemeinschaftsbewegung.

Bisher gibt es nur wenige Forschungsbeiträge zu Gottesdiensten in landeskirchlichen Gemeinschaften. Der von Klaus Meiß 1991 herausgegebene Band „Gottesdienst"[29] bringt grundsätzliche und pragmatische Beiträge.

Die damalige Tabor-Studentin Nina Malich führte 2005/2006 im Rahmen ihrer Bachelorarbeit eine Untersuchung über Gottesdienste in landeskirchlichen Gemeinschaften durch[30]; Ulli Harald Sommer bezieht in seiner

[29] Meiß (Hg.), Gottesdienst, Marburg 1991.
[30] S. Malich, Der Gottesdienst in Landeskirchlichen Gemeinschaften, 120-135.

Masterarbeit „Gestaltung der Liturgie in Landeskirchlichen Gemeinschaften. Möglichkeiten zur Bereicherung des Gottesdienstes" auch „Liturgiewissenschaftliche Reflexionen der Evangelischen Landeskirchen" und „Liturgiewissenschaftliche Reflexionen aus dem freikirchlichen Bereich"[31] ein und versucht sie, für die Gottesdienste der landeskirchlichen Gemeinschaften fruchtbar zu machen.

Gottesdienstordnungen, Agenden, Gottesdienstbücher oder andere Vorgaben für die Feier von Gottesdiensten in landeskirchlichen Gemeinschaften gibt es praktisch nicht – zuständig dafür wären die Gemeinschaftsverbände. Eine Ausnahme bildet die BeG-Agende von 2009[32], von der seit 2020 an einer Neufassung gearbeitet wird, die auch die Gottesdienste einbeziehen soll[33].

Bemerkenswert ist, dass dort, wo innerhalb der Gemeinschaftsbewegung liturgisch gearbeitet wird, eine hohe Lernbereitschaft gegenüber der liturgischen Arbeit sowohl in Landes- wie in Freikirchen besteht, Ziel ist eine reflektierte und kompetente Gestaltung von Gottesdiensten in landeskirchlichen Gemeinschaften. Wo Mitarbeitende in den Gottesdiensten landeskirchlicher Gemeinschaften mit „Strukturmodell" des evangelischen Gottesdienstes mit den Phasen „Eröffnung und Anrufung – Verkündigung und Bekenntnis – (Abendmahl –) Sendung und Segen" vertraut werden, stehen die Chancen gut, dass sie es als hilfreiche Grundlage für die eigene Gottesdienstpraxis aufnehmen. Ein anderes Beispiel ist eine zunehmend positive Einstellung gegenüber dem Kirchenjahr: Die „gestalterische Freiheit" der Gottesdienste in den landeskirchlichen Gemeinschaften „birgt die Gefahr, dass sich unreflektierte und unter Umständen unangemessene Abläufe festsetzen. Zudem können dem Bestreben landeskirchlicher Gemeinschaften, sich gegen kirchliche Gottesdienste abzugrenzen, wichtige liturgische Elemente und Bezüge zum Kirchenjahr zum Opfer fallen"[34].

2.3.1 Ergebnisse und Anregungen einer Untersuchung

Die Ergebnisse und Beobachtungen der 2005/2006 von Nina Malich durchgeführten Untersuchung über Gottesdienste in landeskirchlichen Gemeinschaften sind auch einige Jahre später aufschlussreich, weil sie nicht nur darstellt, sondern zugleich in bemerkenswerter Weise kommentiert und wertet. Dabei befasst sie sich mit Elementen im Gottesdienst, in denen sie

---

[31] Sommer, 37ff bzw. 47ff.

[32] Ordnung der Kasualien in den Gemeinschaften und Gemeinden des Bundes evangelischer Gemeinschaften (BeG), Mai 2009.

[33] Arbeitsgruppe unter der Leitung von Volker Ulm, an der auch der Vf. beteiligt ist.

[34] Sommer, 3.

bei landeskirchlichen Gemeinschaften Veränderungen in der Gestaltung für angebracht hält. Auch wenn diese Untersuchung keine Repräsentativität für die Gemeinschaftsbewegung insgesamt beansprucht, sondern auf BeG-Gemeinschaften in Franken begrenzt ist, kommt den Folgerungen und Anregungen nicht nur eine regionale Bedeutung zu[35].

- *Gottesdienstgestaltung:* „Es wäre sinnvoll, nicht nur einen Ablauf festzulegen, sondern auch Begründungen dafür zu suchen" (123). Es geht um eine bewusste Reflektion des Gottesdienstablaufs; dieser soll nicht auf ungeschriebenen Gesetzen beruhen, sondern hinterfragbar bleiben. Positiv ist die Beteiligung von Teams, dadurch sind viele in die Gestaltung einbezogen.
- Gebete: Ein Gebet sollte „so gestaltet sein, dass die Gottesdienstteilnehmer sich darin wieder finden und sich dem Gebet anschließen können. Negativ hingegen ist die „starke Konzentrierung auf die eigenen Bedürfnisse" (125), nur vereinzelt wird über den eigenen Tellerrand gesehen. Mehr Weitblick und Weltoffenheit wären zu erwarten, auch in der Gemeinschaftsbewegung greift der Individualismus um sich.
- Das *Sündenbekenntnis* spielt fast keine Rolle im Gottesdienst von landeskirchlichen Gemeinschaften. Das ist insofern erstaunlich, als das Thema Bekenntnis und Vergebung der Sünde eine große Rolle für landeskirchliche Gemeinschaften spielte. Wird ein Sündenbekenntnis heute als unschicklich empfunden? Nina Malich folgert daraus: „Eine bewusste Integration des Sündenbekenntnisses in den Gottesdienst sichert [...] einen theologischen Kerngehalt und bewahrt vor Einseitigkeit" (126).
- Das *Glaubensbekenntnis* hat in landeskirchlichen Gemeinschaften eine geringere Bedeutung als in landeskirchlichen Gottesdiensten. Wahrscheinlich hängt das mit einer stärkeren Betonung des persönlichen Glaubens zusammen. Ein gemeinsames Bekenntnis jedoch „bietet die Chance, die Einheit der christlichen Gemeinschaft zu verdeutlichen und den Gemeinschaftsgedanken mehr hervorzuheben, um sich nicht in der Individualität zu verlieren" (128).
- Ist in der jüngeren Generation wieder ein stärkeres liturgisches Bewusstsein zu finden? „Viele Menschen verspüren wieder einen Hunger nach Beständigem, um sich nicht vollständig in der Beliebigkeit zu verlieren. Aus diesem Grund sind vielleicht gerade jüngere Menschen wieder offener für feste Formen" (128).
- Die *Predigt* steht im Gottesdienst landeskirchlicher Gemeinschaften im Mittelpunkt. Das bedeutet nicht, dass die anderen Elemente demgegenüber nur „Nebensächlichkeiten" darstellen (129).
- Der *Segen* erfolgt meist als Zuspruch, häufig durch den Prediger. Nina Malich folgert daraus ein „gewisses Amtsverständnis in landeskirchlichen Gemeinschaften" (131).

---

[35] Außerdem ist eine hohe Kongruenz mit den Beobachtungen und Anregungen zu freikirchlichen Gottesdiensten von Schweyer auffällig, s. Schweyer, Freikirchliche Gottesdienste, v. a. Kap. 6-8.

- Das *Kirchenjahr* ist für landeskirchliche Gemeinschaften keine Verpflichtung, aber festzustellen ist ein „erfreulich" häufiges Eingehen. Dabei ist erstaunlich, dass etwa Erntedank häufiger vorkommt als Ostern und andere wichtige Feste. „Wenn diese Feste in der Gemeinschaft nicht gefeiert werden, verliert sie einen wichtigen missionarischen und öffentlichkeitswirksamen Faktor" (132).
- Zu fest formulierten Teilen im Gottesdienst merkt Nina Malich an: „Viele ältere Texte vermitteln Weisheit und geistliche Erfahrungen, die eine große Ausstrahlungskraft besitzen [...] Sie wenden den Blick weg von der eigenen Person hin zu neuen Sichtweisen und können so zur Ausgewogenheit eines Gottesdienstes beitragen" (133). – „Ein Gottesdienst besteht aus vielen Elementen, die zusammen ein Ganzes bilden" (135). Mehr noch: „Ein Gottesdienst ist kein Programm, bei dem die Gemeinschaft Zuschauer ist, sondern eine gemeinsame Gottesbegegnung, da ein Leben als Christ in Gemeinschaft praktiziert wird" (135).

In diesen Beobachtungen und Anregungen ist eine erstaunliche Annäherung an die evangelische Liturgik und den (landeskirchlichen) evangelischen Gottesdienst zu beobachten, nicht aus einer Verpflichtung heraus, sondern aus einem Verständnis für den Sinn traditionsgeleiteter Formen sieht Nina Malich darin Hilfen für Gottesdienste in der Gemeinschaftsbewegung, die zugleich dazu beitragen können, Verengungen entgegenzuwirken.

Parallele Entwicklungen sieht Stefan Schweyer in Freikirchen: „In jüngerer Zeit zeichnet sich in Freikirchen ein Trend ab, ältere liturgische Traditionen wieder zu entdecken und zu aktualisieren". Er hält sie für verheißungsvoll, „da sie zur Überwindung antiliturgischer Reflexe und zur Erweiterung des gottesdienstlichen Handlungsspektrums beitragen"[36].

2.3.2 „Gemeinschaft" und weitere profilbildende Elemente

Zum Profil des „Gemeinschaftsgottesdienstes" bemerkt Ellen Eckstein: *„Der Gemeinschaftsgottesdienst sollte geprägt sein von Gemeinschaft"*[37]. Herkommend von der Gemeinschaftspflege als zentralem Anliegen der Gemeinschaftsbewegung ist die Erwähnung von „Gemeinschaft" als profilbildendem Element für Gottesdienste nachvollziehbar und einleuchtend. Was aber wird unter „Gemeinschaft" verstanden? Es ist davon auszugehen, dass dabei das Moment der zwischenmenschlichen und erfahrbaren Gemeinschaft auf der Grundlage des gemeinsamen Glaubens im Vordergrund steht. So sehr dieses Anliegen berechtigt und verständlich ist, kann Gemeinschaftspflege dort, wo sie auf zwischenmenschliche

[36] Schweyer, Freikirchliche Gottesdienste, 557.
[37] Zit. in Meiß (Hg.), Gottesdienst, 88.

Gemeinschaft reduziert wird, zu Verengungen und zu einer vereinsmäßigen Ausrichtung führen.

Davor bewahren kann eine theologische Vertiefung, bei der die doppelte Dimension von „Gemeinschaft“ (griech.: *koinonia)* grundlegend ist: Dabei geht es nach 1Kor 10,16-17 um die Verankerung der zwischenmenschlichen *koinonia* in der *koinonia* mit Christus[38].

> Der Kelch des Segens, den wir segnen, ist der nicht die Gemeinschaft des Blutes Christi [= Anteilhabe am Blut Christi]? Das Brot, das wir brechen, ist das nicht die Gemeinschaft des Leibes Christi [=Anteilhabe am Blut Christi]? Denn ein Brot ist's. So sind wir, die vielen, ein Leib, weil wir alle an einem Brot teilhaben (1Kor 10,16-17).

Koinonia ist hier nicht nur im Sinne von „Gemeinschaft“, sondern zunächst als „Anteilhabe“ zu verstehen: Grundlegend ist die Koinonia mit Christus, die in der Anteilhabe an seinem Leib und Blut im Abendmahl erfahrbar ist. Aus der gemeinsamen Anteilhabe am Leib Christi erwächst die Gemeinde als „Leib Christi“, als Gemeinschaft derer, die an ihm Anteil haben.

Mit den Worten einer Liedstrophe: „Das sollt ihr, Jesu Jünger, nie vergessen: Wir sind, die wir von einem Brote essen, aus einem Kelche trinken, Jesu Glieder, Schwestern und Brüder“[39].

Beispielhaft dazu eine ältere und eine jüngere Liedstrophe, die näher am „Lebensgefühl“ der Gemeinschaften liegen:

> Ich glaube, dass die Heiligen / im Geist Gemeinschaft haben,
> weil sie in einer Gnade stehn und eines Geistes Gaben.
> So viele Christus nennet sein, die haben alles gut gemein
> und alle Himmelsschätze
> (Philipp Friedrich Hiller 1731, GL 209,1; EG 253,1).

> Gut, dass wir einander haben, gut, dass wir einander sehn,
> Sorgen, Freuden, Kräfte teilen / Und auf einem Wege gehn.
> Gut, dass wir nicht uns nur haben, Dass der Kreis sich niemals schließt /
> Und dass Gott, von dem wir reden, Hier in unsrer Mitte ist
> (Manfred Siebald 1991; GL 207,1).

Eine Stärkung der Gemeinschaft im Sinne der neutestamentlichen „Koinonia“ besteht von hier aus vor allem darin, den gemeinsamen Glauben als Anteilhabe an Christus zu stärken und erfahrbar zu machen: durch gemeinsam gesprochene Lieder, Gebete und Bekenntnisse bis hin zur Feier des Abendmahls. Auf einer solchen Basis können im von „Gemeinschaft“

---

[38] Zu 1Kor 10,16f und dem Thema der koinonia s. auch u. Kap. 11.2.3.

[39] Johann Andreas Cramer 1780, GL 188,1 bzw. EG 221,1.

geprägten Gottesdienst gemeinschaftsfördernde Elemente ihren Platz haben: persönliche Grüße, Erfahrungen und Erlebnisse von Einzelnen („Zeugnisse"), spontane und kreative Elemente ebenso wie gemeinschaftliche Angebote über den Gottesdienst hinaus (Kaffeetrinken usw.). Sie stärken den familiären Charakter und werden deshalb von vielen geschätzt.

Sie stoßen dort an Grenzen, wo in Gemeinden angesichts einer wachsenden Zahl von Gottesdienstteilnehmerinnen und -teilnehmern eine zu stark familiäre Atmosphäre für Außenstehende ein potenzielles Hindernis darstellt, weil sie für die einen Inklusion bedeutet, für andere jedoch Exklusion. Wie kann – insbesondere bei größeren Teilnehmerzahlen – ein Gottesdienst zur Erfahrung von Gemeinschaft ohne begrenzende Binnenorientierung werden? Das kann einschließen, über den Gottesdienst hinaus zu denken und das Element der Beheimatung und des persönlichen Austauschs über den Gottesdienst hinaus vor allem in Haus- und Bibelkreisen zu verankern.

Neben „Gemeinschaft" gibt es weitere Aspekte und Elemente, die für Gottesdienste innerhalb der Gemeinschaftsbewegung profilbildend sein können:

Die breite *Beteiligung von Gemeindegliedern* an der Gestaltung von Gottesdiensten ist kein Alleinstellungsmerkmal landeskirchlicher Gemeinschaften, aber dort – vergleichbar in Freikirchen – in der Regel stärker ausgeprägt als etwa in landeskirchlichen Gemeinden[40]. Nicht nur die hauptamtliche Pastorin oder der Prediger, sondern auch Ehrenamtliche aus der Gemeinde sind in Gottesdiensten innerhalb der Gemeinschaftsbewegung in hohem Maß an der Vorbereitung und Durchführung von Gottesdiensten beteiligt.

Wenn „Gemeinschaft" genannt wird, legt es sich nahe, auch an *Evangelisation* als Grundanliegen der Gemeinschaftsbewegung zu denken. Hier kann zwar gefragt werden, ob dieses Anliegen gerade im Gottesdienst als der Versammlung der Gemeinde seinen Platz hat, aber die Ausführungen zu den Gästegottesdiensten (s. o.) ebenso wie zur Frage der Evangelisation[41] zeigen, dass Evangelisation und Gottesdienst sehr wohl in für die Gemeinschaftsbewegung profilbildender Weise miteinander verbunden werden können. Daraus ergibt sich auch die Möglichkeit, an die Diskussion zum „missionarischen Gottesdienst"[42] anzuknüpfen.

---

[40] S. u. Kap. 8, S. 94ff.

[41] S. u. das Kap. 5, S. 54ff.

[42] Zimmermann, Ist der Gottesdienst eine „missionarische Gelegenheit"?; Schweyer, Freikirchliche Gottesdienste, 391ff; 472ff.

Ein Spezifikum der Gemeinschaften ist weiter *erweckliches Liedgut* aus dem 19. und 20. Jh., das vom Missionslied der Erweckungsbewegung bis zu Importen aus dem angelsächsischen Raum im Gefolge der Evangelisations- und Heiligungsbewegung reicht. Dazu zählen Lieder mit eher volkstümlichen Melodien wie „Stern, auf den ich schaue", „Die Sach' ist dein, Herr Jesu Christ, die Sach' an der wir stehn", „Welch ein Freund ist unser Jesus", „Welch Glück ist's, erlöst zu sein" usw.

Das 1995 erschienene Gemeinschaftsliederbuch „Jesus unsere Freude" fand hohe Akzeptanz in der Gemeinschaftsbewegung und war vielerorts eine wichtige Begleitung auf dem Weg von der Gemeinschaftsstunde zum Gottesdienst. Es sollte dazu dienen, eine Vielfalt des Singens zu ermöglichen und zu fördern, indem das erweckliche Liedgut aus der eigenen Tradition mit neueren Liedern ebenso wie mit Liedern aus dem wenige Jahre zuvor erschienenen Evangelischen Gesangbuch zusammengestellt wurde. Das Aufkommen der „Lobpreiswelle" mit eigenem Liedgut führte häufig dazu, dass das Gemeinschaftsliederbuch nur wenige Jahre später kaum mehr verwendet werden. Hier stellt sich an die Gemeinschaften die nur von ihnen selbst zu beantwortende Frage, ob sie darin einen bleibenden Schatz sehen, der es wert ist, weiter gepflegt zu werden, oder ob das Singen und Weitergeben dieser Lieder als überholt betrachtet wird.

2.3.3 Eigenes Profil und ökumenische Lerngemeinschaft

1. Im gottesdienstlichen Spannungsfeld zwischen Landeskirchen und Freikirchen steht die Gemeinschaftsbewegung vor der Herausforderung, ein eigenständiges Profil zu entwickeln. Im Blick auf die Gestaltung von Gottesdiensten geht es darum, auf der einen Seite integrieren zu können und sich durch andere Traditionen bereichern und inspirieren zu lassen: durch die Aufnahme landeskirchlicher Elemente ebenso wie durch freikirchliche Gottesdienste. Ziel könnte es dabei sein, eine innerevangelische Ökumene[43] und Lerngemeinschaft zu etablieren, bei der alle Seiten voneinander lernen und profitieren. Eine solche Lerngemeinschaft kann in einem nächsten Schritt den innerevangelischen Bereich überschreiten; eine überkonfessionelle und internationale Vernetzung ist ebenso wie die Rezeption geistlicher Prägungen und spiritueller Formen seit jeher ein Merkmal des Pietismus. Auf der anderen Seite steht die Herausforderung, im Rückgriff auf eigene Wurzeln und Traditionen ein eigenes Profil zu entwickeln, das in der Gemeinschaftsbewegung von den

[43] Analog dazu Schweyer: „Vielleicht entsteht über die Zeit eine ‚freikirchlich-ökumenische Liturgik', die den Schatz freikirchlicher Traditionen mit ökumenischer Weite verbindet" (Freikirchliche Gottesdienste, 558).

unterschiedlichen Generationen als das „eigene“ empfunden wird. Kurzum: Es geht um Integration und „Anschlussfähigkeit“ auf der einen und um „Profilierung“ auf der anderen Seite.

Es geht weder darum, die Gottesdienste in der Gemeinschaftsbewegung denen einer der beiden Seiten anzugleichen, noch um eine Identität, die ausschließlich auf Alleinstellungsmerkmalen beruht.

Das Bemühen um eine ökumenische Anschlussfähigkeit erleichtert es darüber hinaus Menschen, die aus anderen liturgischen Traditionen kommen, in „Gemeinschaftsgottesdiensten“ Heimat zu finden. Diese Anschlussfähigkeit ist nach drei Richtungen hin zu denken: zum Gottesdienst in den evangelischen Landeskirchen, zur römisch-katholischen Messe und zum freikirchlichen Gottesdienst hin.

In diesem Spannungsfeld können Gottesdienste in der Gemeinschaftsbewegung ihr spezifisches Profil bewahren und weiterentwickeln, in dem unterschiedliche Traditionen und Elemente zu einem stimmigen Ganzen verbunden werden. Gegenwärtig sind es von der Tendenz her eher freikirchliche Elemente, die dadurch im Kontext der evangelischen Landeskirchen zur Geltung kommen.

Darin kann eine Stärke liegen: Die Gottesdienste landeskirchlicher Gemeinschaften können einen Beitrag dazu leisten, Christen mit freikirchlichem Hintergrund im Bereich der Landeskirche zu integrieren oder umgekehrt landeskirchlichen Christen, die freikirchliche Formen schätzen, entsprechende Erfahrungen innerhalb der Landeskirchen zu ermöglichen. Auf der anderen Seite kann das auch eine Begrenzung bedeuten, die umso stärker ist, je stärker milieuhafte Prägungen damit verbunden sind.

2. Im Blick auf die Zugehörigkeit zur Evangelischen Landeskirche steht die Gemeinschaftsbewegung vor der Herausforderung, die Entwicklung und Pflege eines eigenständigen Gottesdienstprofils zu verbinden mit einer erkennbaren Zugehörigkeit zur jeweiligen Landeskirche. Woran ist erkennbar, dass es sich um einen Gottesdienst einer Bewegung handelt, die sich als innerkirchlich versteht? „Innerkirchlichkeit“ ist dabei keineswegs mit einer Angleichung an landeskirchlich-agendarische Gottesdienste gleichzusetzen, schließt aber gleichwohl liturgische Fragen bis hin zur konkreten Gestaltung der Gottesdienste ein.

Darüber hinaus geht es um Haltungen und Einstellungen, in denen Gottesdienste vorbereitet und gefeiert werden. Ein Ausdruck der Verbundenheit und Zugehörigkeit kann die Fürbitte sein: Die Fürbitte für die jeweils andere(n) Gemeinde(n), ihren Dienst und ihre Anliegen. Jedenfalls sollte es nicht so sein, wie ein junger Erwachsener mit landeskirchlicher Prägung aus meinem näheren Umfeld nach mehreren Gottesdienstbesuchen in einer landeskirchlichen Gemeinschaft resümierte: „Sie sagen, sie gehören zur Landeskirche, aber man merkt nichts davon".

Die Innerkirchlichkeit bietet im Blick auf Gottesdienste Chancen und Herausforderungen: Es ist die Chance, das landeskirchlichen Repertoire an Gottesdienstformen durch eine weitere, eigenständige Form zu erweitern und damit Christen eine geistliche Heimat zu bieten und darüber hinaus Menschen zu erreichen, denen landeskirchliche Formen oder sogar Gottesdienste zuvor fremd waren.

Auch im gottesdienstlichen Bereich können die landeskirchlichen Gemeinschaften das „ergänzende" wie das „stellvertretende" Handeln neu entdecken und gestalten, indem sie in Zusammenarbeit mit den Landeskirchen und in Absprache mit ihnen Gottesdienste als bewusst *landeskirchliche* Gottesdienste feiern – als ein „Stück evangelischer Kirche in pietistischer Ausprägung"[44].

[44] Morgner, Geistliche Leitung als theologische Aufgabe, 281.

3. Vom Prediger zur (Gemeinschafts-)Pastorin

Hauptamtliche in der Gemeinschaftsbewegung

3.1 Historische Wegmarken

3.1.1 Prediger – Gemeinschaftspastor – Pastorin

Wie an anderen Stellen auch, stellen die zurückliegenden Jahrzehnte im Blick auf die hauptamtlichen Dienste in der Gemeinschaftsbewegung eine Zeit des grundlegenden Umbruchs dar: „Prediger wurden Pastoren“[1]. Die Änderung der Bezeichnung steht für einen weitreichenden Wandel, der eng mit dem Weg von der Gemeinschaft zur Gemeinde verbunden ist und meist parallel dazu verläuft.

Zugleich ist auch hier die Situation innerhalb der Gemeinschaftsverbände unterschiedlich: Es gibt nach wie vor Prediger und „Gemeinschaftspfleger“, die in Bezirken in mehreren örtlichen Gemeinschaften „am Wort dienen“ und bei denen der Schwerpunkt der Tätigkeit auf der Verkündigung liegt, ergänzt durch Besuche und Seelsorge. Auf der anderen Seite stehen (Gemeinschafts-)Pastorinnen und Pastoren, deren Dienst sich auf eine Gemeinde konzentriert und oft auch darauf beschränkt ist. Diese Konzentration führt zu Veränderungen im Dienst. Pointiert gesagt ist es die Schwerpunktverlagerung vom „Stundenhalter“ zum „Gemeindeentwickler“[2].

Beginnend mit einem Blick in die Geschichte sollen daran anschließend Veränderungen und Umbrüche der zurückliegenden Jahrzehnte in den Blick genommen werden, die auch in der Gegenwart weitergehen und gewissermaßen eine „Dauerbaustelle“ darstellen. Dabei geht es um Chancen und Grenzen, um gezielt erfolgte Neugestaltung und um deren „Nebenwirkungen“.

---

1 Hertlein, Dienst und Beruf des Taborbruders, 226.

2 Nach Gerhard Stolz (Inspektor des Hannoverschen Verbandes Landeskirchlicher Gemeinschaften), Präsentation zu einem Vortrag „Das Berufsbild eines Gemeinschaftspastors im HVLG“ (2021, unveröffentlicht).

Die Konzentration auf den Weg vom Prediger zum (Gemeinschafts-)Pastor bzw. zur Pastorin ist im Blick auf die Veränderungen und Herausforderungen sinnvoll, hat aber zur Folge, dass die anderen hauptamtlichen Dienste in der Gemeinschaftsbewegung hier zurücktreten.

Wir betreten damit ein Feld, zu dem es nur wenige Reflexionen gibt: „In den letzten Jahrzehnten sind die Fragen nach der Stellung und dem Dienst des Predigers […] kaum thematisiert worden“[3]. Neben einigen Einzelschriften[4] und internen Papieren erwähnenswert sind Anregungen in den Präsesberichten und der Zeitschrift der „Reichgottesarbeitervereinigung“ (RGAV, Berufsvereinigung der Hauptamtlichen im Gnadauer Verband) „Akzente“; ausführliche pastoraltheologische Reflexionen finden sich in der 2020 erschienenen Dissertation zu „Dienst und Beruf des Taborbruders“ von Kathinka Hertlein.

3.1.2 Ein Blick zurück: „Berufsarbeiter“, Sendboten, Evangelisten, Prediger und Gemeinschaftspfleger

Am Anfang der Gemeinschaftsbewegung stand eine Vielgestaltigkeit der haupt- und ehrenamtlichen Dienste, für die eine Vielzahl von Bezeichnungen verwendet wurde. Es gab „Sendboten“, „Evangelisten“, „Berufsarbeiter“, „Reichsgottesarbeiter“ und weitere Dienste. Die „Sendboten“ etwa standen in der Tradition der Herrnhuter und waren oft reisend unterwegs zu Verkündigungsdiensten. Daraus entstanden nicht selten neue Gemeinschaften.

Mit der Gründung der „Evangelistenschule Johanneum“ 1883 in Bonn begann die Ausbildung von Hauptamtlichen innerhalb der damals formierenden Gemeinschaftsbewegung, als deren Beginn die Gnadauer Pfingstkonferenz 1888 betrachtet wird.

Die Bezeichnungen der nach und nach gegründeten Ausbildungsstätten zeigen, dass Mission und Evangelisation programmatisch als primäre Zielsetzungen hervorgehoben werden: Neben der „Evangelistenschule Johanneum“ stehen das „Theologische Seminar der Liebenzeller Mission“ (seit 1899), die „Missionsschule Unterweissach“ (seit 1948, zuvor in Bahnau/Ostpreußen, gegründet 1906) und das „Brüderhaus Tabor, Seminar für innere und äußere Mission“ (Gründung 1909).

Wie kam es dann zum „Prediger“? „Der ‚Prediger‘ als hauptamtlicher Mitarbeiter in einer bestimmten Region bildete sich erst mit der stärkeren Strukturierung der Gemeinschaftsbewegung Anfang dieses Jahrhunderts [des 20. Jh.] heraus […] Etwa um 1910 hat sich der Stand des Predigers

3 Schneider, Bruderschaft und Dienstgemeinschaft, 328-329.

4 Z. B. Siehler, Leiten von geistlichen Leitern.

innerhalb der Gemeinschaftsbewegung so gebildet und durchgesetzt, wie er noch heute in den Grundzügen zur Gemeinschaftsbewegung gehört"[5].

Die Bezeichnung „Prediger" zeigt, was als die Hauptaufgabe gesehen wurde: Das Predigen, die Verkündigung und Auslegung des Wortes Gottes. Diese erfolgte in Gemeinschaftsstunden, bei Konferenzen, Bibelwochen und Evangelisationen. Die Bezeichnung stellt zugleich die Verbindung zwischen dem reisenden „Evangelisten" und dem ortsgebundenen „Gemeinschaftspfleger" dar. Zugleich trägt sie dem Tatbestand Rechnung, dass in der Realität der sich auch organisatorisch festigenden Gemeinschaftsbewegung der Aspekt der Gemeinschaftspflege gegenüber der nach wie vor stattfindenden Evangelisation überwog. Weitere Bezeichnungen, die die Aspekte der Evangelisation und der Gemeinschaftspflege einschließen, sind „Berufsarbeiter" und „Reichsgottesarbeiter".

Innerhalb der „Reichsgottesarbeiter" in den unterschiedlichen Gemeinschaftsverbänden – der Zusammenschluss der Hauptamtlichen in der Gemeinschaftsbewegung nennt sich bis heute „Reichsgottesarbeitervereinigung" (RGAV) – gab und gibt es bis heute beträchtliche Unterschiede in der Ausbildung, in den Aufgaben – und nicht zuletzt in der (in der Regel nicht gerade fürstlichen) Entlohnung. Neben den lange Zeit ausschließlich männlichen Predigern und Evangelisten entwickelte sich eine Vielfalt von Berufen in der Diakonie, in der Jugendarbeit und in anderen Diensten, in denen auch Frauen beteiligt waren. Insbesondere die Diakonissen stellen einen eigenen „Stand" dar, der lange Jahre in Diakonie und Verkündigung eine wichtige Rolle in der Gemeinschaftsbewegung spielte.

3.1.3 Das Selbstverständnis: „Bruder unter Brüdern"

Von den Ursprüngen her ist das Selbstverständnis eines Predigers das eines „Bruders unter Brüdern". Beim „Reichsgottesarbeiter" stehen nicht anstellungsrechtliche Fragen und die Besoldung im Vordergrund, sondern das Vertrauen auf Gott, mit allem Nötigen versorgt zu werden (vgl. Mt 6,33). Ausgangpunkt sind nicht formale Qualifikationen und Abschlüsse, sondern die Erfahrung der Bekehrung und Berufung.

Dieses Selbstbild ist auch in den „Leitlinien für den Dienst des Predigers in der Gnadauer Gemeinschaftsbewegung" erkennbar, die von der Gnadauer Mitgliederversammlung 1987 verabschiedet wurde: „Das biblische Zeugnis vom allgemeinen Priestertum bestimmt Wesen und Auftrag der Gemeinschaftsbewegung. Der Prediger hat mit seiner Berufung und Beauftragung besondere Verantwortung in Verkündigung und Seelsorge und

[5] Schneider, Bruderschaft und Dienstgemeinschaft, 324.325.

ist zugleich als Bruder unter Brüdern eingebunden in die Lebens- und Dienstgemeinschaft seines Arbeitsbereiches“[6].

Theo Schneider formuliert 1988 *„Leitlinien für den Dienst des Predigers“*[7].

1. Dienst am Wort als wesentlicher Dienst.
2. Zurüstung von Mitarbeitern nach Eph 4,12 – nicht alles soll alleine durchgeführt werden.
3. „Eingebunden in die brüderliche Leitung der Arbeit“.
4. Nähe und Distanz zu den Brüdern und Schwestern.
5. Ja zur „Platzanweisung“ der Gemeinschaftsbewegung.
6. Freimachen vom Vergleich mit dem Pfarrer, demgegenüber Konzentration auf die Schwerpunkte der Gemeinschaftsbewegung als „eigenem Standort“.
7. Trotz eines unklaren „Status“ trägt die Berufung.
8. Missionarische Impulse, evangelistische Verkündigung, Schulung der Mitglieder für die permanente missionarische Arbeit.

„Bruder unter Brüdern“ zielt auf ein gleichrangiges Nebeneinander. Jeder dient mit seinen Begabungen. Wenn jemand besondere Begabungen in der Verkündigung hat, soll er daher die Möglichkeit haben, seine Begabungen verstärkt einzubringen, indem er von der Erwerbsarbeit freigestellt und zum „Berufsarbeiter“ wird. Dadurch ändert sich aber nicht der Status innerhalb der Gemeinschaft, auch die hauptberuflich durchgeführte Verkündigungstätigkeit ist nicht mit einem „Amtsdenken“ verbunden, sondern erfolgt auf der Grundlage des allgemeinen Priestertums.

Dieses Selbstverständnis als „Bruder unter Brüdern“ erfährt in der Realität eine Begrenzung und Einschränkung bereits durch die Sonderstellung als bezahlter „Berufsarbeiter“. Neben das brüderliche Miteinander treten Fragen nach Anstellungsrecht, Dienstaufsicht, Weisungsbefugnis usw. Das angestrebte Miteinander kann dadurch überlagert werden und durch unterschiedliche Interessen und zu Reibungs- und Konfliktfeldern führen.

Je nach Anstellungsverhältnis und (Mit-)Finanzierung der Stelle des Hauptamtlichen durch die örtliche Gemeinde kann auch unterschwellig die Frage nach der Gestaltung des Dienstes bis hin zur Effizienz und zum Erfolg eine Rolle spielen. Verkürzt ist es die Frage: „Ist er sein Geld wert?“

Dass das Ideal des brüderlichen Miteinanders auf der örtlichen wie überörtlichen Ebene eine enorme persönliche Herausforderung darstellt und mit einem Konfliktpotenzial verbunden sein kann, das zur Anfechtung werden kann, lässt eine Äußerung von Theo Schneider erahnen: „Die Zusammenarbeit mit Pfarrern wie auch manchmal mit Gemeinschaftsleitern

---

[6] Zit. Nach Schneider, Bruderschaft und Dienstgemeinschaft, 311.

[7] Schneider, Bruderschaft und Dienstgemeinschaft, 327-329 (hier gekürzt wiedergegeben).

und Verantwortlichen der Gemeinschaftsbewegung verlangte oft ein besonderes Maß an Demut“[8].

Das gilt auch für das „Sendungsprinzip“. Damit konnten „Entsendungen“ gemeint sein, die darin bestanden, dass den Betroffenen ohne vorherige Rücksprache Stellen zugewiesen wurden. „Berufung und Sendung“[9] und nicht eigene Interessen und Fragen der Vergütung sollten im Vordergrund stehen – das konnte zu Strukturen führen, bei denen Demut ihrem eigentlichen Wesen widersprechend von außen eingefordert wurde.

Die meist ehrenamtlichen Gemeinschaftsleiter auf der örtlichen Ebene bzw. im Bezirk waren oftmals weisungsbefugt gegenüber den Predigern. Das obige Zitat lässt auch hier erahnen, dass die Fähigkeit, den besonderen Charakter des Predigerdienstes zu verstehen und bis hin zur persönlichen und familiären Situation der Betroffenen angemessen damit umzugehen, nicht überall vorhanden war und ist.

3.1.4 Hauptamtliche und allgemeines Priestertum

Prediger gehören zum Weg der Gemeinschaftsbewegung, aber gleichzeitig war das Aufkommen hauptamtlicher Dienste in einer Bewegung, die sich das „allgemeine Priestertum aller Gläubigen“ auf die Fahnen geschrieben hatte, von Anfang an ambivalent und durchaus umstritten. Umstritten deshalb, weil sich mit jeder Anstellung eines theologisch ausgebildeten Hauptamtlichen die Frage stellt, wie sich die Ausweitung der Zahl der Hauptamtlichen und das angestrebte allgemeine Priestertum zueinander verhalten[10].

Ich selbst erinnere mich noch, wie meine Eltern von einem „Bruder“ berichteten, der die „Gemeinschaftspfleger“ bzw. „Prediger“ pointiert als „Tod der Gemeinschaftsbewegung“ bezeichnete. Was er damit meinte, ging mit erst später auf: Es war keine grundsätzliche Ablehnung der Dienste oder der Personen von „Gemeinschaftspflegern“, sondern bezog sich auf das strukturelle Dilemma, dass eine Bewegung, die grundsätzlich und programmatisch auf den Dienst von Ehrenamtlichen und das allgemeine Priestertum setzt, zugleich auf Hauptamtliche angewiesen ist – und damit Gefahr läuft, dass die Hauptamtlichen die Ehrenamtlichen zurückdrängen oder in einzelnen Fällen sogar ersetzen. Ein Blick auf die zurückliegenden Jahrzehnte zeigt, dass diese Gefahr nicht von der Hand zu weisen ist.

---

[8] Schneider, a. a. O., 326.

[9] „Berufen und gesandt“ war auch die langjährige Bezeichnung des Magazins der Studien- und Lebensgemeinschaft Tabor (Marburg/Lahn).

[10] Während „Hauptamtlichkeit“ und „Ehrenamtlichkeit“ soziologische Kategorien darstellen, handelt es sich beim allgemeinen Priestertum um eine theologische Kategorie.

> Dass die Gemeinschaftsbewegung nicht ohne Hauptamtliche auskommt, sah der Gießener Professor und spätere Liegnitzer Generalsuperintendent Martin Schian bereits in den 1920er-Jahren, wenn er angesichts der Kritik am „Pfarramt" nicht zuletzt durch „radikalere Kreise aus der Gemeinschaftsbewegung" bemerkt, diese selbst liefere „den Beweis, daß es ohne ein Amt nicht geht; überall sind festangestellte, oft besonders vorgebildete Evangelisten, die häufig auch als Prediger bezeichnet werden, an die Spitze der Gemeinschaften gestellt und mit der regelmäßigen Wortverkündigung beauftragt"[11].

Theo Schneider, langjähriger Generalsekretär des Gnadauer Verbandes, formulierte es 1988 so: „Heute muß man im Rückblick betonen, daß der Dienst der Prediger und damit auch die Ausbildungsstätten unverzichtbar zum Weg und zum Wesen der Gemeinschaftsbewegung gehören. Die Erfahrungen in den ersten Jahrzehnten haben eindrücklich belegt, dass auch eine Bewegung, die sich dem allgemeinen Priestertum verpflichtet weiß, einen bestimmten Stamm an hauptamtlichen Mitarbeitern benötigt. Nicht das Entstehen eines neuen ‚Standes' innerhalb der Gemeinschaftsbewegung ist zu kritisieren, sondern die Einbindung dieser Mitarbeiter in die ‚Dienstgemeinschaft' ist die Herausforderung, vor der die Gemeinschaftsbewegung immer neu steht"[12].

Letztlich beruht die Entwicklung hin zu mehr Hauptamtlichkeit nicht auf einer theologischen, sondern einer soziologischen Notwendigkeit, die in der Gegenwart mit dem Stichwort „Professionalisierung" gekennzeichnet werden kann. Notwendigkeiten der Organisationsentwicklung machen auch vor den Gemeinschaften nicht halt, insbesondere dann, wenn es nicht nur um eine Gemeinschaftsstunde in einem privaten Wohnzimmer geht, sondern um eine Gemeinde mit hundert oder mehr Mitgliedern. Sie erstecken sich auf die pastoralen Dienste ebenso wie auf die Kompetenzen, die im Blick auf die Leitung und Gemeindeentwicklung notwendig sind.

Das Spannungsfeld zwischen dem Ausgangspunkt und Ideal des „Bruders unter Brüdern" und der unumgänglichen Professionalisierung lässt sich nicht auflösen, sondern bedarf einer angemessenen Gestaltung. Was aber kann getan werden, dass der Unterschied zwischen Haupt- und Ehrenamtlichen sich nicht zu Gegensätzen verfestigt, sondern eher verflüssigt wird? Ein wichtiger Beitrag dazu besteht darin, dass bis in die Gegenwart

---

[11] Schian, Grundriß der Praktischen Theologie, 37. – Eine weitere „Bedrohung" bringt Theodor Jellinghaus nach der Darstellung von Paul Fleisch bei der zweiten Gnadauer Pfingstkonferenz 1890 zur Sprache: „Stellte man aber Laienprediger mit Gehalt für alle Gemeinschaften an, dann wäre eine Separation nur noch eine Frage der Zeit" (Fleisch, Gemeinschaftsbewegung, 100, s. auch die Anm. dort).

[12] Schneider, Bruderschaft und Dienstgemeinschaft, 325.

immer wieder die Förderung des allgemeinen Priestertums bzw. in Anlehnung an Eph 4,12 die „Zurüstung von Mitarbeitern“[13] als eine der wesentlichen Aufgaben der „Berufsarbeiter“ bzw. Prediger dargestellt wird.

3.2 Veränderungen durch den Weg von der Gemeinschaft zur Gemeinde

Der Weg von der Gemeinschaft zur Gemeinde stellt auch den wichtigsten Faktor für den Weg vom Prediger zum (Gemeinschafts-)Pastor dar; beide Entwicklungen verliefen weithin parallel und bedingen einander wechselseitig. Hinzu kommen weitere interne und externe Faktoren, zu letzteren zählen gesellschaftliche Entwicklungen. So weist etwa die Öffnung des Prediger- bzw. Pastorenberufs für Frauen keinen erkennbaren Bezug zu dieser Entwicklung auf, fällt aber in dieselbe Zeit.

3.2.1 Eine neue Berufsbezeichnung: „(Gemeinschafts-)Pastor“ statt „Prediger“

Zunächst hat die Veränderung vom „Prediger“ zum „Gemeinschaftspastor“ bzw. „Pastor“ einen realen Hintergrund, der mit dem Weg von der Gemeinschaft zur Gemeinde zusammenhängt: Aus dem Prediger, dessen Hauptaufgabe in der Wortverkündigung in meist mehreren Gemeinschaften bestand, wurde der (Gemeinschafts-)Pastor, bei dem zur Verkündigung zunehmende weitere Aufgaben im pastoralen Dienst hinzutraten.

Eine Rolle spielt auch die zunehmend problembehaftete öffentliche Resonanz der Bezeichnung „Prediger“, die in Richtung „Hassprediger“ gehen kann[14]. Das verstärkt die Notwendigkeit der Suche nach einer angemessenen, auch nach außen hin vermittelbaren und verständlichen Bezeichnung.

Im Unterschied zum Prediger ist der „Pastor“ nach außen hin eher verständlich durch die Verwendung für Geistliche von etablierten Religionsgemeinschaften. Je nach Region können dabei vor allem freikirchliche Geistliche im Blick sein, so eher in Süddeutschland, wo „Pfarrer“ das landeskirchliche Pendant darstellt. Im Norden hingegen werden auch landeskirchliche Pfarrerinnen und Pfarrer meist „Pastor“ bzw. „Pastorin“ genannt. Diese Klarheit nach außen darf im Blick auf die Akzeptanz des

---

[13] Bei Schneider, Bruderschaft und Dienstgemeinschaft, 327 an zweiter Stelle nach dem „Dienst am Wort“ genannt. Eine Sammlung von Belegen findet sich bei Drechsel, Gemeindeverständnis, 23-25.

[14] Bei der Begriffsklärung in Wikipedia wird neben fünf anderen Bedeutungen auch der „Hassprediger“ genannt (Art. Prediger). Auf der anderen Seite wird die Bezeichnung „Predigerseminar“ im landeskirchlichen Kontext weiter verwendet.

Dienstes nicht unterschätzt werden. Dies betrifft die Positionierung innerhalb der Evangelischen Kirche, innerhalb der Ökumene ebenso wie im öffentlichen Leben. Innerkirchlich etwa ist es der Wunsch nach Augenhöhe mit dem Pfarrer angesichts der oftmals leidvollen Erfahrung, nur als „zweitklassig" betrachtet zu werden.

Darin liegt ein weiterer Grund dafür, dass aus dem Prediger weithin der „Gemeinschaftspastor" wurde. In dieser Bezeichnung ist zwar die Berufsangabe „Pastor" identifizierbar, aber nach außen bleiben Fragen: Was ist ein „Gemeinschaftspastor"? Aus diesem Grund wurde aus dem „Gemeinschaftspastor" vielfach einfach der „Pastor" (bzw. die Pastorin). An dieser Stelle gibt es freilich ein rechtliches Problem: In Deutschland ist die Bezeichnung „Pastor" gesetzlich geschützt; sie ist gebunden an Einrichtungen des öffentlichen Rechts. Das ist den Gnadauer Verantwortlichen durchaus bewusst, gleichwohl wird die Bezeichnung „Pastor" weithin verwendet[15].

Zur Außenperspektive tritt die Frage nach einer angemessenen Bezeichnung innerhalb der Gemeinschaften, wo auch der Wunsch nach einem klaren Status vorhanden ist – sowohl im Blick auf die Mitglieder der Gemeinschaft als auch auf die Betroffenen selbst.

Durch die Bezeichnung „Pastor" bzw. „Pastorin" erfolgte gegenüber dem vorangehenden „Prediger" eine Annäherung an den Dienst von Pfarrerinnen und Pfarrern, die stärker die Gemeinsamkeiten im Blick auf den pastoralen Dienst in den Vordergrund stellt.

Zuvor waren es eher die Unterschiede, die auch durch die unterschiedlichen Bezeichnungen zum Ausdruck kamen. Dazu zählen die Unterschiede im Selbstverständnis und im Zugangsweg: Während der Weg ins Pfarramt über ein akademisches Universitätsstudium über die Ordination in den kirchlichen Dienst führt, geht es beim Prediger der Gemeinschaftsbewegung zuerst um Bekehrung, Berufung und Bewährung. Die theologische Ausbildung gewann zunehmend an Gewicht, aber die Erfahrung der persönlichen Berufung hat bis in die Gegenwart eine herausragende Bedeutung.

Auch die Frage nach dem Berufsprofil der Ausbildungsgänge an den jeweiligen Ausbildungsstätten spielt hier eine Rolle. Beim „Prediger" steht im Vordergrund klar die Wortverkündigung: In Gemeinschaftsstunden/Bibelstunden, in Bibelwochen, je nach Begabung auch bei Evangelisationsveranstaltungen. Andere Aufgabenbereiche wie Jugendarbeit, Seelsorge u. ä. kamen durchaus vor, aber profilbildend blieb der „Prediger"; auf Schriftauslegung und Verkündigung lag daher auch der Schwerpunkt an den Ausbildungsstätten. Bei nach wie vor starkem Akzent auf verkündenden

[15] In dieser Arbeit verwende ich beide Bezeichnungen ohne Bedeutungsunterschied.

Tätigkeiten erfolgt hier seit einigen Jahren ein Übergang zu weiteren pastoralen Bereichen der Gemeindearbeit einschließlich leitender Aufgaben.

3.2.2 Predigerinnen und Pastorinnen

In die zurückliegenden Jahrzehnte fallen auch Veränderungen im Blick auf den Dienst von Frauen. Es begann mit der Öffnung von bisher auf Männer beschränkten Ausbildungsgängen an den Gnadauer Ausbildungsstätten für Frauen; ein großer Teil der Gemeinschaftsverbände öffnete nach und nach auch den Prediger- bzw. Pastorenberuf für Frauen. Tendenziell taten sich diejenigen Bereiche der Gemeinschaftsbewegung, in denen zuvor Diakonissen mit leitenden und verkündigenden Diensten beauftragt waren, leichter damit als andere.

Mit den Pastorinnen kommen weitere Fragen hinzu, die in anderen Bereichen unter dem Thema der „Feminisierung“ von Berufen erörtert werden. Es sind u. a. die Fragen nach Rollenmustern und Geschlechtergerechtigkeit, nach dem öffentlichen Image, nach der Vereinbarkeit von Beruf und Familie und anderes mehr.

3.2.3 Veränderte Aufgaben und Dienste

Gerhard Stolz, Inspektor im Hannoverschen Verband Landeskirchlicher Gemeinschaften (HVLG), skizziert das „frühere“ Berufsbild eines Predigers in Stichworten so[16]:

- Primär: „Stundenhalter“ und Seelsorger. Damit hatte er eine unterstützende Funktion für die ehrenamtlichen Verkündiger.
- Beauftragt für einen Bezirk, meist mit mehreren Gemeinschaftskreisen und bis zu 15 Bibelstundenkreisen.
- Eine theologische Ausbildung an einer von Gnadau anerkannten Ausbildungsstätte war in der Regel Einstellungsvoraussetzung.
- Prinzipiell war ein hauptamtlicher Mitarbeiter in jeder Gemeinde einsetzbar, da das Anforderungsprofil fast immer identisch war und meist gar nicht formuliert wurde.

Bei einer Gemeinschaft, die in enger Kooperation mit der landeskirchlichen Gemeinde arbeitet, stellt der Dienst des Predigers eine Ergänzung dessen dar, was in den Kirchengemeinden geschieht – daher die Rede vom „ergänzenden Dienst“: Gottesdienste, Kasualien und weitere Bereiche der Gemeindearbeit werden von der landeskirchlichen Gemeinde wahrgenommen. Das bedeutet zunächst eine Entlastung für den Dienst des Predigers: Er braucht das nicht alles auch wahrnehmen, er kann sich etwa

[16] S. o. S. 35 u. Anm. 2.

konzentrieren auf „Evangelisation und Gemeinschaftspflege“ als Grundanliegen der Gemeinschaftsbewegung.

Fällt hingegen der Bezug zur landeskirchlichen Gemeinde weg und wird aus dem „ergänzenden“ ein „stellvertretender“ und damit quasi „ersetzender“ Dienst, weitet sich der Zuständigkeits- und Anforderungsbereich für die Hauptamtlichen der Gemeinschaft. Das hängt damit zusammen, dass vor allem Tätigkeitsfelder dazukommen, die in der Landeskirche von Pfarrerinnen und Pfarrern versehen werden, allen voran Kasualien und Konfirmandenarbeit.

Ebenfalls ausgeweitet werden *Aufgaben in Organisation und Leitung.* Das ist insbesondere dort der Fall, wo sich die Gemeinschaftsarbeit auf einen Ort konzentriert. Sofern die damit zusammenhängenden Aufgaben nicht von Ehrenamtlichen wahrgenommen werden, landet vieles davon beim Pastor. Dieser hat sich verstärkt mit Fragen von Gemeindeleitung und Organisation, von Gemeindestruktur und Mitgliedschaft, von Finanzen und Gebäude, Versicherungs- und Personalfragen einschließlich der Anstellungsfragen zu befassen. In der Corona-Zeit kamen die ständig wechselnden Vorgaben und Hygienepläne dazu.

Schon diese Skizze lässt die Differenz zum früheren Prediger erahnen, der in organisatorischer Hinsicht eher mit „leichtem Gepäck“[17] unterwegs war. Mit den Veränderungen durch den Weg von der Gemeinschaft zur Gemeinde rückt das Aufgabenfeld eines Gemeinschaftspastors mehr oder weniger an das eines freikirchlichen Pastors heran.

Angesichts der wachsenden Komplexität des Dienstes eines Pastors wird es zunehmend schwierig, die *Vorgesetztenfunktion von Ehrenamtlichen* wahrnehmen zu lassen, sofern diese nicht aus eigener professioneller Tätigkeit die entsprechenden Qualifikationen haben.

Auch hier sind Verschiebungen offensichtlich: In früherer Zeit war der Dienst eines Predigers durch die Verkündigung in Gemeinschaftsstunden, ergänzt durch Jugendarbeit, Seelsorge usw., verhältnismäßig klar strukturiert. Dieser Dienst hatte sein Umfeld durch Ehrenamtliche, Bezirksvorsitzende und den Inspektor. Mancherorts kamen landeskirchliche Pfarrer und Diakonissen dazu. Dieses kommunikative Umfeld hatte eine strukturierende Wirkung, die in den neuen gemeindlichen Strukturen weitgehend weggefällt. Die Selbständigkeit als „Gemeinde“ hat vielerorts auch zu einem erhöhten Selbstbewusstsein geführt – gegenüber der Landeskirche, teilweise auch gegenüber dem eigenen Verband. Es entsteht dadurch die paradoxe Situation, dass der Bedarf an Aufsicht zwar gestiegen ist, die faktisch wahrgenommene Aufsicht hingegen eher zurückgegangen ist und

[17] Zu diesem Bild s. u. Kap. 10.2.

somit ein Vakuum hinterlassen hat. Formal sind Fragen der Aufsicht durch Inspektoren oder Regionalverantwortliche geregelt. Ob gewährleistet wird, dass notwendige Eingriffe von außen wirklich erfolgen, ist eine andere Frage. Das kann dazu führen, dass Pastoren sich in der Rolle von als lokalen „Fürsten" gefallen – oder dass sie im anderen Extrem örtlichen Familienclans und „Kleinfürsten" ausgeliefert sind.

Zugenommen hat auch die Aufgabe, die *Gemeinde nach außen zu repräsentieren und zu vernetzen*[18]. Die Gemeinschaft als Teil der Kirchengemeinde konnte sich auf die Beziehungspflege zur Kirchengemeinde und zur örtlichen Evangelischen Allianz beschränken. Mit der Gemeindewerdung steigt der Bedarf, denn die Gemeinschaft ist nicht mehr automatisch durch die Evangelische Kirche mit vertreten. Das betrifft Anlässe im öffentlichen Leben ebenso wie etwa die Mitgliedschaft in der ACK (Arbeitsgemeinschaft Christlicher Kirchen). Außerdem: Soll die Gemeinschaftspastorin auch bei den Jahresversammlungen der Vereine ihre Anwesenheit zeigen? Soll sie auf ein Grußwort bestehen, wenn ein katholischer Priester oder freikirchlicher Pastor eingesetzt wird? Wenn eine Gemeinschaft nicht nur ein Nischendasein fristen will, kommt sie an der Frage der Repräsentation nach außen, der öffentlichen Wahrnehmbarkeit und der Vernetzung nicht vorbei.

3.3 Geistliche Berufung und weltlicher Beruf

3.3.1 Die Berufsförmigkeit des Pastorenberufs

Ausgangspunkt war das Verständnis als „Bruder unter Brüdern". Die Veränderungen der zurückliegenden Jahrzehnte können auch unter dem Aspekt der Entwicklung zu einer zunehmend berufsförmigen Gestaltung des Prediger- bzw. Pastorenberufs betrachtet werden. Neben das Vertrauen auf Gott und die Bereitschaft, sich senden zu lassen, kommen ganz konkrete Fragen in den Blick:

- Es geht um Ausbildung und Abschluss – welche Bildungswege werden vorausgesetzt und anerkannt?
- Es geht neben der Erfahrung einer Berufung zunehmend auch um Fragen der persönlichen Eignung, sowohl im Blick auf die Persönlichkeit als auch auf Kompetenzen.
- Auf der einen Seite steht das Sendungsprinzip, auf der anderen Seite die Frage nach der Vereinbarkeit von Beruf und Familie, nach Dienstzeiten,

[18] S. u. Kap. 6.

> Privatleben und ehrenamtlichem Engagement, nach freien Tagen und nach Urlaub.

Der Verdienst von Hauptamtlichen in der Gemeinschaftsbewegung war noch nie üppig. Was sich als tragend erwies, war weder die Höhe der Entlohnung noch das gesellschaftliche Prestige, sondern die Berufung und die Erfahrung von Resonanz innerhalb der Gemeinschaft: Das Vorrecht, das Evangelium zu verkündigen und Menschen geistlich zu begleiten.

Wenn hier „Störfaktoren“ dazutreten, kann es dazu führen, dass der „package deal“, das „Gesamtpaket“ von Ansprüchen und Zumutungen auf der einen und Gratifikationen auf der anderen Seite in eine Schieflage kommt.

So schwindet bei Hauptamtlichen zunehmend die Bereitschaft, eine (zu) niedrige Bezahlung einfach klaglos hinzunehmen – insbesondere dann, wenn sie in der Gemeinschaft von gut Verdienenden umgeben sind. Die Folge ist nicht selten ein Wechsel auf andere, besser bezahlte Stellen. Gemeinschaften können nicht nur auf die Motivation der Hauptamtlichen setzen, sie tragen Verantwortung auch in Fragen der Bezahlung und Absicherung, ebenso im Bereich beruflicher Fort- und Weiterbildung. Man kann es als Element der Marktwirtschaft in der Gemeinschaftsbewegung betrachten: Wer gute Leute will, muss sie angemessen bezahlen und attraktive Arbeitsbedingungen schaffen.

Hinzu kommt das Spannungsfeld von eigener Berufung auf der einen, Erfahrungen von Schwierigkeiten und Konflikten in der beruflichen Tätigkeit auf der anderen Seite. Wie weit tragen die Berufung und die damit verbundene eigene Motivation? Wann ist eine berufliche Umorientierung angesagt? Dass hier Handlungsbedarf besteht, zeigt allein die Tatsache, dass zehn bis zwanzig Jahre nach der Ausbildung nur noch ein Bruchteil der Absolventinnen und Absolventen im vollzeitlichen geistlichen Dienst ist[19].

Der frühere Prediger war für einen ganzen Bezirk verantwortlich. Die einzelnen Mitarbeiterinnen und Mitarbeiter vor Ort konnten daher den Dienst des Predigers immer nur partiell wahrnehmen. Der Dienst an den übrigen Orten im Bezirk und damit in der Regel der größte Teil des Dienstes lag außerhalb ihres direkten Blickfeldes. Eine Übersicht über den gesamten Dienst hatte allenfalls das Bezirksgremium („Bezirksarbeitskreis“ o. ä.). Mit der Gemeindewerdung und der Konzentration der Gemeinschaftsarbeit auf einen Ort wird die Arbeit der Hauptamtlichen

[19] Verlässliche Zahlen müssten erst über die Ausbildungsstätten erhoben werden. Vorhandene Wahrnehmungen rechnen mit etwa einem Viertel, dass längerfristig im Gemeindedienst oder einem anderen Dienst steht, der eine theologische Qualifikation voraussetzt.

transparenter: Ein beträchtlicher Teil des Dienstplans ist gewissermaßen über die Gemeindenachrichten bzw. den Gemeindebrief einsehbar und wird damit leichter vergleichbar und auch kritisierbar. Leicht wird übersehen, dass ein Dienst nicht nur aus öffentlich bekannten Terminen besteht, sondern eben auch und im Falle von Pastorinnen und Pastoren zunehmend von Vorbereitungs- und Verwaltungsarbeit, von Einzelgesprächen, Besuchen und Sitzungen.

Im Vergleich mit dem Dienst einer landeskirchlichen Pfarrerin hat letztere noch zusätzlich Religionsunterricht, deutlich mehr Kasualien und oft auch noch Verwaltung. Rechnet man die Veranstaltungen eines Gemeinschaftspastors zusammen und vergleicht den Umfang mit dem Lehrdeputat einer Lehrerin, so kann im Blick auf den Umfang ein Rechtfertigungsdruck entstehen. Das ist glücklicherweise mehr die Ausnahme als die Regel, aber im Fall von Konflikten macht sich leicht eine „Hermeneutik des Verdachts" breit. Das ist mit ein Grund, weshalb Dienstpläne mit Zeitbudgets für Hauptamtliche erstellt werden.

3.3.2 Das Miteinander von Haupt- und Ehrenamtlichen

Die Tatsache, dass Hauptamtliche in der Gemeinschaftsbewegung über Spenden finanziert werden, führt in das Spannungsfeld von Erwartungen und Verpflichtungen. Wer Geld für den Hauptamtlichen vor Ort spendet, verbindet damit Erwartungen, auch wenn die Geldflüsse nicht direkt, sondern über den Verband erfolgen. Erwartungen haben eine durchaus positive Seite. Es ist niemandem zu wünschen, einen Dienst antreten zu müssen, mit dem niemand Erwartungen verbindet. Wo Erwartungen erfüllt oder sogar übertroffen werden, kann das positive Auswirkungen haben und vor allem dazu führen, dass dem Hauptamtlichen viel Vertrauen entgegengebracht wird.

Erwartungen können aber auch eine Kehrseite haben und zum Druck führen, den Erwartungen zu entsprechen. Das kann explizit in Form von Unzufriedenheit geäußert werden, das kann auch der gefühlte Druck sein, den Erwartungen entsprechen zu müssen.

Zu Konflikten kann beitragen, wenn Ehrenamtliche wenig Einblick in und Verständnis für die Eigenart des Dienstes Hauptamtlicher haben. Eine Einschätzung der für die mit einzelnen Diensten verbundenen Zeitaufwendungen ist für sie schwierig. Auf der anderen Seite „wirkt eine zu starke Abgrenzung hauptamtlicher Arbeitszeit konfliktfördernd"[20].

---

[20] Siehler, Feier-Abend 3.

Entscheidend in diesem Spannungsfeld ist ein gegenseitiges Vertrauen: Auf der Seite der Ehrenamtlichen das Vertrauen, dass der Hauptamtliche der mit seinem Dienst verbundenen Freiheit und Verantwortung gerecht wird. Auf Seiten eines Pastors bedeutet Vertrauen, dass Gemeindeglieder seinen Dienst nicht nur finanziell ermöglichen, sondern ihn auch wohlwollend in allen Belangen des Dienstes unterstützen und begleiten.

Vertrauen ist ein fragiles Gut, das von vertrauensfördernden und vertrauenserhaltenden Erfahrungen lebt. Im Konfliktfall zeigt sich, ob und wie weit es trägt. Das wechselseitige Vertrauen ist vergleichbar mit einem Konto: Wo durch vertrauensbildende und -fördernde Maßnahmen ein hoher Kontostand da ist, bleibt dieser auch bei einzelnen „Abhebungen" im Plus. Bei einem niedrigen Kontostand kann eine einzelne Abhebung zu einem „Minus" führen, das den gesamten Dienst infrage stellt.

Es geht um die Qualität einer Beziehung: „Vertrauen ist nicht selbstverständlich, es muss und wird sensibel erarbeitet. Entscheidend wird sein[,] ob die Gemeinde spürt, dass ihr Hauptamtlicher sie liebt"[21]. Das ist mehr als die quantitative Frage nach geleisteten Stunden im Dienst, aber das „Spüren" schließt gleichwohl die zeitliche Dimension ein. Umgekehrt zeigt sich Vertrauen in den Dienst der Pastorin dadurch, dass eine Gemeinde Verständnis etwa für angespannte familiäre Situationen hat, in denen ihre Arbeitskraft zeitweise eingeschränkt ist. Wo hingegen die Sorge, zu viel zu tun, dazu führt, dass ein Hauptamtlicher vor allem im Modus der Abgrenzung lebt, wird Vertrauen eher beeinträchtigt als gestärkt.

Ein anderer möglicher Gradmesser für die Qualität einer Beziehung ist die wechselseitige Zufriedenheit. Wo für den Pastor das Verhältnis von Aufwand und Ertrag ausgeglichen oder „im Plus" ist, stellt sich bei ihm Zufriedenheit ein. Dabei zählen zum Aufwand nicht nur die Zeit, sondern auch Engagement und „Herzblut". Dabei ist der Ertrag nicht nur finanziell zu fassen, sondern schließt Resonanzen jeglicher Art ein, darunter auch die Wertschätzung, die der Dienst erfährt. Umgekehrt entsteht Zufriedenheit auch auf Seiten der Gemeinde kaum allein durch den Ausweis eines Zeitbudgets oder durch sichtbare Erfolge, sondern durch die Wahrnehmung des Dienstes insgesamt. Dabei spielen persönlich wahrgenommene Zuwendung und Wertschätzung eine wichtige Rolle.

3.3.3 Regelungen zur Arbeitszeit

> „Der Hauptamtliche arbeitet nicht in einem Job, sondern er lebt seine Berufung. Hauptamtlicher sein heißt Leben im vollzeitlichen Dienst. Das

[21] Siehler, Feier-Abend, 6.

> bedeutet, ein Hauptamtlicher ist von der Sorge um sein Einkommen freigestellt, damit er sich ganz dem Dienst am Wort Gottes widmen kann“[22].

Mit der Berufung nennt Martin Siehler die theologische Grundlage des Dienstes; zugleich beschreibt er das, was im Beamtenrecht „Alimentationsprinzip“ genannt wird: Ein Beamter erhält „im Unterschied zu einem Arbeitnehmer kein Entgelt für eine Leistung, sondern im Gegenzug für seine Dienste eine Alimentation durch den Staat“[23].

In Spannung dazu steht die arbeitsrechtliche Gestaltung des Dienstes von Pastorinnen und Pastoren in der Gemeinschaftsbewegung. Diese folgt nicht dem Alimentationsprinzip, sondern ist durch Anstellungsverhältnisse im Rahmen des Angestelltenrechts geregelt und daher mit konkreten Angaben etwa zu Wochenarbeitszeiten verbunden, was eine Entlohnung aufgrund geleisteter Arbeitszeiten impliziert.

Parallel dazu steht das Spannungsfeld von „zwei Philosophien zur Arbeitszeit“, das Martin Siehler für den Liebenzeller Gemeinschaftsverband im Gegenüber von „Freiheit und Verantwortung“ auf der einen und „Orientierung an Zeitbudgets“ auf der anderen Seite ausführt[24].

In „Freiheit und Verantwortung“ sieht er das ursprüngliche Prinzip, das in vergleichbarer Weise dem Pfarrdienst zugrunde liegt; es bedeutet, dass der Hauptamtliche „sein Leben eigenverantwortlich in beruflicher Freiheit (Tageseinteilung, Schwerpunktsetzung etc.) in der Verantwortung vor Gott, den Rahmenbeding[ung]en des Verbandes und des Bezirkes“[25] gestaltet.

Das andere Prinzip „Orientierung an Zeitbudgets“ gehe demgegenüber aus von der Frage, „welcher Zeitbedarf für einzelne Aufgaben im hauptamtlichen Dienst angemessen sei“[26]. Der Zeitbedarf für regelmäßige Aufgaben wird mit Vorbereitungszeit und Zeit für die Durchführung ermittelt.

So werden in einer Beispieltabelle z. B. für eine Bibelstunde 2 Stunden Vorbereitung und 1 Stunde Durchführung veranschlagt, für einen Gottesdienst 10 Stunden Vorbereitung[27], 2 Stunden Durchführung usw. Zusammen mit Budgets für unregelmäßige Dienste wird so die Wochenarbeitszeit errechnet. Eine solche Zusammenstellung kann zur Orientierung für Berufseinsteiger und bei Stellenausschreibungen dienen.

---

[22] Siehler, Feier-Abend, 12.
[23] S. Art. Alimentationsprinzip (Wikipedia).
[24] Siehler, Feier-Abend, 10-15.
[25] Siehler, Feier-Abend 11-12.
[26] Siehler, Feier-Abend 12.
[27] Dass sich die individuell erforderlichen Zeiten für die Vorbereitung eines Gottesdienstes beträchtlich unterscheiden können, stellt ein weiteres Problem dar.

Dass die „Orientierung an Zeitbudgets“ auch in der Gemeinschaftsbewegung mittlerweile weitverbreitet ist, kann positiv im Blick auf eine Klarheit von Erwartungen und Anforderungen bewertet werden. Sie zeigt aber auch, dass das Prinzip „Freiheit und Verantwortung“ allein nicht (mehr) ausreicht und ein Orientierungsbedarf für alle Beteiligten besteht: Für die Hauptamtlichen selbst, für die Ehrenamtlichen und Verantwortlichen vor Ort, die durch ihre Spenden die Arbeit ermöglichen und ehrenamtlich mitarbeiten, und nicht zuletzt für die den Verband in der Frage nach Stelleneinrichtungen und Stellenumfang.

Dass zwei unterschiedliche und teilweise in Spannung zueinander stehende Kategorien nötig sind, um den Dienst von Hauptamtlichen zu beschreiben, zeigt, wie schwierig es ist, diesen besonderen Dienst in den üblichen Kategorien beruflicher Tätigkeiten darzustellen:

- Das Alimentationsprinzip aus dem Beamtenrecht: „Freiheit und Verantwortung“.
- Das Angestelltenverhältnis mit Zeitbudget als faktische vertragliche Grundlage des Beschäftigungsverhältnisses.

Bei Hauptamtlichen in der Gemeinschaftsbewegung sind die Arbeitszeiten im Vergleich mit dem Pfarramt eher niedriger, sie werden aber nicht durch das Alimentationsprinzip „aufgefangen“. Die vertraglich geregelten Arbeitszeiten hingegen haben einen rechtlich bindenden Status und verstärken damit die Berufsförmigkeit des Prediger- bzw. Pastorenberufs. Faktisch freilich wird die Begrenzung der Arbeitsstunden häufig unterlaufen, indem Mehrarbeit nicht vergütet, aber erwartet wird: „Es wird dabei in gegenseitigem Einvernehmen von zusätzlichen nichtvergüteten Mehrarbeitsstunden ausgegangen“[28].

Es geht dabei um mehr als um arbeitsrechtliche Regelungen. Eine junge Generation von Pastorinnen und Pastoren blickt auf vorangehende Generationen, für die der Dienst oft Vorrang vor allem anderen hatte. Allzu oft erfolgte er auf Kosten der Familie. Das ist nicht nur theologisch fragwürdig, weil auch Familie und Ehe „Berufungen“ sind, sondern wird für viele Jüngeren zur Negativfolie, von der sie sich abgrenzen: Sie sind nicht mehr bereit, durch ihr Engagement in der Gemeinde die Familie zu vernachlässigen oder ganz auf ein Privatleben zu verzichten.

Auf diesem Hintergrund und angesichts gesellschaftlicher Entwicklungen bleibt die Frage nach dem Verhältnis von Dienst und Privatleben eine Herausforderung. Erfahrungen von Vereinnahmung haben hier ein

[28] Siehler, Feier-Abend, 9 (Regelungen im Süddeutschen Gemeinschaftsverband). – Innerhalb des „Gnadauer Bündnisses“ wird intensiv über den Umgang mit solchen Fragen auch in rechtlicher Perspektive diskutiert.

Bedürfnis nach Klärung, oft sogar nach Abgrenzung erzeugt. Dabei handelt es sich um Fragen, die oft nur in der konkreten Situation geklärt werden können und bei denen transparente Kommunikation wichtig ist – bei einem Beruf, bei dem Dienst und Privatsphäre zwar unterschieden, aber niemals völlig getrennt werden können. Ist etwa die Einladung zur Geburtstagsfeier eines Mitarbeiters eine private oder eine dienstliche Angelegenheit? Ist die Pastorin nur dann im Gottesdienst dabei, wenn sie selbst Dienst hat?

3.3.4 Ehrenamtliche Mitarbeit Hauptamtlicher

Der Hintergrund der Erwartung nicht vergüteter Mehrarbeit besteht darin, dass ein großer Teil der Arbeit in der Gemeinschaftsarbeit ehrenamtlich geschieht. „Ehrenamtlich" bedeutet in diesem Fall: Zusätzlich zur Erwerbsarbeit. Dieser Maßstab wird an die Hauptamtlichen angelegt: Wenn sie mit gutem Beispiel vorangehen, wird auch von ihnen ehrenamtliches Engagement erwartet, konkret in Form nicht vergüteter Mehrarbeit.

Aber muss die ehrenamtliche Tätigkeit notwendig innerhalb der Gemeinschaft bzw. Gemeinde erfolgen? Hier entsteht ein neues Spannungsfeld, das in folgendem Statement deutlich wird: „Ehrenamtliche verstehen nicht, dass Hauptamtliche ebenso eine ‚Gegenwelt' brauchen (Tätigkeiten außerhalb der Gemeinde). Deshalb kann der Hauptamtliche nicht alle Zeit (Überstunden) in die Gemeinde investieren"[29].

Es ist die Frage, wie die Ehrenamtlichen mit dem Bedürfnis von Hauptamtlichen nach einer solchen „Gegenwelt" außerhalb des eigenen Systems umgehen: Fällt es unter die Rubrik Freizeit und Privatleben, oder wird es als ehrenamtliche Mitarbeit anerkannt, etwa bei der Feuerwehr, in der Schulvertretung, bei einer „Tafel" oder einem anderen Träger diakonischer Arbeit usw.? Wenn es als ehrenamtliche Mitarbeit anerkannt wird: Wird es dann mit konkreten Erwartungen verbunden und möglicherweise sogar daran gemessen, ob der bzw. die Hauptamtliche diese Tätigkeit als „Zubringerdienst" für die Gemeinschaft versteht?

3.3.5 Der Pastor als Manager?

Die Rezeption von Impulsen aus dem angelsächsischen Raum hat in der Gemeinschaftsbewegung eine lange Tradition und geht auch in der Gegenwart weiter. Dazu zählen auch Anregungen, die von der Willow Creek Community Church ausgehen, insbesondere durch die seit 1996 in Deutschland durchgeführte Kongresse und Leitungskongresse. Sie fanden

[29] Siehler, Feier-Abend, 15 (Rückmeldungen aus Gesprächsgruppen bei der LGV-Mitarbeiterversammlung vom 30.03.2016).

und finden eine starke Resonanz in Freikirchen, evangelischen Landeskirchen und in der Gemeinschaftsbewegung.

Die Inspirationen der Willow-Creek-Bewegung auf die Gottesdienstgestaltung und die damit verbundene missionarische Ausrichtung sind beträchtlich. An dieser Stelle geht es in erster Linie um Fragen der Gemeindeleitung und das Pastorenbild.

Die Botschaft der Kongresse ist in vielfacher Hinsicht eine starke Ermutigung: Veränderung ist möglich, Aufbrüche sind nicht nur eine Erfahrung der Vergangenheit, auch totgeglaubte Gemeinden können zu neuem Leben erwachen, ihre Binnen-Fixierung überwinden und sich neu auf den missionarischen Auftrag ausrichten. Diese Ermutigungen werden mit konkreten Beispielen und Erfahrungen der Willow-Creek Community Church und anderer Gemeinden verbunden. Anfangs waren es stärker „sucherorientierte“ Gottesdienste, in neuerer Zeit liegt ein starker Akzent auf diakonischem Engagement; eine Kontinuität in thematischer Hinsicht ist bei Fragen der Führung und Leitung zu finden.

Dabei sind die Kongresse keineswegs mit dem Imperativ verbunden, nordamerikanische Formen 1:1 zu übernehmen. Vielmehr wird dazu ermutigt, sich um eigene kontextadäquaten Wege zu mühen. Gleichwohl ist der Einfluss der konkreten Beispiele wie etwa dasjenige des „sucherorientierten Gottesdienstes“ nicht zu unterschätzen und hat auch seit den 1990er-Jahren entsprechende Auswirkungen in der deutschen Kirchenlandschaft.

Wie aber sehen die Auswirkungen im Blick auf das Leitungsverständnis und Pastorenbild aus? Betont wird die Notwendigkeit von klarer Führung: Die Entwicklung von Visionen, die Frage nach dem spezifischen Auftrag einer Gemeinde, Professionalität im Management, Marketing und in der Personalführung. Dabei ist unschwer erkennbar, dass einerseits Vorbilder aus der Unternehmensentwicklung Pate stehen – regelmäßig treten auch Führungskräfte aus diesem Bereich als Referenten auf den Kongressen auf – und dass Bill Hybels selbst ein „Modell“ für einen erfolgreichen Pastor darstellt(e).

Was aber bedeutet das für landeskirchliche Gemeinschaften und ihr Pastorenbild? Ist damit der Weg vorgezeichnet vom Prediger als „Bruder unter Brüdern“ zum Pastor als Manager und Visionär mit Führungsqualitäten und Kompetenzen im Management? Damit sind auch schon – häufig aus freikirchlichem Kontext stammende – Leitbilder genannt, die in der Gemeinschaftsbewegung Wirkung entfalteten. Hinzu kommt, dass „erfolgreiche“ Vorbilder innerhalb und außerhalb der Gemeinschaftsbewegung Aufmerksamkeit erzeugen. Auch wenn es insgesamt eher wenige Pastorinnen und Pastoren in der Gemeinschaftsbewegung sind, die dem Bild des erfolgreichen Pastors und Gemeindegründers entsprechen, prägen sie – durch mediale Verbreitung verstärkt – Erwartungshaltungen in den Gemeinden. Solche Erwartungen können motivierend wirken und dazu beitragen, dass Talente zur Entfaltung kommen. Sie können aber auch zum Problem werden, wo die Begabungen anders gelagert sind. Wo ist Platz für Pastoren, deren Begabung nicht im Bereich der Gemeindeleitung liegt, die keine voranpreschenden Visionäre sind, aber hohe Qualitäten in Seelsorge, Diakonie und Predigt haben?

Bei allen positiven Auswirkungen und neuen Wegen in der Evangelisation und Gemeindeentwicklung, gehört es zur Redlichkeit, auch die Nebenwirkungen dieser Einflüsse zu erwähnen. Eine Nebenwirkung kann darin bestehen, dass in der Verquickung von geistlicher Führung und Leitung einer Organisation die Machtfrage zum Problem wird – auch das ist am „Vorbild" Willow Creek und seinem langjährigen leitenden Pastor Bill Hybels erkennbar[30]. Je unklarer dabei die Strukturen von Machtbegrenzung und -befristung sind, umso größer sind die Gefahren des Machtmissbrauchs nach beiden Seiten: Es kann zum Machtmissbrauch durch Pastoren kommen, die sich durch Erfolg eine starke Stellung erarbeitet haben und denen in der Gemeinde nur wenig entgegengesetzt wird – der Erfolg kann hier auch als geistliche Legitimation dienen. Aber auch Machtmissbrauch gegenüber Pastoren in Form von Mobbing ist denkbar – hier kann strukturelle Unklarheit dazu führen, dass die Rechte von Betroffenen nicht vertraglich geklärt sind oder ihnen vorenthalten bleiben.

Schließlich ist nach der „Passung" eines solchen Pastorenbildes zur Herkunft, Prägung und Mentalität der Gemeinschaftsbewegung zu fragen: Ist es ohne Weiteres auf die innerhalb der Gemeinschaftsbewegung vorherrschenden sozialen Schichten übertragbar?

Es ist bezeichnend, dass auch die nordamerikanische Debatte nicht beim Pastor als Manager stehen blieb. Im Kontext der sog. „Emerging Church" und der Diskussion um eine „postmoderne Kirche" bemerkt Dan Kimball: „Ein Pastor ist ein Hirte, kein Manager"[31].

3.3.6 Kompetenzen und verändertes Anforderungsprofil

In früheren Zeiten, als der Begriff der „Kompetenz" noch weniger verbreitet war, bestand neben der Mitgliedschaft in der Evangelischen Kirche und (in der Regel) einer Ausbildung an einer Gnadauer Ausbildungsstätte die Grundanforderung darin, die Hauptaufgabe, in Gemeinschaftsstunden Bibeltexte auszulegen, verlässlich und „von ganzem Herzen" wahrzunehmen.

---

30 S. Art. Hybels, Bill (Wikipedia).

31 Dan Kimball, Emerging Church, 231.

Das hat sich mittlerweile geändert. Gerhard Stolz fasst die Veränderungen so zusammen[32]:

- „Das Anforderungsprofil eines hauptamtlich- theologischen Mitarbeitenden hat sich im Lauf der Jahre deutlich verändert. Gemeinden erstellen ein individuelles und dem gegenwärtigen Bedürfnis angepasstes Stellenprofil. Eine über Jahrzehnte praktizierte Versetzungspraxis (Hauptamtliche sind prinzipiell überall einsetzbar) ist durch diese Entwicklung nicht mehr zeitgemäß.
- Heute bildet die theologische Kompetenz weiterhin das wichtigste Fundament. Daneben gewinnen die oben benannten Fähigkeiten immer mehr an Bedeutung für die Entwicklung der Gemeinden! Ein Gemeinschaftspastor, der zwar Theologie ‚kann', aber kaum oder gar nicht mit Menschen, entspricht nicht dem heute dringend benötigten Anforderungsprofil.
- Sozialkompetenz und die Fähigkeiten, prozesshaft zu denken und handeln, haben stark an Bedeutung dazugewonnen.
- Ein(e) GemeinschaftspastorIn muss Projekte steuern und Menschen auf dem Weg mitnehmen können. Er muss nicht die ‚eierlegende Wollmilchsau' sein, sondern delegieren können (ErmöglicherIn sein).
- Fähigkeiten in Mentoring/Coaching, (Selbst) Management, Mediation, sind dabei wichtige Bausteine".

Einen anderen, mehr auf den Bereich kommunikativer Kompetenzen gelegten Akzent setzt Michael Diener in seinem Präsesbericht 2010.

> Er gibt zunächst einen Überblick über die ausgeweiteten Anforderungen, dabei ist eine verstärkte Betonung persönlich-charakterlicher und kommunikativer Eigenschaften erkennbar. Er nennt als aus seiner Sicht unersetzliche Kompetenzfelder für hauptamtlichen Dienst in der Gemeinschaftsbewegung: „theologische, missionarische, sozial-kommunikative Kompetenzen sowie Leitungskompetenzen" und führt aus: „Unter ‚sozial-kommunikativer Kompetenz' […] verstehe ich das Vermögen freundlich und offen auf Menschen zuzugehen und mit ihnen sprechen zu können. Beziehungseröffnend in ihrem Auftreten und in ihrer Sprache müssen unsere Hauptamtlichen sein […] Gerade weil das Berufsbild des Predigers, der Predigerin höchstens noch von einer ‚Amtsautorität nach innen', gewiss aber nicht gesellschaftlich, getragen wird, können Freundlichkeit, Höflichkeit, eine gewisse Eloquenz und Offenheit bedeutende Kompetenzvorteile sein."[33]

Daneben werden in jüngerer Zeit Kompetenzen wie „Innovationskompetenz" genannt, also die Fähigkeit, nicht nur „bewahrend" zu arbeiten,

---

[32] Vortrag G. Stolz, s. o.

[33] Diener, Lasst uns unseren Auftrag leben, Präsesbericht 2010, 17.

sondern die Gemeindeentwicklung zielorientiert voranzubringen. Das kann bis zur „Entrepreneurship", zur Entwicklung von Unternehmergeist reichen.

Bei alledem dürfen die grundlegenden Anforderungen nicht vergessen werden[34]: „Freude am theologischen Arbeiten" ebenso wie am „Umgang mit Menschen verschiedener Generationen", „lebensnahe" Verkündigung, ein Herz für Evangelisation und Gemeinde.

3.3.7 Anforderungen an die Ausbildung

Mit dem Berufsbild verändern sich auch die Anforderungen an die Ausbildung. Traditionell lag der Schwerpunkt der praktisch-theologischen Ausbildung an den Ausbildungsstätten der Gemeinschaftsbewegung auf der Bibelauslegung und Wortverkündigung, oft mit einem evangelistischen Schwerpunkt. Hinzu kamen weitere praktisch-theologische Handlungsfelder: Seelsorge, Katechese, Kinder- und Jugendarbeit usw.

Im Hintergrund steht der Weg vom „ergänzenden Dienst", der Angebote der Kirchengemeinde ergänzte, zum „stellvertretenden" Dienst, in dem Gemeinschaften für das „Ganze" der geistlichen Begleitung ihrer Mitglieder verantwortlich sind.

Die veränderten Anforderungen führen zunächst zu einer deutlichen Ausweitung der Bereiche, in denen praktisch-theologische Kompetenzen erwartet werden, vor allem der Bereich der Gemeindeleitung und -entwicklung. Hinzu gekommen sind weiter die Bereiche Gottesdienst und Kasualien (Liturgik), aber auch Themen wie die Öffentlichkeitsarbeit (Publizistik), der Personalführung, Digitalisierung (Homepage, technische Ausstattung, Streamen von Gottesdiensten), rechtliche Fragen usw. Hier können und müssen nicht alle Kompetenzen in der Person des Pastors bzw. der Pastorin vereint sein, aber sie sollten bei einer eigenständigen Gemeinde von der Gemeindeleitung insgesamt abgedeckt werden.

Der Akzent auf Sozial- und Kommunikationskompetenzen zeigt, dass auch hier die Anforderungen gestiegen sind. Das alles führt zu einer verstärkten Reflexion auf das Berufsbild („Pastoraltheologie").

Hinzu kommen schließlich erhöhte Anforderungen in den einzelnen Bereichen, die mit dem Stichwort der „Professionalisierung" einhergehen. Der Leiter einer Ausbildungsstätte formulierte es mir gegenüber so: Für akademisch gebildete Gemeindeglieder im städtischen Bereich genüge die Ausbildung an einer „Bibelschule" nicht mehr ohne Weiteres den Erwartungen vieler Mitglieder mit akademischer Bildung. Daher ist es nur

---

[34] Nach dem Vortrag Stolz, Das Berufsbild eines Gemeinschaftspastors (Zitate in Anführungszeiten).

konsequent, wenn mehrere Ausbildungsstätten den Weg von der „Bibelschule" zur „Hochschule" mit staatlich akkreditierten Studiengängen beschritten haben.

Im Hintergrund steht die Professionalisierung der kirchlichen Berufe außerhalb des Pfarramtes seit den 1970er-Jahren: Aus der „Gemeindehelferin" wurde der Gemeindepädagoge bzw. die Gemeindediakonin mit Hochschulabschluss. Für diese Entwicklung steht das Stichwort „Gemeindepädagogik" (seit 1974) ebenso wie die Einrichtung kirchlicher Hochschulen. Mit einiger Verzögerung fand diese Entwicklung auch Eingang in die Ausbildungsstätten der Gemeinschaftsbewegung. Auch hier kann in der damit verbundenen Professionalisierung der Ausbildung zum Prediger bzw. zur Gemeinschaftspastorin ein Faktor zunehmender Eigenständigkeit gesehen werden: Eine höhere formale Bildung hat auch Auswirkungen auf das Selbst- und Standesbewusstsein. Umgekehrt benötigen eigenständige Gemeinden nicht nur einen „Prediger" für Bibelstunden, sondern „Pastoren", die in der Lage sind, die ganze Palette gemeindlicher Aufgaben einschließlich der Gemeindeleitung kompetent durchzuführen.

Weiter gibt es häufig ein „Passungsproblem" zwischen den Absolventinnen und Absolventen der Ausbildungsstätten, ihren Persönlichkeiten, Fähigkeiten und Erwartungen auf der einen Seite und den Stellen zwischen den Gemeinschaftsverbänden bzw. Gemeinden auf der anderen Seite, die genauso mit Vorstellungen und Erwartungen an einen „guten Pastor" bzw. eine „gute Pastorin" verbunden sind. Ein Indikator für derartige Probleme ist auch die hohe Zahl von Absolventen, die nach dem Studium oder in den ersten Berufsjahren sich beruflich umorientieren.

3.4 Gemeinschaftspastor und kirchliches Amt – zur Frage einer „Gnadauer Amtstheologie"

Nach der Berufsförmigkeit wenden wir uns nun der Frage einer theologischen Begründung, konkret der Frage nach einer „Gnadauer Amtstheologie" zu. Diese stellt sich von zwei Seiten: Einmal von außen durch das Gegenüber zum landeskirchlichen Pfarramt, andererseits von innen durch die Entwicklung vom „Bruder unter Brüdern" zum heutigen Pastorenberuf.

3.4.1 Prediger und Pastor im Gegenüber zum Pfarramt

Eine reflektierte eigene „Amtstheologie" hat die Gemeinschaftsbewegung nicht ausgebildet. In der konkreten Erfahrung stand das „Amt" für das Pfarramt. Angesichts immer wieder erlittener „Pfarrherrlichkeit" wurde das eigene Verständnis des hauptamtlichen Dienstes eher im Kontrast zum landeskirchlichen Amtsverständnis entwickelt.

Das hatte zur Folge, dass der Status der Prediger mehr oder weniger in der Schwebe blieb. Der Ursprungsimpuls des „Bruders unter Brüdern" alleine reichte nicht mehr aus. 1980 wurde auf der Gnadauer Arbeitskonferenz in Leipzig die Frage aufgeworfen: „Wo ist [...] der Prediger einzuordnen, bei den Laien oder Amtsträgern?"[35]

Ganz offensichtlich steht die Gemeinschaftsbewegung vor der Herausforderung, als innerkirchliche Bewegung auch die Frage nach dem *Verhältnis zum Pfarramt* zu klären. Die offiziellen Äußerungen in der Gemeinschaftsbewegung waren in dieser Hinsicht lange Zeit klar: Der Dienst eines Predigers ist ein Dienst eigener Art, nicht vergleichbar mit dem Pfarramt – und er soll auch keine Konkurrenz zu diesem darstellen. Falls doch ein direkter Vergleich erfolgte, war klar: Der Prediger steht „unterhalb" des Pfarrers. Bei Äußerungen innerhalb der Gemeinschaftsbewegung ist hier auch in Betracht zu ziehen, dass die Akzeptanz der Bewegung innerhalb der Kirche dahingehend eine Rolle spielte, dass alles vermieden wurde, was als Etablierung eines neuen Standes in direkter Konkurrenz zum Pfarramt verstanden werden konnte. Dass die Verhältnisbestimmung gleichwohl immer wieder Thema wurde, zeigt, dass es durchaus Klärungsbedarf gab. Das ist bei zwei unterschiedlichen Berufen innerhalb der Kirche, die beide ihre Identität aus der Verkündigung des Evangeliums beziehen, auch nicht verwunderlich. Die Realität war (und ist) so vielgestaltig wie die Menschen und Situationen: Gedeihliches und brüderlich-freundschaftliches Zusammenwirken gab und gibt es ebenso wie unausgesprochene Konkurrenzen und Reibungen bis hin zu Übergriffigkeiten und Machtkämpfen. Die Tatsache, dass der Dienst eines Predigers sowohl theologisch als auch strukturell weniger fest verankert ist, konnte und kann zu einem unklaren Status, zu pragmatischen Lösungen, aber auch zu problematischen Konstellationen führen. Hier spielen auch menschliche Faktoren eine Rolle, nicht zuletzt unterschiedliche Resonanzen auf den Dienst. Innerhalb der Gemeinschaftsbewegung konnte das zu dem Plädoyer an die Prediger führen, sich frei zu machen vom Vergleich mit dem Pfarramt. Auch wenn der „Status" unklar sei, würde die Berufung tragen[36].

In den letzten Jahrzehnten besteht vonseiten des Gnadauer Verbandes das Ziel darin, auf eine Gleichrangigkeit von Prediger bzw. Pastorin und dem landeskirchlichen Pfarramt hinzuarbeiten. In diese Richtung gehen die

[35] Zit. Nach Drechsel, Gemeindeverständnis, 25 (dazu S. 214 Anm. 135).
[36] Schneider, Bruderschaft und Dienstgemeinschaft, 328.

Vorschläge bei den „Gnadauer Modellen" von Christoph Morgner[37]. Die Übernahme von Kasualien verbindet er mit der Perspektive: „Unsere Prediger werden auf lange Sicht zu Amtsbrüdern der Pfarrerinnen und Pfarrer, indem sie kirchliche Gottesdienste halten und auch solche Amtshandlungen versehen, die über den Kreis der Gemeinschaften hinausreichen"[38]. Beim dritten Modell, bei dem die „Gemeinschaft" endgültig zur „Gemeinde" wird, geht er noch weiter: „Der Prediger wird de facto zum Pastor und damit endgültig zum Kollegen des Pfarrers"[39].

Diese Kollegialität ist bis in die Gegenwart eine „Baustelle". Es gibt Kirchenbezirke, in denen Pastoren aus der Gemeinschaftsbewegung zu den Pfarrkonventen und -konferenzen eingeladen werden und als gleichberechtigt behandelt werden; an anderen Orten hat sich gegenüber früheren Zeiten (noch) nichts geändert. Von landeskirchlichen Pfarrerinnen und Pfarrern werden Prediger und Gemeinschaftspastoren vielfach weiterhin als eine Art „clerus minor" betrachtet.

Auch nach „innen" hat es Folgen, wenn Pastorinnen und Pastoren die Kasualien und damit die „komplette" pastorale Begleitung übernehmen, dadurch „eröffnen sich gezielte und umfassende seelsorgerliche Möglichkeiten"[40]. Das bringt Chancen mit sich, aber auch Herausforderungen: Die Rolle wird eine andere, der Pastor ist dadurch mehr hervorgehoben und weniger „Bruder unter Brüdern"; außerdem macht er nun dasselbe wie ein Pfarrer; das kann zu Vergleichen führen – und dazu, dass der Pfarrdienst als Maßstab herangezogen wird.

Die Tendenz der zurückliegenden Jahrzehnte an dieser Stelle geht dahin, dass der Gnadauer Verband bzw. die einzelnen Gemeinschaftsverbände sich um eine Verbesserung des innerkirchlichen Status von Pastorinnen und Pastoren mühten, insbesondere die kirchliche Anerkennung von Abschlüssen und Ausbildungen. Manches wurde erreicht, aus Gnadauer Perspektive ist das aber erst ein Teil des Weges; vor allem im Blick auf die Anerkennung von Abschlüssen bleiben noch viele Wünsche offen.

Davon ist vieles verständlich und berechtigt. Aber auch hier ist mit Nebenwirkungen zu rechnen. Eine starke Stellung nach außen ist kaum denkbar ohne ein entsprechendes Pendant nach innen. Um von außen als „vollwertiger" Pastor betrachtet zu werden, ist auch innerhalb der Gemeinschaft bzw. Gemeinde eine starke Stellung nötig. Bei unklaren Leitungsstrukturen kann das sinnvoll und angemessen sein. Es kann allerdings auch dazu

---

[37] S. dazu Kap. 10.2.

[38] Morgner, Geistliche Leitung als theologische Aufgabe, Stuttgart 2000, 291.

[39] Morgner, a. a. O., 292.

[40] Morgner, a. a. O., 290.

führen, dass die landeskirchliche Form der Pfarrerzentrierung ihren Niederschlag in den landeskirchlichen Gemeinschaften findet. In der Tat ist eine Entwicklung in diese Richtung zu beobachten, die bisher noch wenig reflektiert wird.

Das Bestreben, den unklaren Status zu überwinden, steht im Blick auf das landeskirchliche Pfarramt in einem ähnlichen Spannungsfeld wie die Gestaltung von Gottesdiensten: Zwischen einem „sein-wollen-wie“ und einem „anders-sein-wollen-als“. Das erstere besteht im Wunsch, vom Status her wie ein landeskirchlicher Pfarrer und auf Augenhöhe mit ihm zu stehen und gesehen zu werden. Das andere, der Wunsch des Andersseins, umfasst zunächst die Bürokratie und Verwaltung, schließt aber auch den Wunsch nach Freiheit ein: Die Freiheit, den eigenen Dienst ohne die als mühsam erlebten Absprachen mit der Landeskirche und deren Ordnungen gestalten zu können. Das kann sich mit der Orientierung am Dienst freikirchlicher Pastorinnen und Pastoren verbinden.

3.4.2 Freikirchliche „Verwandtschaft“

Neben dem Gegenüber des landeskirchlichen Pfarramts wird das freikirchliche Gegenüber zwar seltener genannt, ist aber ebenfalls zumindest unterschwellig präsent, und sei es nur im Wunsch, frei von den Begrenzungen der Innerkirchlichkeit in der vermeintlichen oder realen Freiheit freikirchlicher Pastorinnen und Pastoren agieren zu können.

Bereits über die Gründungszeit der Gemeinschaften im späten 19. Jh. schreibt der Freikirchenforscher Karl Heinz Voigt: „Ihr Wirken glich einer innerlandeskirchlichen Freikirche“[41]. In der Tat gibt es hier unübersehbare Gemeinsamkeiten, zu denen vor allem die Wurzeln in der Erweckungsbewegung des 19. Jh. und Einflüsse aus dem angelsächsischen Raum (Methodismus, Evangelisationsbewegung, Heiligungsbewegung) zählen. Um innerhalb der Landeskirche akzeptiert zu werden, grenzte sich die Gemeinschaftsbewegung lange Zeit von den Freikirchen ab. Mittlerweile gibt es – nicht zuletzt im Kontext des Wegs von der Gemeinschaft zur Gemeinde wieder Annäherungen an freikirchliche Formen, die auch als Vorbilder dienen können. Hinzu kommt, dass der Dienst in einer landeskirchlichen Gemeinschaft als eigenständiger Gemeinde deutlich näher am freikirchlichen Pastorendienst als am landeskirchlichen Pfarrdienst liegt. Auch das legt die Annahme einer prägenden Wirkung freikirchlicher Vorbilder nahe.

---

[41] Voigt, Der Zeit voraus, Leipzig 2014, 20 (vgl. 70).

Eine andere Frage ist, wie weit die vermeintliche Freiheit angesichts von Anstellungsverhältnissen und lokalen Beziehungsgeflechten in der Realität reicht.

3.4.3 Fragen des „Amtsverständnisses“

Bei der eingangs genannten Frage „Laie oder Amtsträger“ geht es nicht zuletzt um „die Frage, welcher Stellenwert ihm [dem Prediger] im Bezugssystem Amt – allgemeines Priestertum zuzumessen ist“[42]. Im Hintergrund steht die für die evangelischen Kirchen wichtige Frage nach dem Verständnis des kirchlichen Amtes.

Für die lutherischen Kirchen ist diese Frage grundlegend durch das Augsburger Bekenntnis geregelt. Für eine Kirche, die sich als Ganze als „Geschöpf des Wortes Gottes“ (*creatura verbi)* versteht und damit ihre eigene Existenz wir auch den Glauben des Einzelnen untrennbar mit der Verkündigung des Wortes Gottes verbindet, kommt alles darauf an, dass die Verkündigung des Wortes nicht dem Zufall überlassen bleibt, sondern verlässlich geschieht. Anstelle einer Vielzahl von Ämtern ist daher ein einziges Amt grundlegend, dessen Gestaltung flexibel ist: Das „Amt“, besser der „Dienst“ der Wortverkündigung. Dieser Dienst wurde von Gott der Gemeinde anvertraut[43].

> CA 5 formuliert das so: „Um diesen Glauben zu erlangen, hat Gott das Predigtamt eingesetzt, das Evangelium und die Sakramente gegeben, durch die er als durch Mittel den Heiligen Geist gibt, der den Glauben, wo und wann er will, in denen, die das Evangelium hören, wirkt, das da lehrt, dass wir durch Christi Verdienst, nicht durch unser Verdienst, einen gnädigen Gott haben, wenn wir das glauben [...]“[44].

Während manche von hier eine direkte Verbindung zum Pfarrdienst sehen, halten andere dagegen, hier gehe es um grundlegende Aussagen, die noch nicht eine bestimmte Form wie das Pfarramt implizieren. Für das letztere und damit für eine Unterscheidung zwischen „Predigtdienst“ und „Pfarrdienst“ spricht, dass die Frage der „öffentlichen Verkündigung“ gesondert in Artikel 14 geregelt wird:

---

[42] Drechsel, Gemeindeverständnis 24.

[43] Eine gute verständliche Einführung in das evangelische Amtsverständnis bringt Wendebourg, „Obgleich wir alle gleichermaßen Priester sind, können wir doch nicht alle predigen“.

[44] Art. Augsburger Bekenntnis (EKD-Homepage).

> „Vom Kirchenregiment (kirchlichen Amt) wird gelehrt, dass niemand in der Kirche öffentlich lehren oder predigen oder die Sakramente reichen soll ohne ordnungsgemäße Berufung“ (CA 14)[45].

Bei der Frage nach der „Öffentlichkeit“ der Verkündigung geht es nicht um eine Frage der Quantität, sondern darum, dass das, was die jeweilige Person lehrt und verkündigt, nicht nur eine private Meinung darstellt, sondern für die evangeliumsgemäße Lehre und somit für die Kirche insgesamt steht.

Für die landeskirchlichen Gemeinschaften und ihren Ausgangspunkt bei der gemeinsamen Wortauslegung stellt die „öffentliche Verkündigung“ eine Kategorie dar, die bisher außerhalb des Blickfeldes liegt, auch wenn sich entsprechende Fragen in der Realität durchaus stellen können.

Damit verbunden ist auch das Verständnis des Amtes als Gegenüber zur Gemeinde. Als solches steht es zugleich für das „extra nos“ (außerhalb von uns) des Evangeliums: Es ist der Auftrag, der Gemeinde das Evangelium zu verkündigen, das nicht aus mir selbst kommt und das ich mir nicht selbst sagen kann; vielmehr bin ich darauf angewiesen, dass es mir zugesprochen wird.

Im Kontrast dazu ist der Ausgangspunkt für Prediger innerhalb der Gemeinschaftsbewegung nicht das „Amt“ als Gegenüber, sondern als „Bruder unter Brüdern“ die Nähe und Zugehörigkeit zu den Brüdern und Schwestern der Gemeinschaft, das gemeinsame Hören auf das Wort.

Das schließt nicht aus, dass neben der „Nähe zu den Brüdern und Schwestern“ auch die nötige Distanz betont wird und so dem „Amt“ des Predigers die Aufgabe zugemessen wird, ein „Gegenüber“ zu den Gemeinschaftsleuten zu bilden[46].

Hier liegt ein möglicher Ansatzpunkt, „Amtsfragen“ nicht nur als etwas „typisch Kirchliches“ zu betrachten, sondern die Frage nach einem „Gnadauer Amtsverständnis“ weiter zu verfolgen.

In Gemeinschaftsverbänden, in denen Diakonissen in Gemeinschaften im Einsatz waren, war das Beziehungsgeflecht für die Prediger noch komplizierter und umfasste auch das Verhältnis von Diakonisse und Prediger. Dabei waren es im Deutschen Gemeinschafts-Diakonieverband (DGD) und den angeschlossenen Gemeinschaftsverbänden faktisch die Diakonissen, die vor Ort die Regie führten.

---

[45] Ebd; das Verhältnis von CA V und CA XIV wird kontrovers diskutiert.

[46] Schneider, Bruderschaft und Dienstgemeinschaft, 328 drückt die Spannung von Nähe und Distanz so aus: „Es ist für die Erfüllung seines Auftrages entscheidend wichtig, daß er ‚nahe‘ bei den Brüdern und Schwestern ist. Doch zugleich muß er auf die notwendige Distanz achten, die dazu nötig ist, daß er die Verkündigung von Gesetz und Evangelium ohne verkehrte Rücksicht auf Mitglieder der Gemeinschaft ausüben kann“.

3.4.4 Beauftragung und Ordination

Zur Frage des Amtes gehört auch diejenige der Ordination. Die Beauftragung einer landeskirchlichen Pfarrerin und eines freikirchlichen Pastors erfolgt durch eine Ordination. Wie aber ist es bei Gemeinschaftspastorinnen und -pastoren? Die Frage ist deshalb brisant, weil sie nicht losgelöst vom innerkirchlichen Charakter der Gemeinschaftsbewegung betrachtet werden kann.

In den meisten deutschen Landeskirchen ist die Ordination den Pfarrerinnen und Pfarrern vorbehalten. Bei anderen hauptamtlichen Diensten werden andere Bezeichnungen wie z. B. „Beauftragung“ oder „Einsetzung“ verwendet. Im Unterschied dazu ist in der Evangelischen Kirche im Rheinland (EKiR) die exklusive Verbindung von Pfarramt und Ordination aufgebrochen, die Beauftragung zur öffentlichen Wortverkündigung (nach Augsburger Bekenntnis Artikel 14) kann sich auch auf andere Dienste, etwa die von Gemeindediakonen und Prädikantinnen erstrecken. Damit kommen auch Gemeinschaftspastoren in den Kreis möglicher Ordinanden.

An einigen Stellen finden innerhalb der Gemeinschaftsbewegung Ordinationen statt: Der Bund evangelischer Gemeinschaften (BeG) hat die lange Zeit von der Studien- und Lebensgemeinschaft Tabor durchgeführte Ordination übernommen. Hintergrund war die Erfahrung, dass in einigen Missionsfeldern eine Ordination von ausländischen Partnern erwartet wurde. Diese Ordination wurde später auf alle Tabor-Absolventen (und -Absolventinnen) ausgeweitet. Auch der Liebenzeller Gemeinschaftsverband führt eigene Ordinationen durch[47]. Hier stellt sich die Frage, wie sich diese Ordinationen zu den landeskirchlichen Ordinationen verhalten.

> Kathinka Hertlein weist in ihrer Dissertation über den „Taborbruder“ auf die damit verbundenen Probleme hin: Dadurch wird in der Gemeinschaftsbewegung als innerkirchlichen Bewegung eine „Ordination“ etabliert, die mit dem landeskirchlichen Verständnis von Ordination nicht kompatibel ist[48]. Das kann dazu führen, dass die Tabor-Ordination von einem (meist kirchlichen) Arbeitgeber nicht anerkannt wird und eine erneute „Beauftragung“ stattfindet. Das ist insofern nachvollziehbar, als ein Gemeinschaftsverband nicht

[47] S. Liebenzeller Gemeinschaftsverband, Ordinationsgottesdienst.

[48] Hertlein weist darauf hin, dass die die Tabor-Ordination „keine kirchliche Ordination“ (376) ist: „Dies ist nicht einer kirchenrechtlich bindenden Ordination zur Einsetzung in ein Amt der öffentlichen Wortverkündigung und Sakramentsverwaltung gleichzusetzen“ (Tabor-Bruder, 193). – „Dadurch wurde eine Ordination neben der regulären kirchlichen Ordination etabliert, was insofern problematisch ist, als dass das Brüderhaus Tabor institutionell zum Diakonischen Werk, zum innerkirchlichen Pietismus gehört. Damit spricht die Brüdergemeinschaft eine Ordination im Rahmen einer bestehenden Religionsgemeinschaft aus und agiert am Selbstbestimmungsrecht der verfassten Kirche vorbei“ (228); s. außerdem 319ff; 376f.

zum Dienst z. B. als Jugendreferentin in einer landeskirchlichen Kirchengemeinde beauftragen kann – das kann nur durch die Landeskirche und ihre Organe selbst erfolgen.
Hertlein weist außerdem darauf hin, dass die „innere Berufung" bei den Tabor-Brüdern eine weitaus wichtigere Rolle als die „äußere Berufung" in Gestalt der Ordination spielt; der Stellenwert der Ordination ist daher geringer im Vergleich zum Pfarramt[49]. Ähnliches kann für die Gemeinschaftsbewegung insgesamt gesagt werden.

Theologisch geht es dabei um die Frage nach dem Verhältnis von innerer und äußerer Berufung (*vocatio interna* und *vocatio externa).* Seelsorglich ist es die Frage, was trägt, wenn meine innere Berufung angefochten wird: Es ist das Wort, das ich mir nicht selbst sagen kann, der Auftrag, der nicht aus meinem Innern kommt, sondern mir von anderen im Auftrag Gottes zugesprochen wurde. So wichtig es ist, dass die Berufung nicht nur „äußerlich" bleibt, so wichtig ist die Externität des zugesprochenen Wortes.

3.5 Ausblick: Zur Zukunft des Pastorenberufs

1. Durch einen von Vergleich und Abgrenzung bestimmten Blick gerät die Frage nach dem spezifischen Dienst von Pastorinnen und Pastoren in der Gemeinschaftsbewegung leicht ins Hintertreffen. Worin liegen ihr besonderer Dienst, ihr besonderer Beitrag, ihre besonderen Chancen nicht zuletzt im Blick auf die Innerkirchlichkeit – nicht in Abgrenzung, aber im Unterschied zu landeskirchlichen Pfarrern ebenso wie zu freikirchlichen Pastoren?

2. Wie steht es um den Pastorenberuf in landeskirchlichen Gemeinschaften und wie sind seine Zukunftsperspektiven? In dieser Hinsicht teilt die Gemeinschaftsbewegung weitverbreitete Erfahrungen in Landes- und Freikirchen, die als Krise mit vielfältigen Ursachen diagnostiziert werden:

   Hier stehen gesellschaftliche Entwicklungen säkularisierender Art: Die Zahl der Mitglieder der christlichen Kirchen hat in den zurückliegenden Jahren und Jahrzehnten gravierend abgenommen. Das ist nur ein Indikator, dem weitere wie der Gottesdienstbesuch, die persönliche Glaubenspraxis, die Glaubensüberzeugungen der Mitglieder und die schwindende Praxis einer christlichen Erziehung in den Familien

[49] Hertlein, Tabor-Bruder, 377 redet von einem „ordinationsfreien Amts- bzw. Dienstverständnis": „Nicht die Ordination verpflichtet die Predigerinnen und Prediger, sondern die subjektivistische Berufung in den Dienst".

hinzugefügt werden könnten. Vieles davon hat sich in der Corona-Zeit noch verschärft. Bei allen diesen Faktoren ist zu unterscheiden zwischen denen, die direkt beeinflusst werden können und denen, die nur schwer bis gar nicht von Kirchen und Gemeinden verändert werden können.

3. Den Gemeinschaftsverbänden ebenso wie Landes- und Freikirchen macht das gravierende Nachwuchsproblem für den geistlichen Dienst zu schaffen. Die Zahlen der Studierenden an den theologischen Ausbildungsstätten der Gemeinschaftsbewegung und der Freikirchen, aber auch an den theologischen Fakultäten sind in den letzten Jahren deutlich zurückgegangen. Der Pastorenberuf in der Gemeinschaftsbewegung gilt als wenig attraktiv und schreckt viele ab angesichts der hohen persönlichen Anforderungen und der sich in den persönlichen Bereich erstreckenden Verbindlichkeiten, die als Einschränkungen der persönlichen Freiheit empfunden werden können. In der Gemeinschaftsbewegung kommen Fragen wie die nach einer angemessenen Vergütung und des Sozialprestiges dazu.

   In Zeiten der Fülle kann es zu Engpässen führen, allen denen, die eine Berufung zum vollzeitlichen Dienst erfahren haben, eine geeignete Stelle zu vermitteln. Derzeit ist es eher der Mangel, der die Herausforderung für die Gemeinschaftsverbände und den Gnadauer Verband insgesamt darstellt. Dabei geht es auch darum, dass hauptamtliche Stellen in der Gemeinschaftsbewegung attraktiv werden und bleiben. Es ist hier schon viel geschehen, es bleibt aber auch noch viel zu tun, der Beruf des Gemeinschaftspastors bleibt auf absehbare Zeit eine „Baustelle“.

   Das wird bereits in vielen Verbänden erkannt und angegangen, nicht zuletzt durch das „Gnadauer Bündnis für theologische Ausbildung und hauptamtlichen geistlichen Dienst in der Gemeinschaftsbewegung“[50]. Dem Bündnis geht es um „eine enge Verzahnung von Ausbildung und Gemeinschaftsarbeit und um dauerhaft gute Arbeitsbedingungen für unsere Mitarbeitenden“: „Wir sind davon überzeugt, dass gemeinsame im Evangelischen Gnadauer Gemeinschaftsverband verabredete Standards und verbindliche Absprachen die Qualität und Attraktivität unserer Arbeitsplätze steigern und dadurch dazu beitragen, dass wir unserer Berufung noch besser gerecht werden können“. Verbände und Ausbildungsstätten werden eingeladen, diesem Bündnis beizutreten. Die konkreten Regelungen erstrecken sich auf Dienstgemeinschaft, Vergütung,

---

[50] Gnadauer Bündnis für theologische Ausbildung und hauptamtlichen Dienst in der Gemeinschaftsbewegung; daraus die folgenden Zitate.

Arbeitszeit, Fortbildungen, berufliche Perspektiven, Evaluation und Weiterentwicklung.

4. Bei allen Umbrüchen und Herausforderungen sollen am Ende nochmals die Chancen genannt werden: Pastorinnen und Pastoren, die treu ihren Dienst versehen und ihre Begabungen einbringen, können eine hohe Prägekraft in Gemeinden entfalten. Wo sie für junge Menschen zu Vorbildern werden, kann dies der Anstoß werden, selbst in den hauptamtlichen Dienst zu gehen.

   Ich selbst habe in der Gemeinschaftsbewegung hauptamtliche Frauen und Männer kennengelernt, die den Beruf einer Gemeinschaftspastorin bzw. eines Gemeinschaftspastors mit Freude und Überzeugung ausüben; ebenso Leitende, die ihren Dienst mit Weitblick, geistlicher Tiefe und einer hohen Professionalität in der Begleitung von Menschen und Gemeinden ausüben. Sie zeigen die „Schönheit des Berufs“ und die Tragfähigkeit der zugrunde liegenden Berufung.

4. Evangelisation

Bleibender Auftrag und Wandel in den Formen

4.1 Wo bleibt die Evangelisation?

„Evangelisation und Gemeinschaftspflege“ sind die beiden zentralen Anliegen des Gnadauer Verbandes, der 1897 gegründet wurde als „Deutscher Verband für evangelische Gemeinschaftspflege und Evangelisation“.

In der aktuellen Satzung des Evangelischen Gnadauer Gemeinschaftsverbandes von 2016 erscheint das Duo von Gemeinschaftspflege und Evangelisation gleich zu Beginn an prominenter Stelle: „Der Verband ist der Zusammenschluss von Gemeinschaftsverbänden und Werken, die innerhalb der evangelischen Landeskirchen und darüber hinaus durch Gemeinschaftspflege und Evangelisation die Anliegen des biblisch-reformatorischen Pietismus vertreten“ (§1 Abs. 2).

Von Gemeinschaft, Gemeinde und Gemeindeaufbau ist in diesem Band viel die Rede. Aber wie ist es mit der Evangelisation? In den 1980er-Jahren war das Thema in offiziellen Dokumenten noch sehr präsent[1]. Auch danach taucht es immer wieder auf, so etwa im Präsesbericht 2004, wo Christoph Morgner für einen „Paradigmenwechsel“ wirbt „weg von der Binnenorientierung hin zu einer außenorientierten Strategie“[2].

Insgesamt jedoch scheint das Thema „Evangelisation“ in den zurückliegenden Jahren weniger Aufmerksamkeit zu bekommen[3]. Das kann verschiedene Gründe haben, führt aber doch zu Fragen: Wo bleibt die Evangelisation? Hat sie „nachgelassen“? Hat sie sich überlebt? Ist das Gnadauer

---

1 S. dazu Heimbucher/Schneider (Hg.), Sammlung und Zeugnis. Gnadauer Dokumente I, 155-157: Wieder geht es um Evangelisation (1981); Gnadauer Dokumente I, 172-173: 100 Jahre Deutscher Evangelisationsverein; Gnadauer Dokumente I, 173-177 Essener Wort zur Frage der Evangelisation (1984); Heimbucher/ Schneider (Hg.), Besinnung und Wegweisung. Gnadauer Dokumente II, 29-54: Henrichs: Die Aufgabe der Evangelisation, in: Heimbucher/Schneider, Gnadauer Dokumente II; Heimbucher, Evangelisation, in: ders. (Hg.), Dem Auftrag verpflichtet, 330-352.

2 Morgner, Freude, Freude über Freude (Präsesbericht 2004), 12.

3 Was nicht bedeutet, dass es ganz ausfällt. So z. B. Michael Diener in seinem ersten Präsesbericht 2010: „Selbstverständlich ist es programmatisch zu verstehen, wenn ich in meinem ersten Präsesbericht die Grundaufgaben der Gemeinschaftsbewegung, Evangelisation und Gemeinschaftspflege unter besonderer Betonung der Evangelisation hervorhebe“ (Diener, Lasst uns unseren Auftrag leben, 10).

„Urgestein“ am Bröckeln? Oder – so könnte im Blick auf das Thema dieses Buches gefragt werden: Ist sie von anderen Arbeitsformen, allen voran vom Gemeindeaufbau verdrängt oder beerbt worden?

Die Sache stellt sich bei näherem Hinsehen differenzierter dar, die Frage kann nicht nur von der Begriffsverwendung abhängig gemacht werden. Manche Veränderungen hängen mit dem Weg von der Gemeinschaft zur Gemeinde zusammen.

Mit der Formulierung „bleibender Auftrag und Wandel in den Formen“ ist die These verbunden, dass die Evangelisation keineswegs verschwunden ist, sondern bei näherem Hinsehen in einer Reihe von anderen Arbeitsformen weiterlebt, auf denen in diesem Kapitel unser Augenmerk liegt. Daraus erwachsen neue Herausforderungen.

Dass bei allen Fragen, die hier gestellt werden können und müssen, das Anliegen der Evangelisation in der Gemeinschaftsbewegung noch präsent ist, zeigt der „Erfurter Impuls“ von 2013[4], in dem „missionarische Aktivitäten“ mit der Gründung neuer Gemeinschaften und Gemeinden verbunden werden:

> [Jesus …] „allein bevollmächtigt seine Jünger, den Auftrag auszuführen, der seit den Anfängen in seiner Kirche wahrgenommen und in der Gemeinschaftsbewegung mit den beiden Begriffen „Evangelisation“ und „Gemeinschaftspflege“ beschrieben wird.
> Es ist unsere Berufung, dazu beizutragen, dass Menschen Christen werden und dass sie in dankbarer und liebevoller Gemeinschaft Gott zur Ehre und ihren Nächsten zu Heil und Wohl leben.
> Wir bekennen jedoch, dass uns die leidenschaftliche Liebe, das Zeugnis des Evangeliums zu den Menschen zu bringen, oft nicht im gebotenen Maß bestimmt. Nicht selten genügen wir uns in der Pflege unserer Frömmigkeit […]
> Mit neuem Mut entfaltet jede unserer Gemeinden und Gemeinschaften, jede unserer Einrichtungen missionarische Aktivitäten […] Hoffnungsvoll setzen wir uns für die geistlich-missionarische Erneuerung der Gemeinschaften ein und gehen zugleich neue Wege. Wir bilden Netzwerke, initiieren Projekte, beteiligen uns an der weltweiten Missionsarbeit und gründen Zellgruppen, Hauskreise, sowie neue Gemeinschaften und Gemeinden“ […]

4.2 Evangelisation an der Wiege der Gemeinschaftsbewegung

Neben dem Methodismus und der Heiligungsbewegung war die Evangelisationsbewegung ein wesentlicher Faktor an der Wiege der sich in den 1880er-Jahren formierenden Gemeinschaftsbewegung. Dabei waren

[4] Erfurter Impuls (Gnadauer Verband).

Heiligungsbewegung und Evangelisationsbewegung international wie in Deutschland „personell fast deckungsgleich“[5]. Die „führenden Köpfe der deutschsprachigen Heiligungsbewegung“ waren „auch als Evangelisten tätig“[6].

Ähnliches gilt für das Verhältnis von Evangelisationsbewegung und der Gemeinschaftsbewegung insgesamt: 1884 wurde der deutsche Evangelisationsverein gegründet; treibende Kraft waren hier dieselben Männer, die wenige Jahre später bei der ersten Gnadauer Pfingstkonferenz 1888 eine wichtige Rolle spielten: allen voran der Bonner praktische Theologe Theodor Christlieb, außerdem Elias Schrenk, Jasper von Oertzen und andere. Das Anliegen der Evangelisation wurde von „Gesamtgnadau“ aufgegriffen, der Evangelisationsverein ging einige Jahre später in der Gnadauer Mitgliederversammlung auf[7]. Die Verankerung der Evangelisation im Namen der neuen Bewegung war daher nur konsequent. Mehr noch: Evangelisation hatte einen wesentlichen Anteil an der Ausbreitung der Gemeinschaftsbewegung seit Mitte der 1880er Jahre, verbunden vor allem mit dem Namen Elias Schrenk.

Nach dem Beginn seiner systematischen Evangelisationstätigkeit 1886 arbeitete Schrenk

> „17 Jahre lang […] in fast allen deutschen Landesteilen und wurde zum Bahnbrecher der Evangelisation. Durch seine Wirksamkeit wurden die bisher noch zahlenmäßig kleinen Gemeinschaftskreise gestärkt, neue Gemeinschaften bildeten sich und schlossen sich dem immer breiter werdenden Strom der Gemeinschaftsbewegung an. Damit hat Schrenk einen ganz wesentlichen Beitrag zur Ausbreitung der Gemeinschaftssache in Deutschland geleistet, der nicht hoch genug eingeschätzt werden kann“ (Dieter Lange[8]).

Pioniere der Gemeinschaftsbewegung waren wesentlich daran beteiligt, dass die klassische Evangelisation mit Formen der Massenevangelisation, wie sie im 19. Jh. in England und den USA entstand[9], auch in Deutschland Verbreitung erfuhr. Die 1902 von Jakob Vetter gegründete „Deutsche Zeltmission“ war Kind und Teil der Gemeinschaftsbewegung.

Dabei war durchweg klar: Wer „Evangelisation“ sagte, meinte damit nicht nur eine konkrete Aufgabe, sondern zugleich eine bestimmte Veranstaltungsform. Diese Form konnte unterschiedlich gestaltet werden: mit

---

5 Holthaus, Heil – Heilung – Heiligung, 191.

6 Holthaus, Heil – Heilung – Heiligung, 195.

7 Zur Gründung des „Deutschen Evangelisationsvereins“ im Jahr 1884, in: Heimbucher/Schneider (Hg.), Sammlung und Zeugnis. Gnadauer Dokumente I, 172-173 (Einführung 172).

8 Lange, Eine Bewegung bricht sich Bahn, 70.

9 S. Zimmermann, Art. Evangelisation.

eigenem oder fremdem Evangelisten, im Versammlungsraum der Gemeinschaft, in der Kirche, in einer Halle, in einem Zelt oder sogar unter freiem Himmel. Aber die Grundform war jeweils dieselbe: Im Mittelpunkt stand die Predigt des Evangelisten[10], die in den Aufruf zur Entscheidung einmündete. Hinzu kamen „Zeugnisse", persönliche Berichte vom Weg zum Glauben, und musikalische Beiträge.

Die sprachliche Verknüpfung der grundlegenden Aufgabe der Evangelisation mit einer bestimmten Veranstaltungsform ist ambivalent, weil dadurch konkrete Erfahrungen mit dieser Form Auswirkungen darauf haben, wie die Aufgabe der Evangelisation insgesamt betrachtet wird und was für ein „Image" sie hat. Anders als im Deutschen wird im Englischen zwischen der grundlegenden Aufgabe *(evangelism)* und der Veranstaltungsform *(evangelisation)* unterschieden. Im Deutschen ist es derselbe Begriff, der sich seit dem späten 19. Jh. fest mit einer bestimmten Form verbunden hat.

Das blieb über Jahrzehnte hin bis weit nach dem Zweiten Weltkrieg so. Die Musik- und Predigtstile wechselten, neue Namen tauchten auf: Wilhelm Busch, Gerhard Bergmann, Billy Graham, Ulrich Parzany. Zunehmend hielten kreative und unterhaltsame Elemente Einzug, und in den letzten Jahrzehnten wurden verstärkt die Medien einbezogen; exemplarisch dafür steht die per Satellit übertragene Evangelisation proChrist (erstmals mit Billy Graham 1993, anschließend mehrere Jahre mit Ulrich Parzany als Evangelisten), zu der der Gnadauer Verband enge Verbindungen unterhält.

Diese Form der „Veranstaltungsevangelisation" wird bis heute an vielen Orten durchgeführt: in Verbindung mit proChrist, der Deutschen Zeltmission oder anderen freien Werken, als Gemeinschaft, in Verbindung mit der örtlichen Kirchengemeinde oder der örtlichen Evangelischen Allianz. Aber es gibt auch die Erfahrung, dass diese Form weniger „zieht" wie früher. Die Besucherzahlen bleiben hinter den Erwartungen zurück; bei denen, die kommen, sind es nur wenige, die nicht schon in einer Gemeinde beheimatet sind. Hinzu kommen die Erfahrungen der Corona-Zeit, in der digital verfügbare Angebote an Bedeutung gewannen.

An dieser Stelle gibt es einen möglichen, wenn auch keineswegs notwendigen Zusammenhang zum Weg von der Gemeinschaft zur Gemeinde. An vielen Orten war es üblich, dass Evangelisationsveranstaltungen gemeinsam von Kirchengemeinde und landeskirchlicher Gemeinschaft durchgeführt wurden; oft war dabei die „Gemeinschaft" die treibende Kraft. Der Vorteil war offensichtlich: Der Resonanzraum war größer, wenn

---

[10] Evangelisierende Frauen waren selten; eine Ausnahme stellt z. B. die „Gräfin Schimmelmann" dar, s. Ohlemacher, Von der Ausbreitung des Christentums.

über die Kirchengemeinde alle Kirchenmitglieder eingeladen werden konnten. Konnte der Evangelist im Gottesdienst predigen, wurde er dadurch vielen bekannt. Die Kirchengemeinde als Veranstalterin war auch eine hilfreiche Vorbeugung gegen immer wieder kursierende Sektenvorwürfe. Auf der anderen Seite konnte es auch zu Reibungen kommen: Dem Pfarrer oder Kirchenvorstand passte der Stil nicht, sie hatten Einwände gegen den Evangelisten usw.

Alle diese Probleme stellen sich nicht mehr, wenn die landeskirchliche Gemeinschaft als eigenständige Gemeinde einlädt. Allerdings fallen damit auch die Vorteile weg, insbesondere das Netzwerk der Kirchengemeinde. Bei einer eigenständigen Gemeinde zeigt es sich deutlich stärker als bei einer Gemeinschaft als Teil einer Kirchengemeinde, wie gut die Mitglieder und die Gemeinschaft insgesamt mit ihrem Umfeld vernetzt sind: Gelingt es, Menschen außerhalb der Gemeinschaft einzuladen? Oder zeigt sich hier, dass die Gemeinschaft sich von ihrer Umwelt abgekapselt hat und eine eigene „Blase“ bildet?

Wenn eine Gemeinschaft als eigenständige Gemeinde eine Evangelisation veranstaltet, kann die Resonanz darauf zum Gradmesser für die Beziehungen zu ihrem Kontext werden[11]. Abgesehen davon ist es in vielen Fällen sinnvoll, eine Evangelisation nicht als einzelne Gemeinde, sondern in einem größeren Rahmen, etwa dem der Evangelischen Allianz durchzuführen. Insgesamt ist es in der Gemeinschaftsbewegung jedoch eher still um die traditionelle Evangelisation geworden. Die schon länger beschworene Krise der Veranstaltungsevangelisation macht sich an vielen Orten bemerkbar.

4.3 Prozessuales Verständnis der Evangelisation

> „Umkehr wurde nicht länger als plötzliche Entscheidung eines Individuums verstanden, der in einem Moment vom Unglauben zum Glauben schritt, sondern als Pilgerweg, auf dem jeder einzelne durch eine unterschiedliche Reise zum Glauben kam“[12] (John Finney).

Die herkömmliche Evangelisation wandte sich an Menschen, die keine Analphabeten in Glaubensdingen waren. Sie hatten durch Religions- und Konfirmandenunterricht, evtl. sogar durch eine christliche Erziehung Kenntnisse über den Glauben. In der Regel waren sie auch Kirchenmitglieder. Inhalte des christlichen Glaubens ebenso wie christliche Werte und

---

[11] S. u. Kap. 6.

[12] Finney, Wie Gemeinde über sich hinauswächst, 92.

Moral stießen bei ihnen grundsätzlich auf ein positives Echo. Hier konnte die Evangelisation anknüpfen. Ihr Ziel war es, sie von einer diffusen Zustimmung zu einer persönlichen Entscheidung, zur Gewissheit und einer konsequenten Lebenspraxis zu führen.

In dieser Hinsicht hat sich die Situation deutlich geändert. Christoph Morgner sieht eine Herausforderung sieht darin, dass die „Evangelisation der kurzen Wege", die auf vorhandenes Glaubenswissen aufbauen konnte, immer weniger möglich ist[13]. Der christliche „Grundwasserspiegel" ist gesunken, Kenntnisse können weithin nicht mehr vorausgesetzt werden. Falls Menschen sich überhaupt noch bewegen lassen, an einer evangelistischen (oder zumindest christlichen) Veranstaltung teilzunehmen, müssen zuerst Grundlagen gelegt werden. Der Weg zum Glauben ist weniger eine einmalige Entscheidung, sondern ein längerer Prozess.

Evangelisation wird dadurch von der Veranstaltung zum längeren Weg, gefragt ist vor allem Wegbegleitung: Ein geduldiges und liebevolles Mitnehmen auf dem Weg zum Glauben. Veranstaltungen werden dadurch nicht überflüssig, aber Evangelisation bekommt stärker den Charakter der Begleitung von individuellen Glaubenswegen[14].

4.4 Evangelisation durch Gemeindegründung und Gemeindeaufbau

Von ihren Ursprüngen her wurde Evangelisation verstanden als Ruf zum Glauben und an den Einzelnen mit dem Ziel der „Bekehrung". In der Gemeinschaftsbewegung konnte dieser evangelistische Impuls als Aufgabe der „Seelenrettung" betrachtet werden – bis hin zum geradezu als Motto kolportierten Äußerung von Th. Krawielitzki: „Seelen, Seelen und kein Allotria"[15].

Hier wird zugespitzt ein individualistisches Verständnis von Evangelisation formuliert. Gleichwohl war in der Gemeinschaftsbewegung von Beginn an die Verbindung von Evangelisation und Gemeinschaftspflege im Blick: Die mit der Evangelisation verbundene „Rettungsarbeit" bedingt die „Pflegearbeit": Die „Neuerweckten" müssen *„bewahrt* bleiben und *gefördert",* konkret *„in organisierte Gemeinden* gesammelt" werden[16].

---

[13] Morgner, „Freude, Freude über Freude", 12 v. a. Anm. 16.
[14] S. Zimmermann/Schröder, Wie finden Erwachsene zum Glauben?
[15] Zit. nach Lüdke, Diakonische Evangelisation, 215.
[16] Philadelphia. Organ für evangelische Gemeinschaftspflege, Nro. 1, Dezember 1890, 1-9 (3-4); s. u. Kap. 10.1.

Diese 1891 formulierte Erfahrung stellt sich in der zweiten Hälfte des 20. Jh. zunehmend ein: Eine Evangelisation, die sich an den Einzelnen wendet und primär auf Bekehrung zielt, stößt ohne die Verbindung mit der Gemeinde an ihre Grenzen. Um nachhaltige und dauerhafte Wirkungen zu erzielen, braucht Evangelisation die Gemeinde in doppelter Hinsicht: Einerseits als Trägerin der Evangelisation, andererseits als Lebensraum für Menschen, die zum Glauben finden. Hier setzen Konzeptionen des missionarischen Gemeindeaufbaus seit den 1970er-Jahren an, die mit Gemeindeaufbau und Gemeindegründung ein evangelistisches Anliegen verbinden[17].

Gemeindewerdung war in dieser Hinsicht nicht nur mit der Möglichkeit verbunden, die eigene Arbeit als Gemeinde in deutlich größerer Eigenständigkeit als zuvor durchzuführen, sondern konnte zugleich als besonders effektive Evangelisationsstrategie betrachtet werden. Das bedeutet nicht, dass damit die klassische Evangelisation verschwand. Für manche stellt Gemeindeaufbau eine sinnvolle Ergänzung zu Evangelisationsveranstaltungen dar; andere betrachten diese angesichts schwindender Resonanz als überholt und sehen das Anliegen der Evangelisation integriert in der „missionarischen Gemeinde“[18].

Wie aber verhalten sich Gemeindewerdung und Evangelisation zueinander? Es kann bedeuten, dass innerhalb der eigenständigen Gemeinde klassische Formen der Evangelisation weitergeführt werden. Eine andere Möglichkeit besteht darin, Evangelisation innerhalb einer sich als missionarisch verstehenden Gemeinde in anderen Formen, vor allem missionarischen Gottesdiensten und Kursen zum Glauben weiterzuführen, die als zeitgemäße Formen der Evangelisation verstanden werden.

Die dritte Möglichkeit schließlich besteht darin, Gemeindeaufbau als solchen als Weiterführung der Evangelisation zu betrachten. Eigene Veranstaltungen werden damit überflüssig. Diesem Verständnis zufolge würde durch die Gründung von Gemeinden bzw. durch Gemeindeaufbau die Aufgabe der Evangelisation gewissermaßen „mit erledigt“.

An dieser Stelle setzt Kritik ein. Erübrigt Gemeindeaufbau die Evangelisation? Kann ein Vorgehen, das sich primär mit der Gemeinde, den Mitarbeitenden, den Strukturen und Angeboten beschäftigt, als „Evangelisation“ bezeichnet werden, auch wenn es in der Erwartung erfolgt, dadurch einen Prozess mit evangelistischen Auswirkungen in Gang zu setzen? Hier wäre zu prüfen, wie sich Anspruch und Wirklichkeit zueinander verhalten und ob ein solcher Weg nicht faktisch zu einer Binnenzentrierung führt, bei

[17] S. dazu auch unten Kap. 10.7 zum Thema Gemeindegründung.

[18] S. u. Kap. 10.6.

der die Außenkontakte immer mehr zurückgehen und das Anliegen der Evangelisation in den Hintergrund tritt. Jedenfalls stellt eine Integration der Evangelisation in den Gemeindeaufbau, die beiden Anliegen gerecht wird, keinen Automatismus dar.

Man wird genau hinsehen müssen, ob eine Gemeinde als „evangelisierende Gemeinde“ das Anliegen der Evangelisation in neuen Formen weiterführt, oder ob Gemeindeaufbau zu einer Nischenbildung und Binnenzentrierung führt, bei der der Blick nach außen deutlich reduziert wird.

Im Folgenden werden zunächst evangelistische Bausteine innerhalb der Gemeindearbeit dargestellt, bevor die hier erörterte Gesamtperspektive mit den *fresh expressions of church* (4.8) und der „missionalen Gemeinde“ (4.9) wieder aufgegriffen wird.

4.5 Gottesdienst und Evangelisation – „Missionarische“ Gottesdienste

Wo in Gemeinschaften das Anliegen der Evangelisation präsent war, prägte dieses Anliegen auch die bei der Gemeindewerdung neu etablierten Gottesdienste. Sie hatten zudem den Vorteil, dass die Veranstaltungsform „Gottesdienst“ als weithin bekanntes Format für Außenstehende eher zugänglich war als eine „Gemeinschaftsstunde“ oder gar eine „Evangelisation“. Das konnte einen Zugewinn an Öffentlichkeit mit sich bringen, der Weg von der Gemeinschaftsstunde zum Gottesdienst (Kap. 2) war hier zugleich eine evangelistische Chance.

Eine zweite Spur für die Verbindung von Gottesdienst und Evangelisation führt zu den „Seeker-services“ bzw. „sucherorientierten“ Gottesdiensten der Willow-Creek Community Church bei Chicago, die seit den 1990er-Jahren auch in Deutschland viele Gemeinden inspiriert haben. Die Verbreitung erfolgte vor allem über die regelmäßig stattfindenden Kongresse mit jeweils mehreren Tausend Teilnehmerinnen und Teilnehmern. Dadurch angeregt, bieten landeskirchliche und freikirchliche Gemeinden ebenso wie landeskirchliche Gemeinschaften in Deutschland Gottesdienste an, die sich an diesem Modell orientieren und sich an „Unkirchliche“ bzw. „Suchende“ wenden. Das damit verbundene Gottesdienstkonzept kann als „moderne“ Form der Evangelisation verstanden werden:

> Der „moderne“ Gottesdienst hat Menschen [...] im Blick [...], die den christlichen Glauben für eine verstaubte Angelegenheit halten, der mit dem Leben in der modernen Welt nicht mehr viel zu tun hat. An sie wenden sich Angebote wie „Gottesdienst anders“, „Kirche anders“: Kirche und Gottesdienste sind grundsätzlich bekannte Größen, aber in der Erinnerung negativ belegt.

> Sie sollen nun „anders" erfahren werden: anders als mit traditioneller Liturgie und Liedern aus dem Gesangbuch. Frei nach dem Motto: „Kirche muss nicht so langweilig und verstaubt sein, wie du das in deiner Kindheit erfahren hast, Kirche kann auch ganz anders sein, viel näher an deinem Alltag und an deiner Lebensweise dran". Glaube soll als lebensnah erfahren werden. Und schon sind wir bei Willow Creek und den Seeker-Services, den Gottesdiensten für Kirchendistanzierte und Kirchenferne. Sie finden nicht in Kirchenräumen statt und versuchen, gänzlich auf sakrale Symbole und alles zu verzichten, was herkömmlich mit „Kirche" verbunden wird. Eine Band spielt Pop-Musik, Theaterstücke oder Pantomime soll alltagsrelevante Themen lebensnah vergegenwärtigen, und auch die Predigten sind themenbezogen, elementar und lebensnah. Maßstab ist die „Möglichkeit eines erstmaligen völlig unvorbereiteten Nachvollziehens des Gottesdienstes [...] durch säkularisierte Zeitgenossen". Alles, was nach Vereinnahmung riecht, wird vermieden, die Gottesdienste selbst sollen Geschmack auf mehr machen. Man setzt damit auch auf ein allmähliches Hineinwachsen in den Glauben.
> Diese Strategie macht nur bei Menschen Sinn, die grundsätzlich eine Ahnung von Glaube und Kirche haben. Sie stößt dort an ihre Grenzen, wo Menschen weder Ahnung noch Erfahrungen haben. Für diese Leute sind Kirchengebäude und Kirchenglocken, Orgelmusik und Talar meist nicht negativ besetzt. Sie sind schlicht und ergreifend unbekannt und können daher auch den Reiz des Fremden und Unbekannten haben[19].

Diese Strategie kann „Gottesdienst anders" genannt werden. Sie zielt vor allem auf Menschen, denen Gottesdienste also solche bekannt, aber durch eigene Erfahrungen negativ besetzt sind. Sie stößt bei denen an Grenzen, für die „Gottesdienst" eine unbekannte Größe ist. Das ist zunehmend die Erfahrung in Gemeinden auch in der Gemeinschaftsbewegung; es hat dazu geführt, dass die Zahl der „Gästegottesdienste" merklich zurückgegangen ist.

Statt eigener Gottesdienste für „Unkirchliche" oder „Suchende" geht eine neuere Tendenz dahin, Gemeindegottesdienste so zu gestalten, dass sie offen sind für das Anliegen der Evangelisation[20]. Das bedeutet auf der einen Seite, dass sie sensibel für „ungeübte Gäste" gestaltet werden; auf der anderen Seite stehen sie vor der Herausforderung, diesen Gästen Wege zum Glauben bis hin zu Gotteserfahrungen zu ermöglichen. Was aber macht Gottesdienste missionarisch? Damit verbunden ist eine Fülle von Faktoren, beginnend damit, dass Gemeinden ihre Gottesdienste nicht selbstbezüglich und binnenorientiert gestalten.

---

[19] Zimmermann, Zwischen Tradition und Event, 95-96.

[20] S. dazu Herbst, Neue Gottesdienste braucht das Land.

4.6 Kurse zum Glauben als zeitgemäße Form der Evangelisation

> „1985 bedeutete E[vangelisation] für die meisten das große Treffen, den bedeutsamen Prediger, den mühsamen und teuren Einsatz der Gemeinde. 2000 bedeutet E[vangelisation] in Großbritannien die kleine Gruppe, das normale Gemeindeglied und die kontinuierliche Arbeit der Gemeinde“[21].
> Der anglikanische Bischof John Finney denkt bei der „kleinen Gruppe“ an die „nurture group“, die für ihn im Kurs zum Glauben Gestalt gewinnt.

„Kurse zum Glauben“ haben in den zurückliegenden 20-30 Jahren eine weite Verbreitung erfahren, die Evangelische Kirche hat sie durch das Projekt „Erwachsen glauben“ mit einer breit angelegten Aktion unterstützt[22]. Kurse zum Glauben stehen an der Schnittstelle von Gemeindeaufbau, Erwachsenenbildung und Evangelisation. Sie tragen der Erfahrung Rechnung, dass immer mehr Erwachsene nur mangelnde Kenntnisse über den christlichen Glauben haben und vor allem unerfahren in christlicher Lebenspraxis sind. Bis in das Zentrum von Gemeinden hinein machen sich Unkenntnis und Sprachlosigkeit in Glaubensfragen breit. Die breite Resonanz von Kursen zum Glauben zeigt, dass hier ein Bedarf besteht. Bei ungetauften Erwachsenen – etwa aus den neuen Bundesländern – können Kurse zum Glauben auch als Taufkurse durchgeführt werden.

Viele landeskirchliche Gemeinschaften haben in den zurückliegenden 10-20 Jahren Kurse zum Glauben angeboten. Verbreitet ist dort insbesondere der aus der anglikanischen Kirche stammende und von charismatischer Frömmigkeit geprägte Alpha-Kurs[23].

4.7 Evangelisation und Diakonie

Die Verbindung von Diakonie[24] und Evangelisation reicht weiter zurück als die organisierte Gemeinschaftsbewegung; im Programm der „Inneren Mission“ von Johann Hinrich Wichern taucht sie als „Volksmission“ bereits der Sache nach auf. In der Gemeinschaftsbewegung wird diese Verbindung lebendig gehalten, insbesondere der Dienst der Diakonissen stand lange Jahre für die Zusammengehörigkeit von evangelistischer Gemeinschaftsarbeit und Diakonie.

---

[21] Zimmermann, Evangelisation, 1867 (als Zitat von Finney, Wie Gemeinde über sich hinauswächst, 85).
[22] S. Kurse zum Glauben (Homepage).
[23] S. Alphakurs (Homepage).
[24] Zur Diakonie s. u. Kap. 6.4.

Dabei konnte es auch zur Instrumentalisierung der Diakonie für die Evangelisation kommen[25]: Diakonie war nicht mehr ein Wert für sich, sondern diente lediglich als Vehikel für die Evangelisation mit dem Ziel der „Seelenrettung".

Inzwischen setzt sich zunehmend die Einsicht durch, dass Diakonie und Evangelisation zusammengehören und zugleich ihre eigene Berechtigung und ihre eigene Würde haben und nicht verzweckt werden dürfen. Wie die Akzente dabei jeweils gesetzt werden, ist abhängig vom Kontext. Wo Menschen in Armut leben, wird eine Evangelisation unglaubwürdig, die die materielle und leibliche Not der Menschen übergeht.

Diese Frage nach dem Verhältnis von sozialem bzw. diakonischem Engagement und Evangelisation bzw. Verkündigung begleitet den Pietismus seit Jahrzehnten; die Diskussionen hierzu finden meist im größeren Kontext der Evangelischen Allianz oder der Lausanner Bewegung statt. In diesen größeren Kontext gehört auch die Diskussion um „Transformation", konkret und gesellschaftliches und gesellschaftsveränderndes Handeln von Christen[26].

Die Zusammengehörigkeit von Diakonie und Evangelisation betont in neuerer Zeit ein Votum des Gnadauer Arbeitskreises Theologie von 2017 mit dem Titel „Keine Gemeinschaft ohne Diakonie!"[27]:

> „Jede Gemeinschaft, die das Evangelium verkündigt, braucht diakonisches Handeln – oder sie ist keine Gemeinschaft im Sinne des Evangeliums.
> In der Gemeinschaftsbewegung gehörten von Anfang an Diakonie und Verkündigung zum Herzschlag der Bewegung – als verbales Zeugnis des Evangeliums (Verkündigung / Evangelisation) und als das Evangelium bezeugender Dienst an Menschen in Not (Diakonie). Über die Frage, wie Verkündigung und Diakonie als Handlungsfelder christlicher Gemeinschaft einander zugeordnet werden, gab und gibt es unterschiedliche Sichtweisen und eine vielfältige Praxis.
> Mit diesem Impuls wollen wir unser Markenzeichen ‚Gemeinschaft' für das diakonische Handeln und für die evangelistische Verkündigung fruchtbar machen. Wir wollen ‚Gemeinschaft' so leben, dass wir in Wort und Tat das Evangelium bezeugen. Dazu gehört, dass es innovative soziale Projekte und evangelistische Formate in unserer Bewegung gibt."

---

[25] Das zeigt Frank Lüdke in seiner Arbeit über die Entstehung und frühe Geschichte des Deutschen Gemeinschafts-Diakonieverbandes (DGD): Lüdke, Diakonische Evangelisation.

[26] Zimmermann, Gemeinde, Mission und Transformation (2018).

[27] Gnadauer Verband, Keine Gemeinschaft ohne Diakonie! (2017).

4.8 Fresh expressions of church

Seit etwa 2005 stehen Anregungen aus der anglikanischen Kirche und den sog. *fresh expressions of church* für die Verbindung von Gemeinde(gründung) und Evangelisation. Vom Grundgedanken her geht es nicht um eine Gemeinde, die „missionarisch" in dem Sinne ist, dass sie neben anderen Bereichen „auch noch" Mission betreibt, sondern um eine „missionsgeformte" Gemeinde (mission-shaped church), die in allen Bereichen von ihrer „Mission" geprägt ist bzw. umgekehrt: Teil der Sendung Gottes, der *missio Dei* ist. Als Kennzeichen werden genannt[28]:

- *Missional:* „Ein wesentliches Merkmal ist, dass eine *fresh expression* Menschen begegnet, die noch keinen Bezug zu Kirche und Gemeinde haben.
- Kontextuell: Eine *fresh expression* „will ganz in eine bestimmte Lebenswelt [...] eintauchen, um Kirchen und Gemeinde in einem neuen Kontext Gestalt zu verleihen".
- *Formational* („lebensverändernd"): Hier geht es um *discipleship,* darum, Menschen in die Nachfolge Jesu einzuladen.
- *Ecclesial* („gemeindebildend"): Eine *fresh expression* hat das Potenzial, zur eigenständigen Gemeinde zu werden. „Damit ist sie ganz Kirche, aber nicht die ganze Kirche".

Das Anliegen der *fresh expressions* wurde auch in der Gemeinschaftsbewegung aufgegriffen. Für viele ist es ein Hoffnungsmodell und Vorbild der Verbindung von Evangelisation und Gemeindegründung[29], auch wenn die deutschen Projekte in der Konsequenz der Durchführung häufig hinter den englischen Vorbildern zurückblieben.

Der Vergleich zwischen landeskirchlichen Gemeinschaften und *fresh expressions* zeigt erhebliche Differenzen[30] und lässt erahnen, dass die herkömmliche „Gemeinschaftskultur" und das Ziel einer radikal an der Kultur der Zielgruppe ausgerichteten „fresh expression" sich nicht von selbst versteht, sondern landeskirchliche Gemeinschaften vor erhebliche Herausforderungen stellt.

Gleichwohl dient die Fresh-X-Bewegung einschließlich der daraus entstandenen deutschen Netzwerke als starke Motivations- und Inspirationsquelle im Gnadauer Verband, vor allem in Verbindung mit der beim Gnadauer Verband angesiedelten Stelle eines „Referenten für Neugründung und Neubelebung von Gemeinden". Das an den *fresh expressions*

---

[28] Weimer, Gekommen, um zu bleiben, 37-38 (daraus die folgenden Zitate).
[29] Zum Thema Gemeindegründung s. u. Kap. 10.7.
[30] S. u. Kap. 8 („Ganz gut im Rennen"), v. a. 8.2.8.

orientierte Modell der „Erprobungsräume“[31], das ausgehend von der Evangelischen Kirche in Mitteldeutschland in vielen deutschen Landeskirchen in vergleichbarer Weise eingerichtet wurde, findet auch Resonanz in landeskirchlichen Gemeinschaften.

4.9 „Missionale Gemeinde“

Die klassische Evangelisation ist „attraktional“: Sie soll „attraktiv“ sein und Menschen anziehen. Dazu ist es nötig, dass sie die Schwellen zum Veranstaltungsort überschreiten. Viele Schwellen zu Gemeinschaftshäusern oder Kirchen erweisen sich jedoch als unüberwindbare Hürden, vor allem dann, wenn sie Besucherinnen und Besucher in eine ihnen kulturell fremde Welt führen. Kommt trotzdem jemand dazu und bleibt dabei, wird er oder sie nach und nach durch Aufgaben in der Gemeinde absorbiert.

Die aus dem angelsächsischen Raum, vor allem aus den USA kommende Diskussion um eine „missionale“ Kirche[32] – begrifflich in bewusster Absetzung von „missionarisch“ – setzt hier an mit dem Anliegen, nicht mehr „attraktional“ zu arbeiten; „die eigentliche Mission vollzieht sich demzufolge, wenn Christen bei den Menschen sind und ihnen dienen: in ihrer Nachbarschaft, in ihren Beziehungsnetzwerken und Milieus. Dadurch soll die Gemeinde für ihr Umfeld relevant werden. Die ‚missionale‘ Gemeinde will nicht Menschen aus ihrem Umfeld heraus in die Gemeinde holen (das wäre ‚attraktional‘), sondern dem Vorbild Jesu folgend bei den Menschen sein und ihnen auf Augenhöhe begegnen […] Ein starker Akzent liegt dabei auf der Gestaltung von echten, authentischen Beziehungen. Das Ziel ist es, dass ‚Gemeinde‘ nicht auf das Kirchengebäude beschränkt ist, sondern in ganz unterschiedlichen Formen in den unterschiedlichen Netzwerken und Milieus entsteht“[33].

Häufig wird dabei der Begriff „inkarnatorisch“[34] verwendet: In Analogie zur Inkarnation Jesu geht es darum, anderen Menschen in ihrer Lebenswelt „auf Augenhöhe“ zu begegnen.

Für landeskirchliche Gemeinschaften kann „missionales“ Arbeiten eine Herausforderung sein, insbesondere dann, wenn der aus der Heiligungsbewegung kommende Impuls der Absonderung der Glaubenden in einer „reinen Gemeinde“ noch Nachwirkungen hat. Zusammen mit den *fresh*

---

[31] S. Erprobungsräume (Homepage), s. u. Kap. 13.4.3 Abs. 4.
[32] S. Reppenhagen, Auf dem Weg zu einer missionalen Kirche.
[33] Zimmermann, Gemeinde, Mission und Transformation (2020), 57.
[34] Ob der Begriff hier angemessen ist oder nicht doch besser für die Einmaligkeit der Inkarnation des Gottessohnes reserviert bleiben sollte, kann hier offen bleiben.

expressions wird die „missionale Gemeinde“ in der Gemeinschaftsbewegung rezipiert und stellt dort ein Hoffnungsmodell für zeitgemäße Formen evangelistischer Arbeit dar. Eine konsequente Umsetzung würde durch die konsequente Orientierung an der Kultur der Zielgruppe den bisherigen Charakter der (Gemeinde-)Arbeit in der Gemeinschaftsbewegung deutlich verändern.

4.10 „Evangelistische Gemeinde“

Die immer wieder angestrebte Verbindung von Evangelisation und Gemeinde ist auch für landeskirchliche Gemeinschaften als eigenständige Gemeinden in Verbindung mit einem prozessualen Verständnis von Evangelisation mit Chancen verbunden. Eine „evangelistische Gemeinde“[35] versteht sich nicht von selbst, sondern stellt in mehrfacher Hinsicht eine Herausforderung dar.

> Es wird zunehmend zur „Herausforderung an die Gemeinde, Evangelisation nicht nur als Event zu gestalten, sondern als Weg, auf dem Menschen in ihrer individuellen Glaubensgeschichte selbst Erfahrungen sammeln können und dabei begleitet werden. Das setzt voraus, dass die Gemeinden als Räume für Glaubenswege unterschiedlicher Art bereitstehen, als Räume, in denen Menschen in ihrem Suchen und Finden, mit ihren Fragen und Zweifeln ernst genommen und unterstützt werden“[36].
> Dabei handelt es sich um einen Zusammenhang von Evangelisation und Gemeinde in mehrfacher Hinsicht: „Die Gemeinde ist Trägerin der Evangelisation und damit auch der Raum, in dem Glaubenswege ermöglicht und gefördert werden. Sie ist auch Ziel der Evangelisation, insofern die Zugehörigkeit zur Gemeinschaft der Glaubenden Folge eines Anfangs im Glauben ist. Die Herausforderung besteht daher in einer engen Verbindung von Evangelisation und Gemeindeaufbau“[37].

„Evangelistische Gemeinde“ bedeutet, die Anliegen von Gemeindeaufbau und Evangelisation so miteinander zu verbinden, dass beide einander zuarbeiten und unterstützen. Was das im Blick auf Haltungen bedeuten kann, soll anhand einiger Themen verdeutlicht werden[38].

- Zu einer Gemeinde gehört „Gemeinschaft“, eine Verbundenheit untereinander. Zu einer evangelistischen Gemeinde gehört ebenso die

[35] S. Zimmermann, Gemeinde, Mission und Transformation, v. a. 69-76 („Evangelistisch Gemeinde sein“).
[36] Zimmermann, Gemeinde, Mission und Transformation, 73.
[37] Zimmermann, Art. Evangelisation, 1865.
[38] Zimmermann, Gemeinde, Mission und Transformation 74f.

„Wendung nach außen". Das beginnt bei vorhandenen Kontakten und Beziehungsnetzen. Es geht weiter in der bewussten Öffnung und Gestaltung von Beziehungen über die Gemeinde hinaus. Oft ist es die Herausforderung, die eigene Nische zu verlassen.

- Die Öffnung und der Aufbau von Beziehungen ist auf der einen Seite Teil der Sendung der Gemeinde und der Vorbereitung der evangelistischen Aufgabe. Zugleich geht es um einen selbstlosen Dienst für andere, der nicht zuerst nach dem „Ertrag" für die eigene Gemeinde fragt, sondern nach den Menschen und ihren Bedürfnissen in allen Dimensionen ihres Menschseins. Das führt zum diakonischen Aspekt evangelistischer Gemeinde.
- Unentbehrlich für eine evangelistische Gemeinde ist eine gastfreundliche Gemeindekultur, die offen ist für andere. Es sind Fragen wie die folgenden: Sind die Umgangsformen und Veranstaltungen gastfreundlich? Oft herrscht eine Diskrepanz zwischen guten Absichten und tatsächlicher Wirkung. Gesagt wird: „Wir sind offen für andere" – unausgesprochen klingt mit: „Wenn sie so werden wie wir es sind". John Finney redet von Glastüren, die unsichtbar sind, aber wirkungsvoll in der Ausgrenzung[39]. Hilfreich ist die Frage: Wie geht es Menschen, die zum ersten Mal dabei sind? Gäste wollen nicht vereinnahmt, aber auch nicht übersehen werden.
- Evangelistische Aktionen erreichen nur selten Menschen über die Gemeinde hinaus, wenn vorher keine Beziehungen zu ihnen vorhanden waren. Dabei stellen Veranstaltungen und Beziehungen keine Alternative dar, es geht um eine „Koalition" von beziehungsstarken Menschen und zum Glauben einladenden Veranstaltungen und Aktionen[40]. Je weiter Menschen weg sind von Glaube und Gemeinde, desto wichtiger sind Kontakte von Einzelnen.
- Isolierte Aktionen stehen in der Gefahr, dass ihre Wirkungen schnell verpuffen. Sinnvoller ist es, die einzelnen Aktionen und Projekte als Teil des Gemeindeaufbaus zu sehen und in der Evangelisation eine Nachhaltigkeit anzustreben. Das gilt auch und gerade für Evangelisationsveranstaltungen. Es ist wichtig, sich hier rechtzeitig Gedanken über „flankierende Maßnahmen", über das „Davor" und „Danach" zu machen. Evangelisation braucht die Einbettung in den Gemeindeaufbau.
- Deshalb gehört zu einer evangelistischen Gemeinde die „missionarische Ökumene", die Zusammenarbeit mit anderen Kirchen, Gemeinden und Gemeinschaften in der Absicht, gemeinsam missionarische Verantwortung für eine Stadt oder eine Region zu übernehmen und einander dabei zu ergänzen, zu unterstützen und zu begleiten (s. u. 4.11).
- Nicht nur Strukturen und Aktionen sind gefragt. „Evangelistisch Gemeinde sein" ist auch eine Frage der Haltung – und wie sie von anderen wahrgenommen wird. Bei denen, die einer evangelistischen Gemeinde begegnen, soll ankommen: „Es geht um mich, ich werde nicht für fremde Interessen vereinnahmt". Die Motivation für den evangelistischen

[39] Finney, Wie Gemeinde über sich hinauswächst, 151ff.

[40] Zimmermann/Schröder, Wie finden Erwachsene zum Glauben?, 121-122.

Auftrag ist nicht der sorgenvolle Blick auf die Zukunft der eigenen Gemeinde, sondern der Auftrag Jesu: „Die Liebe Christi drängt uns" (2Kor 5,20). Es geht um eine selbstlose Liebe, die nicht nach dem eigenen Interesse, sondern nach dem anderen fragt. Weiter geht es um eine Gelassenheit, die bei aller Dringlichkeit des Auftrags der Evangelisation auf den rechten Zeitpunkt warten kann – und um das Vertrauen auf Gott und seine Zusage.

4.11 Gemeinsame missionarische Verantwortung in einer Region

Lange Zeit stand die Evangelisation in der Gemeinschaftsbewegung unter dem Motiv der „Seelenrettung". Die Einsicht, dass zu einer nachhaltigen Evangelisation die Einbettung in die Gemeinde gehört, führte mit zum Gemeindeaufbau seit den 1970er-Jahren[41].

Inzwischen stehen wir vor einer neuen Schwelle: Eine Gemeinde allein genügt nicht, um die Aufgabe der Evangelisation wahrzunehmen. Die Menschen in einer zunehmend multikulturellen Gesellschaft sind zu unterschiedlich, als dass sie alle von einer Gemeinde oder einem Gemeindetyp erreicht werden könnten. Man kann das milieutheoretisch entfalten oder auf die interkulturelle Vielfalt verweisen. Milieuprägungen bieten die Chancen geistlicher Beheimatung, bedeuten aber zugleich Grenzen in der missionarischen Reichweite. Interkulturell kann an die Vielzahl von Migrantenkulturen gedacht werden. In den genannten Fällen zeigt sich, dass der bisherige Anspruch von Gemeinden, „für alle" da zu sein, unrealistisch ist und auch ein integratives Arbeiten an Grenzen stößt.

Hinzu kommt ein weiterer Gesichtspunkt: In einer „christentümlichen" Gesellschaft war die Zugehörigkeit zu einer christlichen Kirche und die Prägung durch den christlichen Glauben weithin Konsens. Mittlerweile verstehen sich Glaube und Kirchenmitgliedschaft nicht mehr von selbst. Gegenseitige Konkurrenz von Gemeinden und Kirchen mit dem wechselseitigen Anspruch, dass das Christliche in der eigenen Konfession am besten umgesetzt sei, stößt nur auf Resonanz in einem Umfeld, in dem Christlichkeit als solche plausibel ist. Gegenwärtig jedenfalls führt die Zersplitterung der Christenheit weniger zu einem Wettbewerb, der das Geschäft belebt, sondern eher zu einem Verlust an Glaubwürdigkeit.

Die Herausforderung besteht darin, das nach wie vor anzutreffende Neben- und Gegeneinander von Gemeinden zu überwinden und stattdessen eine Vernetzung und Kooperation von Gemeinden anzustreben mit dem

[41] S. Kap. 10, v. a. 10.5.

Ziel, gemeinsam missionarische Verantwortung für eine Stadt oder Region zu übernehmen und sich gegenseitig zu ergänzen. Dass dies nicht immer möglich sein wird und dass es gelegentlich unüberwindbare Differenzen gibt, kann dabei nicht als Ausgangspunkt, sondern allenfalls (hoffentlich selten!) am Ende ergebnisloser Bemühungen stehen. Ausgangspunkt ist die Verheißung und das Gebet Jesu für die Einheit seiner Jünger (Joh 17).

Neuere Konzeptionen zum missionarischen Gemeindeaufbau konvergieren in diesem Anliegen. Exemplarisch dafür stehen das Modell der „regiolokalen Kirchenentwicklung“[42], die „mixed economy“ in der Anglikanischen Kirche[43] und die „Ökologie des Evangeliums“ bei Timothy Keller[44]. Das diese Konzeptionen verbindende Anliegen der Kooperation spricht sehr dafür, darin ein Zukunftsthema des Gemeindeaufbaus und eine Herausforderung auch für die Verbindung von Evangelisation und Gemeindeaufbau in der Gemeinschaftsbewegung zu sehen.

4.12 Zusammenfassung und Ausschau

1. Verschwunden ist die Evangelisation in der Gemeinschaftsbewegung keineswegs. Zurückgegangen ist die Verwendung des Begriffs. Das hängt auch damit zusammen, dass er innerkirchlich „belastet“ ist und viele lieber von „Mission“ reden. Für das Anliegen der Evangelisation ist es hier wichtig, aufmerksam zu sein, ob es sich lediglich um eine sprachliche Veränderung handelt und ob das, was früher „Evangelisation“ genannt wurde, nun im missionarischen Auftrag bzw. der „missionarischen Gemeinde“ weiterlebt – oder ob mit dem Begriff auch die Sache zurückgeht oder ganz verschwindet. Dabei ist es sinnvoll, zwischen „Mission“ und „Evangelisation“ zu unterscheiden (s. u.).

   Ein weiteres, damit zusammenhängendes Problem könnte darin bestehen, dass Evangelisation als solche in die Defensive geraten ist[45]. Wer Evangelisation betreibt, muss damit rechnen, dass er sich dafür rechtfertigen muss. Dahinter können negative Erfahrungen mit und Zerrbilder von Mission und Evangelisation stehen, aber auch eine Situation im gesellschaftlichen und religiösen Pluralismus, in der angesichts des Ziels einer friedlichen Koexistenz Mission und Evangelisation unter dem Verdacht stehen, übergriffig zu sein und das friedliche

---

[42] Herbst/Pompe: Regiolokale Kirchenentwicklung.

[43] Der Begriff der „mixed economy“ geht auf Rowan Williams zurück, s. Moynagh, Fresh Expressions of Church, 71f. 480ff; Themenheft „Mixed Economy“; außerdem u. Kap. 13.4.3 Abs. 3.

[44] Keller, Center Church deutsch, v. a. 340-349.

[45] S. Morgner, Wir dienen dem Herrn. Präsesbericht 2009, 26-30.

Miteinander zu beeinträchtigen. Der missionarische bzw. evangelistische Auftrag versteht sich offensichtlich nicht (mehr) von selbst.

2. Hilfreich ist dabei die Unterscheidung von Mission und Evangelisation, wie sie in der neueren ökumenischen Missionstheologie verbreitet ist[46]:

   Mission bezeichnet demnach die liebevolle Zuwendung Gottes zur Welt. Die *missio Dei* zielt auf „Schalom" im umfassenden Sinn: Frieden, Gerechtigkeit, Bewahrung der Schöpfung und heilvolles Menschsein in allen seinen Dimensionen. Gelingendes Menschsein umfasst nach biblischem Verständnis auch die Dimension der Gottesbeziehung. Die Zuwendung Gottes zur Welt und zum Einzelnen zielt auf Resonanz, auf die Antwort des Glaubens.

   In der Sendung der Kirche steht „Mission" für die Breite der *missio Dei,* der Zuwendung Gottes zur Welt. Evangelisation ist die Verkündigung des Evangeliums als Teilbereich der Mission und zugleich das Herzstück der Mission: Die auf die Resonanz des Glaubens zielende Kommunikation des Evangeliums, die auch Umkehr und Konversion einschließt.

   Mission und Evangelisation benötigen einander: Die Evangelisation bewahrt die Mission davor, profillos zu werden und sich zu verzetteln – und die Mission bewahrt die Evangelisation vor Verengungen. Die Isolierung der Verkündigungsaufgabe bzw. einer Reduktion auf die verbale Bezeugung des Evangeliums ist ebenso eine Engführung wie die Verselbständigung von Diakonie und sozialer Hilfe ohne Rückbindung an den Auftrag, *„die Botschaft von der freien Gnade Gottes auszurichten an alles Volk"* (Barmen VI)[47].

   Deutlich wird bei dieser Unterscheidung die Herausforderung, den „Kern" im Blick zu behalten: Die Verbindung von „Ruf und Antwort"[48], die auf die Antwort des Glaubens zielende Verkündigung des Evangeliums.

3. Zurückgegangen ist die Zahl der Evangelisationen in Form der klassischen Veranstaltung. Stattdessen wird der missionarische bzw. evangelistische Auftrag mit anderen Formen verbunden. Auf diese Weise

[46] Bosch, Art. Evangelisation, Evangelisierung, versteht Mission „als umfassende Aufgabe [...], die Gott der Kirche um der Erlösung der Welt willen gestellt hat [...] Evangelisation kann dann andererseits als eine der verschiedenen Dimensionen der umfassenden Mission der Kirche gesehen werden, noch genauer als der Kern, das Herz und Zentrum der Mission" (103).

[47] Zimmermann, Gemeinde, Mission und Transformation, 62.

[48] S. Klaiber, Ruf und Antwort.

entstand eine Vielgestaltigkeit der Wege, um das Anliegen der Evangelisation angesichts veränderter Umstände in sich wandelnden Formen weiterzuführen. Hier gibt es eine Fülle kreativer und innovativer Angebote und Initiativen, an denen auch die Gemeinschaftsbewegung beteiligt ist oder die in ihr rezipiert werden.

4. Der Auftrag der Evangelisation bleibt, die Formen wandeln sich. Das schließt die kritische Nachfrage an die gegenwärtige Praxis in den landeskirchlichen Gemeinschaften ein. Die Ausführungen in diesem Kapitel haben gezeigt, wie Evangelisation mit anderen Formaten verbunden wird: Mit dem Gottesdienst, mit Kursangeboten, mit Diakonie, mit Gemeindeaufbau und -gründung. Das ist grundsätzlich sinnvoll und sachgerecht, es entspricht der Einbettung der Evangelisation in die Mission. Die Herausforderung besteht darin, das damit verbundene Spannungsfeld nicht nach einer Seite hin aufzulösen. Das wurde beim Gegenüber von „Gemeindeaufbau“ und „Evangelisation“ bereits erörtert, es betrifft aber auch andere der dargestellten Formen.

Diakonie hat als selbstlose Hilfe für den Nächsten einen Eigenwert; sie darf nicht an ihrem Beitrag zur Evangelisation gemessen werden. Droht auf der einen Seite eine Verzweckung, so liegt die Gefährdung auf der anderen Seite in einer Diakonie, die völlig losgelöst vom Auftrag der Mission bzw. Evangelisation sich selbst genügt und nicht mehr wahrnimmt, dass die tiefste Entfremdung des Menschen in seiner Trennung von Gott besteht. Die Herausforderung besteht in einer Diakonie, die weder instrumentalisiert wird noch sprachlos in Glaubensfragen ist[49].

Ähnlich ist es in anderen Bereichen: Kurse zum Glauben sind immer auch mit dem Aspekt der Bildung verbunden; hier besteht die Herausforderung, das evangelistische Anliegen mit Bildungsstandards zu verbinden. Auch ein Gottesdienst ist zunächst der Gottesdienst der versammelten Gemeinde und unterscheidet sich als solcher von einer Missionsveranstaltung. Aber auch hier gibt es Wege, beides miteinander zu verbinden[50]: Wenn der „Kern“ eines Gottesdienstes in „Wort“ und „Antwort“ besteht, bzw. darin, dass Gottes Zusage auf Glauben zielt, dann ist das identisch mit dem Auftrag der Evangelisation.

Grundsätzlich bedeutet es eine große Chance, wenn die Evangelisation nicht „pur“ durchgeführt wird, sondern sich mit anderen Vollzügen verbindet. Die Herausforderung besteht dann jeweils darin, die

[49] S. Herbst, Missionarischer Gemeindeaufbau in der Volkskirche, 4. Aufl., 519-521.
[50] S. Zimmermann, Zwischen Tradition und Event, 41ff.

Verbindung so zu gestalten, dass diese Vollzüge nicht verzweckt und instrumentalisiert werden, dass zugleich aber das Anliegen der Evangelisation zur Geltung kommt.

Für die Gemeinschaftsbewegung ist es die Chance, neue kreative Formen der Evangelisation zu entwickeln, dadurch „am Puls der Zeit“ zu bleiben und so den bleibenden Auftrag in sich wandelnden Formen weiterzuführen. Das Anliegen und der Auftrag bleiben: Dass Menschen im Glauben auf den Ruf Gottes antworten, der in der Evangelisation laut wird.

5. Taufe, Abendmahl, Konfirmation, Trauung, Bestattung

Sakramente und Kasualien in der Gemeinschaftsbewegung

5.1 Kasualien in der Gemeinschaftsbewegung

Noch vor wenigen Jahrzehnten wäre ein praktisch-theologisches Buch zur Gemeinschaftsbewegung ohne ein Kapitel zu den Kasualien ausgekommen. Das hat sich durch den Weg von der Gemeinschaft zur Gemeinde deutlich geändert: Ebenso wie Gottesdienste sind auch Kasualien und die Feier der Sakramente unverzichtbare Handlungsfelder einer eigenständigen Gemeinde.

Zugleich sind Kasualien als „Amtshandlungen" gottesdienstliche Handlungen, die in den evangelischen Landeskirchen an das kirchliche Amt oder zumindest eine entsprechende Beauftragung gebunden sind. Das hat zur Folge, dass auch die Übernahme von Taufen, Konfirmationen, Trauungen und Beerdigungen durch Prediger und Pastorinnen von landeskirchlichen Gemeinschaften an entsprechende Regeln und Vereinbarungen gebunden ist – sofern die landeskirchlichen Gemeinschaften ihrem Selbstverständnis als *landeskirchliche* Gemeinschaften und Gemeinden entsprechend die Handlungen als *kirchliche* Handlungen durchführen. Für die Kasualien als Amtshandlungen innerhalb der Landeskirchen ist konstitutiv, dass sie aufgrund einer Beauftragung erfolgen, an die jeweiligen kirchlichen Ordnungen gebunden sind und nach Vollzug in Kirchenbüchern festgehalten werden. In Gesprächen zwischen den Gemeinschaftsverbänden und den jeweiligen Landeskirchen wurden Vereinbarungen getroffen, die den Vollzug von Kasualien durch Hauptamtliche in landeskirchlichen Gemeinschaften ermöglichen und regeln.

Einerseits wird damit Gemeinschaften die Möglichkeit eröffnet, innerhalb der Landeskirche und in deren Auftrag selbst Amtshandlungen durchzuführen. Andererseits sind die Gemeinschaften dadurch in einer bisher kaum dagewesenen Weise an kirchliche Ordnungen bis hin zur Zustimmung im Einzelfall gebunden.

Das führt zu einer paradoxen Situation: Die größere Eigenständigkeit als wichtiges Ziel der Gemeindewerdung ist verbunden mit einer „gefühlt" größeren Abhängigkeit von den Landeskirchen im Bereich der Kasualien. Das bedeutet für Pastorinnen und Pastoren in der Gemeinschaftsbewegung einen fortwährenden Bedarf an Absprachen in dem Bereich, der nach außen und in der Selbstwahrnehmung für die Eigenständigkeit steht. Regelungen können dabei als Ermöglichungen, aber auch als Erschwerungen bis hin zu Gängelungen aufgefasst werden.

Schwierigkeiten ergeben sich auch durch landeskirchliche Pfarrerinnen und Pfarrer, die Vereinbarungen nicht kennen oder sich bei der Umsetzung sperren. Problematisch ist es vor allem dort, wo generelle Absprachen der gesonderten Zustimmung oder ergänzender Regelungen vor Ort bedürfen, was dazu führen kann, dass der Ortspfarrer bzw. der Kirchenvorstand das verweigert, was von den auf oberer Ebene getroffenen Vereinbarungen als generelle Möglichkeit vorgesehen ist.

Das hat an manchen Orten dazu geführt, dass Gemeinschaften sich entschieden haben, nicht den mitunter aufwändigen Weg von Vereinbarungen zu gehen, sondern außerhalb von Vereinbarungen in eigener Verantwortung Kasualien durchzuführen. Das hat – vor allem bei der Taufe – Folgen für den innerkirchlichen Status von Gemeinschaften, die ausführlicher Erörterung bedürfen.

Wo Gemeinschaften Kasualien innerhalb der Vereinbarungen durchführen, gibt es durch mehr Berührungspunkte auch mehr potenzielle Reibungsflächen und Konflikte. Damit avanciert ausgerechnet ein Bereich, der für die Gemeinschaftsbewegung jahrzehntelang praktisch keine Rolle spielte, zu einem der Hauptkonfliktherde in der Beziehung zu den evangelischen Landeskirchen.

5.2 Die Bedeutung von Sakramenten und Kasualien für die Gemeinschaftsbewegung

Für die Gemeinschaften, ihre Arbeit vor Ort und den Dienst der Prediger spielten Sakramente und Kasualien bis ins letzte Viertel des 20. Jh. hinein keine oder nur eine untergeordnete Rolle.

Evangelisation und Gemeinschaftspflege waren seit den Ursprüngen die zentralen Anliegen und die Schwerpunkte der Gemeinschaftsarbeit. Kasualien und Sakramente hingegen waren auch gedanklich weit entfernt. Taufe, Konfirmation, Trauung und Bestattung waren über Jahrzehnte kein Thema in der Gemeinschaftsbewegung – jedenfalls nicht in der Weise, dass es um die Frage ging, ob und in welcher Weise die Gemeinschaftsbewegung selbst diese Kasualien übernehmen und durchführen würde. Hin und wieder kam es vor, dass der Prediger etwa bei einer Trauung oder Beerdigung die Predigt übernahm – ähnlich, wie dies bei Trauungen und Bestattungen im ökumenischen Kontext praktiziert wird. Im Normalfall hingegen verblieb dieser Bereich in der ausschließlichen Zuständigkeit der evangelischen Landeskirchen.

Nur an einer Stelle gab es eine Ausnahme: In den ersten Jahrzehnten der Gemeinschaftsbewegung war die Abendmahlsfrage einer der Hauptstreitpunkte zwischen Gemeinschaftsbewegung und Landeskirchen (5.4). Während es in dieser Hinsicht ruhig geworden ist, ist es derzeit die Taufe, die durch die Koppelung mit der Kirchenmitgliedschaft für Konflikte und Klärungsbedarf sorgt (5.5).

Von dieser Ausnahme abgesehen spielten die Kasualien in der Frömmigkeit der Gemeinschaftsbewegung keine zentrale Rolle. In einem Artikel über „Grundzüge der Gnadauer Spiritualität" nennt Thorsten Dietz folgende vier Elemente: Jesus-Frömmigkeit – Bibelbewegung – Gebetsgemeinschaft – Reichslieder[1]. Von Kasualien und Sakramenten ist im gesamten Artikel nicht die Rede. Von der Herkunft und Prägung der Gemeinschaftsbewegung her ist das nicht erstaunlich: Durch die Betonung des persönlichen Glaubens und die Jesus-Frömmigkeit liegt das Gewicht auf dem inneren Glauben, die Sakramente rücken eher an den Rand. Hinzu kommt, dass in einem volkskirchlich geprägten Umfeld (fast) alle getauft und konfirmiert waren, das Unterscheidungsmerkmal der Gemeinschaftsleute bestand in der Bekehrung. Von hier aus ist es verständlich, dass darauf das Gewicht lag, während Sakramente und Kasualien in dieser Hinsicht eher als Äußerlichkeiten betrachtet werden konnten. Das muss nicht bedeuten, dass sie unwichtig gewesen wären. Im Rahmen einer landeskirchlichen Frömmigkeit können sie von Gemeinschaftsleuten mit Leben gefüllt und integriert werden. Das lange Zeit als Gelübde betrachtete Konfirmationsversprechen wurde von Jugendlichen der Gemeinschaft weithin ernst genommen, konnte aber die eigene Bekehrung nicht ersetzen.

5.3 Kasualien und Gemeindewerdung

Wo aus einer Gemeinschaft eine Gemeinde wird, stellt sich über kurz oder lang die Frage nach einer eigenen Praxis der Kasualien und Sakramente. Kasualien standen nicht am Beginn des Weges von der Gemeinschaft zur Gemeinde, aber sie waren deren logische Folge. Die Initiative zu einer

[1] Dietz, Die Spiritualität der Gemeinschaftsbewegung.

eigenen Kasualpraxis ging ähnlich wie bei der Gemeindewerdung von den Gemeinschaften und Verbänden aus, aus Sicht der Landeskirchen bestand kein Änderungsbedarf; sie agierten entsprechend zögerlich, anfangs oft ablehnend. Es ist die Geschichte eines bisweilen auch zähen Ringens um Zugeständnisse, das eine eigene Dynamik dadurch gewann, dass einzelne Gemeinden die Vereinbarungen nicht abwarteten, sondern auch ohne Absprache eine eigene Praxis etablierten.

In der Regel führten Gemeinschaften die Kasualhandlungen nicht auf einmal, sondern allmählich ein: Am Anfang stand meist die eigene Abendmahlsfeier in der Gemeinschaft bzw. Gemeinde, nach und kamen die Kasualien dazu: Konfirmandenunterricht und Konfirmation, Trauung und Bestattung, schließlich die Taufe. Auch dann, wenn Kasualien von der Gemeinschaft angeboten wurden, war damit nicht gesagt, dass alle Mitglieder sie auch in Anspruch nahmen, denn der Weg zur landeskirchlichen Pfarrerin stand weiterhin offen. Ebenso sind Mischformen denkbar, bei denen etwa der Gemeinschaftspastor die Aufgabe der Verkündigung übernimmt.

Als die Stadtmission Wolfsburg mit der Durchführung eines eigenen Konfirmandenunterrichtes begann, wurde die Konfirmation vom Superintendenten durchgeführt – so lange, bis dieser seine Beteiligung für entbehrlich hielt und die gesamte Konfirmation in die Hände des Predigers der Stadtmission legte. Dieses Beispiel steht zugleich für einen gemeinsamen Weg in gutem Einvernehmen.

Da mit der Durchführung von Kasualien innerhalb der Gemeinschaftsbewegung nicht flächendeckend und nicht auf einmal begonnen wurde, kam es zu Differenzierungen zwischen den einzelnen Gemeinschaften. Diese Differenzierungen sind so markant, dass bei der Unterscheidung von drei „Gnadauer Modellen“ in den 1990er-Jahren Kasualien das zentrale Unterscheidungskriterium im Blick auf den Status der Eigenständigkeit darstellen[2]. An ihnen ist erkennbar, ob es sich um einen „ergänzenden“ oder einen „stellvertretenden“ Dienst in Bezug auf die Landeskirche handelt. Die Logik ist nachvollziehbar: Während eine Bibelstunde oder ein Jugendkreis als „Ergänzung“ zu landeskirchlichen Angeboten betrachtet werden kann, ist es bei Kasualien anders: Hier wird das, was bisher ausschließliche Domäne der Landeskirche war, „ersetzt“ durch die Kasualie (Taufe, Konfirmation, Trauung, Bestattung) in der Gemeinschaftsgemeinde. Eine Gemeinschaft „ergänzt“ damit nicht mehr das landeskirchliche Angebot, sie übernimmt „stellvertretend“ ein Handeln der Landeskirche.

Die „Ersetzung“ bzw. „Stellvertretung“ erfolgen im Blick auf die Landeskirche, daher sind entsprechende Absprachen und Regelungen nötig,

---

[2] S. Morgner, Geistliche Leitung, 286-295 und unten Kap. 10.2.

insbesondere muss die Frage der Beauftragung geklärt werden. An dieser Stelle setzen die Vereinbarungen ein, und ein großer Teil der „Vereinbarungen zwischen den Gliedkirchen der EKD und den im Gnadauer Verband zusammengeschlossenen Gemeinschaftsverbänden“[3] ist den Themenbereichen Sakramente und Kasualien gewidmet.

Diese Vereinbarungen sind nicht EKD-weit einheitlich, sondern fallen in die Zuständigkeit der jeweiligen Landeskirchen und können daher unterschiedlich ausfallen. Ähnlich trifft nicht der Gnadauer Verband, sondern die Gemeinschaftsverbände Vereinbarungen mit den Landeskirchen; der Gnadauer Verband begleitet die Gespräche allenfalls unterstützend. Die Vereinbarungen sind in einem Band mit 171 Seiten (4. Auflage 2016) gesammelt[4] und vom Gnadauer Verband gemeinsam mit der EKD herausgegeben. Generell ist zu beobachten, dass unierte Landeskirchen dabei flexibler und entgegenkommender agieren als lutherische Kirchen. Weiter ist zu erkennen, wie in vielen Fällen die Praxis die getroffenen Vereinbarungen überholt. So ist etwa in älteren Vereinbarungen davon die Rede, dass die Gottesdienstzeit am Sonntagvormittag von Gemeinschaften freigehalten werden solle oder dass Taufen grundsätzlich in Kirchen und Gottesdiensten der Landeskirche vollzogen werden sollten, um so die Zusammengehörigkeit erkennbar werden zu lassen. Die Realität sieht hier oft anders aus.

Manchen waren die Regelungen zu lästig oder sie wollten nicht jeden einzelnen Schritt von der Zustimmung und Erlaubnis der zuständigen Landeskirchen abhängig machen. Das konnte als Bevormundung empfunden werden, die nicht zum Selbstverständnis als eigenständige Gemeinde passte. So konnte es dazu kommen, dass Kasualien bis hin zu Taufen in Eigenregie durchgeführt werden. Für die Kirchen war hier der Fall klar: Was außerhalb der Vereinbarungen geschieht, ist nicht mehr Teil der Landeskirche, entsprechend wurden die betroffenen Prediger oder ganze Gemeinschaften als außerhalb der Vereinbarungen und damit als außerhalb der Landeskirche angesehen. Die bayrische Landeskirche etwa unterschied zeitweise zwischen Gemeinschaften, die innerhalb der Vereinbarungen arbeiteten – und solchen außerhalb der Vereinbarungen. Die Kasualien der letzteren wurden nicht als kirchliche Amtshandlungen betrachtet und dementsprechend nicht in die Kirchenbücher eingetragen. Vor allem aber: Die außerhalb der Vereinbarungen durchgeführten Taufen führten nicht zur Mitgliedschaft in der Evangelischen Kirche (s. u. 5.5).

---

[3] So der Untertitel von „Kirche und Gemeinschaft“, 4. Aufl. 2016.

[4] Kirche und Gemeinschaft. Die Vereinbarungen zwischen den Gliedkirchen der EKD und den im Gnadauer Verband zusammengeschlossenen Gemeinschaftsverbänden.

Inzwischen ist manches Gras darüber gewachsen. Für Gemeinschaften „außerhalb der Vereinbarungen" wurden in Gesprächen mit der EKD und den Landeskirchen Wege zurück in die Vereinbarungen eröffnet[5] – aber oftmals von diesen selbst nicht mehr wahrgenommen, weil die Kirchlichkeit einer Handlung als irrelevant betrachtet wird („Wozu brauchen wir den Eintrag in die Kirchenbücher?").

Die Situation innerhalb der Gemeinschaftsbewegung ist bis heute sehr unterschiedlich – sowohl regional als auch im Blick auf unterschiedliche Gemeinschaftsverbände und Landeskirchen. Ein großer Teil der Kasualien wird ganz selbstverständlich im Rahmen der Vereinbarungen durchgeführt. Das wird leicht übersehen, weil die Konflikte deutlich mehr Aufmerksamkeit auf sich ziehen. Von da aus reicht die Palette bis zu Gemeinschaftspastoren, die im Einzelfall bzw. im Gespräch mit den Betroffenen entscheiden, ob die jeweilige Kasualie innerhalb oder außerhalb der Vereinbarungen stattfindet. Wenn der damit verbundene Gottesdienst im Gebäude der Gemeinschaft stattfindet, ist nach außen z. B. bei einer Trauung oft kein Unterschied erkennbar, besteht dieser doch „nur" in der Frage, ob die Kasualie in den Kirchenbüchern eingetragen wird.

Bei der Umsetzung der Vereinbarungen gibt es unterschiedliche Auffassungen über deren Verbindlichkeit. Wie gehen Gemeinschaftsverbände um mit Predigern und Pastorinnen, die hier eigene Wege außerhalb der Vereinbarungen gehen? Es gibt Gemeinschaftsverbände, die auf eine strikte Einhaltung der Vereinbarungen pochen – und andere, bei denen sich die Situation in den Gemeinden sehr unterschiedlich entwickelt hat und eine einheitliche Linie innerhalb des Verbandes nicht durchsetzbar ist[6]. Das hat zur Folge, dass einzelne Gemeinden außerhalb der Vereinbarungen arbeiten, aber weiterhin Mitglied des Gemeinschaftsverbandes bleiben.

Als Amtshandlungen stellen die Kasualien wichtige Identitätsmarker von Pfarrerinnen und Pfarrern dar – im Blick auf das pastorale Selbstbewusstsein ebenso wie im Blick auf die Stellung innerhalb der Gemeinde und in der Öffentlichkeit. Das ist ähnlich bei Predigern und Pastorinnen, die Kasualien übernehmen.

> In einem Präsesbericht wertet Christoph Morgner das durchaus positiv: Hier „eröffnen sich umfassende seelsorgerliche Möglichkeiten [...] Durch den kasualen und pastoralen Dienst wird der Stand des Predigers nach innen und

---

5 Diener, Gemeinschaftsbewegung mit Perspektive, Präsesbericht 2015, 27-28, u. a. zur Schwierigkeit, „Mitglieder und Freunde einer Gemeinschaft, die [...] eigenständig gearbeitet hat und gewachsen ist, über einen Mitgliederentscheid in der Landeskirche zu verorten" (28).

6 In diesen Kontext gehört auch die Diskussion über das sog. „Modell 4" in den 1990er-Jahren (s. dazu Morgner, Geistliche Leitung, 507ff).

außen ‚gehoben'. Er gewinnt hierdurch an Gewicht in der Öffentlichkeit […] Unsere Prediger werden auf lange Sicht zu Amtsbrüdern der Pfarrerinnen und Pfarrer, indem sie kirchliche Gottesdienste halten und auch solche Amtshandlungen versehen, die über den Kreis der Gemeinschaften hinausreichen"[7].

5.4 Die Abendmahlsfrage

Die Abendmahlskontroverse fällt in die ersten Jahrzehnte der Gemeinschaftsbewegung[8]. In der „Eingabe des Vorstandes des Deutschen Verbandes für Evangelische Gemeinschaftspflege und Evangelisation an die deutschen Kirchenregierungen vom 28. Juli 1906"[9] ist zu lesen:

> „An die hohen deutschen Kirchenregierungen […] Wir sehen in dem Heiligen Abendmahl ein Mahl, das der Herr Seinen *Jüngern* hinterlassen hat […] es ist ein Mahl für Gläubige. Es gereicht daher den Gemeinschaften vielfach zum Anstoß, daß in den Landeskirchen meist jede Kirchenzucht fehlt […] Die Kirchen gewähren auch […] solchen, die ohne Lebensverbindung mit Gott sind […,] das Heilige Mahl der Kinder Gottes […]
> Unsere Leute tragen Verlangen nach einem Brudermahl, wie in der ersten Christenheit […], sie wünschen das Heilige Mahl in der Gemeinschaft mit denen zu feiern, mit denen sie im Glauben und in der tätigen Liebe verbunden und durch den Heiligen Geist zu einem Leibe getauft sind"[10].

Hier wird ein Abendmahlsverständnis erkennbar, das in den Jahrzehnten zuvor und danach zu einem Konfliktherd zwischen Gemeinschaftsbewegung und Volkskirche führte: Das Verständnis des Abendmahls als Mahl für die „Gläubigen". Dahinter stehen Einflüsse der Brüderbewegung (des sog. „Darbysmus") und der Heiligungsbewegung mit dem Idealbild der reinen Gemeinde in der Abgrenzung zu allen „Ungläubigen", das ein wichtiges Motiv bei der Bildung von Gemeinschaften war[11]. Für Gemeinschaften und Gemeinschaftsleute mit entsprechender Prägung wurde die Teilnahme am volkskirchlichen Abendmahl durch die Gemeinschaft mit „Unbekehrten" deshalb zu einem ernsthaften Gewissensproblem, manche blieben deshalb den landeskirchlichen Abendmahlsfeiern fern.

---

[7] Morgner, a. a. O., 290.291; s. dazu in diesem Band o. Kap. 3.

[8] S. dazu die Texte zur „Abendmahlsfrage" in: Ohlemacher (Hg.), Die Gemeinschaftsbewegung in Deutschland, 68-78; außerdem: Lange, Eine Bewegung bricht sich Bahn, 243ff.

[9] Ohlemacher (Hg.), Die Gemeinschaftsbewegung in Deutschland, 68-71.

[10] A. a. O., 68-69.

[11] Bei den Kontroversen zwischen Landeskirche und Erweckungsbewegung im südlichen Hessischen Hinterland spielte die Abendmahlsfrage eine zentrale Rolle über mehrere Jahrzehnte, s. Lehmann, Die Erweckungsbewegung im südlichen Teil des Hessischen Hinterlandes.

Die vorgeschlagene Abhilfe bestand darin, den Gemeinschaften die Möglichkeit eigener Abendmahlsfeiern einzuräumen, bevorzugt im Saal der Gemeinschaft, ansonsten auch in den Kirchen, eingesetzt etwa durch einen „Pastor der Volkskirche“ nach Wahl der Gemeinschaft.

Die Landeskirchen waren an dieser Stelle zögerlich. Auf der einen Seite ging es um die grundsätzliche Frage der Berechtigung eigener Feiern innerhalb der Gemeinschaftsbewegung, auf der anderen Seite konkret um den Umgang mit Gemeindegliedern, die dem landeskirchlichen Abendmahl aus Prinzip fernblieben. Im letzteren Fall konnten die Landeskirchen nicht jeden Einzelnen belangen, aber bei Gemeinschaftsleuten, die gleichzeitig Teil des Presbyteriums bzw. Kirchenvorstandes waren, konnte es dazu kommen, dass weitere Schritte eingeleitet wurden.

> Walter Michaelis berichtet von einem Fall im Siegerland, bei dem ein „herausragender Führer der Siegerländer innerkirchlichen Gemeinschaften“ als Presbyter sowohl am kirchlichen Abendmahl als auch am „Gemeinschaftsabendmahl im Vereinshaus Hammerhütte bei Siegen, dessen Feier grundsätzlich nur von Laien bedient wird“, teilgenommen habe. „Wegen der Teilnahme an diesem Gemeinschaftsabendmahl wollte man ihm das Recht absprechen, in seiner Kirchgemeinde das Amt eines Presbyters zu bekleiden“. 1885 wurde die Streitsache vor der preußischen Generalsynode entschieden. Vom Presbyteramt ausgeschlossen, so der „Sinn des Beschlusses“, könne einer nur, „wenn er die Teilnahme am kirchlichen Abendmahl *grundsätzlich* ablehnt“[12].

Um das Abendmahl ist es ruhiger geworden, es geht allenfalls noch um Fragen der Beauftragung. Die Konflikte sind derzeit an anderer Stelle zu lokalisieren: vor allem in der Frage nach dem Verhältnis von Taufe und Kirchenmitgliedschaft.

5.5 Taufe und Kirchenmitgliedschaft

5.5.1 „Eigenständige Taufpraxis“?

Anders als bei der Abendmahlsfrage war in der Tauffrage die Haltung des Gnadauer Verbandes lange Zeit klar von der Ablehnung einer eigenen Taufpraxis in den Gemeinschaften geprägt.

Die Gemeindewerdung von Gemeinschaften führte dazu, dass Kasualien und nach und nach auch die Taufe in Gemeinschaften praktiziert wurde. Neben den sich bei allen Kasualien stellenden Frage der Beauftragung

---

[12] Michaelis, Das Abendmahl in den Gemeinschaften, 55 (s. o. Anm. 8).

kommt der Taufe dabei dadurch eine Sonderstellung zu, dass sie nicht nur zur Zugehörigkeit in der örtlichen Gemeinschaft führt, sondern als logische Folge der Innerkirchlichkeit bei *landeskirchlichen* Gemeinschaften auch den Erwerb der Mitgliedschaft in der Landeskirche einschloss.

Diese Verbindung von Taufe und Kirchenmitgliedschaft entspricht der offiziellen Linie des Gnadauer Verbandes. 1987 bemerkt das Gnadauer Grundsatzpapier „Der Gnadauer Verband als geistliche Bewegung in der evangelischen Kirche“ dazu: „Gemeinschaften verlassen den ihr von Gott angewiesenen Platz, wenn sie durch eine eigenständige Taufpraxis zu einer eigenen Kirche werden“[13].

„Eigenständige Taufpraxis“ bezeichnet in dieser Hinsicht eine von der Innerkirchlichkeit gelöste Taufpraxis, die zur Etablierung einer „eigenen Kirche“ und damit zur Separation führt.

Heimbucher verweist an anderer Stelle auf den früheren Präses Walter Michaelis: „Ob wir die Kirche wirklich noch als Kirche anerkennen, entscheidet sich daran, ob wir unsere Kinder in ihre und in sie hineintaufen lassen“[14]. Heimbucher ergänzt: „Wenn wir in unseren Gemeinschaften Taufen vollziehen würden, dann würden wir zur eigenen Kirche werden und nicht mehr Bewegung in der Kirche sein“[15].

Die Sonderstellung der Taufe ist auch in den Vereinbarungen zwischen den Gemeinschaftsverbänden und Landeskirchen erkennbar. In der Vereinbarung von 2005 mit der Evangelischen Kirchen in Hessen und Nassau (EKHN) ist zu lesen: „Weil die Taufe auch die Mitgliedschaft in der Evangelischen Kirche begründet, wird sie in der Regel im öffentlichen Gottesdienst der Kirchengemeinde vom zuständigen Pfarrer/ von der zuständigen Pfarrerin gehalten“[16].

---

[13] Dillenburg 1987, zit. nach Morgner, Geistliche Leitung, 575.

[14] Michaelis, Erkenntnisse und Erfahrungen, 266ff, zit. bei Heimbucher, Kirche und Gemeinschaft, 424. – Vgl. zu dieser Thematik oben Kap. 5.5.1.

[15] Heimbucher, Kirche und Gemeinschaft, 424. – Vgl. im selben Band Nieke/Schaal, Zum Verhältnis von Kirche und Gemeinschaftsbewegung, 399: „Wiederum ist eine solche Gemeinschaft nicht im Vollsinn des Wortes Ecclesia, weil in ihr als konstitutives Element die Taufe fehlt. Darum entscheidet sich an der Tauffrage die Frage nach der Kirchwerdung der Gemeinschaftsbewegung“.

[16] Kirche und Gemeinschaft, 60; vgl. ebd. 138: „Taufen in der GG [= Gemeinschaftsgemeinde] begründen die Mitgliedschaft in der Evangelischen Landeskirche“ (Grundsätze zur Bildung von Gemeinschaftsgemeinden innerhalb der Evangelischen Landeskirche in Württemberg vom April 2000). – Anschließend wird noch eine Ausnahme für den Prediger/die Predigerin formuliert, dessen Dienst von der Landeskirche anerkannt wurde: „In Ausnahmefällen kann der Prediger/die Predigerin, wenn sein/ihr Dienst nach 4 Abs. 2 anerkannt und bestätigt worden ist, die Taufe nach Vorliegen der Erlaubnis gemäß 17 Kirchengemeindeordnung vollziehen“, in: Kirche und Gemeinschaft, 60.

Diese Logik ist nachvollziehbar: Eine Taufe, die in einem sich innerkirchlich verstehenden Werk vollzogen wird, ist eine Taufe innerhalb der Landeskirche und führt daher zur Mitgliedschaft in der Evangelischen Kirche[17]. Durch die Taufe im landeskirchlichen Gottesdienst durch den landeskirchlichen Pfarrer bzw. die Pfarrerin soll die Zugehörigkeit der Gemeinschaften zur Landeskirche erfahrbar und augenscheinlich werden. Faktisch ist die Entwicklung vielerorts über den hier vorgesehenen „Normalfall“ hinaus weitergegangen: Taufen werden inzwischen in vielen Gemeinden innerhalb der Gemeinschaftsbewegung durchgeführt.

Wo nach den Vereinbarungen gehandelt wird, entstehen im Blick auf die Mitgliedschaft keine Probleme. Sie entstehen aber dort, wo die mit der Taufe verbundene doppelte Zugehörigkeit infrage gestellt wird.

Dabei sind die Situationen sehr unterschiedlich. Es beginnt bei Gemeinden und Gemeinschaftsverbänden, bei denen die Taufe ganz selbstverständlich zur Kirchenmitgliedschaft führt – so weithin in Württemberg und im Osten. Die Palette reicht über Gemeinden, bei denen eine Eintragung von Taufen und den übrigen Kasualien in die Kirchenbücher nur auf Wunsch der Betroffenen erfolgt bis hin zu Gemeinden und Pastoren, die außerhalb der Vereinbarungen mit den Landeskirchen arbeiten. Das bedeutet: Es werden Taufen in landeskirchlichen Gemeinschaften vollzogen, die nicht zur Mitgliedschaft in der evangelischen Landeskirche führen.

Christoph Morgner sucht die Gründe für ein Taufbegehren ohne Kirchenmitgliedschaft nicht zuerst bei den Taufwilligen, sondern bei der Gemeinschaft:

> „Man versteht sich offenkundig nicht als Bestandteil evangelischer Kirche, sondern als religiöse Sondergemeinschaft […] Offensichtlich hat die Verkündigung der Gemeinschaft nicht erkennen lassen, wo sie im christlichen Kontext zuhause ist. Vielleicht wurde auch von ‚der Kirche‘ in überwiegend negativer Tonart gesprochen.
> Auf diese Weise konnte in dem fragenden und zum Glauben findenden Menschen kein Bewußtsein entstehen, sich auf dem Boden evangelischer Kirche zu befinden. Diese Kirche ist ihm fremd. Mit ihr hat er nichts zu tun.
> Das Problem ist also nicht der junge Mann [der getauft werden will], sondern die betreffende Gemeinschaft, die sich als neben- bzw. außerkirchlich versteht und für die es demgemäß nur eine Frage der Zeit ist, unabhängige Taufen durchzuführen und sich damit de facto zu separieren“ […]
> Wo jedoch die geistliche Leitung dieses Bewußtsein, evangelisch zu sein und zur entsprechenden Landeskirche zu gehören, nicht vermittelt, ergeben sich

[17] S. dazu auch „Zu einem Leib getauft“ (EKKW, Juni 2008): Verstehen sich Landeskirchliche Gemeinschaften „als Landeskirchliche Gemeinschaften, so führt eine von ihnen (im Rahmen der gesetzlichen Bestimmungen) verantwortete Taufe ausnahmslos zur Mitgliedschaft des Täuflings in einer landeskirchlichen Gemeinde“ (S. 3).

> die weiteren Probleme von selbst. Der Wunsch einzelner Personen wird zum Handlungsmotiv. Faktisches gewinnt normierende Kraft“[18].

Das Votum von Morgner führt zu der Frage, wie Menschen darauf kommen, Mitglied in der Landeskirchlichen Gemeinschaft werden zu wollen, ohne Mitglied in der Evangelischen Landeskirche zu werden[19]. Wenn sich eine Gemeinschaft als innerkirchlich versteht, wird sie kaum von selbst zur Positionierung „Gemeinschaft ja, Kirche nein“ kommen. Denkbar ist, dass eine freikirchliche Prägung oder negative biographische Erfahrungen im Hintergrund stehen. Denkbar ist aber auch, hier eine ekklesiologische Selbstverortung der Gemeinschaft im Kontrast zur Landeskirche den Hintergrund bildet, die in der Gemeinschaft vermittelt wird: Versteht sich die Gemeinschaft als ein „Stück evangelischer Kirche in pietistischer Ausprägung“[20]? Dann müsste logischerweise auch die positive Erfahrung, die dazu führt, dass jemand getauft werden möchte, als Erfahrung innerhalb der Evangelischen Kirche identifiziert werden. Das kann auch eine Kontrasterfahrung auf dem Hintergrund negativer Erfahrungen sein: Hier erfahre ich Kirche wohltuend und hilfreich anders.

Von außen betrachtet könnte man meinen, dass dann, wenn von vorneherein klar ist, dass Mitgliedschaft in der Gemeinschaftsgemeinde und in der Landeskirche zusammengehören, das Problem auf ein Minimum reduziert werden könnte; für die wenigen Ausnahmen könnten seelsorgliche Lösungen gefunden werden. Ganz offensichtlich ist jedoch die Realität vielfältiger und das Ganze ist ein heißes Eisen, das in den Gnadauer Präsesberichten und in den Gesprächen mit den Landeskirchen immer wieder vorkommt, ohne dass eine dauerhafte Lösung in Sicht ist[21].

Vereinzelt werden ohne Kirchenmitgliedschaft Getaufte später mit den Folgen konfrontiert, insbesondere dort, wo der Nachweis der Kirchenmitgliedschaft erforderlich ist oder die sog. ACK-Regel angewandt wird. Das beginnt beim Patenamt in einer landeskirchlichen Gemeinde und reicht bis hin zur Anstellung in der Diakonie oder Landeskirche. Probleme können durch den bisweilen unklaren ACK-Status von Gemeinschaftsgemeinden entstehen; häufig sind Gemeinschaften nicht selbst Mitglied der ACK, sondern vermittelt über die Evangelische Kirche.

Ein konkreter Fall dazu: Eine Absolventin einer Gnadauer Ausbildungsstätte tritt eine Stelle als Jugendreferentin in einer landeskirchlichen

---

[18] Morgner, Geistliche Leitung als theologische Aufgabe 526. 527.

[19] Vgl. dazu Zimmermann, Gemeindegründungen und Gemeinschaftsgemeinden, 148-150.

[20] Morgner, Geistliche Leitung als theologische Aufgabe, 281.

[21] S. dazu auch Morgner, Im Wirbel der Veränderung gemeinsam die Zukunft gestalten. Präsesbericht 2005, Anhang: Überlegungen zur Taufe, 46-52.

Gemeinde an. Die Mitgliedschaft in der Evangelischen Kirche ist die Voraussetzung dafür. Die Absolventin, die bisher Mitglied einer landeskirchlichen Gemeinschaft, aber nicht der Landeskirche war, beantragt die Aufnahme und muss dazu ihre Taufurkunde vorlegen. Diese ist von einer Landeskirchlichen Gemeinschaft erstellt. In diesem Fall wurde die Urkunde umstandslos anerkannt. Wenn die Frage nach dem ACK-Status der Taufe gestellt worden wäre, hätte daraus ein Problem werden können.

Noch komplexer wird die Gemengelage dadurch, dass einige Gemeinschaftsverbände in den Jahren nach der Jahrtausendwende Christen, die aufgrund der Einführung der Segnung gleichgeschlechtlicher Paare in evangelischen Landeskirchen ihre Mitgliedschaft beendeten, die Mitgliedschaft bei ihnen anboten. Diese explizite Einladung zur Mitgliedschaft in einer landeskirchlichen Gemeinschaft ohne Mitgliedschaft in der Landeskirche kann als Präzedenzfall im Blick auf die Zusammengehörigkeit von Mitgliedschaft in der landeskirchlichen Gemeinschaft und in der Landeskirche betrachtet werden. Als Abweichung vom bis dahin geltenden Grundsatz führt sie zu der Frage, warum in diesem Fall Mitgliedschaft ohne Kirchenmitgliedschaft möglich ist, im Fall einer Taufe jedoch nicht[22].

5.5.2 Ein Online-Gesprächsforum zwischen Gnadau und der EKD 2021

Zur Darstellung der neueren Diskussion skizziere ich Beiträge vom „Online-Gesprächsform“ mit Vertretern der EKD und des Gnadauer Verbandes am 22. April 2021 zum Thema „Taufe & Kirchenmitgliedschaft“. Zunächst skizziere ich wichtige Beiträge.

1. Die anstehenden Fragen sind auf dem gegenwärtigen gesellschaftlichen Hintergrund zu sehen[23]. Bei Paarbeziehungen etwa ist eine „Fluidisierung“ zu beobachten. Die Annäherung und Vertiefung der Paarbeziehung können in mehreren Stufen erfolgen: Kennenlernen, verbindliche Beziehung, sexuelle Beziehungen, gemeinsame Wohnung, standesamtliche und kirchliche Trauung, gemeinsame Kinder. Das kann in dieser und in anderer Reihenfolge stattfinden. Die Eheschließung als das eine Tor zu allen anderen Formen der Gemeinschaft stellt eher die Ausnahme dar. Ähnlich ist es mit der Taufe, wenn sie als das eine Tor der Zugehörigkeit zu Gemeinde/Gemeinschaft und Kirche betrachtet wird.

---

[22] S. dazu unten 5.5.4 Abs. 2 und Kap. 13.4.4 Abs. 4 zu den „Zuordnungsgemeinden“ in Baden.

[23] Die folgende Skizze geht auf den Beitrag von Andreas Rauhut (Theologisches Seminar Berlin) zurück.

In beiden Fällen ist eine „Bindungsaversion gegen Organisationen bei gleichzeitigem Interesse an gelingenden Beziehungen“ festzustellen. Eine binäre Kodierung der Mitgliedschaft, die nur „drinnen“ und „draußen“, aber keine Zwischenstufen kennt, kann hier zum Problem werden.

2. Die Situation in den Gemeinschaften stellt sich derzeit im Blick auf die Taufe etwa so dar[24]: Man kann die „Pflegeleichten“, die den größeren Teil ausmachen, unterscheiden von den „Herausfordernden“, die kirchlichen Formen mit Misstrauen begegnen, und von den „Überfordernden“, die generelle Probleme haben, sich in eine Gemeinschaft einzugliedern. Der Schlüssel ist in allen Fällen das Vertrauen und zugleich eine Transparenz im Blick auf die Sinnhaftigkeit – auch und gerade im Blick auf die Verbindung von Taufe und Kirchenmitgliedschaft. Ein bloßes „so muss es eben sein“ ist wenig hilfreich. Betroffene fragen: Geht es um Nachfolge oder um bloße Ordnungsfragen? Ist der Sabbat um des Sabbats willen oder um des Menschen willen da (vgl. Mk 2,27)?

   Wie kann in einer solchen Situation ein Weg im Blick auf Taufe und Mitgliedschaft auf Gemeindeebene für Menschen ohne Beziehung zu einer Kirche, konkret zur evangelischen Landeskirche, aussehen? Es handelt sich um Menschen mit zum Teil längeren Glaubenswegen. Die Frage einer Kirchenmitgliedschaft ist auf solchen Wegen lange Zeit weit entfernt, sie spielt aber spätestens dann eine Rolle, wenn es um eine Taufe in der landeskirchlichen Gemeinschaft geht, die sich als Teil der Evangelischen Kirche versteht.

3. Welche Lösungsmöglichkeiten bieten sich in dieser Lage[25]? Denkbar sind:
   a) Weiterhin eine alternativlose Verbindung von Taufe und Kirchenmitgliedschaft.
   b) Die Taufe findet in einer Freikirche statt – in der Hoffnung, dass die Anbindung an die landeskirchliche Gemeinschaft bestehen bleibt.
   c) Die Taufe führt zur Kirchenmitgliedschaft, aber der Getaufte tritt nach kurzer Zeit wieder aus der Landeskirche aus.
   d) Die evangelischen Landeskirchen räumen die Möglichkeit einer Taufe ohne Kirchenmitgliedschaft in Ausnahmefällen ein.

---

[24] Die folgende Skizze greift den Beitrag von Volker Ulm (Hensoltshöher Gemeinschaftsverband) auf.

[25] Die hier formulierten Gedanken gehen auf den Beitrag von Hartmut Schmid (Liebenzeller Gemeinschaftsverband) zurück. – Erste Überlegungen, die in eine ähnliche Richtung gehen, aber noch deutlich zurückhaltender formuliert sind, finden sich bereits im Präsesbericht von Morgner 2005 („Freude, Freude über Freude“, 49-52).

Diese vier Optionen sind dargestellt als Möglichkeiten einer „ordentlichen" und damit im Rahmen der Vereinbarungen zwischen Landeskirchen und Gemeinschaften erfolgenden Praxis. Damit soll zugleich vermieden werden, was in der Realität durchaus vorkommt: Eine Taufe außerhalb der Vereinbarungen, also ohne damit verbundene Mitgliedschaft in der Landeskirche.

Während die Varianten 1-3 von den Betroffenen als nicht oder nicht mehr überzeugend betrachtet werden, wird die vierte Möglichkeit von einzelnen Landeskirchen bislang allenfalls geduldet. In dieser Perspektive führt das zur Frage nach dem Sinn der Mitgliedschaft in einer Großinstitution ohne Beziehung. Ist hier nicht der Taufe als solcher ein Vorrang vor der Mitgliedschaft einzuräumen?

4. Diesen von den Gemeinschaften vorgebrachten Überlegungen wurde vonseiten der EKD Folgendes entgegengehalten[26]: Mit der Taufe verbunden ist der Schritt in eine Gemeinschaft, die größer ist als eine Ortsgemeinde bzw. Gemeinschaft. Zwar kann bei der Motivation zur Taufe der Wunsch, zu einer Gemeinde als einer überschaubaren Gruppe dazuzugehören, tragend sein. Die Einbindung in eine größere Gemeinschaft, die zugleich für das Ganze der Christenheit steht, ist hier eine notwendige und unverzichtbare Horizonterweiterung.

   Weiter ist im Blick auf die Betroffenen zu fragen: Was für Menschen sind das? Welche Motivationen stehen dahinter? Werden damit die bedient, die Geld sparen wollen oder die mit dem theologischen oder politischen Kurs der EKD unzufrieden sind?

5.5.3 Zur aktuellen Diskussion

Auf *Seite der Gemeinschaften* ist das Bestreben erkennbar, auf Öffnungen hinzuwirken. In der Argumentation wird versucht, Modelle für eine Taufe ohne Kirchenmitgliedschaft zu entwickeln und dabei auf analoge Phänomene zu verweisen, etwa auf die Diskussion um eine gestufte Kirchenmitgliedschaft in den Landeskirchen.

Auch das Gutachten „Soll der Liebenzeller Gemeinschaftsverband Körperschaft des öffentlichen Rechts werden?" wendet sich dieser Thematik ausführlich zu[27]. Grundsätzlich wird an der Zusammengehörigkeit von

---

[26] Hier sind Argumente aus der Entgegnung von Thies Gundlach (Kirchenamt der EKD) einbezogen.

[27] Herbst/Kammerer/Penßel, „Soll der Liebenzeller Gemeinschaftsverband Körperschaft des öffentlichen Rechts werden?" (daraus die folgenden Seitenzahlen). Auf dieses Gutachten wird unten noch ausführlicher eingegangen, s. u. Kap. 10.8.

Taufe und Kirchenmitgliedschaft festgehalten, anschließend werden aus seelsorglichen Gründen „Möglichkeiten sondiert […], wie mit Taufwilligen umzugehen sei, die die Kirchenmitgliedschaft ablehnen. Am Beispiel der Ausgetretenen wurde durchgespielt, dass auch die Kirche Getaufte kennt, die nicht Mitglieder und doch nicht völlig Ausgeschlossene sind. Auch sonst wird darauf verwiesen, dass das kirchliche Mitgliedschaftsrecht in Bewegung ist. Mit den Metaphern der ‚Gottesfürchtigen' oder ‚Vorkonfirmanden' werden sprachliche Formeln ins Spiel gebracht, um Zugehörigkeit ohne bzw. vor mitgliedschaftsrechtlichen Klärungen zum Ausdruck bringt. Die Arbeitsgruppe sieht darin nur ein Gedankenspiel, ohne sich dazu äußern zu können, ob diese Überlegungen diskussionswürdig oder sogar zielführend und konsensfähig wären" (67).

Kann ein solches „Gedankenspiel" „den gordischen Knoten […] durchschlagen bzw. eine Lösung […] finden, die den Landeskirchen wie dem LGV etwas zumutet, ohne dass grundlegende Anliegen hier oder dort aufgegeben werden müssten" (66)? Die vorsichtigen Formulierungen zeigen, dass den Autoren bewusst ist, dass sie hier vermintes Terrain betreten. In der Tat kann gefragt werden, ob die angeführten Parallelen (einen direkten Vergleich wollen die Vf. nicht ziehen) weiterführend sind. Der Verweis auf die Diskussion um gestufte Mitgliedschaft in den Evangelischen Landeskirchen[28] steht vor dem Problem, dass hier ein fundamentaler Unterschied zu den Überlegungen einer Taufe ohne Kirchenmitgliedschaft vorliegt: Bei der Diskussion um eine gestufte Mitgliedschaft sind Zugehörigkeiten *vor der Taufe* bzw. auf dem Weg zur Taufe im Blick. Die damit verbundenen Vorschläge halten an der Verbindung von Taufe und (voller) Mitgliedschaft fest. Bei der Diskussion in der Gemeinschaftsbewegung hingegen geht es um die Zugehörigkeit *nach der Taufe.* Das eine wird nicht ohne Weiteres auf das andere übertragbar sein. Auch bei der Frage von Ausgetretenen ist der Akzent ein anderer: Selbst in der Negation halten Kirchen an der Verbindung von Taufe von Taufe und Zugehörigkeit fest.

Bei den *Landeskirchen* ist umgekehrt eine Tendenz erkennbar, die Verbindung von Taufe und Kirchenmitgliedschaft zu bekräftigen. Exemplarisch dafür steht das neue „Gemeindeformengesetz" der Evangelischen Landeskirche in Baden vom November 2022. Wo zuvor in einzelnen Fällen Öffnungsklauseln oder eine Praxis mit Ausnahmen zu finden waren, wird nun klargestellt: „Taufen, die von Verantwortlichen in besonderen Gemeindeformen durchgeführt werden, führen ausnahmslos zur Mitgliedschaft in der Evangelischen Landeskirche in Baden"[29]. Das ist deshalb

[28] S. dazu Zimmermann, Grenzgänger, Grenzräume und Annäherungsversuche.

[29] Evangelische Landeskirche in Baden, Gemeindeformengesetz 2022, 2 Abs. 4.

bemerkenswert, weil das „Gemeindeformengesetz“ der Evangelischen Landeskirche in Baden vom November 2022 zugleich weitgehende Öffnungen im Blick auf die Mitgliedschaft ermöglichten[30].

Auch das o. g. Gutachten stellt hier klar: „Wer getauft wird, wird Mitglied einer (!) irdischen Kirche. Wenn es nicht die Landeskirche ist, ist es eine andere Entität, die sich damit als Kirche erkennbar macht“ (65). Die Konsequenzen sind für die Verfasser klar: „Werden Menschen im LGV [Liebenzeller Gemeinschaftsverband] getauft, ohne Mitglieder einer anderen Kirche, vorzugsweise der Landeskirche zu werden, dann stellt sich der LGV selbst als die Kirche dar, in die hinein die Taufbewerber getauft werden“ (6, These 8).

5.5.4 Weiterführende Überlegungen

1. Der Vergleich zwischen der langjährigen Positionierung des Gnadauer Verbandes und der gegenwärtigen Argumentationslage lässt deutliche Verschiebungen erkennen. Vor 20-30 Jahren war die Position der Landeskirchen weithin Konsens auch innerhalb der Verantwortlichen in der Gemeinschaftsbewegung gegenüber einer als „unordentlich“ betrachteten Praxis in Teilen der eigenen Bewegung. Mittlerweile ist zwar längst nicht überall, aber in vielen Gemeinschaften geänderte Praxis offensichtlich ein Druck auf die Verbandsleitungen entstanden, auch gegenüber den Landeskirchen auf Änderungen hinzuwirken, um so zu verhindern, dass innerhalb des eigenen Verbandes die Praxis auseinanderdriftet. Die Verantwortlichen in den Gemeinschaftsverbänden stehen im Spannungsfeld zwischen der Verantwortung für die Gemeinschaften und der Innerkirchlichkeit, die durch eine Zunahme der Praxis von Taufen ohne Kirchenmitgliedschaft unmittelbar tangiert wird. Das Drängen auf eine Flexibilisierung der Verbindung von Taufe und Kirchenmitgliedschaft zeigt, wie gravierend das Problem geworden ist.

   Man kann hier Ursachenforschung betreiben und wechselweise fragen, wer für die veränderte Situation verantwortlich zu machen ist. Sind es die Gemeinschaften vor Ort, die von den Folgen einer „unordentlichen“ Praxis eingeholt werden? Sind es die Verbandsleitungen, die nicht konsequent genug waren und diese „unordentliche Praxis“ zu lange gewähren ließen? Sind es die Landeskirchen, die nicht flexibel genug waren? Oder sind es externe Einflüsse, die hier Haltungen und Praktiken prägen, etwa im Blick auf ein geändertes Bindungsverhalten

---

[30] S. u. Kap. 13.4.4 Abschnitt 4 zur „Zuordnungsgemeinde“.

oder auf eine Aversion gegen Großinstitutionen? Oder braucht das Ganze gar nicht als Problem betrachtet werden, weil der „Gewinn" (Menschen lassen sich taufen, weil sie zum Glauben und in die Gemeinde gefunden haben) gegenüber dem „Verlust" (Nachlassen der Verbindungen zu den Landeskirchen) deutlich überwiegt?

2. Die bisherige Darstellung zeigt Differenzen der jeweiligen ekklesiologischen Perspektive[31]. Von den Vertretern der Gemeinschaftsbewegung werden die Landeskirchen als „Institutionen" bzw. „Organisationen[32] betrachtet, die vor allem durch Strukturen, Ordnungen und Regeln gekennzeichnet sind, also durch eine unpersönliche Bürokratie, zu der die Betroffenen keinen Bezug haben[33]. In dieser Perspektive ist Kirchenmitgliedschaft allenfalls als Frage der Ordnung zu betrachten.

   Die Vertreter der Kirche hingegen mahnen ein *theologisches* Verständnis der Kirche an: Zugehörigkeit zur Kirche steht für die Zugehörigkeit zur universalen Kirche *(ecclesia universalis),* der welt- und zeitumspannenden Gemeinschaft aller, die an Christus glauben. Die Taufe führt deshalb nicht nur zur Zugehörigkeit zu einer örtlichen Gemeinde – das ist auf beiden Seiten unbestritten –, sondern stellt zugleich als *ecclesia particularis* das Bindeglied zur größeren Gemeinschaft, zur *ecclesia universalis* dar. Es geht hier um die „Gemeinschaft der Heiligen", die nicht auf die Gemeinde vor Ort begrenzt werden kann; vielmehr steht die Kirchenmitgliedschaft für die Zugehörigkeit zu einem „größeren kirchlichen Ganzen" und hat damit *theologische* Relevanz.

3. Aus ihrer jeweiligen Perspektive heraus drängen Verantwortliche aus den Gemeinschaften auf eine Änderung, um in Einzelfällen eine Taufe ohne Kirchenmitgliedschaft zu ermöglichen, die EKD und die Landeskirchen hingegen sehen keinen Handlungsbedarf bzw. bekräftigen die Verbindung von Taufe und Kirchenmitgliedschaft. Die Ausführungen haben gezeigt, wie komplex die Situation ist und wie es auch innerhalb der Gemeinschaftsbewegung unterschiedliche Perspektiven gibt. Eine für beide Seiten zufriedenstellende Lösung ist bisher nicht in Sicht.

   Könnte ein Weg über Ausnahmereglungen weiterhelfen? Bei den kirchlich bekannten „seelsorglich begründeten Ausnahmefällen" würde zwar ein Ermessens- und Handlungsspielraum eröffnet; auf der anderen Seite würde es ohne klare Kriterien für Ausnahmeregelungen dazu

---

[31] S. dazu unten Kap. 11.

[32] S. unten Kap. 11.2.2. zur Kirche als Bewegung, Institution und Organisation.

[33] Vgl. dazu u. Kap. 11.2.1. („Kirchenbilder").

kommen, dass die Ausnahme nicht Ausnahme bleibt, sondern als legitime Möglichkeit in Betracht gezogen und möglicherweise sogar eingefordert wird[34].

4. Die vorangehenden Erörterungen zeigen, dass mit der Durchführung von Kasualien ein Bereich zum Kriterium für die Innerkirchlichkeit geworden ist, der erst im Gefolge des Wegs von der Gemeinschaft zur Gemeinde von den Gemeinschaften selbst wahrgenommen wurde.

5.6 Impulse für eine Theologie der Kasualien und Sakramente in der Gemeinschaftsbewegung

Ausgangspunkt war die Beobachtung, dass Kasualien und Sakramente lange Zeit für die Gemeinschaften keine zentrale Rolle einnahmen und eher am Rand standen (s. o. 5.2). In Folge der Gemeindewerdung sind sie vielerorts fester Bestandteil der Gemeindearbeit geworden. Damit stehen die Gemeinschaften vor der Herausforderung, ein theologisches Verständnis der jeweiligen Handlungen zu entwickeln. Wie kann ein evangelisch-kirchliches Verständnis mit der Prägung und den Anliegen der Gemeinschaftsbewegung verbunden werden? Dazu soll dieser Teil Impulse geben.

5.6.1 Seelsorge und mehr

Mit der Übernahme der Kasualien verbunden ist grundlegend ein seelsorglicher Auftrag. Es geht darum, Gemeindeglieder und ihre Familien an wichtigen Schwellen im Leben zu begleiten. Mit dieser seelsorglichen Aufgabe verbunden sind Kontakte zu Familien, die über den engeren Kreis der Mitglieder der Gemeinschaft hinausreichen können. Das führt zu Begegnungen mit Menschen mit volkskirchlicher Prägung, zu Konfessionslosen, möglicherweise auch zu Angehörigen anderer Religionen. Das erfordert Sensibilität im Umgang, bietet aber auch die Chance, Kontakte zu erweitern. Durch Kasualgottesdienste kann eine öffentliche Präsenz entstehen, die den Einzugsbereich der sonntäglichen Gottesdienste überschreitet und auch in missionarischer Perspektive relevant sein kann.

5.6.2 Beauftragung

Mit der Kasualpraxis einschließlich von Taufe und Abendmahl verbunden ist die Frage der Beauftragung. Wer andere tauft, wer das Abendmahl

[34] So bereits Morgner, Im Wirbel der Veränderung, Anhang: Überlegungen zur Taufe, 46-52.

einsetzt, wer Kasualien durchführt, kann sich nicht selbst dazu beauftragen, er braucht vielmehr die Beauftragung durch die Gemeinschaft, in der und für die er die jeweilige Handlung stellvertretend vollzieht. Was oben (5.5.4) grundsätzlich dargestellt wurde, ist auch hier geltend zu machen: Wer tauft, tut dies im Auftrag einer Kirche, in die hinein Menschen getauft werden – oder er erklärt mit diesem Akt faktisch sich selbst bzw. die eigene Gemeinde zur „Kirche".

Am Fall der Taufe wird darüber hinaus deutlich: Eine solche Beauftragung kann auch nicht nur durch die örtliche Gemeinschaft erfolgen (sonst würde diese sich selbst als „Kirche" verstehen), sie braucht die Legitimation durch die größere kirchliche Gemeinschaft – im Falle der sich als innerkirchlich verstehenden Gemeinschaftsbewegung sind das die Landeskirchen. Auch wenn die Handhabung im Einzelfall als bürokratisch erfahren wird, kann der Rekurs auf den Sinn von Beauftragungen und Regelungen angesichts einer weithin eher informell gehandhabten Praxis in den Gemeinschaften für diese eine produktive Herausforderung darstellen.

5.6.3 Bekenntnis

Wenn die Taufe in der Gemeinschaftsbewegung thematisiert wurde, dann vor allem im Blick auf unterschiedliche Taufverständnisse, konkret etwa die Ablehnung einer Tauflehre, die die Taufe mit der Wiedergeburt verband – mit der Folge, dass alle Getauften unterschiedslos als „Glaubende" betrachtet wurden und eine eigene Bekehrung nicht mehr nötig war. Das führte an manchen Stellen zu einer skeptischen bis ablehnenden Haltung zur Kindertaufe. Vor allem in neupietistisch geprägten Gemeinschaften ist die freikirchliche Praxis, Kinder erst nach einer eigenen „Entscheidung" im Jugendalter taufen zu lassen, verbreitet.

Der persönliche Glaube und eine Jesus-Frömmigkeit als Merkmale der Spiritualität der Gemeinschaftsbewegung führen bei Kasualien dazu, dass die Fragen des Bekenntnisses und der persönlichen Zustimmung stark gewichtet werden, insbesondere bei Taufe und Konfirmation. Großer Wert wird darauf gelegt, dass das eigene Ja ehrlich ist und „von Herzen" kommt.

Das entspricht auf der einen Seite der Unvertretbarkeit in Glaubensfragen: Der Ruf in die Nachfolge ist immer persönlich. Auf der anderen Seite kann das Pochen auf ein persönliches Bekenntnis auch zur Zurückhaltung bis hin zu Skrupeln führen. Junge Leute überlegen sich, ob sie schon so weit sind, allen Punkten eines Bekenntnisses zuzustimmen und zögern daher, sich taufen oder konfirmieren zu lassen. Von anderen wird das kirchliche Bekenntnis als nicht ausreichend betrachtet, es müsse durch ein individuelles Bekenntnis ergänzt oder gar ersetzt werden.

> Auch hier ergibt sich ein Spannungsfeld. In Kontrast zur eben skizzierten Position steht diejenige von Isolde Karle. Sie hält das selbstformulierte Bekenntnis bei der Konfirmation für ein „pietistisches Missverständnis“, verweist auf den „überindividuellen und performativen Charakter des Ritus“ und führt aus: „Der/die Einzelne kann sich dem Ritus überlassen, ohne ständig überlegen zu müssen, wie es um seine/ihre Innerlichkeit steht. Die Liturgie ist eine Sprache der Gemeinschaft, in die der/die Einzelne einstimmen kann, sie ist keine Sprache, um Individualität auszudrücken“[35].

In diesem Spannungsfeld bewegen sich neuere kirchliche Ordnungen, die das „Bekenntnis“ bei der Konfirmation weniger als „Gelübde“ verstehen, sondern als Beginn eines Weges, der mit klarer Richtungsangabe verbunden ist, aber zugleich offen für Weiterentwicklung[36].

Individuelle Bekenntnisse und Berichte bei Taufen von Jugendlichen oder Erwachsenen können bewegende Momente sein. Zugleich ist darauf zu achten, dass die Hürden dabei nicht zu hoch gehängt werden[37] – und dass die subjektive Seite der Glaubensaneignung in einem seelsorglich und theologisch verantworteten Verhältnis zur „objektiven“ Heilszusage steht.

5.6.4 Abendmahl und Taufe zwischen Individuum und Gemeinschaft

Man kann die Position „Abendmahl nur für Gläubige“ als Engführung betrachten, gleichwohl ist beachtenswert, dass bei einem solchen Verständnis das Abendmahl nicht individualistisch aufgelöst wird, sondern die ekklesiologische Dimension als grundlegend betrachtet wird.

Zum Problem wird es dann, wenn beim Abendmahl ein bestimmtes Verständnis von Heiligung so dominant ist, dass der Aspekt der Rechtfertigung, konkret des Zuspruchs der Vergebung in den Hintergrund tritt: Das Abendmahl ist gerade für die, die „es nötig haben“, die als Sünder kommen, um Vergebung zu empfangen: „Kommet alle, kommet her, kommet, ihr betrübten Sünder! Jesus rufet euch, und er / macht aus Sündern Gottes Kinder“[38].

Im Blick auf den ekklesiologischen Aspekt ist beim Verständnis und der Praxis der Sakramente darauf zu achten, dass weder die individuelle noch die soziale Dimension „unterbelichtet“ bleiben: Das Abendmahl ist eine

---

[35] Karle, Praktische Theologie, 527.

[36] „In der Konfirmandenarbeit will die Evangelische Kirche ihrer nachwachsenden Generation im Übergang von der Kindheit zur Jugend Möglichkeiten erschließen, zum Glauben an Jesus Christus zu finden, in die Gemeinschaft der Kirche hineinzuwachsen und in Verantwortung vor Gott zu leben“ (EKKW 1990, zit. bei Adam, Konfirmandenarbeit, 267).

[37] Vgl. u. Kap. 7.2.3 das Plädoyer des früheren Gnadauer Präses W. Michaelis, die Hürden in solchen Fällen nicht zu hoch zu hängen (S. 87).

[38] Erdmann Neumeister 1718; EG 353,4.

persönliche Zusage, aber es verbindet diejenigen, die an Christus Anteil bekommen, untereinander zur Gemeinde als „Leib Christi“. Ebenso ist die Taufe nicht nur persönlicher Zuspruch und Berufung zur Nachfolge, sondern mit der Zugehörigkeit zur Gemeinde verbunden. Im Blick auf die zuvor dargestellte Diskussion ist zu ergänzen: Die Zugehörigkeit zur Gemeinde kann nicht auf eine Ortsgemeinde begrenzt werden, dazu gehört eine „entgrenzende“ und „universale“ Dimension: Durch die Taufe werde ich Teil der weltweiten „Kirche Jesu Christi“ – die nicht nur unsichtbar und ungreifbar ist, sondern in Kirchen und Kirchenbünden konkret wird. Für die Gemeinschaftsbewegung ist das angesichts kongregationalistischer Tendenzen die Frage nach der verbindlichen Einbindung in ein größeres „kirchliches Ganzes“.

5.6.5 „Leibliches Wort“

Auch wenn Kasualien und Gemeinschaftsbewegung nicht „von Haus aus“ in enger Verbindung stehen, liegt in der Feier von Taufen, Konfirmationen, Trauungen und Beerdigungen in Gemeinden der Gemeinschaftsbewegung die Chance, Dimensionen des Glaubens und der damit verbundenen Praxis zu entdecken, die bisher eher im Hintergrund standen.

Konkret sehe ich für die Frömmigkeit in der Gemeinschaftsbewegung die Chance, eine individualistische Erlebnisfrömmigkeit, bei der die Gewissheit im subjektiven Erleben gesucht wird, zu weiten und die subjektive Seite mit dem „von außen“ kommenden Zuspruch zu verbinden. Dadurch hängt die Gewissheit nicht an mir und meinem Befinden: „Der Christus im eignen Herzen ist schwächer als der Christus im Worte des Bruders; jener ist ungewiß, dieser ist gewiß“ (Dietrich Bonhoeffer[39]).

Der konkret erfahrbare Zuspruch fällt in die Kategorie des von Luther so genannten „leiblichen Wortes“40. Bei diesem geht es darum, dass das „Wort“ des Evangeliums verbunden wird mit leiblich erfahrbaren Vollzügen wie dem Wasser in der Taufe, Brot und Wein im Abendmahl, der Handauflegung beim Segen usw. Es geht um das Wort, das „eingeht in menschliche Vollzüge und Interaktionen, das zwar kein ‚Mehr‘ an Zusage, aber doch ein ‚Mehr‘ an Erfahrbarkeit mit sich bringt und daher auch dem Bedarf nach persönlicher Erfahrbarkeit Rechnung trägt“[41]: „Vom Christusereignis her ist auch dessen Selbstmitteilung und Zueignung konstitutiv

---

[39] Bonhoeffer, Gemeinsames Leben, hier 20.

[40] CA V gegen die Wiedertäufer und andere, „so leren, das wir one das leiblich Wort des Evangelii den heiligen geist durch eigene bereitung und werck erlangen“ (BESLK 100,8; lat: sine verbo externo). S. dazu Bayer, Leibliches Wort, 58 mit einer Zusammenstellung von Aussagen Luthers zum „leiblichen Wort“.

[41] Zimmermann, Leben aus der Taufe, 50.

sinnlich; Gottes Menschenfreundlichkeit lässt sich ‚schmecken'" (O. Bayer)[42]. Solche erfahrbaren und spürbaren Vollzüge können dem Bedürfnis nach Vergewisserung Rechnung tragen. Es geht um „promissionale" Sprachhandlungen, die nicht nur informieren, sondern im Auftrag Gottes wirkmächtig zu-sprechen: „Der Herr segnet dich", „Nimm und iss, für dich gegeben", „Deine Sünden sind dir vergeben".

[42] Bayer, Leibliches Wort, 59.

6. Öffentliche Präsenz und Diakonie

Der Weg von der „Gemeinschaft" als Teil einer Ortsgemeinde hin zu einer eigenständigen Gemeinde bringt Herausforderungen im Blick auf die Vernetzung, die öffentliche Präsenz und den diakonischen Auftrag mit sich – und Folgen für die Organisationsgestalt.

6.1 Vernetzung und Außenkontakte

Eine landeskirchliche Gemeinschaft als Teil einer Kirchengemeinde ist geprägt von der internen Kommunikation innerhalb der Gemeinschaft und zugleich davon, dass sie Teil des Netzwerks der Ortsgemeinde ist. Dazu zählen der Gottesdienstbesuch und die Mitarbeit von Mitgliedern der Gemeinschaft in ihrer Kirchengemeinde. Im städtischen Bereich konnte sich das auf unterschiedliche Kirchengemeinden verteilen. Aber auch dort, wo ansonsten wenig Verbindung zur Landeskirche vorhanden war, gab es durch kirchliche Kindergärten, Religions- und Konfirmandenunterricht, vor allem aber die Kasualien eine Reihe von Kontakten.

Je stärker die Vernetzung mit einer Kirchengemeinde war, umso stärker sind die Folgen einer Eigenständigkeit der landeskirchlichen Gemeinschaft. Eigenständigkeit ist in der Regel verbunden mit einer Reduktion der Kontakte im Netzwerk der Ortsgemeinde. Die weiter bestehenden Kontakte können zu Außenkontakten werden, umgekehrt verbunden mit einer Intensivierung der Binnenkontakte: Die „Gemeinschaft" ist nicht mehr Teil des Netzwerks der Ortsgemeinde, sondern bildet ihr eigenes Netzwerk. Das kann eine Verstärkung der Gemeinschaftserfahrung bedeuten, aber auch eine Nischen- und „Blasen"-Bildung zur Folge haben: Es ist einfacher, Beziehungen innerhalb der Gemeinschaft zu pflegen als nach außen, insbesondere dann, wenn die letzteren erst in die Wege geleitet werden müssen. Das erleichtert „Gemeinschaftspflege", die auf Kontakte nach außen angewiesene Evangelisation hingegen kann erschwert werden. Die Frage nach öffentlicher Präsenz stellt sich hier als Herausforderung.

Über die Ebene der einzelnen Mitglieder hinaus führt die Etablierung als „Gemeinde" dazu, dass die offiziellen Außenkontakte eine zunehmende Relevanz erhalten. Das beginnt mit den Beziehungen zur landeskirchlichen Gemeinde, geht weiter in der Frage der Repräsentation der Gemeinde innerhalb der weiteren christlichen Ökumene, konkret geht es oft um die Mitarbeit in vorhandenen christlichen Netzwerken wie der Evangelischen

Allianz und der Arbeitsgemeinschaft christlicher Kirchen (ACK). Vor allem in der ACK waren die Gemeinschaften zuvor häufig durch die evangelische Landeskirche mit vertreten. Die Eigenständigkeit stellt vor die Frage einer eigenen Mitarbeit und Mitgliedschaft.

Die Außenkontakte umfassen weiter öffentliche Präsenz und Repräsentation gegenüber der kommunalen und politischen Öffentlichkeit – einschließlich der Medien, Bildungseinrichtungen, Vereine usw. Auch hier bestanden zuvor oft keine direkten Kontakte. Kurzum, es geht um eine (Neu-)Positionierung der Gemeinschaft in der lokalen, teilweise auch regionalen Öffentlichkeit.

Bei dieser Aufgabe der Vernetzung und Beziehungsgestaltung im Kontext stellt sich die Frage nach der Haltung: Wo die Haltung der Abgrenzung von der „Welt“ dominiert, ist wenig Initiative zur Öffnung zu erwarten, eher wird dadurch die Tendenz zur Abschottung verstärkt. Wo der Auftrag und die „Sendung“ im Vordergrund steht, führt das eher zu einer Haltung der Offenheit und Öffnung für das Umfeld, für soziales, diakonisches, kulturelles und politisches Engagement.

Insgesamt war das Thema der öffentlichen Präsenz und „Sichtbarkeit“ für viele Gemeinschaften lange Zeit außerhalb des eigenen Blickwinkels. Die bewusste und reflektierte Gestaltung öffentlicher Präsenz stellt insofern ein wichtiges Lernfeld auf dem Weg von der Gemeinschaft zur Gemeinde dar.

6.2 Öffentlichkeitsarbeit als Beziehungsmanagement

Für eine landeskirchliche Gemeinschaft als Teil einer Kirchengemeinde war eine eigene Öffentlichkeitarbeit meist nicht nötig. Die Veranstaltungen der Gemeinschaft wurden über die Kanäle der Kirchengemeinde bekannt gemacht: Im Gemeindebrief, im Schaukasten, in den Abkündigungen im Gottesdienst.

Innerhalb der Gemeinschaft wurden Informationen teils mündlich in den Versammlungen, teils schriftlich durch Monatspläne, Monatsbriefe u. ä. weitergegeben. Sie waren für die eigenen Mitglieder und weniger für eine breitere Öffentlichkeit bestimmt. Wo die Gemeinschaft ein eigenes Haus hatte, wurde ein Schaukasten zur Information aufgestellt. Wenn zu besonderen Veranstaltungen eingeladen wurde, wurden Handzettel vervielfältigt und ausgeteilt. Mehr war nicht nötig, im Dorf kannte man einander und Informationen wurden oft über die persönlichen Kontakte weitergegeben.

Durch den Weg von der Gemeinschaft zur Gemeinde hat sich vieles geändert: Eine größere Eigenständigkeit erfordert eine eigene Öffentlichkeitsarbeit. Es geht um die Gestaltung der Kommunikation sowohl innerhalb der Gemeinde als auch mit externen Kommunikationspartnern. Dahinter steht die grundlegende Frage, wie sich eine Gemeinschaft in der Öffentlichkeit positioniert und wie sie von ihrer Seite aus das Beziehungs- und Informationsmanagement gestaltet. Ist die Öffentlichkeit in ihren verschiedenen Teil-Öffentlichkeiten überhaupt als Kommunikationsfeld im Blick?

Diese Herausforderung wird verstärkt durch die rasante Entwicklung im Bereich der elektronischen und digitalen Medien, die auch die Öffentlichkeitsarbeit der Gemeinden und Gemeinschaften verändert hat: Präsenz im Internet und in den sozialen Medien wurde zur Chance und Herausforderung. Ehrenamtliche in Gemeinschaften waren in nicht wenigen Fällen schneller als Kirchengemeinden dabei, eine Homepage und damit eine Präsenz im Internet zu erstellen. An anderen Orten stellt sich die Frage nach einer dauerhaften Pflege und professionellen Präsenz. Welche Zielgruppen sollen durch das Internet angesprochen werden?

In der Corona-Zeit war durch die Reduktion der gottesdienstlichen Möglichkeiten und durch den Wegfall von Kontaktmöglichkeiten viel Improvisation erforderlich. Eigenständige Gemeinschaften mit jüngeren ehrenamtlichen Mitarbeiterinnen und Mitarbeitern agierten hier oft flexibel und waren auch hier nicht selten schneller als landeskirchliche Gemeinden dabei, Gottesdienste zu streamen und im Internet verfügbar zu machen. Wo die Raumgröße beschränkt war, war ein digitales Gottesdienst-Angebot auch über längere Zeit erforderlich.

Die Einschränkungen der Coronazeit können zum Anlass werden, Öffentlichkeitsarbeit als Beziehungsmanagement neu zu denken: Es geht nicht nur um die Weitergabe von Informationen, sondern darum, Kommunikation und Beziehungen zu gestalten. Damit verbunden sind unterschiedliche „Öffentlichkeiten". Es beginnt bei den eigenen Mitgliedern und geht weiter zum weiteren Kreis von Freunden und Gottesdienstbesuchern der Gemeinde; die nächsten Stufen sind die örtliche und regionale Öffentlichkeit. Hier handelt es sich jeweils um unterschiedliche Zielgruppen mit unterschiedlichem Kommunikations- und Informationsbedarf. Das wiederum bedingt unterschiedliche Kommunikationsformen und Kommunikationsmittel: Bei eigenen Mitgliedern werden intensive persönliche Kontakte über Besuche und Telefongespräche deutlich häufiger angebracht sein als bei „Zaungästen", die aus der Ferne die Gemeinde beobachten. Welche Zielgruppen sollen der Gemeindebrief und die Homepage im Blick haben – und wer wird tatsächlich dadurch erreicht? Dieselbe Frage stellt sich im

Blick auf die Lokalpresse. Auch die Inhalte werden davon abhängen: Es kann um die Weitergabe von Informationen und um Beziehungspflege gehen, aber auch um Seelsorge und Verkündigung. Wo ist es nötig, dass Kommunikation auf Wechselseitigkeit und Interaktivität angelegt ist – und wo genügt eine Einbahn-Kommunikation? Eine weitere Frage ist, ob die Wahrnehmung einer Gemeinschaft in der Öffentlichkeit nur über Fremddarstellungen, etwa in der Lokalpresse, erfolgt, oder ob dies auch durch Selbstdarstellungen und damit direkte Kommunikation der Gemeinschaft erfolgt.

6.3 Öffentliche Präsenz

Präsenz und Sichtbarkeit einer Gemeinschaft in der Öffentlichkeit sind keine Selbstläufer; das zeigt sich auch daran, dass die Existenz einer landeskirchlichen Gemeinschaft noch längst nicht überall allgemein bekannt ist. Wie tritt eine landeskirchliche Gemeinschaft als eigenständige Gemeinde in der Öffentlichkeit in Erscheinung, wie wird sie wahrgenommen?

Es gibt Gemeinden, die hier gut aufgestellt sind, am Ort allgemein bekannt sind und einen festen Platz in der lokalen Öffentlichkeit einnehmen; andere haben den Akzent auf Gemeinschaftspflege gelegt und arbeiten ausschließlich in Komm-Strukturen. Sie stehen vor der Herausforderung, aus ihrer Nische herauszukommen. Anders formuliert: Es geht um die Frage der Sichtbarkeit von Gemeinschaften. Diese beginnt bei der Frage, ob das Gebäude im Ortsbild wahrnehmbar ist – landeskirchliche Gemeinden haben hier mit ihren oft weithin sichtbaren und das Ortsbild prägenden Kirchengebäuden meist einen klaren Vorteil. Zur Sichtbarkeit gehört auch die Präsenz in den Medien – von der Lokalzeitung bis hin zum Internet und den sozialen Medien.

Sowohl die einzelnen Mitglieder und die Repräsentanten als auch die Gemeinschaft als Ganze können einen Beitrag zu einer öffentlichen Präsenz leisten, die wahrgenommen wird. Das kann unterschiedlich aussehen, die Möglichkeiten der Vernetzung im öffentlichen, kulturellen und sozialen Bereich sind vielfältig. Mitarbeiterinnen und Mitarbeiter aus Gemeinschaften können sich beispielsweise bei Tafeln, Vesperkirchen, in der Nachbarschaftshilfe oder anderen diakonischen Projekten engagieren. Gemeinschaften machen gute Erfahrungen mit Gemeindemusikschulen oder sind in der Arbeit mit Geflüchteten beteiligt. Weitere Orte ehrenamtlicher Mitarbeit sind Schulen, Kindertagesstätten, die Gremien der kommunalen Selbstverwaltung und Vereine.

Die Beispiele zeigen, dass für Gemeinden und Gemeinschaften eine enge Verbindung von öffentlicher Präsenz und Diakonie besteht. Diakonisches und soziales Handeln sind ein wichtiger Bestandteil öffentlicher Präsenz von Gemeinden.

Wenn eine landeskirchliche Gemeinschaft daher zu einer Veranstaltung einlädt, ist die Resonanz darauf häufig ein Indikator dafür, ob und wie sie in ihrem Umfeld präsent und vernetzt ist. Öffentliche Präsenz ist eine unerlässliche Voraussetzung für eine Gemeinde, Menschen über den eigenen „Dunstkreis" hinaus zu erreichen – auch und gerade im Blick auf den missionarischen Auftrag. Öffentliche Präsenz ist zwar als solche noch keine Evangelisation, aber sie kann dazu beitragen, den Boden dafür zu bereiten[1].

> Marianne Stapfer berichtet von ihren persönlichen Erfahrungen als Pastoraldiakonin in der fränkischen Kleinstadt Bad Mergentheim: „Als Gemeinde vernetzt in der Stadt wirken"[2]. Diese Erfahrungen können exemplarisch für einen Prozess der Öffnung und Vernetzung einer landeskirchlichen Gemeinschaft stehen.
> Beim Beginn ihres Dienstes 2015 fragte sie sich: „Wie können wir als Gemeinschaft Menschen mit dem Evangelium erreichen? Wie können wir als Gemeinschaft unserer Stadt Gutes tun und als Christen hineinwirken? Was würde der Stadt fehlen, wenn es uns nicht gäbe?"
> Sie begann damit, Kontakte zu knüpfen und sich zu vernetzen: Mit einer Schule, einer Beratungsstelle und mit der Presse; als Hauptamtliche engagierte sie sich ehrenamtlich. Das zentral gelegene Gemeinschaftshaus wird für Anfragen von außen zur Verfügung gestellt. Im Rahmen des städtischen Ferienprogramms werden Lego-Tage mit einem anschließenden Familiengottesdienst angeboten. „Als Räume für ein Mittagessen für Bedürftige in der Stadt gesucht wurden, sagte ich zu. Nun findet einmal in der Woche der ‚Mittagstisch plus' bei uns statt", am Beginn gibt es ein Tischgebet oder einen kleinen Impuls.
> „Inzwischen sind wir in der Stadt bekannt als eine der Kirchen, die den Glauben lebt und zu den Menschen bringt. So sagte es der Oberbürgermeister einmal in einem öffentlichen Grußwort […] Eine Herausforderung bleibt es, die Mitglieder der Gemeinschaft zu motivieren, dass es auch ihr Anliegen wird, da sie es bisher so nicht gewohnt waren".

In soziologischer Perspektive entsteht durch einen derartigen Öffnungsprozess „soziales Kapital". Dieses besteht aus Netzwerken, Beziehungen, gegenseitiger Verbundenheit und Unterstützung. Robert Putnam unterscheidet hier zwischen *bonding capital* und *bridging capital*[3]. *„Bonding capital*

---

[1] S. o. Kap. 4 zur Evangelisation.

[2] Stapfer, Als Gemeinde vernetzt in der Stadt wirken; daraus die folgenden Zitate.

[3] Putnam, Bowling Alone; s. dazu z. B. Gert Pickel, Religionssoziologie, 294-307; die hier skizzierten Gedanken finden sich bei Michael Herbst, Missionarischer Gemeindeaufbau in der Volkskirche, 519.

schafft eine hohe Loyalität zur eigenen Gemeinschaft, ein starkes Gruppenbewusstsein, freilich oft auch eine massive Abgrenzung von ‚denen da draußen', den anderen, dem Fremden. *Bridging capital* sucht den Brückenschlag zum Fremden und will Gemeinschaft nicht nur in den eigenen engen Grenzen"[4]. Während nach Putnam das soziale Kapital in den USA seit etwa 1960 insgesamt sinkt, steigt es in evangelikalen Gemeinden, dort aber vorwiegend in Form des *bonding capital*[5].

Bei landeskirchlichen Gemeinschaften sieht es offensichtlich ähnlich aus. Dabei ist *bonding capital* keineswegs negativ zu sehen, hohe Verbundenheit untereinander ist ein wichtiger Teil des Sozialkapitals. Problematisch wird es dort, wo es zur Abschottung führt und mit keinerlei „Brückenkapital" in Form von Vernetzung nach außen verbunden ist. *Bridging capital* und damit öffentliche Präsenz ist eine unentbehrliche Voraussetzung für den missionarischen Auftrag.

Dabei sind die Übergänge fließend: EC-Verbände bieten Lego-Bautage an, bei denen das Konstruieren und Spielen mit Lego-Bausteinen im Vordergrund steht, aber auch Lieder und Elemente der Verkündigung damit verbunden werden; insofern stellt das auch eine Weiterentwicklung von Kinderbibeltagen dar.

Bei einem Grußwort eines Pastors oder einer Verantwortlichen aus einer Gemeinschaft bei einer öffentlichen Veranstaltung ist es vergleichbar: Ein Grußwort sollte nicht als Predigtgelegenheit betrachtet oder als „missionarische Gelegenheit" verzweckt werden, umgekehrt braucht aber auch das eigene Profil nicht schamhaft versteckt werden: Der Vertreter einer christlichen Gemeinde „darf" einen geistlichen Akzent setzen, ein Bibel- oder Segenswort sprechen, ohne dass es als unpassend empfunden werden muss. Maßstab ist die Situationsadäquatheit.

6.4 Der diakonische Auftrag

1. Die bisherigen Überlegungen leiten über zum diakonischen Auftrag. Dienste im Gemeinwesen und in der Zivilgesellschaft stellen eine Form der Diakonie dar und tragen zugleich zur Bildung von Sozialkapital bei.

   Diakonie ist ein klassisches Feld der Gemeinschaftsbewegung: Die neuere Geschichte der Diakonie hat ihre Wurzeln in der Erweckungsbewegung im 19. Jh., zwischen der Inneren Mission und der einige Jahrzehnte später entstandenen Gemeinschaftsbewegung gab es wichtige Gemeinsamkeiten. Innerhalb der Gemeinschaftsbewegung entstanden – oft

---

[4] Herbst, a. a. O., 519 (kursiv JZ).

[5] Herbst, a. a. O. mit Verweis auf Putnam.

in Verbindung mit Diakonissenmutterhäusern – eine beträchtliche Zahl diakonischer Initiativen und Werke. Junge Christen aus den Gemeinschaften sahen ihre Berufung zur Mitarbeit in der Diakonie und wurden in ihrer Ausbildung und dem anschließenden Dienst in diakonischen Einrichtungen von der Gemeinschaft begleitet.

In der Gegenwart ist das Bild uneinheitlich: Es gibt Gemeinschaften, bei denen diakonische Projekte elementarer Bestandteil der Gemeindearbeit sind, aber auch Gemeinschaften ohne Diakonie. Dass hier – vergleichbar mit den Versuchen, die Dimension der Diakonie in landeskirchlichen Ortsgemeinden wieder zu gewinnen – Handlungsbedarf besteht, zeigen Aufrufe wie das Votum des Gnadauer Arbeitskreises Theologie von 2017 „Keine Gemeinschaft ohne Diakonie“[6].

2. Die Verbindung von Diakonie und Evangelisation kam bereits im Kapitel über Evangelisation zusammen mit der Gefahr der Instrumentalisierung in den Blick[7].

Diakonie ebenso wie die oben dargestellten Formen der Vernetzung verstehen sich nicht als „Evangelisation“ und haben daher kein primär evangelistisches Anliegen. Wenn sie als Vehikel für die Evangelisation betrachtet und instrumentalisiert werden, kann das dazu führen, dass Projekte der Gemeinschaft grundsätzlich unter einem solchen Verdacht stehen: „Man spürt die Absicht und ist verstimmt“. Eine Gemeinde, die in dieser Hinsicht „selbstlos“ ist, hat bessere Voraussetzungen dafür, ernst genommen zu werden und Gehör zu finden. Wenn andere Menschen merken: „Denen geht es wirklich um mich als Menschen und um unseren Ort (und nicht nur um ihren eigenen ‚Verein‘)“, kann Vertrauen entstehen. Diakonisches Handeln ist umso glaubwürdiger, je mehr es mit selbstlosem Dienen verbunden ist.

Der Brückenbau zum Kontext zusammen mit den Taten der Liebe erfolgen nicht unabhängig vom Auftrag der Gemeinde und haben doch ihr eigenes Recht und ihre eigene Würde. Es ist immer wieder neu eine Herausforderung, diesen Spagat aufrecht zu erhalten.

Weitere Entwicklungen der zurückliegenden Jahrzehnte sind hier zu bedenken:

- Die Kontroversen zum Verhältnis von sozialem Engagement und Evangelisation in der weltweiten ökumenischen und evangelikalen Bewegung fanden auch ihren Niederschlag in der Gemeinschafts-

---

[6] Gnadauer Verband, Keine Gemeinschaft ohne Diakonie! – S. dazu oben Kap. 4.7, dort wird die Eingangspassage des Dokuments zitiert.

[7] S. o. Kap. 4.7.

bewegung. Die immer wieder neuen Versuche der Verhältnisbestimmung zeigen, dass die Beziehung in sich ändernden Situationen und Kontexten neu akzentuiert werden muss.

- Wie die Diakonie insgesamt, so blieb auch die Diakonie in der Gemeinschaftsbewegung nicht unberührt von der Expansion des Sozialstaates in der Nachkriegszeit. Die Möglichkeiten weiteten sich aus, oft standen nicht genügend Personen zur Verfügung, die sie mit Leben füllen konnten.
- In der Nachkriegszeit gab es viele Diakonissen, die sowohl in eigenen Diakoniekrankenhäusern als auch als Gemeindeschwestern ihren Dienst taten. Die abnehmende Zahl von Diakonissen führt dazu, dass die Diakonissen als wichtige Trägergruppe der Diakonie in der Gemeinschaftsbewegung und Kirche ausfallen. Bei vielen bisher von ihnen wahrgenommenen Diensten stellt sich die Frage, ob und von wem sie weitergeführt werden können.
- Hinzu kommt die Ersetzung der Gemeindeschwester (nicht selten durch Diakonissen ausgeübt) durch die Diakoniestationen, die zu einer abnehmenden Gemeindenähe der Diakonie führte.

3. Aus der Geschichte und den gegenwärtigen Herausforderungen ergeben sich *Perspektiven* für die Diakonie in der Gemeinschaftsbewegung, hier vor allem im Blick auf Gemeinschaften als eigenständige Gemeinden:
   - Während es bei den Diakonissen praktisch keinen Nachwuchs mehr gibt, bieten Ausbildungsstätten im Raum der Gemeinschaftsbewegung Ausbildungs- und Studiengänge an, die soziale mit theologischen Qualifikationen verbinden. An der Evangelischen Hochschule Tabor und der Internationalen Hochschule Liebenzell können staatlich anerkannte Bachelor-Abschlüsse in Sozialer Arbeit erworben werden, die theologische Module einschließen. Junge Männer und Frauen aus diesen Ausbildungs- und Studiengängen sind dadurch qualifiziert für Dienste im Schnittfeld von Gemeindearbeit und Diakonie.
   - Neben das diakonische Handeln der Einzelnen tritt der diakonische Auftrag für Gemeinden bzw. Gemeinschaften als Ganze; dieser steht in enger Verbindung mit der oben dargestellten öffentlichen Präsenz. Hier gibt es bereits viele Möglichkeiten und Modelle von Gemeindehäusern, die im Winter als Indoor-Spielplätze gestaltet werden bis hin zum Engagement in der Arbeit mit Geflüchteten und Asylsuchenden.

- Ortsgemeinden haben gegenüber Personalgemeinden eine stärkere Verwurzelung im Sozialraum: „Durch die parochiale Verfasstheit ist eine prinzipielle Beziehung zum Gemeinwesen vorgegeben“[8]. Im Gegenüber dazu liegen Stärken von landeskirchlichen Gemeinschaften im hohen Anteil an ehrenamtlichem Engagement, ebenso im Leben als „Gemeinschaft“, das wichtige Voraussetzungen dafür bietet, Menschen zu begleiten und in eine „heilende Gemeinschaft“ zu integrieren. Das können psychisch Kranke ebenso wie Geflüchtete und andere Migranten sein.
- Diakonisches Engagement als Gemeinde bedingt im Normalfall die Vernetzung mit anderen Trägern diakonischen und sozialen Handelns – in kommunaler und ökumenischer Perspektive, aber auch als Vernetzung im Sozialraum. Damit schließt sich der Kreis zur öffentlichen Präsenz.

[8] Wegner, Wirksame Kirche, 317.

7. „Wie der Einzelne zur Kirche steht, ist seine Sache“

Mitgliedschaft in Landeskirche und landeskirchlicher Gemeinschaft

7.1 „Wie der Einzelne zu ihr steht, ist seine Sache“

> „Wir debattieren nicht über die Kirchenfrage. Wir sind in der Kirche. Wie der einzelne zu ihr steht, ist seine Sache“.

So ist im Protokoll der Sitzung des Gnadauer Vorstandes vom 3.-5. Januar 1928 in Woltersdorf zu lesen[1]. Walter Michaelis (1866–1953), der langjährige Präses des Gnadauer Verbandes, zitiert dabei den Grafen Pückler, um hinzuzufügen, dass die allgemeine Lage dazu dränge, dieses ungeschriebene Gesetz zu durchbrechen und ernsthaft über die Kirchenfrage zu sprechen.

„Wir sind in der Kirche. Wie der Einzelne zu ihr steht, ist seine Sache“. Auf der einen Seite stand damals die Selbstverständlichkeit der Kirchenmitgliedschaft, auf der anderen Seite die Frage der persönlichen Einstellung der Kirche gegenüber. Dieses Spannungsfeld prägte lange Zeit die Gemeinschaftsbewegung. Hier hat sich manches geändert. Wie könnte das heute formuliert werden? Etwas zugespitzt könnte es so klingen: „Wir arbeiten als Gemeinschaftsbewegung innerkirchlich. Ob der Einzelne Kirchenmitglied ist, ist seine Sache“.

Bei der Kirchenmitgliedschaft ist die Frage eine doppelte: Neben der Mitgliedschaft in der Landeskirche geht es auch um die Mitgliedschaft in der landeskirchlichen Gemeinschaft. Ich beginne mit dem Letzteren[2].

---

1 Zit. nach Diener, Kurshalten in stürmischer Zeit, 349 Anm. 55; dabei nimmt Michaelis ein Zitat von Pückler auf. Quelle: Protokoll der Sitzung des Gnadauer Vorstandes vom 3. bis 5. Januar 1928 in Woltersdorf, Archiv des Evangelischen Gnadauer Gemeinschaftsverbandes, Ordner „Sitzungen des Vorstandes“.

2 Der Beitrag ist die überarbeitete und gekürzte Fassung von Zimmermann, Mitgliedschaft in Landeskirche und landeskirchlicher Gemeinschaft.

7.2 Mitgliedschaft in der Landeskirchlichen Gemeinschaft

7.2.1 Die Regelungen

Im Blick auf die Zugehörigkeit hat die Mitgliedschaft in den landeskirchlichen Gemeinschaften nicht denselben Stellenwert wie in den Landeskirchen. Wer beides einander gegenüberstellt und vergleicht, sollte die unterschiedliche Gewichtung im Blick auf das jeweilige Selbstverständnis beachten. In den Gemeinschaften wird die Frage, wie die Zugehörigkeit gelebt wird, generell stärker gewichtet als die formale Seite der Mitgliedschaft – ausgehend vom Bekenntnis über die persönliche Glaubens- und Lebenspraxis bis hin zur Mitarbeit.

In der Gestaltung der Mitgliedschaft gibt es in den Gemeinschaftsverbänden des Gnadauer Verbandes große Unterschiede. Die meisten Gemeinschaftsverbände sind vereinsrechtlich als eingetragene Vereine organisiert[3]. Weitverbreitet ist daher die Mitgliedschaft als Vereinszugehörigkeit. Das ist aber nicht überall so: Die Zugehörigkeit kann, muss aber nicht über die Vereinsmitgliedschaft des Einzelnen erfolgen. Einige Beispiele dazu:

Die Altpietisten in Württemberg (Die Apis. Evangelischer Gemeinschaftsverband Württemberg e. V.) kennen keine individuelle Mitgliedschaft. Die Zugehörigkeit ergibt sich aus der regelmäßigen Teilnahme oder der Mitarbeit; Mitarbeiter in Verantwortung werden vom Verband berufen. Mitglieder im vereinsrechtlichen Sinn sind nur diejenigen, die zum Vorstand des Verbands (in diesem Fall dem Landesgemeinschaftsrat) gehören.

Auch der sächsische Gemeinschaftsverband kennt keine individuelle Mitgliedschaft. Die Mitglieder des Verbandes sind hier die örtlichen Gemeinschaften und die Werke.

Am weitesten verbreitet ist die individuelle Mitgliedschaft: Der Einzelne kann Mitglied der örtlichen Gemeinschaft und/oder des Gemeinschaftsverbandes werden. Dabei gibt es im Detail Unterschiede, vor allem im Blick auf das Verhältnis von örtlicher Mitgliedschaft und Mitgliedschaft im Verband[4].

---

[3] Eine Ausnahme ist die Evangelische Gesellschaft für Deutschland mit Sitz in Radevormwald, sie ist seit Oktober 2019 als Körperschaft des Öffentlichen Rechts (KdÖR) anerkannt; d. dazu oben den Exkurs Kap. 10.5.

[4] Mitgliedschaft nicht automatisch Mitgliedschaft im vereinsrechtlichen Sinn; hier kann z. B. auch nur der Vorstand des Verbandes oder der Gemeinschaft Vereinsmitglied sein. Im Hintergrund können unterschiedliche Strukturen stehen: Ist die örtliche Gemeinschaft ein eigener Rechtsträger bzw. e. V.? Weiter geht es zu den Fragen, wem die Immobilie gehört und wer Anstellungsträger des Pastors ist.

> Die Verbandsmitgliedschaft finden wir im HeGeV (Hessischer Gemeinschaftsverband) bzw. BeG (Bund evangelischer Gemeinschaften). Dabei ist – unausgesprochen – die Logik klar: Wer Mitglied im Verband wird, wird dies über die örtliche Gemeinschaft. Das eine schließt somit das andere ein. Umgekehrt ist es beim EGHN (Evangelischer Gemeinschaftsverband für Hessen und Nassau): Eine Mitgliedschaft von natürlichen Personen in einer Gemeinschaft führt gleichzeitig zur Mitgliedschaft im Verband. Während es ein logisches Gefälle von der Verbandsmitgliedschaft zur Mitgliedschaft in der Einzelgemeinde gibt, ist das umgekehrt nicht der Fall und wird daher eigens erwähnt.

Schließlich gibt es Gemeinschaften, bei denen die Mitgliedschaft nur auf der Ortsebene angesiedelt ist. So ist auf der Homepage der landeskirchlichen Gemeinschaft Enger (Kreis Herford, Ostwestfalen) zu lesen: „Die Landeskirchliche Gemeinschaft Enger (LKGE) ist ein eingetragener Verein. Sehr gerne kannst du auch Mitglied werden, wenn du z. B. die Arbeit der LKGE unterstützen und mitgestalten möchtest!“[5]

Welchen Unterschied bewirkt die Mitgliedschaft? An anderer Stelle der Homepage der LKG Enger wird erläutert: „Der Verein dient als rechtliche Grundlage unserer Arbeit. In unseren Gruppen unterscheiden wir nicht zwischen Mitgliedern und Nicht-Mitgliedern, freuen uns aber über jeden, der die Vereinsarbeit durch seine Mitgliedschaft unterstützt“[6].

Der Liebenzeller Gemeinschaftsverband unterscheidet hier stärker: „Wir bieten sowohl die Form der verbindlichen ‚Mitgliedschaft / Mitarbeiterschaft‘, als auch die Möglichkeit der freien Zugehörigkeit an. ‚Mitglieder / Mitarbeiter‘ tragen Mitverantwortung. Besucher sind immer herzlich willkommen“[7].

7.2.2 Mit der Mitgliedschaft verbundene Erwartungen

Grundlage für die Mitgliedschaft ist die Zustimmung zu einer Glaubensbasis. Das gilt zwar grundsätzlich auch in der Landeskirche: Kirchengemeinschaft ist Bekenntnisgemeinschaft. Insgesamt jedoch wird in der Gemeinschaftsbewegung die Glaubensbasis weniger von der Seite der Offenheit für Interpretationen als vielmehr von der Klarheit in der Aussage und der Verbindlichkeit her betrachtet.

Die Glaubensbasis kann mit eigenen Worten formuliert sein, aber auch einen Bezug auf Bekenntnisse der Kirche einschließen. Im Mitgliedsantrag der erwähnten Gemeinschaft in Enger finden wir das Apostolische Glaubensbekenntnis und einige Gemeindegrundsätze. Der Antrag schließt mit

---

[5] Landeskirchliche Gemeinschaft Enger, Mitglied werden!

[6] Landeskirchliche Gemeinschaft Enger, Unser Verein.

[7] Liebenzeller Gemeinschaftsverband, Gemeindeprofil des LGV.

den Worten: „Ich bekenne mich zu Jesus Christus als meinem Herrn und Erlöser und bin bereit, mein Leben und meinen Dienst am Nächsten und in der Gemeinde an der Bibel auszurichten. Ich beantrage die Aufnahme als Mitglied der Landeskirchlichen Gemeinschaft Enger e.V., erkenne die Satzung an und unterstütze die in den Gemeindegrundsätzen dargestellten Ziele“[8]. Hier werden von der gemeinsamen Glaubensbasis aus konkrete Erwartungen an die Mitgliedschaft abgeleitet.

Beim EGHN sind diese Erwartungen in der Regelung der Möglichkeit des Ausschlusses *ex negativo* erkennbar: Der Ausschluss durch den Zuständigen Vorstand „kann erfolgen, wenn ein Mitglied trotz 3-maligen Ersuchens durch ein Vorstandsmitglied innerhalb von einem Jahr an keiner Veranstaltung der Gemeinschaft teilgenommen hat, ohne krankheitsbedingt verhindert gewesen zu sein“[9].

Natürlich kann man fragen, wie oft das angewandt wird und wann der letzte Ausschluss erfolgte. Für wichtiger und interessanter jedoch halte ich die mit der Mitgliedschaft verbundene Erwartung, dass die Mitgliedschaft auch gelebt und in konkrete Praxis umgesetzt wird. Anders als in Vereinen weithin üblich, gibt es die Unterscheidung von aktiven und passiven Mitgliedern nicht – zumindest ist diese Differenzierung hier nicht vorgesehen.

7.2.3 Aufnahmebedingungen in Gemeinschaften – ein Blick zurück

Man kann darin eine freikirchliche Prägung sehen, aber auch eine Nähe zu den landeskirchlichen Lebensordnungen der Jahrzehnte nach dem Zweiten Weltkrieg. Es gab immer wieder Teile der Gemeinschaftsbewegung, in denen die Regelungen für Mitgliedschaft und Aufnahme dazu dienten, durch hohe Anforderungen dem Ideal der „reinen“ Gemeinde näher zu kommen: Es sollten nur die dabei sein, die „mit Ernst Christen sein wollen“. Die volkskirchliche Praxis der Aufnahme durch die Kindertaufe wird als zu lax empfunden, insofern sind die Aufnahmebedingungen in den Gemeinschaften auch als Reaktion darauf zu verstehen[10].

Walter Michaelis verbindet in einem Beitrag von 1931 die Frage der Kindertaufe mit der der Mitgliedschaft in der Gemeinschaft. Er geht dabei von der besonderen Situation der Missionstaufe aus[11]: „Jede Missionstaufe

---

[8] Landeskirchliche Gemeinschaft Enger, Mitgliedsantrag (Download s. Homepage Anm. 5).

[9] EGHN: Möglichkeit des Ausschlusses, Satzung von 2017, 5 Abs. 7: (Evangelischer Gemeinschaftsverband Hessen-Nassau, Satzung).

[10] Vgl. Diener, Kurshalten in stürmischer Zeit, 396; s. zum Folgenden auch o. Kap. 5.5.

[11] Michaelis, Das Evangelium in der Wortverkündigung, in der Taufe und im Herrenmahl (daraus die Zitate), s. dazu Diener, Kurshalten in stürmischer Zeit, 386-399; Drechsel, Gemeindeverständnis, 172-175.

enthält eine Nötigung zur Entscheidung, und wo die Taufe in der Form der Kindertaufe vollzogen wurde, holt die Aufnahmebedingung in eine Gemeinschaft oder Gemeindekern die gleiche heilsame Nötigung nach“ (39).

Interessant ist nun, dass Michaelis Kritik nach zwei Seiten hin übt: Die „Nötigung zur Entscheidung“ wendet sich kritisch gegen die volkskirchliche Mitgliedschaftspraxis, aber auch zur Seite der Gemeinschaften hin teilt er kräftig aus. Er räumt den Verbänden grundsätzlich das Recht ein, eigene Aufnahmebedingungen zu formulieren, um dann zu ergänzen: „Die Aufnahmebedingungen dürfen nicht schärfer als die Taufbedingungen sein. Sonst machen wir uns einer selbsterwählten Verengung schuldig, die schädlich wirken muß“ (39). Wo Verbände Wert auf längere Bewährungsfristen legen, „gewinnt man auf der ganzen Linie den Eindruck eines vom NT abweichenden, nämlich darüber hinausgehenden Weges“ (39).

Anders als in einer gängigen Praxis in vielen Gemeinschaften hätten die Apostel sich nicht auf das Selbstzeugnis der Aufzunehmenden oder auf das Urteil anderer über sie verlassen, „sondern sie haben sie hingewiesen auf die Taufe, dies Gnadenangebot Gottes, auf dies Gotteszeichen des ewigen Bundes“. Wenig später ergänzt er: „Ist nicht in unserem Kreisen viel fromme Ichheit, viel sich Drehen um das eigene Ich?“ (40).

Sein Fazit: „Aber laßt uns die Pforte nicht enger machen, als die Apostel sie machten, laßt uns darauf trauen, daß auch solche, die nur ihre Willigkeit bezeugen, in Buße und Glauben Christus und sein Heil anzunehmen und sich zu ihm zu bekennen, in einer durch Wort und Geist belebten Gemeinschaft dahin geführt werden, daß sie ihres Heils gewiß werden und in der Heiligung wandeln“ (42).

Michaelis zeigt sich hier als lutherischer Theologe, der vom Vorrang der Heilszusage Gottes in der Taufe vor allem menschlichen Handeln ausgeht. Demgegenüber ist die subjektive Seite der Heilsannahme zwar nachgeordnet, aber keineswegs verzichtbar. Dabei setzt Michaelis auf die prägende Kraft der Gemeinschaft.

Wo solche Erwartungen nicht exklusiv und nicht gesetzlich sind, entsprechen sie durchaus einer biblischen Logik: Glaube ist nach dem Neuen Testament nicht stumm, unausdrücklich und auf die Innerlichkeit beschränkt, sondern der Glaube des Herzens äußert sich im Bekenntnis des Mundes (Röm 10,9-10) und wird in Taten der Liebe erkennbar. Darin liegt eine Herausforderung für die die Mitgliedschaft in den Landeskirchen, wo viele sich mit einer Zugehörigkeit ohne Konsequenzen abgefunden haben. Problematisch wird es dort, wo die Bedingungslosigkeit der Gnade mit ihrer Folgenlosigkeit gleichgesetzt wird.

7.3 Mitgliedschaft in der Landeskirche

Der Thüringer Gemeinschaftsverband formuliert auf seiner Homepage: „Die Freunde der Landeskirchlichen Gemeinschaft gehören in der Regel zu ihrer örtlichen Kirchgemeinde und treffen sich in verschiedenen Kreisen und Gruppen, um miteinander Entdeckungen in der Bibel zu machen und den Glauben zu leben"[12]. Dieses Selbstverständnis prägte lange Zeit die Praxis der landeskirchlichen Gemeinschaften. Inzwischen ist das keineswegs mehr selbstverständlich – am ehesten noch im Osten Deutschlands und in Württemberg.

Das Thema Kirchenmitgliedschaft wird auch in den Vereinbarungen zwischen den Landeskirchen und den Gemeinschaftsverbänden thematisiert. Diese sind eine interessante Quelle, weil Gegenstand von Vereinbarungen normalerweise Themen sind, bei denen Klärungsbedarf besteht oder die sogar Konfliktpotenzial bergen. Das ist auch bei einem Passus so, der mehrfach zu finden ist:

„Die Vertragspartner gehen davon aus, dass die Mitglieder der örtlichen Gemeinschaft in der Regel Mitglieder einer evangelischen Landeskirche sind. Wenn Mitglieder einer örtlichen Gemeinschaft nicht der evangelischen Kirche angehören, wirken die Verantwortlichen der Gemeinschaft, soweit dies möglich ist, darauf hin, dass sie Mitglieder der evangelischen Kirche werden" (EKKW 1992, ähnlich EKHN 1993)[13]. Für Prediger wird Kirchenmitgliedschaft vorausgesetzt.

Offensichtlich gab es bereits Anfang der 1990er Jahre Mitglieder örtlicher Gemeinschaften, die keine Kirchenmitglieder waren. Darin wird ein Veränderungsbedarf gesehen.

Eine Vereinbarung der Gemeinschaftsverbände mit der EKHN von 2005, also zwölf Jahre später, übernimmt diese Formulierungen, zeigt aber Differenzen. Neu ist der Satz: „Die Verbandsleitungen achten darauf, dass die Mehrheit der Verantwortlichen in den örtlichen Leitungsgremien der Evangelischen Kirche angehören". Kirchenmitgliedschaft als Voraussetzung für die Übernahme des Dienstes als Prediger wird 2005 abgeschwächt zu „in der Regel" [14].

Daraus kann man schließen, dass in der Zwischenzeit die Selbstverständlichkeit der Kirchenmitgliedschaft nicht nur bei den Mitgliedern insgesamt, sondern auch bei den Verantwortlichen in den Leitungsgremien und den weiter zurückgegangen ist.

---

[12] Thüringer Gemeinschaftsbund e. V., Selbstdarstellung (Großschreibung im Orig.).
[13] Kirche und Gemeinschaft., 66 (EKHN: S. 55).
[14] Kirche und Gemeinschaft, 59.

Anders als die Vereinbarungen mit den Landeskirchen geben die internen Formulierungen der Gemeinschaftsverbände einen Einblick in deren Selbstverständnis.

Der EGHN formuliert in seinem Selbstverständnis von 2015: „Mitglieder der örtlichen Gemeinschaften sind in der Regel zugleich Mitglieder einer Evangelischen Kirche. Neuen Mitgliedern wird die Mitgliedschaft in der Landeskirche nahegelegt – sofern sie noch keine sind. Wir nehmen auch Mitglieder ohne Kirchenzugehörigkeit auf und bieten den aus der Landeskirche Ausgetretenen geistliche Heimat. Wir gewähren allen unseren Mitgliedern gleichermaßen eine volle gemeindliche Versorgung“[15].

Eine Variante finden wir in einem Passus einer Gemeinschaft aus Niedersachsen. Zunächst wird auch hier die Zugehörigkeit zur Landeskirche als Voraussetzung genannt. Abweichend davon „kann aus besonderen seelsorgerlichen Gründen auch Mitglied werden, wer nicht einer evangelischen Landeskirche angehört, jedoch das Wesen der Landeskirchlichen Gemeinschaft als freies Werk innerhalb der Evangelischen Kirche anerkennt“[16].

Beide Male wird zuerst ein „Normalfall“ genannt, der sich an den Vereinbarungen mit den Landeskirchen orientiert, gefolgt von einer Öffnungsklausel, die die Mitgliedschaft in der Gemeinschaft ohne Kirchenmitgliedschaft möglich macht, ohne klare Kriterien dafür zu benennen. Die Formulierungen lassen eine Bandbreite an Umsetzungen in der Praxis zu.

Die Aufnahme neuer Mitglieder ist offensichtlich der Ort, an dem Kirchenmitgliedschaft zum Thema wird. Ein Gnadauer Verantwortlicher formulierte es mir gegenüber so: Wer Mitglied einer landeskirchlichen Gemeinschaft wird, soll zumindest wissen und akzeptieren, dass die landeskirchliche Gemeinschaft bewusst innerkirchlich arbeitet. Wahrscheinlich kann aber nicht davon ausgegangen werden, dass die Frage der Kirchenmitgliedschaft überall thematisiert wird. Im Internetauftritt des HeGeV finden sich „Erläuterungen zur Mitgliedschaft“ aus dem Jahr 2009[17], in denen die Mitgliedschaft in der Landeskirche nicht erwähnt wird.

Wir haben damit ein weites Feld von der Thüringer Selbstverständlichkeit bis hin zur Frage, ob das Thema überhaupt vorkommt. Zusammenfassend lässt sich sagen, dass insgesamt am Gnadauer Selbstverständnis der Innerkirchlichkeit festgehalten wird, die Erwartung oder gar Verpflichtung der Einzelnen zur Kirchenmitgliedschaft können hingegen flexibler

---

[15] Unser Selbstverständnis als Gemeinden im Evangelischen Gemeinschaftsverband Hessen-Nassau e.V. (EGHN) (2015).

[16] Zit. nach: Zimmermann, Gemeindegründungen und Gemeinschaftsgemeinden, 148.

[17] Hessischer Gemeinschaftsverband, Verbindliche Mitgliedschaft: „Erläuterungen zur Mitgliedschaft in den Gemeinden und Gemeinschaften sowie den Verbänden des Bundes evangelischer Gemeinschaften“ (unter dem Passus „Verbindliche Gemeinschaft“).

gehandhabt werden. Ich erinnere an die zugespitzte Formulierung vom Anfang: *„Wir arbeiten als Gemeinschaftsbewegung innerkirchlich. Ob der Einzelne Kirchenmitglied ist, ist seine Sache"*.

An dieser Stelle ist eine praktisch-theologische Zwischenüberlegung zum Verhältnis der „doppelten" Mitgliedschaft in Kirche und Gemeinschaft angebracht. Im Gutachten „Soll der Liebenzeller Gemeinschaftsverband Körperschaft des öffentlichen Rechts werden?" (2022) schreibt Michael Herbst zu diesem Thema: „Da der LGV sich bisher nicht als ‚Kirche' sieht, ist die Mitgliedschaft in der Landeskirche keine wirkliche Doppelmitgliedschaft, sondern die *eigentliche* Kirchenmitgliedschaft. Die Zugehörigkeit zur Gemeinschaft ist auf einer anderen Ebene angesiedelt und tritt nicht in Konkurrenz zur Kirchenmitgliedschaft"[18].

Neben der Kirchenmitgliedschaft der Einzelnen stellt sich zunehmend auch die Frage nach der Zugehörigkeit der Gemeinden zur Landeskirche. Eine Gemeinde aus dem Marburger Umfeld stellt sich auf ihrer Homepage so vor[19]:

> *„Evang. Christus-Gemeinde Ebsdorfergrund e.V. (ECGE)*
> *über unsere Gemeinde*
> Wir sind eine lebendige Gemeinde, die dem Bund Evangelischer Gemeinschaften angehört. Menschen aus unterschiedlichen Glaubensrichtungen kommen hier zusammen. Was uns verbindet[,] ist der Glaube an Jesus Christus. Diesen Glauben möchten wir alltagsrelevant und einladend leben […]
> Es kamen Menschen aus dem Ebsdorfergrund und der Rabenau, Mitglieder der evangelischen und katholischen Kirche sowie aus verschiedenen Freikirchen. Das führte dazu, dass auch immer mehr Anfragen nach kirchlichen Handlungen wie Kindersegnung, Taufen, usw. kamen […]
>
> *Unser Netzwerk*
> *eine Geimeinde [sic] - Teil eines Großen Ganzen [sic]*
> Die ECGE ist eine selbstständige evangelische Gemeinde, die seit 2004 in Leidenhofen besteht. Selbstständig bedeutet: ohne staatlichen Bindungen. Wir erheben weder Kirchensteuern, noch erhalten wir diese. Die Gemeinde finanziert sich ausschließlich aus freiwilligen Spenden. Die ECGE ist als gemeinnützige kirchliche Organisation in Form eines eingetragenen Vereins (e.V.) beim Amtsgericht Marburg unter VR 2231 registriert. Als ‚Zweigverein' ist die ECGE in den Hessischen Gemeinschaftsverband e.V. (HEGV) eingebunden und dadurch Teil des BeG (Bund evangelischer Gemeinschaften). Darüber hinaus besteht eine langjährige Verbindung zur Evangelischen Allianz Marburg.

[18] Herbst/Kammerer/Penßel, Gutachten „Soll der Liebenzeller Gemeinschaftsverband KdöR werden?", S. 7-8.

[19] Evangelische Christus-Gemeinde Ebsdorfergrund, Über unsere Gemeinde (Homepage).

> Vor Ort arbeiten wir eng vernetzt mit dem CVJM Ebsdorfergrund und freuen uns auch an der guten Zusammenarbeit mit der Evangelischen Landeskirche vor Ort“.

Offen bleibt die Frage der Innerkirchlichkeit. Mit der Zugehörigkeit zum Bund evangelischer Gemeinschaften (BeG) und zum Hessischen Gemeinschaftsverband (HEGV) ist die Zugehörigkeit zum Gnadauer Verband klar markiert. Weiter ist von einer „guten Zusammenarbeit“ mit der Evangelischen Landeskirche die Rede, aber nicht von einer Zugehörigkeit. Arbeitet die Gemeinde innerhalb der Vereinbarungen mit der Landeskirche? Die Frage wird konkret am Status der Kasualien: Führt die Taufe zur Kirchenmitgliedschaft in der Evangelischen Landeskirche? In ihrer Selbstdarstellung bezeichnet sich die ECGE weder als Teil der Landeskirche noch als Freikirche, der ekklesiologische Status bleibt damit unklar.

Die Geschichte der ECGE beginnt mit „familiengerechte[n] Gottesdienste[n] als Ergänzung zu den Landeskirchlichen Gottesdiensten“[20] Ende der 1980er Jahre in enger Verbindung zum CVJM. Das deutet darauf hin, dass hier nicht der typische Weg von der Gemeinschaft zur Gemeinde vorliegt, sondern dass es sich um eine Gründung handelt, die zunächst im Raum von Kirchengemeinde und CVJM stattfand, aber dann ganz offensichtlich Wege darüber hinaus ging.

Was hier in der Außendarstellung offen bleibt, wird in anderen Fällen klar benannt: Einzelne Gemeinschaften bis hin zu ganzen Verbänden arbeiten außerhalb der Vereinbarungen mit den Landeskirchen. Der frühere Gnadauer Präses Christoph Morgner nennt eine solche Gemeinschaft eine „religiös ortlose Gemeinschaft, die nicht innerkirchlich arbeiten will, sich aber auch nicht als Freikirche verstehen möchte“[21] – faktisch arbeitet sie in einer Art ekklesiologischem Niemandsland.

Innerhalb der Verbände und in Gnadau wird der Umgang damit kontrovers diskutiert. Zugleich ist es weitgehend Konsens, innerhalb des Gnadauer Verbandes die Verbindung zu Gemeinschaften und Verbänden weiterzuführen, auch wenn sie nicht mehr innerkirchlich arbeiten – solange dadurch die innerkirchliche Gesamtausrichtung des Gnadauer Verbandes insgesamt nicht infrage gestellt wird.

---

[20] A. a. O.

[21] Morgner, Geistliche Leitung als theologische Aufgabe, 527.

7.4 Zugehörigkeit zur Landeskirche

Eine Zugehörigkeit zur Landeskirche wird bei der Taufe virulent in der Frage, ob eine Taufe in einer landeskirchlichen Gemeinschaft gekoppelt ist mit der Mitgliedschaft in der jeweiligen Evangelischen Landeskirche. Dieses seit mehreren Jahren konfliktträchtige Thema wurde bei den Kasualien ausführlicher behandelt[22]. „Zugehörigkeit" reicht jedoch über die formale Frage der Mitgliedschaft hinaus.

7.4.1 Eine Begegnung mit exemplarischem Charakter

Eine Begegnung vor wenigen Jahren hat für mich exemplarischen Charakter: Meine Frau und ich waren zu Gast bei einer Familie, die Mitglied einer landeskirchlichen Gemeinschaft als eigenständiger Gemeinde in einer Stadt in Hessen ist. Die beiden Kinder waren damals 10 und 12 Jahre alt; die 12jährige Tochter nahm am Konfirmandenunterricht der Gemeinde teil. Im Gespräch stellte sich heraus, dass den Kindern nicht klar war, dass sie zur Evangelischen Kirche gehören und wie sich Landeskirche und landeskirchliche Gemeinschaft zueinander verhalten. Wir versuchten das mit Kirchengebäude und Pfarrer zu erklären. Dabei gehören beide Eltern selbstverständlich zur Evangelischen Landeskirche. Der Vater wuchs in der Gemeinschaft auf, wurde aber in der Landeskirche getauft und konfirmiert. Die Mutter war aktiv in der Jugendarbeit der landeskirchlichen Heimatgemeinde.

Nun wird bei der Begleitung von Kindern auf dem Weg zum und im Glauben das Thema der Kirchenmitgliedschaft weder in der Gemeinde noch in der Familie zu den vorrangigen Themen gehören. Eher im Konfirmandenunterricht. Aus eigener Erfahrung im landeskirchlichen Konfirmandenunterricht weiß ich, dass solche Themen bei 14jährigen kaum Begeisterung wecken. Gleichwohl halte ich ein wenig „kirchliche Heimatkunde" für unverzichtbar.

Die eigentliche Problemanzeige ist die Frage nach Zukunftsperspektiven: Selbst wenn die Kinder erfahren, dass sie zur Evangelischen Kirche gehören, ist diese Zugehörigkeit für sie nicht mit konkreten Erfahrungen verbunden. Wenn sie etwa bei Kasualien in der Familie oder Verwandtschaft Erfahrungen mit der Landeskirche machen, sind das kaum Erfahrungen der Zugehörigkeit, die zu einem Wir-Gefühl oder zu einer landeskirchlichen Identität führen. Landeskirche wird aller Voraussicht nach als „das andere" bzw. „die anderen" wahrgenommen werden.

---

22 S. o. Kap. 5.5.

7.4.2 Hintergründe und Entwicklungen

Die eben skizzierte Begegnung steht in einem größeren Kontext. Die Frage nach der Stellung zur Landeskirche wird seit über 100 Jahren im Gnadauer Verband kontrovers diskutiert – aber lange Zeit war die Zugehörigkeit zur Landeskirche für das Gros der Mitglieder und Verantwortlichen selbstverständlich. Gelegentlich kam es vor, dass Einzelne aus der Evangelischen Kirche austraten und den Weg in die Freikirchlichkeit wählten, aber bis etwa 1990 stellte das die Ausnahme dar oder wurde sogar als Tabubruch betrachtet.

In den „Nuller Jahren“ (2000–2010) führte die Einführung der Segnung gleichgeschlechtlicher Paare dazu, dass Christen, die diese nicht mit Ihrer Überzeugung vereinbaren konnten, aus der Kirche austraten. Landeskirchliche Gemeinschaften boten an, diese Christen aufzunehmen.

Im Blick auf die Frage nach dem Umgang mit der Kirchenmitgliedschaft stellt das eine Zäsur dar[23], deren Bedeutung nicht zu gering veranschlagt werden sollte: Nun lag ein Fall vor, an dem von den Leitungen der Gemeinschaftsverbände vom generellen Grundsatz der Mitgliedschaft in den Landeskirchen abgewichen wurde.

Was sich in den letzten 20-30 Jahren im Blick auf die Mitgliedschaft verändert hat, zeigt die skizzierte Begegnung: Durch die Gemeindewerdung, konkret durch den eigenen Gottesdienst und die eigenen Kasualien in der Gemeinschaftsgemeinde sind für viele Gemeindeglieder die Berührungspunkte mit der Landeskirche zurückgegangen, in städtischen Bereichen stärker als in ländlichen. Darin liegt eine der Nebenwirkungen des Wegs von der Gemeinschaft zur Gemeinde. Wo Kontakte und Beziehungen da sind, konzentrieren sie sich häufig auf die Ebene der Hauptamtlichen und Leitungsgremien. Wenn solche Erfahrungen nicht in die Breite der Mitglieder hineinreichen, wird die Verbindung zur Landeskirche auf kurz oder lang am sprichwörtlichen seidenen Faden der Verantwortlichen hängen.

7.5 Die neuere Entwicklung in Thesen

1. Bei allen Unterschieden innerhalb der Gemeinschaftsbewegung hat insgesamt die Selbstverständlichkeit der Kirchenmitgliedschaft deutlich abgenommen. Bei denen, die weiterhin zur Kirche gehören, stellt sich angesichts der zunehmenden Eigenständigkeit der Gemeinschaften die

[23] Mündliche Information von Michael Diener (bis 2020 Präses des Gnadauer Verbandes).

Frage, wie die Zugehörigkeit zur Landeskirche konkret erfahrbar wird und sich eine landeskirchliche Identität ausbilden kann.

2. Das Thema Kirchenmitgliedschaft sorgt anders als vor 20-30 Jahren derzeit kaum für Aufregung. Innerhalb der Gemeinschaften und der Verbände werden unterschiedliche Positionen akzeptiert und können nebeneinanderstehen. Wo Gemeinschaften eigenständige Gemeinden geworden sind, spielt innerhalb der Gemeinde die Frage nach der Kirchenmitgliedschaft kaum eine Rolle.
3. Das Thema wird von Gemeindeleitungen selten thematisiert. Im Grunde ist es wie in den 1920er-Jahren: „Wir debattieren nicht über die Kirchenfrage. Wir sind in der Kirche. Wie der einzelne zu ihr steht, ist seine Sache“. Das Thema kann ein Konfliktpotenzial in sich bergen, also wird es lieber gemieden und kommt allenfalls noch im Kontext von Aufnahmen und Taufen zur Sprache. Die Erwartung, dass Verantwortliche darauf hinwirken, dass Gemeinschaftsmitglieder Mitglied der Landeskirche werden, dürfte an vielen Orten nur auf dem Papier stehen.
4. Traditionell wird Mitgliedschaft als nachrangig gegenüber dem als vorrangig betrachteten geistlichen Geschehen betrachtet. Aus der Beobachtung, dass viele formal zur Kirche gehören, aber das in ihrem Leben kaum erkennbare Auswirkungen hat, kann es auch zu der Folgerung kommen, dass Mitgliedschaft offensichtlich nicht das „Eigentliche“ am Christsein darstellt.
5. Hinzu kommt, dass der Kirchenmitgliedschaft innerhalb der Gemeinschaften nicht dieselbe Bedeutung beigemessen wird wie vonseiten der Landeskirchen. Die Prioritäten der konkreten Arbeit werden hier meist anders gesetzt, Kirchenmitgliedschaft der einzelnen Gemeinschaftsmitglieder als Ausdruck der Innerkirchlichkeit hat eine eher untergeordnete Bedeutung.
6. Eine hohe Bedeutung für das Verhältnis zur Landeskirche kommt den Hauptamtlichen zu. „Wenn ein Hauptamtlicher (Gemeinschaftspastor) ein distanziertes Verhältnis zur Landeskirche hat, wirkt sich dies deutlich aus. Seine Prägung mag biografisch, theologisch, psychologisch […] begründet sein. Aber er wird direkt und indirekt prägen“[24].
7. Für Pastoren und Mitarbeitende in Leitungsverantwortung gibt es durch Gespräche und Kontakte Berührungspunkte mit der Landeskirche, oft auch mit den Ortsgemeinden. Für eine große Zahl der Mitglieder hingegen bleibt die Mitgliedschaft in der Landeskirche weithin außerhalb des eigenen Erfahrungsbereichs. Landeskirche sind „die anderen“.

[24] Aus einer Mail von Theo Schneider vom 19.02.2020 an den Vf. Schneider weist weiter auf die Verantwortung der Ausbildungsstätten in diesem Themenfeld hin.

8. Ohne konkrete Erfahrbarkeit besteht die Gefahr einer schleichend voranschreitenden Beziehungslosigkeit, bis irgendwann die Frage nach dem Sinn und Nutzen der Kirchenmitgliedschaft gestellt wird. Diese Frage kann mit den finanziellen Auswirkungen der Kirchenmitgliedschaft in Form der Kirchensteuer verbunden sein. Konkret: Was habe ich davon, Kirchensteuer zu zahlen? Warum kann das Geld nicht direkt der eigenen Gemeinde zugutekommen?
9. Ich bin versucht, in diesem Zusammenhang von einer „Zeitbombe“ zu reden, aber das Bild passt nicht, weil am Ende dieser Entwicklung kein großer Knall steht, sondern die Beziehungslosigkeit zweier Partner, die sich auseinandergelebt haben, weil sie die Beziehung vernachlässigt haben – sowohl im Blick auf die Gemeinschaften insgesamt als auch im Blick auf die Einzelnen und ihre Zugehörigkeit zur Landeskirche.

Beziehungslosigkeit ist nicht unumkehrbar. Das beste Mittel dagegen ist Beziehungspflege.

7.6 Ausblick

Die in diesem und den vorangehenden Kapiteln dargestellte Entwicklung besitzt eine Dynamik, die nicht ohne Weiteres gebremst oder umgekehrt werden kann. Auf der anderen Seite liegt darin aber auch kein unentrinnbares Schicksal. Alle, die Akteure in diesem Geschehen sind, haben Handlungsoptionen.

Konkretes Handeln setzt eine Verständigung über die Beurteilung der Situation ebenso wie über Kriterien und Ziele des Handelns voraus.

Hier sehe ich die Gefahr, dass unausgesprochen und unterschwellig Ideale von Zugehörigkeit oder Eigenständigkeit leitend sind, die durch Maximalforderungen verhindern, konstruktiv mit der vorfindlichen Situation umzugehen.

Ein gemeinsamer weiterer Weg von Landeskirchen und Gemeinschaftsbewegung setzt auf beiden Seiten Akteure voraus, denen das Miteinander beider Seiten ein Anliegen ist und die sich aktiv dafür einsetzen. Als Ausgangspunkt und Leitperspektive für sinnvoll halte ich dabei die Zusammengehörigkeit von der gemeinsamen Geschichte und dem gemeinsamen Auftrag her. Von da aus ergibt sich als Ziel ein Verhältnis von Zusammengehörigkeit und Eigenständigkeit, von dem beide Seiten profitieren: Die landeskirchlichen Gemeinschaften haben in den Landeskirchen starke Partner, die ihnen ermöglichen, in die Kirche hineinzuwirken; zugleich kann die Zugehörigkeit zur Landeskirche zur „Erdung“ beitragen. Umgekehrt können die Landeskirchen als Ganze wie auch in den einzelnen Gemeinden von Impulsen aus dem Pietismus profitieren: sowohl durch Gemeinden innerhalb der Gemeinschaftsbewegung als Ergänzung zu den landeskirchlichen Gemeinden als auch durch das kirchliche Engagement von Mitarbeiterinnen und Mitarbeitern aus den Gemeinschaften, die Glaube, Liebe und Hoffnung ausstrahlen und weitergeben.

8. „Ganz gut im Rennen“

Landeskirchliche Gemeinschaften im Vergleich mit Landeskirchen und Freikirchen

8.1 Einführung: Das zweite Kirchengemeinde-barometer

Die Selbsterforschung der Kirchen mit Mitteln der Kirchen- und Religionssoziologie hat eine lange Tradition. Seit den 1970er-Jahren sind es vor allem die im Abstand von jeweils etwa zehn Jahren durchgeführten Kirchenmitgliedschaftsuntersuchungen, die breites Interesse auf sich ziehen. Im Fokus standen dabei lange Zeit die sog. distanzierten Mitglieder der Landeskirchen. Landeskirchliche Gemeinschaften hingegen kamen bei diesen Untersuchungen nicht in den Blick. Umso bemerkenswerter ist es, dass in einer vom Sozialwissenschaftlichen Institut der EKD (SI) durchgeführten und 2021 veröffentlichten Studie landeskirchliche Gemeinschaften einbezogen werden.

Es handelt sich um das sog. „Zweite Kirchengemeindebarometer“. Voran ging das 2015 veröffentlichte „erste Kirchengemeindebarometer“[1], bei dem landeskirchliche Gemeinden durch die Befragung von Kirchenältesten untersucht wurden. Das „zweite Kirchengemeindebarometer“ von 2021 weitet seinen Blick aus und bezieht neben Evangelischen Landeskirchen auch landeskirchliche Gemeinschaften, Evangelische Freikirchen und Neue Gemeindeformen (Fresh-X) in die Untersuchung mit ein.

Die Forschungsfrage lautet dabei: „Ausgehend von der Vielfalt der protestantischen religiösen Landschaft in Deutschland wird in diesem Beitrag geprüft, ob nicht-etablierte christliche Gemeinden aus dem evangelikalen Milieu und neue Gemeindeformen, wie die Fresh-X-Bewegung, ein lebendigeres Gemeindeleben aufweisen und bessere Wachstumschancen haben als die etablierten Gemeinden der ev. Landeskirchen“[2].

Zunächst aber soll diese Fragestellung zurücktreten und einem Blick auf die Ergebnisse im Einzelnen Platz machen. Diese sind im Blick auf die landeskirchlichen Gemeinschaften im Vergleich mit evangelischen

---

1 Rebenstorf/Ahrens/Wegner, Potenziale vor Ort.

2 Steinkühler, Setzen sich evangelikale Gemeinden auf dem Markt der Religionen durch? Ergebnisse des 2. Kirchengemeindebarometers, SI Kompakt Nr. 3/2021, S. 6.

Landeskirchen und Freikirchen an mehreren Stellen sehr interessant; meines Wissens handelt es sich um die erste umfangreichere vergleichende Untersuchung, bei der landeskirchliche Gemeinschaften explizit einbezogen wurden.

Der Theorierahmen der Untersuchung kann hier außer Betracht bleiben. Eine „kritische Anmerkung" zu den in der Studie vorgenommenen Zuordnungen bringt der Gnadauer Präses Steffen Kern in seinem Präsesbericht 2022[3]: „Es befremdet allerdings durchaus, dass landeskirchliche Gemeinschaften gänzlich undifferenziert zusammen mit evangelischen Freikirchen als ‚evangelikale Abspaltungen'[4] in den Blick genommen und latent wertend etikettiert werden. Dabei ist schon die pauschale Zuordnung von Gemeinschaften ‚zum evangelikalen Spektrum' in dieser Undifferenziertheit fraglich. Die Charakterisierung als ‚Abspaltung' wird zudem weder dem Selbstverständnis noch dem rechtlichen Status vieler innerkirchlicher Verbände gerecht und konterkariert die Bestrebungen von Kirchen- und Verbandsleitungen, neue Wege von Zugehörigkeit und Freiheit zu definieren. Schließlich erscheinen einige Beschreibungen wiederum in ihrer Pauschalität erstaunlich unpräzise, negativ wertend und schlicht verzeichnend"[5].

8.2 Ausgewählte Vergleichspunkte

8.2.1 Die Stichprobe

	Mantelbogen			Personalbogen		
Denomination	Ausgewählt (Anzahl)	Beteiligt (Anzahl)	Beteiligungs-quote (in %)	Ausgewählt (Anzahl)	Beteiligt (Anzahl)	Beteiligungs-quote (in %)
Evangelische Landeskirche	1.348	711	53	ca. 12.560	4224	34
Landeskirchliche Gemeinschaften	307	92	30	-	430	-
Evangelische Freikirchen	465	117	25	-	582	-
Neue Gemeindeformen (Fresh X)	116	46	40	-	-	-

[3] Kern, Die Hoffnungsbewegung. Präsesbericht 2022, 9.

[4] 2. Kirchengemeindebarometer, S. 5.

[5] Anmerkung im Präsesbericht 2022: Vgl. a.a.O., 5, etwa Wendungen wie: „Evangelikale Kirchen und Gemeinden (…) zeichnen sich dabei durch eine bedingungslose Loyalität, einem (sic!) unerschütterlichen Glauben und dem (sic!) starren (sic!) Festhalten an einem bestimmten Lebensstil ihrer Mitglieder aus." Oder Schlagworte wie „Absolutismus, Konformität und Fanatismus".

Die erste Tabelle[6] gibt Auskunft über den Umfang der Stichprobe. Dabei ist die Rücklaufquote bei landeskirchlichen Gemeinschaften (30%) und Freikirchen (25%) merklich niedriger als bei landeskirchlichen Gemeinden (53%) und neuen Gemeindeformen (40%). Über die Gründe können nur Vermutungen angestellt werden; vor allem aber ist damit zu rechnen, dass es Selektionskriterien gibt, die zur Teilnahme oder Nichtteilnahme führten und die Auswirkungen auf die Ergebnisse haben.

8.2.2 Organisation von Gemeinden

Die durchschnittliche Mitgliederzahl der in die Untersuchung einbezogenen Gemeinden ist sehr unterschiedlich:

Gemeinden	**Durchschnittliche Mitgliederzahl**
Landeskirchliche Gemeinden:	1921
Freikirchen	176
Landeskirchliche Gemeinschaften	93
Neue Gemeindeformen	487

Die Durchschnittsangabe der Mitgliederzahl sagt nichts über die Größe der einzelnen Gemeinden aus, diese kann davon nach oben wie nach unten abweichen. Es kann daher landeskirchliche Gemeinschaften mit deutlich über 100 oder sogar mehreren Hundert Mitglieder geben. Auf der anderen Seite ist damit zu rechnen, dass es sehr kleine Gemeinschaften gibt. Hinzu kommt, dass es ähnlich wie bei den Freikirchen vorkommen kann, dass nicht alle, die regelmäßig Gottesdienste besuchen und in der Gemeinde mitarbeiten, den Status eines Mitglieds haben. Trotzdem ist das Ergebnis klar: Landeskirchliche Gemeinschaften zählen von der Tendenz her klar zu den von der Mitgliederzahl her vergleichsweise kleinen Gemeinden (zu möglichen Gründen s. u. 8.3).

Bei den „neuen Gemeindeformen“ überrascht die große Zahl der Mitglieder. Eine Anmerkung verschafft Klärung: „Beachtet werden muss bei dieser Zahl jedoch, dass manche Projekte (noch) an die Ursprungsgemeinde gekoppelt sind und die Angaben dieser entstammen“[7]. Wie groß die „neue Gemeindeformen“ tatsächlich sind – im Blick auf Mitglieder ebenso wie auf Mitarbeitende und Gottesdienstbesucher – muss daher offen bleiben.

---

[6] 2. Kirchengemeindebarometer, SI Kompakt 3/2021, 7. Von dort stammen auch die Daten der folgenden Tabellen und Abbildungen.

[7] A. a. O., 8, Anm. 9.

Einige ergänzende Informationen[8]:

- „Bei den neuen Gemeindeformen wurde […] eine Vollerhebung angestrebt".
- Bei den Freikirchen handelt es sich vor allem um „klassische Freikirchen", die in der „Vereinigung evangelischer Freikirchen" (VEF) zusammengeschlossen sind[9].
- Darüber hinaus gibt es zum Teil sehr unterschiedliche Trends innerhalb der Freikirchen. Differenzen bestehen vor allem zwischen „klassischen" Freikirchen und pfingstlerisch-charismatischen Freikirchen.

8.2.3 Zusammensetzung der Gemeindeleitungen

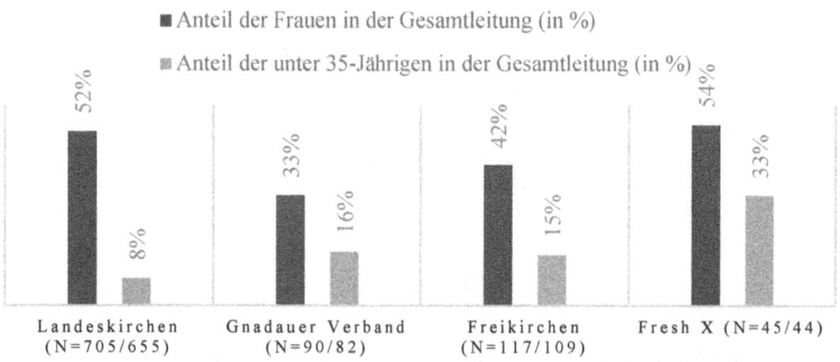

Abbildung 1: Durchschnittlicher Anteil der Frauen und der unter 35-Jährigen in der Gemeindeleitung

Was den Anteil von Frauen in der Gemeindeleitung betrifft, bilden landeskirchliche Gemeinschaften klar das Schlusslicht mit nur 33% gegenüber 42% in den Freikirchen, 52% in landeskirchlichen Gemeinden und 54% bei den „Fresh X".

Im Blick auf die unter 35-jährigen liegen landeskirchliche Gemeinschaften mit 16% gegenüber 8% sie deutlich über den Landeskirchen und etwa auf derselben Ebene wie Freikirchen (15%). Deutlich jünger sind demgegenüber Leitungsgremien neuer Gemeindeformen mit 33% unter 35-jährigen.

[8] A. a. O., 6f (mit Anm. 5).

[9] „Neocharismatische" Gemeinden wie Hillsong oder ICF (s. o. Kap. 2.2.2) waren offensichtlich nicht Teil der Untersuchung.

8.2.4 Anteil der Haupt- und Ehrenamtlichen an der Mitgliederzahl

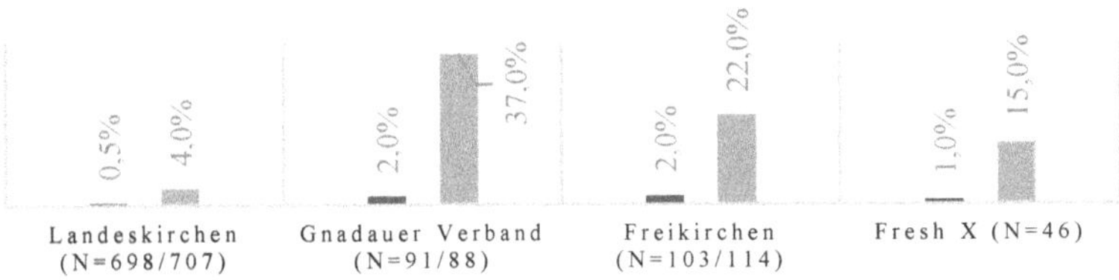

Abbildung 2: Durchschnittlicher Anteil der Haupt- und Ehrenamtlichen an der Mitgliederzahl pro Gemeinde.

Diese Grafik ist im Blick auf landeskirchliche Gemeinschaften interessant. Zunächst einmal zeichnen sie sich durch eine hohe Zahl von Hauptamtlichen im Vergleich mit den Mitgliedern aus, dabei liegen sie auf demselben Niveau wie die Freikirchen. Während in den Landeskirchen nur eines von 200 Mitgliedern einen hauptamtlichen Dienst ausübt, ist es in landeskirchlichen Gemeinschaften und Freikirchen jeder bzw. jede fünfzigste (jeweils 2% der Mitgliederzahl). Dazwischen liegen die *Fresh X* mit einem bzw. einer Hauptamtlichen pro 100 Mitglieder.

Von den Hauptamtlichen üben in Landeskirchen 29% religiöse Funktionen aus[10], in Freikirchen 83% und im Gnadauer Verband 100%. Das bedeutet zunächst, dass in landeskirchlichen Gemeinschaften auf Gemeindeebene niemand hauptamtlich für Dienste wie Verwaltung und Büro, Gebäudemanagement, aber auch diakonische Dienste angestellt ist. In der Praxis kann es so aussehen, dass diese neben- oder ehrenamtlich wahrgenommen werden, sie können aber auch auf Verbandsebene angesiedelt sein. Es ist aber auch damit zu rechnen, dass Verwaltungstätigkeiten offiziell oder inoffiziell Teil des Dienstauftrags von Pastorinnen und Pastoren sind[11].

An anderer Stelle stechen die landeskirchlichen Gemeinschaften besonders hervor: 37% ihrer Mitglieder sind ehrenamtlich tätig – deutlich mehr als in Freikirchen (22%), neuen Gemeindeformen (15%) und Landeskirchen (4%). Das ist auf den ersten Blick erfreulich, bedarf aber einer Interpretation (s. dazu unten 8.3.1).

---

[10] 2. Kirchengemeindebarometer, SI Kompakt 3/2021, 9.

[11] Weiter bleibt offen, ob in Hauptamtliche in der Kirchenmusik und im Kinder- und Jugendbereich (z. B. Erzieherinnen in kirchlichen Kindergärten), dem „religiösen Bereich“ zugeordnet werden – soweit es Hauptamtlichen in diesen Tätigkeitsbereichen gibt. Klar ist nur, dass sie von landeskirchlichen Gemeinschaften zu 100% dem „religiösen“ Bereich zugerechnet werden.

8.2.5 Beteiligung an Aktivitäten und Projekten

Abbildung 3: Beteiligung der Gemeinden an Aktivitäten und Projekte in den letzten 12 Monaten. Antwort „JA" auf die Frage „Gab es diese Aktivitäten in ihrer Gemeinde im letzten Jahr?" bezieht sich auf die Zeit vor der Corona-Pandemie

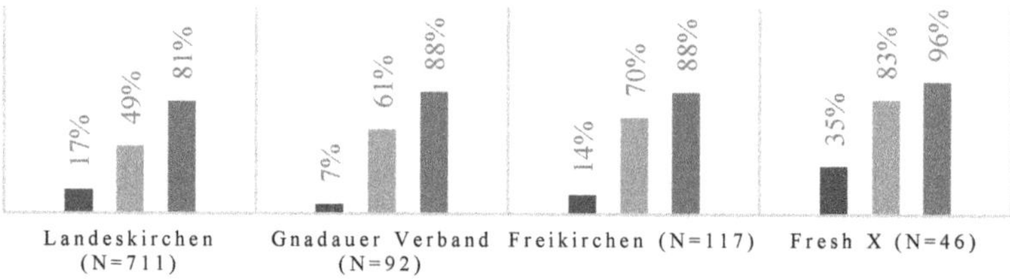

Bei politischen Aktivitäten bilden die landeskirchlichen Gemeinschafen mit nur 7% klar das Schlusslicht gegenüber 14% in den Freikirchen, 17% in den Landeskirchen und sogar 35% in den neuen Gemeindeformen. Bei humanitären/sozialen Projekten ebenso wie bei Aktivitäten für Mitglieder liegen landeskirchliche Gemeinschaften mit 61% „im Mittelfeld" (Landeskirchen: 49%; Freikirchen 70%; *Fresh X* 83%). Angesichts der immer wieder gestellten Frage nach Diakonie in den landeskirchlichen Gemeinschaften ist es beachtlich, dass 61% der Gemeinschaften sich an einem humanitären bzw. sozialen Projekt beteiligen. Es könnte auch damit zusammenhängen, dass landeskirchliche Gemeinschaften eher zögerlich sind, eine Aktivität als „politisch" einzustufen.

8.2.6 Teilnehmende an Gottesdiensten und Gemeindeveranstaltungen

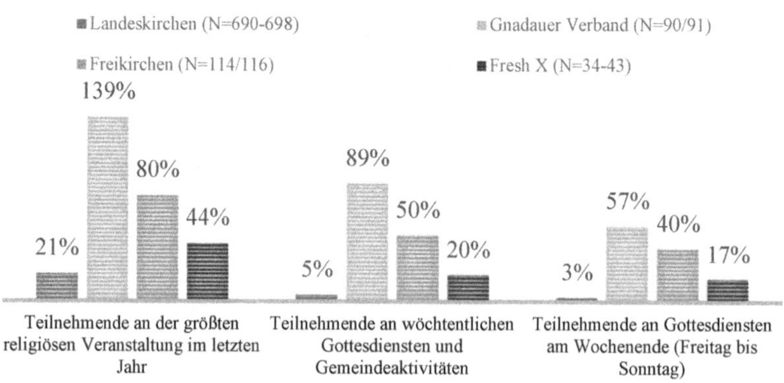

Abbildung 3: Durchschnittliche Teilnehmerzahl in Gottesdiensten und Gemeindeaktivitäten im Verhältnis zurMitgliederzahl der Gemeinden

Bei der Frage nach den Teilnehmenden an der größten religiösen Veranstaltung im letzten Jahr ebenso wie nach Teilnehmenden an wöchentlichen Gottesdiensten und Gemeindeaktivitäten und an Gottesdiensten am Wochenende nehmen die landeskirchlichen Gemeinschaften durchweg einen Spitzenplatz ein und liegen dabei jeweils auch mit einigem Abstand vor den Freikirchen.

Die Zahlen sind beeindruckend und könnten dahingehend interpretiert werden, dass es den landeskirchlichen Gemeinschaften deutlich stärker als Landeskirchen und selbst als Freikirchen gelingt, eigene Mitglieder zur Teilnahme zu mobilisieren und – so ist anzunehmen – Menschen über die eigenen Mitglieder hinaus zu erreichen. Das könnte ein Hinweis auf gelebtes allgemeines Priestertum ebenso wie auf missionarische Anziehungskraft sein. Man könnte sogar den Schluss ziehen, dass die oben gestellten kritischen Fragen zur Vernetzung und zu Außenkontakten in der Realität weniger kritisch zu bewerten sind; hier wäre ein Blick auf die Einzelgemeinden und die Streuung der Werte aufschlussreich.

Weitergehende Interpretationsansätze folgen weiter unten (8.3).

8.2.7 Entwicklung der regelmäßig Teilnehmenden in den letzten 10 Jahren

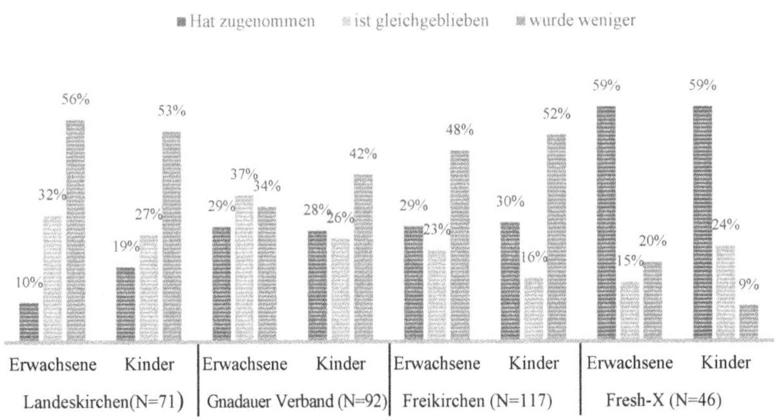

Abbildung 5: Entwicklung der regelmäßig Teilnehmenden an an Gemeindeaktivitäten in den letzten 10 Jahren. Kinder bis 15 Jahre; Fehlende angeben sind nicht abgebildet, stellen jedoch die Differenz zu 100% dar.

Bei der Entwicklung der regelmäßig Teilnehmenden an Gemeindeaktivitäten in den letzten zehn Jahren fallen die neuen Gemeindeformen dadurch auf, dass sowohl bei Erwachsenen als auch bei Kindern 59% der

Gemeinden eine Zunahme verzeichnen. Das ist eine angesichts weitverbreiteter Trends erfreuliche Entwicklung: Wer mit etwas Neuem beginnt, erwartet Wachstum auch in zahlenmäßiger Hinsicht. In dieser Hinsicht nehmen neue Gemeindeformen eine Sonderstellung ein.

Anders verhält es sich bei bestehenden Gemeinden. Hier liegen die landeskirchlichen Gemeinschaften im Blick auf Gemeinden, die Wachstum verzeichnen, mit 28% bzw. 29% gleichauf mit den Freikirchen (29% bzw. 30%) und deutlich vor den Landeskirchen (10% bzw. 19%). Im Vergleich mit Freikirchen und Landeskirchen verzeichnen die an der Untersuchung beteiligten landeskirchlichen Gemeinschaften weniger Abnahme und mehr „gleichbleibende" Situationen – sie stehen also im direkten Vergleich der bestehenden Gemeindeformen insgesamt am besten da.

8.2.8 Anteile an regelmäßigen Gemeindeaktivitäten

Hier werden die Anteile der Frauen, der über 60-jährigen und der unter 35-jährigen zusammengestellt und verglichen.

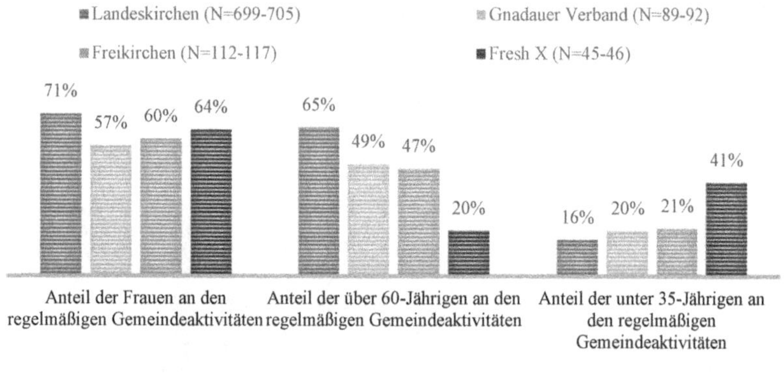

Abbildung 6: Anteile der Erwachsenen an den regelmäßigen Gemeindeaktivitäten nach Geschlecht und Alter.

Beobachtungen und Erwartungen: Die überwiegende Mehrheit ist feminin, dabei haben die landeskirchlichen Gemeinschaften mit 57% die niedrigste Quote. Anders als der niedrige Frauenanteil in den Leitungsgremien ist der vergleichsweise niedrige Anteil an regelmäßigen Gemeindeaktivitäten hier positiv zu werten, weil der Befund den Schluss zulässt, dass dort der Anteil der Männer am höchsten und somit das Verhältnis der Geschlechter beinahe ausgeglichen ist. Bei den über 60-jährigen und den unter 35-jährigen liegen landeskirchliche Gemeinschaften etwa gleichauf mit Freikirchen, gegenüber den Landeskirchen sind dort weniger Senioren und etwas mehr Jugendliche bzw. junge Erwachsene zu finden. Auch hier ist ein weiterer Schluss möglich: Der Anteil der dazwischen liegenden Altersgruppe, nämlich der 35-60-jährigen, beträgt bei den Landeskirchen 19%, bei landeskirchlichen Gemeinschaften 31% und bei Freikirchen 32%, bei neuen Gemeindeformen sind es 30%. Der hohe Anteil an Personen in der Familienphase und im Erwerbsalter ist für Gemeinden ein positives Zeichen mit Potenzialen für die Arbeit mit Familien und für ehrenamtliches Engagement.

Die neuen Gemeindeformen stellen wieder einen Sonderfall dar, hier würde umgekehrt ein höherer Anteil an Senioren verwundern.

8.2.9 Einschätzung der Gemeindeentwicklung

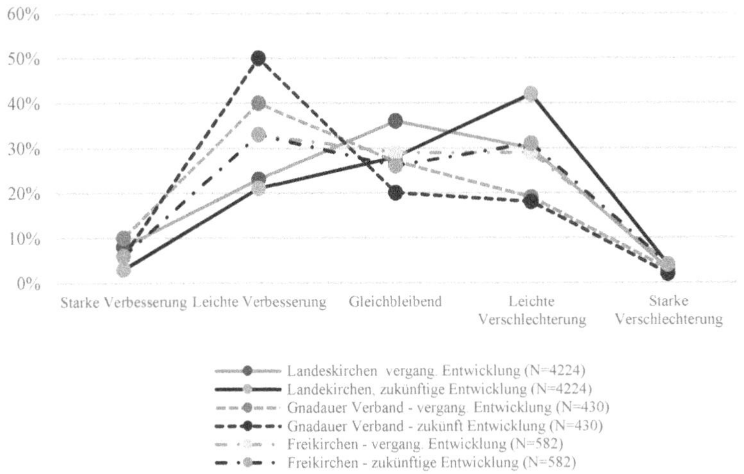

Abbildung 7: Einschätzung der Gemeindeentwicklung in den vergangenen und zukünftigen 5 Jahren durch die Kirchenältesten, Angabe in Prozent

Die Frage nach der „Einschätzung der Gemeindeentwicklung in den vergangenen und zukünftigen fünf Jahren durch die Kirchenältesten“ zeigt etwas über Mentalitäten und Stimmungslagen in den leitenden Gremien. Sie können im Blick auf die Vergangenheit nicht mit messbaren Daten gleichgesetzt werden, zeigen aber, mit welcher Einschätzung sie in die Zukunft gehen. Unabhängig einer objektiven Beurteilung der Lage macht es durchaus einen Unterschied, ob der Weg in die Zukunft von Zuversicht oder Resignation geprägt ist.

Die Erwartung einer starken Verbesserung oder einer starken Verschlechterung sind durchweg gering ausgeprägt und übersteigen nirgends die Marke von 10%. Markante Differenzen zeigen sich jedoch im

Blick auf die Erwartung einer „leichten Verbesserung“ bzw. „leichten Verschlechterung“. Während von den Ältesten der Landeskirchen 47% die Entwicklung in den nächsten fünf Jahren negativ sehen, sind es in den Freikirchen 23%, in den landeskirchlichen Gemeinschaften nur 19%. Umgekehrt gehen 23% in den Landeskirchen von einer Verbesserung aus, in den Freikirchen 40% und in den landeskirchlichen Gemeinschaften sogar 57%[12]. Von einer gleichbleibenden Situation gehen 26% in Landeskirchen und Freikirchen aus, im Gnadauer Verband sind es 20%.

Die Autorin hat zudem den Mittelwert auf einer fünfstufigen Skala errechnet. Er liegt in den landeskirchlichen Gemeinschaften bei 2,6, in den Freikirchen bei 2,9 und in den Landeskirchen bei 3,3.

Die Gesamtstimmung ist deutlich: In den Landeskirchen dominiert eine negative Einschätzung sowohl der vergangenen als auch der zukünftigen Entwicklung, die Freikirchen sehen „eine annährend gleiche Entwicklung ihrer Lage für die Zukunft“[13], bei den landeskirchlichen Gemeinschaften wird diese deutlich positiver wahrgenommen.

8.3 Zusammenfassung und Resümee

8.3.1 Spitzenwerte?

Die Zahlen der landeskirchlichen Gemeinschaften stechen an mehreren Stellen hervor:

- Sie haben im Durchschnitt die niedrigste Zahl an Mitgliedern.
- Sie haben das höchste ehrenamtliche Engagement im Verhältnis zu den Mitgliedern.
- Sie haben die höchsten Teilnehmerzahlen im Verhältnis zu den Mitgliedern.
- Bei der Entwicklung der Teilnehmerzahlen werden sie nur von den „neuen Gemeindeformen“ übertroffen.
- Der Blick in die Zukunft ist positiver als bei anderen Gemeindeformen.

Handelt es sich hier um Hinweise darauf, dass landeskirchliche Gemeinschaften „gut aufgestellt“ sind? Insgesamt ja, die Zahlen als solche sind jedoch nur begrenzt aussagekräftig, sie müssen an einigen Stellen interpretiert werden. Das gilt insbesondere für die niedrigen Mitgliederzahlen und den höheren Prozentsatz an Mitarbeitenden und an Teilnehmenden im Verhältnis zu den Mitgliedern. Zunächst ist zu beachten, dass es sich jeweils

---

[12] Zahlen nach Steinkühler, SI Kompakt 3/21, S. 15; dabei wurden die Zustimmungen zu „leichter“ und „starker“ Verbesserung bzw. Verschlechterung jeweils addiert.

[13] A. a. O., 15.

um Durchschnittswerte handelt, die Situation kann von Gemeinde zu Gemeinde variieren. Doch selbst dann bleiben die Zahlen beeindruckend. Daher ist ein genauerer Blick nötig:

Gesagt wird, dass von denen, die Mitglieder sind, ein höherer Prozentsatz ehrenamtlich mitarbeitet. Hier müsste nach dem *Stellenwert* der Mitgliedschaft innerhalb der Kirche bzw. Gemeinschaft gefragt werden. So könnte es etwa sein, dass in landeskirchlichen Gemeinschaften wenig Wert auf formale Mitgliedschaft gelegt wird. Entweder, weil das Thema Mitgliedschaft sehr tief gehängt wird („man kann bei uns mitarbeiten und Gottesdienste besuchen, ohne Mitglied zu sein“) oder umgekehrt mit hohen Hürden versehen wird, sodass viele in der Gemeinde den Schritt in die Mitgliedschaft scheuen. Denkbar ist auch, dass Mitgliedschaft und Mitarbeit sehr eng gekoppelt sind („nur wer Mitglied ist, darf mitarbeiten“, oder umgekehrt: „jedes Mitglied sollte mitarbeiten“ bzw. „Mitglied werden kann nur, wer mitarbeitet“). Wo das konsequent umgesetzt wird, kann es dazu beitragen, dass der Prozentsatz der ehrenamtlich Mitarbeitenden im Verhältnis zu den Mitgliedern hohe Werte erreicht.

Dieser Gedanke kann noch weitergeführt werden: In Freikirchen hat ehrenamtliche Mitarbeit einen ähnlich hohen Stellenwert wie in landeskirchlichen Gemeinschaften. Die niedrigere Zahl der Mitarbeitenden und Teilnehmenden im Verhältnis zu den Mitgliedern bei den Freikirchen könnte darauf zurückzuführen sein, dass im Lauf der Zeit ein Teil der Mitarbeitenden sich etwa aus Altersgründen aus der Mitarbeit zurückzieht, aber die Mitgliedschaft weiterführt. Oder die Mitgliedschaft gewinnt in finanzieller Hinsicht an Bedeutung im Blick auf den Erhalt der Organisation. Das könnte dazu führen, dass die Priorität der Mitarbeit gegenüber der Mitgliedschaft zwar nicht aufgegeben wird, aber Mitgliedschaft ohne Mitarbeit eine höhere Akzeptanz erfährt und damit die Betonung der Mitgliedschaft insgesamt steigt.

Hier ist denkbar, dass die Freikirchen infolge der längeren Eigenständigkeit stärker von Prozessen der „Verkirchlichung“ betroffen sind: Die Organisation und ihr Selbsterhaltungstrieb gewinnen an Bedeutung, Dynamiken der „Bewegung“ lassen nach. Landeskirchliche Gemeinschaften, die sich erst vor wenigen Jahrzehnten als eigenständige Gemeinden etabliert haben, wären von derartigen Dynamiken derzeit noch weniger betroffen. Sind hier die Ursprungsimpulse noch kräftiger als in den Freikirchen? Vor allem aber: Haben die „Gnadauer“ die Prozesse der „Verkirchlichung“ noch vor sich?[14]

[14] Das würde auch zu den Warnungen vor „Verkirchlichung“ passen, s. u. Kap. 10.1.

In diesen Gedankengang würde auch die positive Entwicklung der zurückliegenden 10 Jahre und die zuversichtliche Einschätzung der Gemeindeentwicklung bei den landeskirchlichen Gemeinschaften passen: Sie könnten Wachstumsdynamiken im Gefolge der Gemeindewerdung in der jüngeren Vergangenheit widerspiegeln, bei denen sich erst noch zeigen wird, ob sie dauerhaft sind.

8.3.2 „Ganz gut im Rennen"

Die dargestellten Interpretationsmöglichkeiten zeigen, dass die Zahlen interpretationsbedürftig und die Interpretationen in vielen Fällen keineswegs eindeutig sind. Vorschnelle Schlüsse und insbesondere direkte Ableitungen von Handlungsanweisungen sind daher mit Vorsicht zu genießen. Der Unterschied der „anderen" Gemeindeformen (die Vf.in nennt sie pauschal „evangelikale" Gemeinden[15]) zu den Landeskirchen ist gleichwohl in vielfacher Hinsicht beträchtlich.

Bei Freikirchen sind unterschiedliche Trends zu finden: Das Gesamtergebnis trifft „vor allem auf die charismatisch-pfingstlerischen Bewegungen zu", dagegen „zeigen die konfessionellen Freikirchen (Ev.-altreformierte Kirche, SELK) und zum Teil auch traditionelle Freikirchen" (Herrnhuter, Mennoniten) einen gegensätzlichen Trend, der mit den Landeskirchen einhergeht"[16].

Am schwierigsten ist die Einschätzung der „neuen Gemeindeformen", sie fallen mehrfach aus dem Rahmen, hier ist aufgrund der Erhebung mit Verzerrungen zu rechnen. Gleichwohl ist festzuhalten: „Die Fresh-X-Bewegung schafft es, neue Mitglieder zugewinnen und eine Ergänzung zu den Angeboten der traditionellen Ortsgemeinden zu bieten"[17].

Deutlich wird allerdings auch, dass sich landeskirchliche Gemeinschaften (und Freikirchen) in den in die Studie einbezogenen Bereichen beträchtlich von den *fresh expressions of church* unterscheiden. Das ist deshalb nicht unwichtig, weil der Gedanke der „Fresh X" dort eine starke Rezeption erfährt. Eine produktive Rezeption ist damit keineswegs ausgeschlossen, eine Transformation bestehender Gemeinschaften zu „Fresh X" angesichts der von der Studie aufgezeigten soziodemographischen Differenzen eher schwierig sein. Der Weg zu einer „Fresh X" im Gnadauer Verband ist eher über Neugründungen vorstellbar.

---

[15] Die Diskussion zum Begriff „evangelikal" soll hier nicht vertieft werden. S. Dietz, Menschen mit Mission.

[16] Steinkühler, SI Kompakt 3/21, 17.

[17] A. a. O., 17.

Im Blick auf landeskirchliche Gemeinschaften, die das erste Mal Teil einer solchen vergleichenden Untersuchung waren, sind viele der Ergebnisse bemerkenswert und durchaus erfreulich; sie liegen im Gegenüber zu den Landeskirchen und Freikirchen „ganz gut im Rennen“. Die Verfasserin bemerkt zusammenfassend:

- Der Anteil der Ehrenamtlichen in den Gemeinden ist „in den landeskirchlichen Gemeinschaften um ein Neunfaches und in den Freikirchen um ein Fünffaches höher [...] als in den Landeskirchen“[18].
- „Die Teilnahmequote an Gottesdiensten im letzten Jahr [2019, also vor der Corona-Pandemie] war in den landeskirchlichen Gemeinschaften am höchsten, gefolgt von den Freikirchen und Fresh-X-Projekten“ [...] Hinsichtlich der Einschätzung der vergangenen und zukünftigen Entwicklung der Gemeinden durch die Kirchenältesten ist erkennbar, dass die landeskirchlichen Gemeinschaften am besten abschneiden“[19].

Es wäre interessant und aufschlussreich, den Differenzen zwischen Freikirchen und landeskirchlichen Gemeinschaften weiter nachzugehen. Die „klassischen“ Freikirchen sind wie die landeskirchlichen Gemeinschaften im selben Zeitraum entstanden und auf die Erweckungsbewegung und weitere Aufbrüche im 19. Jh. zurückzuführen; sie können daher als „Verwandte“ betrachtet werden[20].

Julia Steinkühler, die Verfasserin der Studie, resümiert: „Mit den dargestellten Ergebnissen wird deutlich, dass in den evangelikalen Gemeinden (Landeskirchliche Gemeinschaften, Freikirchen) im Schnitt ein deutlich aktiveres und lebendigeres Gemeindeleben vorliegt und diese insgesamt auch subjektiv größere Wachstumschancen aufweisen als die Gemeinden der ev. Landeskirchen“[21].

---

[18] Steinkühler, SI Kompakt 3/21, 15.
[19] A. a. O., S. 16.
[20] Das zeigt sich auch schon in anderen Bereichen wie dem Gottesdienst, s. o. Kap. 2.2.1.
[21] Steinkühler, SI Kompakt 3/21, 16.

Teil II:
Perspektiven zur „Kirchenfrage“

Im ersten Teil dieses Buches wurden die mit dem Weg von der „Gemeinschaft zur Gemeinde“ verbundenen Veränderungen in den einzelnen Bereichen in den Blick genommen. Im zweiten Teil werden die dabei gewonnenen Einsichten zusammengeführt, in einen größeren Kontext gestellt und vertieft; dabei werden insbesondere ekklesiologische Fragen ins Blickfeld kommen. Es geht um Perspektiven zur „Kirchenfrage“ innerhalb der Gemeinschaftsbewegung[1].

Damit wird ein Thema in Angriff genommen, das mit einer Spannung verbunden ist. Auf der einen Seite spielt es für das Selbstverständnis vieler Gemeinschaften nur eine untergeordnete Rolle. Eine zentrale Stellung kommen hier der Jesus-Frömmigkeit und in Verbindung damit „Evangelisation und Gemeinschaftspflege“ zu. Die „Kirchenfrage“ hingegen wird als demgegenüber nachrangig betrachtet; ekklesiologische Reflexionen sind im Gnadauer Raum nur wenig entwickelt. Dabei könnte man meinen, dass die „Kirchenfrage“ angesichts der Innerkirchlichkeit für die Identität des Gnadauer Verbandes von grundlegender Bedeutung sein sollte. Hier will der vorliegende Band ansetzen.

Zur Erhellung der gegenwärtigen Entwicklungen in der „Kirchenfrage“, in vor allem im Gefolge des Wegs von der Gemeinschaft zur Gemeinde sind immer wieder Tiefenbohrungen in die Geschichte der Gemeinschaftsbewegung nötig. Konkret geht es um die Wurzeln und das Selbstverständnis der Gemeinschaftsbewegung und um die Arbeitsformen im Gnadauer Verband (Kap. 9), gefolgt von einem Fokus auf die entscheidende Phase im Blick auf „Gemeindeaufbau“ und „Gemeindegründung“. Auf dem Hintergrund der jahrzehntelangen klaren Ablehnung der „Kirchwerdung“ erscheinen die Veränderungen seit den 1970er-Jahren als Kehrtwende. Wie kam es dazu? Welche Motive und Faktoren spielten dabei eine Rolle? (Kap. 10)

In einem weiteren Schritt wird dann die gegenwärtige Diskussionslage zur „Kirchenfrage“ als „Gretchenfrage“ in den Blick kommen (Kap. 11): „Sag mir, wie hältst du's mit der Kirche?“ Welche Themen werden erörtert, welche Fragen gestellt, welche Argumente vorgebracht? Es geht um Kirchenbilder: Ist „Kirche“ vor allem eine Institution bzw. Organisation – oder als „heilige christliche Kirche“ zuerst eine geistliche und theologische Größe? Wie verhalten sich Einzelgemeinde und größere kirchliche Gemeinschaft zueinander?

Wo Gemeinschaften den Weg zur eigenständigen Gemeinde gehen, erfolgt dies häufig im Rückbezug auf das Ideal der „biblischen Gemeinde“,

---

[1] Als „Kirchenfrage“ wird in der Gemeinschaftsbewegung seit Langem die Frage nach dem Verhältnis zu den Landeskirchen bezeichnet.

das sowohl als Begründung als auch als Zielangabe eingebracht wird. In Kap. 12 wird ein kritischer Blick auf die Begründungen, die Tragfähigkeit und die Grenzen dieses Modells geworfen werden, dabei wird es auch um hermeneutische Fragen gehen. Das Ganze mündet ein in die Frage: Wie kann positiv und konstruktiv von „biblischer Gemeinde“ gesprochen werden?

Nach den unterschiedlichen Aspekten der „Kirchenfrage“ geht es am Ende um „Innerkirchlichkeit als Gabe und Aufgabe“ und damit zugleich um Perspektiven für den weiteren Weg der Gemeinschaftsbewegung (Kap. 13).

9. Wurzeln, Selbstverständnis und Arbeitsformen der Gemeinschaftsbewegung

9.1 Wurzeln der Gemeinschaftsbewegung

Für das Verständnis der Gemeinschaftsbewegung wichtig ist ein Blick auf ihre Wurzeln. In einer Selbstdarstellung auf der Homepage des Gnadauer Verbandes sind diese zusammengestellt[1]:

> „Die Wurzeln der Gemeinschaftsbewegung liegen in …
>
> *Reformation*
> Die zentralen Anliegen der Reformation wurden von der Gemeinschaftsbewegung aufgenommen (solus Christus, sola scriptura, sola fide, sola gratia – allein Christus, allein die Schrift, allein der Glaube, allein durch Gnade). Ebenso grundlegend erwies sich die biblisch-theologische Lehre vom Priestertum aller Glaubenden und die von Martin Luther in der Einleitung zur Deutschen Messe (1525) ausgeführte „dritte Form des Gottesdienstes".
>
> *Pietismus*
> Philipp Jacob Spener, August Hermann Francke und auch Nikolaus Ludwig Graf von Zinzendorf prägten mit ihren bedeutenden Neuansätzen, wie der geistlichen Reform der Kirchen, den „collegia pietatis", als kleine Gruppen, die sich neben dem Gottesdienst zum Bibellesen und Gebet treffen, der Hoffnung auf bessere Zeiten, der Verbindung von Glaube, Bildung und diakonischem Handeln, dem gemeinschaftlichen und missionarischen Ansatz. Besonders in Württemberg, wo etwa Johann Albrecht Bengel wirkte, entstanden Gemeinschaften, die sich später der Gemeinschaftsbewegung anschlossen.
>
> *Erweckungsbewegung*
> Geistliche Aufbrüche in vielen Regionen Deutschlands und Mitteleuropas belebten die evangelische Christenheit. In Württemberg ist etwa Ludwig Hofacker, in Hamburg Johann Hinrich Wichern zu nennen. Einige der zu Gnadau gehörenden Verbände und Werke haben ihre Ursprünge in dieser Zeit.

---

[1] Gnadauer Verband, Über uns (Homepage).

> *Anglo-amerikanische Einflüsse*
> Ohne die besonders im Methodismus verwurzelte Heiligungsbewegung (Konferenzen in Oxford, Brighton und Keswick) und großevangelistischen Impulsen aus den Vereinigten Staaten von Amerika kann die Gemeinschaftsbewegung nicht verstanden werden. Teile ihrer Theologie, aber etwa auch ihres Liedgutes, wurden in dieser Phase geprägt“.

Diese Nebeneinanderstellung blickt zurück auf eine Geschichte, die „als ein über hundert Jahre andauernder Prozess der Annäherung und Verschmelzung angelsächsischer mit deutsch-pietistischer Frömmigkeit beschrieben werden“[2] kann.

Dabei gibt es in der Forschung Differenzen in der Frage, wie sich die Ursprungsimpulse zueinander verhalten und gewichten sind. Das betrifft vor allem das Verhältnis der ersten drei „Wurzeln“ zu der vierten, konkret die Frage, ob die Gemeinschaftsbewegung stärker in der Kontinuität von Bewegungen innerhalb der deutschen evangelischen Christenheit zu sehen ist (Reformation – Pietismus – Erweckungsbewegung), oder vor allem als eine Bewegung, deren Ursprünge primär in Einflüssen aus dem angelsächsischen Raum zu sehen sind.

> Dazu schrieb Ludwig Thimme bereits 1925: „Die Gemeinschaftsbewegung kann eben als Bewegung unmöglich einheitlich verstanden werden. Man muss sie vielmehr auffassen als die Resultante zweier Seitenkräfte, der deutsch-reformatorisch-pietistischen auf der einen Seite und der angelsächsisch-methodistisch-oxforder Richtung auf der anderen Seite. Weder der einen noch der anderen Richtung folgt die deutsche Gemeinschaftsbewegung, sondern sie geht in der Richtung der Diagonale“[3].

Bei der Diskussion geht es bis heute über die historische Einschätzung hinaus um eine „identitätspolitische Gewichtung der historiographisch immer wieder in Anschlag gebrachten zwei Grundlinien“[4].

Der methodistische Historiker Karl Heinz Voigt stellt die Kontinuitäten zu den deutschen Bewegungen infrage. Er versteht die Gemeinschaftsbewegung als „innerkirchlichen Methodismus“ und lehnt deshalb die Bezeichnung „Neupietismus“ für die Gemeinschaftsbewegung ab. Voigt verweist darauf, dass die entscheidenden Einflüsse in der zweiten Hälfte des 19. Jh. aus dem angelsächsischen Raum gekommen seien: Methodismus, Evangelisations- und Heiligungsbewegung: In einer Zeit, in der angelsächsische Einflüsse als „Engländerei“ verpönt waren und Freikirchen gesellschaftlich marginalisiert werden konnten, sei es ein kluger Schachzug von Theodor

---

[2] Ohlemacher, Gemeinschaftsbewegung, 451.
[3] Thimme, Kirche, Sekte und Gemeinschaftsbewegung, 188.
[4] Hahn-Brickart, Heiligungsbewegung, 629.

Christlieb und anderen gewesen, diese Einflüsse in innerkirchliche Bahnen zu lenken und so die Gemeinschaftsbewegung als eine Art „innerkirchlichen Methodismus“ zu positionieren[5]. Für die Identität der Gemeinschaftsbewegung hätte das ein Selbstverständnis als eine Art „Freikirche innerhalb der Landeskirchen“ zur Folge.

Ohne die angelsächsischen Einflüsse zu leugnen, wird auf der anderen Seite wird die Verwurzelung der eigenen Identität in Erneuerungsbewegungen innerhalb der evangelischen Kirche geltend gemacht: Ausgehend von der Reformation der Bezug zum frühen Pietismus seit dem Ende des 17. Jh., verbunden vor allem mit Philipp Jakob Spener als „Vater des Pietismus“. Von da aus wird eine Linie über die Erweckungsbewegung in der ersten Hälfte des 19. Jh. hin zur Gemeinschaftsbewegung gezogen, die das Erbe von Pietismus und Erweckung innerhalb der Landeskirchen weiterführt.

Im Selbstbild der sich formenden Gemeinschaftsbewegung dominierte diese Linie, verstärkt dort, wo Kontinuitäten zum „alten“ Pietismus und zur Erweckungsbewegung vorhanden sind.

> „Solche Gemeinschaften bestehen längst in verschiedenen Teilen Deutschlands, namentlich in Württemberg, in Rheinland und Westfalen. Sie haben sich als Feuerherde lebendigen Christentums bewährt in den Zeiten der toten Orthodoxie, in den Zeiten des Rationalismus und wieder in den Zeiten der Revolution (besonders 1848). In unserer Zeit haben sie sich weiter ausgedehnt, und wir haben sie jetzt in fast allen Teilen des deutschen Reichs“ – so ist 1890 im Auftaktartikel im ersten Exemplar der Zeitschrift „Philadelphia“ zu lesen[6].

Der kirchengeschichtlichen Forschung stellt sich dieser Prozess komplex dar: Es war ein Ineinander von unterschiedlichen Einflüssen, in den 1870er und 1880er-Jahren insbesondere die Einflüsse von Methodismus, Heiligungsbewegung und Evangelisationsbewegung aus dem angelsächsischen Raum. Sie fand Resonanz insbesondere bei den aus Pietismus und Erweckung stammenden Kreisen. Es war vor allem Theodor Christlieb (1833–1889), damals Professor für Praktischen Theologie an der Universität Bonn, der diese Strömungen im Bereich der deutschen Landeskirchen förderte und sich zugleich für die Innerkirchlichkeit einsetzte. Dabei spielte auch eine Rolle, dass außerkirchliche Einflüsse aus dem angelsächsischen

---

[5] Voigt, Der Zeit voraus (und in weiteren Veröffentlichungen).

[6] Philadelphia. Organ für evangelische Gemeinschaftspflege, Nro. 1, Dezember 1890, 5; es ist davon auszugehen, dass die Formulierungen auf Christian Dietrich als Schriftleiter zurückgehen.

Raum in Zeiten des aufkommenden Nationalismus im späten 19. Jh. ein zunehmendes Akzeptanzproblem hatten.

Im Rückblick geht es angesichts der „neuen" Einflüssen der Evangelisations- und Heiligungsbewegung in der zweiten Hälfte des 19. Jh. um die Frage nach dem, was die Identität einer Gruppe ausmacht: Sind es die in innerkirchlichen Erneuerungsbewegungen verwurzelten „Trägergruppen", oder sind es die angelsächsischen Einflüsse? Außerdem: Wie verhalten sich dabei Ergebnisse der Forschung als „Blick von außen" und das Selbstbild der Betroffenen?

Für die „Gnadauer Väter" selbst war trotz unterschiedlicher Kirchennähe und -distanz von Anfang an die Innerkirchlichkeit Konsens: „Wir stehen auf evangelisch kirchlichem Boden"[7].

9.2 Zwei Strömungen in der Gemeinschaftsbewegung

In Verbindung mit und über diese historiographische und identitätspolitische Debatte hinaus geht es innerhalb der Gemeinschaftsbewegung immer auch um die Frage, wie die Positionierung innerhalb der Landeskirchen und das Verhältnis zu ihnen gestaltet werden soll.

Dahinter steht ein grundsätzliches Spannungsverhältnis zwischen eigenen Organisationsformen der Gemeinschaftsbewegung und der landeskirchlichen Strukturen[8], außerdem eine Spannung zwischen „kirchennahen" und eher „kirchenkritischen" Strömungen innerhalb der Gemeinschaftsbewegung, die seit den Anfängen miteinander ringen, das Verhältnis zu den jeweiligen Landeskirchen zu beschreiben und zu gestalten.

Auf der einen Seite steht die kirchennahe Linie, die die Verbindung der Gemeinschaftsbewegung zur Kirche betonte, auf der anderen Seite die kirchenkritische bzw. kirchenindifferente Seite, für die die Differenzen zur Landeskirche im Vordergrund standen oder ein indifferentes Verhältnis prägend war. Dahinter stehen unterschiedliche Einflüsse, Persönlichkeiten, aber auch regional unterschiedliche Prägungen, die die Gemeinschaftsbewegung seit ihren Anfängen begleiteten und immer wieder zu internen Differenzen und Kontroversen führten. Dabei können die Unterschiede nicht auf die Stellung zu den Landeskirchen reduziert werden, sie reichen tiefer, treten aber an dieser Stelle besonders markant in Erscheinung.

---

[7] Philadelphia. Organ für evangelische Gemeinschaftspflege, Nro. 1, Dezember 1890, 7.

[8] Ohlemacher, Art. Gemeinschaftsbewegung, 452.

Der Unterschied von kirchennah und kirchenfern ist auch später für den Weg von der Gemeinschaft zur Gemeinde von Bedeutung: Auf der einen Seite war es insbesondere der eher kirchenkritische „neupietistische" Teil der Gemeinschaftsbewegung, der die Entwicklung zur Eigenständigkeit vorantrieb. Andere Teile folgten, teilweise mit zeitlicher Verzögerung. Ein großer Unterschied besteht auch in der Frage, ob und inwieweit dieser Weg im Rahmen kirchlicher Vereinbarungen und in Absprachen mit den jeweiligen Landeskirchen erfolgt, oder ob in einem von Konflikten gekennzeichneten Weg ohne Absprachen und bisweilen auch gegen kirchlichen Widerstand einfach Tatsachen geschaffen werden.

Hinter diesen Strömungen, die das Verhältnis zwischen den Gemeinschaften und den Landeskirchen prägen, stehen unterschiedliche Selbstbilder und Verhältnisbestimmungen zur vorfindlichen Kirche, die hier idealtypisch dargestellt werden.

> Auf der einen Seite steht ein „Muster", das Christian Albrecht im Blick auf die evangelische Publizistik des 19. Jh. so beschreibt: „Protestantische Vereine etwa der Mission, der Armenfürsorge, der Bibelverbreitung, aber eben auch als Pressevereine etc. übernahmen hier im Vorfeld und im Umfeld der verfassten Kirche religiöse Sonderaufgaben, die die Kirche selbst nicht bewältigen konnte. Diese Vereine fühlten sich in der Regel zwar dem traditionellen Kirchentum uneingeschränkt verpflichtet. Aber sie erlebten das zeitgenössische verfasste Kirchenwesen als nicht ausreichend flexibel, um über die klassischen [...] Aufgaben hinaus den diese Grenzen sprengenden Anforderungen gewachsen zu sein".
> Es war pointiert gesagt ein Beitrag „für das gesellschaftliche Ansehen des evangelischen Christentums in einer Situation, in der das verfasste Kirchenwesen seiner traditionellen Strukturen halber dieser Aufgabe nicht oder nur eingeschränkt gewachsen war"[9].

Diese Aussage zum evangelischen Pressewesen im 19. Jh. steht exemplarisch für die Ursprünge von Mission, Diakonie, Bibelverbreitung, Kinder- und Jugendarbeit, Posaunenarbeit und weiteren Bewegungen im frühen 19. Jh. Engagierte Christen betrachteten die verfasste Kirche als zu unbeweglich, wenn nicht sogar unfähig im Blick auf diese Herausforderungen. Sie warteten nicht auf Synodenbeschlüsse, sondern ergriffen selbst die Initiative – Waisenhäuser und Missionswerke entstanden. Die von Johann Hinrich Wichern ins Leben gerufene „Innere Mission" steht in dieser Linie. Christian Albrecht sieht darin ein „Muster der das kirchlich-christliche Leben des gesamten 19. Jh. prägenden Etablierung eines protestantischen Verbands- bzw. Vereinswesens"[10]. Die Hauptmotivation war es, durch die

---

[9] Albrecht, Von der Pressearbeit, 193.
[10] Albrecht, Von der Pressearbeit, 193.

Behebung von Missständen und durch die Hilfe für die Betroffenen der Kirche einen Dienst zu erweisen. Die Erweckungsbewegung war „kirchenkritisch“ in dem Sinne, dass sie das pastorale, diakonische und evangelische Handeln der Kirche als unzureichend betrachtete, aber nicht „kirchenkritisch“ in dem Sinn, dass sich die Initiativen gegen die Kirche richtete oder die Etablierung eigener Strukturen neben oder außerhalb der Kirche angestrebt wurde. Vielmehr wurde das Engagement als *stellvertretendes Handeln* für die Kirche und in deren Interesse betrachtet[11]: Man wollte das tun, was Kirche eigentlich tun müsste, aber gegenwärtig zu tun nicht in der Lage war. Was als „stellvertretendes Handeln“ begann, entwickelte im Lauf der Zeit eine Dynamik hin zur Eigenständigkeit. Eine „Bewegung“, die dauerhaft werden will, benötigt organisatorische Strukturen. Im 19. Jh. stellte das sich etablierende Vereinswesen dafür geradezu ideale Formen bereit. Als Jahrzehnte später Kirchengemeinden am Beginn des 20. Jh. selbst in der Armen- und Krankenfürsorge, in der Kinder- und Jugendarbeit und an anderen Stellen aktiv wurden, standen sie einem innerkirchlichen Vereinswesen gegenüber, das nicht mehr bereit war, sich zugunsten der Kirche einzuschränken und die inzwischen im Verein etablierten Arbeitsbereiche der Kirche „zurückzugeben“[12]. Die Frage war vielmehr, ob daraus ein Miteinander, oder ein Nebeneinander, im schlechteren Fall sogar ein Gegeneinander werden würde[13]. Organisatorische Eigenständigkeit und die Vereinsform wurden nicht mehr als vorübergehender Notbehelf gesehen, sondern wurden „auf Dauer“ gestellt und wirken bis heute weiter im Gegenüber von verfasster Kirche und freien Werken. Ungeachtet dieser späteren Entwicklung bestand das Anliegen dieser Strömung darin, Nöte zu beseitigen, Menschen und damit auch der Kirche zu dienen und so „das Reich Gottes zu bauen“.

Das andere, dem ersten entgegengesetzte Selbstbild setzt ebenfalls bei einer Wahrnehmung der Defizite der bestehenden Kirche ein. Anders als beim ersten sollen die Defizite aber nicht durch eigenes Engagement beseitigt werden, sie werden mehr oder weniger als unüberwindbar betrachtet. Die „Lösung“ besteht deshalb nicht darin, der Kirche aufzuhelfen und

---

[11] Zum „stellvertretenden Handeln“ s. u. Kap. 13.4.2.

[12] Das fordert z. B. Schoell, Evangelische Gemeindepflege, 53-58 („Gemeindearbeit und Innere Mission“).

[13] „Der Gedanke, dass die Vereine der Inneren Mission auch und gerade als Vehikel der Gemeindeerneuerung fungieren sollten, trat seit den 1860er-Jahren deutlich zurück. Die IM und die verfasste Kirche mitsamt den Kirchengemeinden entwickeln sich zunehmend als zwei gesonderte Säulen“ (Behrendt-Raith/Schäfer, Diakonie in der Ortsgemeinde, 380). – Entsprechendes könnte auch im Blick auf die Gemeinschaftsbewegung gesagt werden.

stellvertretend für sie zu handeln, sondern Distanz zu halten, um nicht selbst vom Strudel der Missstände mitgerissen zu werden.

Kritisiert werden dabei die mangelnde Ernsthaftigkeit und sittliche Laxheit in der Kirche. Unzureichende Kirchenzucht hat in den Augen der Vertreter dieser Richtung dazu geführt, dass es keinen Unterschied mehr zwischen „Kirche" und „Welt" gibt – und dass sie damit auch ihre Leuchtkraft verloren hat und nicht mehr „Salz der Erde" und „Licht der Welt" sein kann. Die Kirche ist zur Heiligkeit berufen, das soll am Leben und Reden des einzelnen und der kirchlichen Gemeinschaft erkennbar sein.

Von diesem Ideal waren die Volkskirchen weit entfernt, daher blieb als Option nur die Distanzierung und Absonderung, die Bildung eigner Gemeinschaften, um den biblischen Idealen zu entsprechen und nicht von der „Unreinheit" der Kirche selbst „befleckt" zu werden. Ein Beispiel dafür ist die Ablehnung von Abendmahlsfeiern zusammen mit „Unbekehrten" bzw. „Ungläubigen"[14].

Diese Kritik konnte auf weiten Strecken innerkirchlich erfolgen – in der Tradition warnender und zur Umkehr rufender prophetischer Stimmen, die den „Schaden Jakobs" abwenden wollten. Häufig jedoch wohnt diesem Impuls eine Tendenz zur Separation inne, die Spur zur außerkirchlichen Gemeinschaft in Form einer Freikirche oder „Sekte" ist hier bereits angelegt. Vor allem darbystische Einflüsse gingen in diese Richtung: Ziel war die Sammlung der „Brautgemeinde", die als Auswahl der bestehenden Kirche verstanden wurde. Im Extremfall wurde die Kirche als „Hure Babylon" gesehen, der gegenüber die einzig angemessene Verhaltensweise im „Auszug" und in der Abgrenzung bestand.

Dass viele kirchenkritische Gemeinschaften den Weg zur Freikirche scheuten und innerhalb der Landeskirche blieben, hängt auch damit zusammen, dass ein solcher Schritt in Zeiten des erstarkenden Nationalismus im späten 19. Jh. angesichts des öffentlichen Einflusses der Kirchen riskant war; er konnte ins gesellschaftliche Abseits und zur Marginalisierung führen.

Der Unterschied zwischen beiden Strömungen zeigt sich etwa in der Frage, worin die gravierendsten Missstände der Kirche gesehen werden: Sind sie darin zu suchen, dass die Kirche dem Auftrag zur Evangelisation nicht nachkommt, dass sie sich zu wenig um Bedürftige und um Kinder kümmert? Oder darin, dass keine Kirchenzucht geübt wird, dass „Unbekehrte" ohne Weiteres zum Abendmahl zugelassen werden? Wird davon ausgehend die Haupterfordernis darin gesehen, die Aufgabe der Evangelisation wahrzunehmen und zu den Menschen hinzugehen – oder im

---

[14] S. o. Kap. 5.4.1.

Kontrast dazu, sich vom „ungläubigen" Teil der Volkskirche abzusondern, um eine „reine" Gemeinschaft zu bilden?

Zusammengefasst überwiegt auf der einen Seite der Einsatz für die Erneuerung der Kirche, auf der anderen Seite die Absonderungen und Bildung „heiliger" Gemeinschaften nach biblischem Vorbild.

Auch wenn der Unterschied idealtypisch klar ist, schließt das nicht aus, dass im konkreten Fall beides zusammenkommen kann[15]. Historisch gesehen war es der sowohl von der Heiligungs- als auch von der Evangelisationsbewegung geprägte eher kirchenkritische Neupietismus, der am Beginn des 20. Jh. bei der Gründung von Gemeinschaften und freien Werken strategisch vorging und sich rasch ausbreitete.

Seitdem sind viele Jahre vergangen, die Heiligungsbewegung[16] ist längst Geschichte. Trotzdem ist die Geschichte nicht einfach „vergangen", denn dadurch wurden Mentalitäten geformt, die bis heute in unterschiedlichen Prägungen innerhalb der Gemeinschaftsbewegung weiterwirken. Die Stellung zu den Evangelischen Landeskirchen ist nicht die einzige Frage in diesem Zusammenhang, aber doch ein wichtiges Merkmal. Der frühere Präses Kurt Heimbucher hat die Differenz zugespitzt in der Frage, ob von „*der* Kirche" oder von „*meiner* Kirche" im Blick auf die Landeskirchen geredet wird[17]: Auf der einen Seite steht Kirchendistanz bis hin zur Indifferenz oder Kritik, auf der anderen Seite eine Identifikation als Teil der Kirche, was ein Leiden an konkreten Entwicklungen nicht ausschließt.

Michael Diener hat in seinem Präsesbericht 2015 die nach wie vor vorhandenen Differenzen innerhalb der Gemeinschaftsbewegung mit „geistlichen Genen" des Ursprungs verbunden und versucht, die damit verbundenen Prägungen zu charakterisieren:

> „In diesem Zusammenhang ist es für mich frappierend, wie deutlich selbst heute, nach weit über 100 Jahren, noch erkennbar ist, welche ‚geistlichen Gene' einen bestimmten Verband oder eine konkrete Gemeinschaft geprägt haben. Da lässt sich die aus einem lokalen kirchlichen Kontext entstandene Gemeinschaft deutlich von derjenigen unterscheiden, welche durch ‚Sendbotenarbeit' gegründet wurde. Da gibt es immer noch andere Akzente im sogenannten ‚Neupietismus' als in anderen Teilen unserer Bewegung. Ich

[15] So konnten die Impulse der Evangelisations- und der Heiligungsbewegung zugleich auf Resonanz stoßen, wie etwa bei Theodor Krawielitzki in Vandsburg und später in Marburg der als landeskirchlicher Pfarrer nach einer Bekehrungserfahrung sich nachhaltig für die Ziele der Evangelisation ebenso wie der Heiligungsbewegung einsetzte. S. Lüdke, Diakonische Evangelisation, 72ff.

[16] S. Ohlemacher, Evangelikalismus und Heiligungsbewegung im 19. Jahrhundert; außerdem: Holthaus, Heil – Heilung – Heiligung.

[17] Heimbucher, Kirche und Gemeinschaft, 417; s. u. Kap. 11.3 („Die ekklesiologische Selbstverortung").

> sage das vollkommen wertungsfrei, weil ich der festen Überzeugung bin, dass wir hier viel voneinander lernen können, etwa die Api-Gemeinschaft von der BeG-Gemeinschaft und ebenso umgekehrt. Ich greife einmal die BeG-Gemeinschaften heraus, weil ich überzeugt davon bin, dass Theophil Krawielitzki einen bestimmten Gemeinschaftstypus geprägt hat, der sich bis heute von anderen Gemeinschaftstypen unterscheidet. Dieser Typus wirkt auf mich vom Grundansatz strategischer, pragmatischer, zugleich theologisch konservativer und kirchlich indifferenter als andere Typen von Gemeinschaftsarbeit. Ich nenne das hier mal beim Namen – und mache mich damit auch angreifbar – damit wir diese Pluralität wirklich explizit wahrnehmen."[18]

Hier ist keine Kartografie der gesamten Gemeinschaftsbewegung intendiert; vielmehr werden Pole benannt, zwischen denen unterschiedliche Prägungen und Haltungen in der Gemeinschaftsbewegung angesiedelt werden können.

9.3 Arbeitsformen im Gnadauer Verband

9.3.1 „Christliche Gemeinschaften innerhalb der Kirchengemeinden"

Am Beginn der Gemeinschaft stand das Ziel der Gründung „christlicher Gemeinschaften innerhalb der Kirchengemeinden". Exemplarisch für deren Begründung steht der einleitende Text des ersten Hefts der Zeitschrift „Philadelphia", die nach der zweiten Gnadauer Konferenz 1890 als offizielles Publikationsorgan gegründet wurde[19]:

> Nötig sei eine *„Rettungsarbeit"*, deren Hauptmittel in der *„Evangelisation,* d. h. in der glaubenskräftigen, populären, recht nachdrücklichen Verkündigung

---

[18] Diener, Gemeinschaftsbewegung mit Perspektive, Präsesbericht 2015, 7. – Eine „Api-Gemeinschaft" gehört zum Altpietistischen Gemeinschaftsverband (Die Apis. Evangelischer Gemeinschaftsverband Württemberg e. V.); „BeG" ist der Bund evangelischer Gemeinschaften, ein Zusammenschluss von „neupietistischen" Gemeinschaftsverbänden im Umfeld des Deutschen Gemeinschaftsdiakonieverbandes (DGD). – Ähnlich formuliert es Holthaus, Heil – Heilung – Heiligung, 297: „Prinzipiell waren Gemeinschaften mit einem stärkeren Einfluß der Heiligungsbewegung kirchenkritischer als Gemeinschaften mit stärker altpietistischer Tradition. In ihnen entwickelte sich aber auch ein stärkerer evangelistischer Drang als in den älteren Gemeinschaften".

[19] Philadelphia. Organ für evangelische Gemeinschaftspflege, Nro. 1, Dezember 1890, 1-9 (daraus die Zitate).
Der Artikel ist gezeichnet von sechs Personen (Jasper v. Oertzen; Ed. Graf Pückler; J. Witt; Jak. Gust. Siebel; Carl de Neufville; Chr. Dietrich), aber es kann davon ausgegangen werden, dass er zu weiten Teilen, wenn nicht sogar ganz der Feder von Christian Dietrich als Schriftführer entstammt.

> des Evangeliums von unserem Heile in Christo“ einschließlich der „Aufforderung zur Bekehrung“ (3) besteht. Die *„Rettungsarbeit“* bedingt die *„Pflegearbeit“:* Die „Neuerweckten“ müssen *„bewahrt* bleiben und *gefördert“,* konkret *„in organisierte Gemeinden* gesammelt“ werden (3-4). Wozu braucht es hier eigene Gemeinschaften? „Unsere kirchlichen Gemeinden (Parochien) können diesen Zweck nicht erfüllen. Fürs erste sind sie vielfach schon zu groß dazu; fürs andere ist in unserem offiziellen kirchlichen Leben dem Pastor zu viel aufgebürdet; den Laien zu wenig Raum zur Thätigkeit gelassen; fürs dritte bilden meist die geistlich toten Glieder der Kirchengemeinde die weit überwiegende Mehrzahl; fürs vierte ist bekanntlich nicht in jeder Parochie [...] ein gläubiger und geistlich lebendiger Prediger“ (4).
> Freikirchen leisten zwar teilweise gute Arbeit, aber durch ihren ist ihnen „Widerspruch mit den bestehenden Kirchen“ ist es ihnen „nicht gegeben [...], durchgreifend auf die geistliche Neubelebung unseres Volkes einzuwirken“ (4).
> „Darum muß das Bedürfnis nach einer engeren Gemeinschaft der Erweckten auf andere Weise befriedigt werden. Den richtigen Weg dazu glauben wir zu finden und haben in der *Bildung christlicher Gemeinschaften innerhalb der Kirchengemeinden* [...]. Aber wir sind und bleiben auch Glieder unserer Kirche, solange in ihr Gottes Wort gepredigt wird. Wir lassen das kirchliche Pfarramt in allen Ehren stehen; wir benützen dankbar, was uns die Kirche bietet: Predigt, Unterweisung, Seelsorge, Taufe, Abendmahl. Aber wir halten *daneben* einen engeren Zusammenschluß der Gläubigen für notwendig“ (4).
> Kurzum: *„Evangelisation und Gemeinschaftspflege,* das sind die beiden Aufgaben, welche in unserer Zeit vor allem not thun“ (5).

Der zuletzt zitierte Satz bildet zugleich den Schlüssel zum Verständnis der Argumentation: Aus den Aufgaben von Evangelisation und Gemeinschaftspflege wird die Notwendigkeit „organisierter Gemeinden“ abgeleitet. Diese Notwendigkeit wird vom Kontext her begründet: Die vorhandenen landeskirchlichen Gemeinden „können diesen Zweck nicht erfüllen“.

Da Freikirchen die notwendige Akzeptanz in der Bevölkerung fehlt, wird die Lösung in „Gemeinschaften innerhalb der Kirchengemeinden“ gesehen. Die Innerkirchlichkeit hat eine gewisse Selbstverständlichkeit, der Dienst der Kirche wird „dankbar“ in Anspruch genommen, aber die Zugehörigkeit ist keine unbedingte, an ihr wird festgehalten „solange in ihr Gottes Wort gepredigt wird“.

Die Begründung ist zeit- und kontextbezogen. Welche Folgen hat es für die Arbeitsformen der Gemeinschaftsbewegung, wenn sich der Kontext – hier ist vor allem der (landes-)kirchliche Kontext im Blick – ändert? Wann bzw. angesichts welcher Veränderungen ist eine Ausweitung der Eigenständigkeit von Gemeinschaften vom Auftrag her sinnvoll und zielführend?

9.3.2 Die „Gnadauer Modelle“

Über viele Jahrzehnte hinweg wurde die Form der „Gemeinschaften innerhalb der Kirchengemeinden“ in unterschiedlichen Akzenten und Varianten, aber insgesamt in hoher Kontinuität zu den Ursprüngen weitergeführt.

Der Weg „von der Gemeinschaft zur Gemeinde“ hat hier zu Veränderungen geführt, die wiederum begründungspflichtig sind. Einen solchen Versuch stellen die sog. „Gnadauer Modelle“ dar, die die Grundlage für die Diskussion in der Gegenwart bilden. Im Eingangsteil dieser Arbeit wurden die Arbeitsformen bereits skizziert[20]. Hier sollen die „Gnadauer Modelle“ einschließlich der Begründungen und Verhältnisbestimmungen zu den Kirchengemeinden ausführlicher dargestellt werden. Mit der Unterscheidung von drei Arbeitsformen versuchte Christoph Morgner als Präses in den Jahren nach der Wiedervereinigung, den weithin kirchennahen Gemeinschaften in den „neuen“ Bundesländern die unterschiedlichen Ausprägungen der Gemeinschaftsarbeit im „Westen“ in ihrer Unterschiedlichkeit und Zusammengehörigkeit vor Augen zu führen.

1. Der *„ergänzende Dienst“* beschreibt die klassische Form der Gemeinschaftsarbeit: Die Gemeinschaft „ergänzt“ das Angebot einer Kirchengemeinde durch die Gemeinschaftsstunde, durch Evangelisationsveranstaltungen, Kinder- und Jugendarbeit, musikalische Angebote usw. „Hierbei versteht sich die Gemeinschaft als eine Art geistlicher Frischzelle im corpus der Kirchengemeinde. Sie versteht sich bewusst als deren Teil“[21].

   Die kleinere Form ist ein „Bibelstundenkreis“, der sich im Gemeindehaus oder in einer Privatwohnung trifft. Die „große“ Gemeinschaftsarbeit hingegen hat Angebote für unterschiedliche Ziel- und Altersgruppen, sie arbeitet ähnlich wie viele CVJMs eigenständig, nicht selten auch mit einem eigenen Gebäude.

   Als Chancen dieser Gestalt von Arbeit werden genannt[22]:
   - Man nutzt Reputation und Infrastruktur der Kirche.
   - Man segelt im Fahrtwind der Kirche.
   - Man arbeitet missionarisch oftmals Hand in Hand.
   - Man hat Einfluss auf den Weg, den eine Kirchengemeinde nimmt.
   - Man übernimmt als Gemeinschaft Teilbereiche der kirchlichen Arbeit.
   - Man wird durch das Miteinander zu wechselseitigem Gespräch erzogen.

[20] S. o. Kap. 1.5.
[21] Morgner, Geistliche Leitung 286.
[22] Morgner, Geistliche 287-289 (weitgehend wörtliche Wiedergabe, z. T. leicht gekürzt oder geändert).

Auf der anderen Seite stehen die Grenzen dieser Arbeitsform:

- Viele Mitarbeiter sind in Gemeinschaft und Kirchengemeinde doppelt engagiert und damit auch entsprechend belastet.
- Mancherorts fällt die kirchliche Verkündigung geistlich und theologisch dürftig aus.
- Es gibt Pfarrer und Kirchenvorstände, die sich gegenüber der Gemeinschaftsarbeit sperrig verhalten.
- Es kann auch sperrige Gemeinschaftsleute geben, die ein einseitig negatives Bild von der Kirche haben.
- Neben dem Pfarrer kann sich der Prediger vorkommen wie in der zweiten Reihe.
- Es kann zu zeitlichen und inhaltlichen Überschneidungen kommen.
- Manchmal kommt es innerhalb der Gemeinschaft zu Identitätsproblemen: Wer sind wir: Kirche oder Gemeinschaft?
- Wenn die Kirchengemeinde eine missionarische und gewinnende Arbeit betreibt, kann es unversehens zur Assimilation an die Kirche kommen. Die Gemeinschaft wird faktisch ‚geschluckt'".

2. In der zweiten Arbeitsform, dem *partiell stellvertretenden Dienst,* „werden Elemente des ergänzenden Dienstes mit solchen der Stellvertretung angereichert"[23]. „Stellvertretung" bedeutet, dass die Gemeinschaft stellvertretend für die Landeskirche Dienste übernimmt. Dabei geht es vor allem um Kasualien („Amtshandlungen"), die der Prediger anstelle des landeskirchlichen Pfarrers durchführt.

Gegenüber dem „ergänzenden Dienst" ergeben sich weitere Chancen[24]:

- Es eröffnen sich gezielte und umfassende seelsorgerliche Möglichkeiten.
- Der Dienst entspricht einer berechtigten Erwartungshaltung innerhalb der Gemeinschaften.
- Der Dienstbereich der Prediger erfährt durch die Kasualien eine Ausweitung.
- Dadurch wird der Stand des Predigers „nach innen und außen ‚gehoben'".

Dem stehen wiederum Grenzen gegenüber:

- Dieser Dienst ist vereinbarungsabhängig.
- Die Ausführung ist oft faktisch auf das Wohlwollen des jeweiligen Pfarrers angewiesen.
- Es kann auch Akzeptanzprobleme bei Gemeinschaftsleuten geben.

[23] Morgner, 289.
[24] Morgner, 290 (meist wörtliche Wiedergabe).

Damit verbundene Perspektiven: „Unsere Prediger werden auf lange Sicht zu Amtsbrüdern der Pfarrerinnen und Pfarrer, indem sie kirchliche Gottesdienste halten und auch solche Amtshandlungen versehen, die über den Kreis der Gemeinschaften hinausreichen“[25].

3. Bei der dritten Form, dem *alternativ stellvertretenden Dienst,* wird die Gemeinschaft zur „Gemeinde“ – als „Personalgemeinde, Richtungsgemeinde, Gemeinschaftsgemeinde, nichtparochiale Kirchengemeinde o. a.“[26]. Morgner sieht das als Chance zu Neugründungen in Missionssituationen, an Orten, „an denen es nichts zu ergänzen gibt“ und an denen „die Volkskirche geradezu verdunstet ist“[27]. „Die Gemeinden verlassen – anders als Freikirchen – das Dach der Kirche nicht, sondern betrachten sich in ihrer speziellen Struktur als einen förderlichen Beitrag für die gesamte Kirche“[28]. Dahinter steht das Modell „eine Kirche, aber in ihr viele Gemeinden und Gemeinschaften“[29].

Chancen

- Umfassende Freiheit zu eigenständiger Gestaltung.
- Die Gemeinschaftsgemeinde wird zum geistlichen Zuhause, umfassende Identifikation.
- Religiöse Sozialisation der Kinder durch Angebote bis zum Konfirmandenunterricht.
- „Der Prediger wird de facto zum Pastor und damit endgültig zum Kollegen des Pfarrers“.
- Bei einem generellen Rahmen sind nur noch wenige örtliche Abstimmungen nötig.

Grenzen

- Weniger Miteinander, weniger Wirken in die Kirche hinein.
- Tendenz zur Freikirche.
- Keine kirchliche Binnenkorrektur.
- Fehlende Traditionen, „Gefahr der Formlosigkeit und der liturgischen Auszehrung“, Gottesdienst wird zum „frommen Happening“.
- Konzentration auf den Hauptort.
- „erhöhte Neigung zur Predigerzentrierung“.
- „Religiöser Gesinnungsverein oder pietistische Auswahlgemeinde“.
- Hineinwirken in soziale und politische Bereiche fehlt.
- Bei unterschiedlichen Formen des Dienstes kann die Versetzung von Predigern schwierig werden.

---

[25] Morgner, 291.
[26] Morgner, 291.
[27] Morgner, 292.
[28] Morgner, 291.
[29] Morgner, 292.

Perspektiven

- Es Lebt von der inhaltlichen und missionarischen Qualität.
- Es ist ein Zukunftsmodell im städtischen Raum.
- Zusammenfassung
- Gleichwertigkeit der Modelle
- Keines ist per se ein Selbstläufer.

Ob dadurch Menschen für Jesus gewonnen werden, „hängt davon ab, inwieweit die einzelnen Modelle mit missionarischem Leben gefüllt werden“.

Konfliktfelder / offene Fragen

- Taufbegehren konfessionsloser Menschen
- Anerkennung der Prediger und ihrer Ausbildung
- Fragen der kirchlichen Dienstaufsicht
- Finanzielle Fragen: „Wird die Gemeinschaft am Ertrag der Kirchensteuer beteiligt?“[30]
- Ökumenische Komponente

Die hier dargestellten Modelle werden seitdem vor Ort gelebt, weiterentwickelt und kontrovers diskutiert. Manchen gingen die Modelle nicht weit genug, sie plädierten für ein „Modell 4“, das außerhalb der Vereinbarungen mit den Landeskirchen und damit faktisch freikirchlich arbeitet. Durch die Zugehörigkeit zu einem Gemeinschaftsverband sei eine Anbindung an den Gnadauer Verband vorhanden[31].

Auf der anderen Seite zeigte sich, dass die Grenzen zwischen den Modellen zwei und drei in der Praxis nicht immer klar zu ziehen waren. In der Darstellung ist Modell zwei („partiell stellvertretender Dienst“) ein Zwischenmodell, das weiterhin in „Ergänzung“ zur Kirchengemeinde arbeitet, aber im Bereich der Kasualien eigenständig ist. Faktisch ging die Entwicklung dahin, dass sich viele Gemeinschaften als eigene Gemeinden verstanden und komplett eigenständig arbeiteten, auch wenn die Vereinbarungen sich eher im Bereich von Modell zwei bewegten („Modell 2,9“).

Aus diesem Grund ergänzt Christoph Morgner (Präsesbericht 2005) das Modell der „Personalgemeinde“[32], das weithin Modell 3 entspricht:

> „In einer solchen Personalgemeinde wird eine Gemeinschaft organisatorisch zur Gemeinde. Es bildet sich eine evangelische Gemeinde, die nicht an die vorhandenen Parochien gebunden ist. Ihre Glieder rekrutieren sich aus allen Kirchengemeinden. Der Name solcher Gemeinden kann unterschiedlich

---

[30] Morgner, Geistliche Leitung 294.

[31] Morgner, „Freude, Freude über Freude“ (Präsesbericht 2004), 31-32, dort „Arbeitsform E“, s. o. Kap. 1.5.

[32] Morgner, Im Wirbel der Veränderung gemeinsam die Zukunft gestalten, Präsesbericht 2005, Anhang: Gemeinschaftsgemeinden, 42-46.

> sein: Personalgemeinde, Richtungsgemeinde, Profilgemeinde, Gemeinschaftsgemeinde o.a.“[33].

Die Modelle sind nicht statisch zu sehen. Die weitere Entwicklung war und ist mit einer Dynamik verbunden, bei der die Tendenz klar in Richtung größerer Eigenständigkeit geht, wie Morgner selbst einige Jahre später konstatierte. 2004 sieht er Aufbrüche dort, wo die Gemeinschaftsarbeit zur Gemeindearbeit wird, während die „herkömmliche Gemeinschaftsarbeit mehr und mehr an ihre Grenzen stößt“[34].

Während „Modell 1“ in deutlicher Kontinuität zum Ursprungsmodell der Gemeinschaft innerhalb der Kirchengemeinde steht, sind die Modelle 2+3 bzw. die Personalgemeinde bereits durch den Weg von der Gemeinschaft zur Gemeinde geprägt. Diesem Weg wenden wir uns nun wieder zu mit einem vertieften Blick auf Gemeindeaufbau und Gemeindegründung in der Gemeinschaftsbewegung.

---

[33] Morgner, Im Wirbel der Veränderung, 43.

[34] Morgner, Im Wirbel der Veränderung, 30; s. o. Kap. 1.5. – Zur weiteren Diskussion der Modelle s. auch Diener, Lasst uns Neues wagen! (Präsesbericht 2012), 10-21; Diener, Gemeinschaftsbewegung mit Perspektive (Präsesbericht 2015), 23-28.

10. Gemeindeaufbau und Gemeindegründung in der Gemeinschaftsbewegung

Die Gemeinschaftsbewegung war von Beginn an mit dem Ziel der Bildung eigener *Gemeinschaften* verbunden, keineswegs jedoch eigenständiger *Gemeinden.* Vereinzelt gab es Ausnahmen, etwa „Anstaltsgemeinden" in Diakonissenmutterhäusern, diakonischen Einrichtungen oder geistlichen Zentren. Das konnte mit einem offiziellen Status innerhalb der jeweiligen Landeskirche verbunden sein. Diese Sonderfälle wurden jedoch nicht als Modell für die Gemeinschaften insgesamt verstanden.

Mit der Neuorientierung durch die Hinwendung zum programmatischen Gemeindeaufbau seit den 1970er-Jahren betritt die Gemeinschaftsbewegung Neuland. Mehr noch: Es handelt sich um eine fundamentale Kehrwende, denn jahrzehntelang wurden „Kirchengründungen" dezidiert abgelehnt. Was hier erfolgte, war daher nicht nur eine neue Akzentsetzung, sondern eine Zäsur, die daher besondere Aufmerksamkeit verdient – auch im Blick auf die damit verbundenen Begründungen.

10.1 „Die Kirchengründungen sind immer der Anfang vom Ende"

Die Position der Gemeinschaftsbewegung im Blick auf Gemeindegründung bzw. „Kirchwerdung" (oder wie immer der Weg in die gemeindliche Eigenständigkeit bezeichnet wird), war von Beginn an über Jahrzehnte hinweg klar: Die Gründung eigener Gemeinden war nach der Gründung des Gnadauer Verbandes über viele Jahrzehnte hin keine Perspektive, weil klar war, dass eigene Gemeinden mit eigenen Geistlichen und Kasualien den Weg in die Freikirchlichkeit bedeutet hätten. Vereinzelt wurde dieser Weg begangen, so etwa der Austritt Friedrich Heitmüllers aus dem Gnadauer Verband 1934. Aber es war die Ausnahme, für den größten Teil der Gemeinschaftsbewegung stand die Innerkirchlichkeit außer Frage[1]. Dabei waren es nicht nur die äußeren Umstände, die dazu führten, dass ein solcher

---

[1] S. die Skizze „Der geschichtliche Hintergrund des Verhältnisses von Kirche und Gemeinschaft": Nieke/ Schaal, Zum Verhältnis von Kirche und Gemeinschaftsbewegung, 402-409.

Schritt außerhalb des Horizontes lag. Auch für den eigenen Auftrag wurde der „Aufbau einer zum Kirchensystem parallel verlaufenden Gesamtstruktur“[2] als hinderlich betrachtet und stieß daher auf Ablehnung. „Verkirchlichung“ und „Kirchwerdung“ konnten zur Abgrenzung verwendet werden: Dazu sollte es in der Gemeinschaftsbewegung auf keinen Fall kommen! Dazu einige exemplarische Äußerungen:

a) Theophil Krawielitzki (1866–1942) war Gründer und langjähriger Direktor des DGD (Deutschen Gemeinschaftsdiakonieverbandes). Zwei Äußerungen von 1926 und 1931 zeigen seine Haltung:

> 1926: „Wir haben ja bereits erschreckende Fortschritte in der Verkirchlichung gemacht. Die Gemeinschaften sind zu einer Art Kirchengemeinde geworden und werden es immer mehr. Sie haben ihre eigenen Kirchen (Gemeinschaftshäuser), ihren eigenen Klerus (die Prediger), ihre eigenen Presbyterien oder Kirchenvorstände (die Brüderräte der Gemeinschaften), ihre eigenen Konsistorien (Provinzial- oder Landesbrüderräte). Sie haben auch ihren eigenen Oberkirchenrat (den Gnadauer Hauptvorstand)“[3].
> 1931: „Ich beobachte so, dass so viele Prediger dasselbe sein und tun wollten, was auch Pfarrer sind. Sie möchten am liebsten selber taufen, begraben, usw. Ich bin so froh, dass ich das nicht mehr nötig habe [...] Der Tod der wirklichen Lebensbewegung tritt ein, wenn die Gemeinschaftsbewegung eine Freikirche wird. Je mehr die Prediger das an sich nehmen, was die Aufgabe eines geordneten Kirchenamtes ist, je mehr erstarren wir in der Freikirche [...] Die Kirchengründungen sind immer der Anfang vom Ende“[4].

b) 1954 sagte Erich von Eicken, Lehrer am Brüderhaus Tabor, bei der Gnadauer Mitgliederversammlung:

> „Wir wissen in Gnadau, dass jede freikirchliche Separation doch nach zwei bis drei Generationen wieder in einer Verkirchlichung endet und dann den ganzen Ballast von umfangreicher Finanzverwaltung, Verfassung, Kirchenordnung, Hierarchie sich aufbürden muss. Das alles belassen wir der Volkskirche, in der wir bleiben und die stellvertretend für uns diese Lasten mitträgt. So können wir unbeschwerter marschieren, tragen nur das leichtere Gepäck von einem Minimum an Verfassung, schriftlichem Bekenntnis und Verwaltung und können uns um so konzentrierter auf unseren eigentlichen

---

[2] Lüdke, Diakonische Evangelisation, 122.

[3] Theophil Krawielitzki an Walter Michaelis am 14.5.1926, zit. bei Lüdke, Diakonische Evangelisation, 122 (und Anm. 175: ADGD 70.3).

[4] Theophil Krawielitzki im Protokoll des Mitarbeiterzusammenkunft am 15.10.1931 in Elbingerode, 48, zit. bei Lüdke, Diakonische Evangelisation, 122-123 (+ Anm. 177: ADGD 167.9).

Auftrag der Seelenrettung und Seelenpflege und der Verwirklichung des allgemeinen Priestertums der Gläubigen beschränken"[5].

c) 1976 ging es bei der Gnadauer Mitgliederversammlung um das Thema „Kirche und Gemeinschaft". In den „Hattinger Thesen" wurde formuliert:

> „1. Die Gemeinschaftsbewegung weiß sich, entsprechend ihrer Geschichte, von Gott in die Volkskirche gestellt, wie sie in den evangelischen Landeskirchen ihre Ausprägung gefunden hat. Sie sieht es als ihre Aufgabe an, in den Kirchen der Reformation die biblischen Erkenntnisse des Pietismus lebendig zu erhalten.
> 2. Der Gnadauer Verband will keine Freikirche sein. Die in ihm zusammengeschlossenen Gemeinschaftsverbände und Werke sind freie Werke in den Landeskirchen. Deshalb brauchen und beanspruchen sie freien Raum innerhalb der Kirche zur Entfaltung ihres mannigfaltigen Lebens" [...]
> 7. Die oft bedrückende Lage in manchen volkskirchlichen Gemeinden führt die Gemeinschaftsbewegung zu Überlegungen, ob nicht in bestimmten notvollen Situationen ein stellvertretender Dienst für die Kirche übernommen werden muss (z. B. Religions- und Konfirmandenunterricht, Kasualien). Das geschieht nicht, um eine Kirchwerdung der Gemeinschaftsbewegung einzuleiten, sondern aus seelsorgerlicher Verantwortung"[6].

d) 1988 plädiert der damalige Präses Kurt Heimbucher für eine Haltung der Zugehörigkeit zur Evangelische Kirche, es handle sich um „'Unsere' Kirche"[7]. Von einer Haltung des Rückzugs und der inneren Emigration, komme es leicht zur „äußeren Separation", diese wiederum bedeute „'Kirchwerdung' der Gemeinschaft"[8].

e) Wenige Jahre später stellt Christoph Morgner 1995 die „drei Gnadauer Modelle" als gleichberechtigte und legitime Formen der Gemeinschaftsarbeit nebeneinander. Bereits das zweite Modell ist mit der eigenen Durchführung von Kasualien verbunden, das dritte Modell beschreibt eine „Gemeinschaftsgemeinde" als eigenständige Gemeinde innerhalb der Landeskirche[9]. In seinem Präsesbericht 2004 zieht er das Fazit: „Wir haben uns deshalb darauf einzustellen, dass unsere

---

[5] Von Eicken: „In der Kirche, 101; S. dazu u. S. 120.
[6] Kirche und Gemeinschaft, „Hattinger Thesen", In: Heimbucher/Schneider (Hg), Gnadauer Dokumente I, 120-122.
[7] Heimbucher, Kirche und Gemeinschaft, 417.
[8] Heimbucher, Kirche und Gemeinschaft, 420+421.
[9] S. dazu oben Kap. 10.2.

> Gemeinschaftsarbeit mehr und mehr zur Gemeindearbeit werden wird. Dort wo dieser Schritt gegangen wird, haben wir Aufbrüche zu verzeichnen“[10].

Bei den unter c-e zitierten Äußerungen geht es nicht um die Veränderungen auf der Gemeindeebene, sondern um die Wahrnehmung aus leitender Sicht durch den jeweiligen Präses oder die Mitgliederversammlung. Der Wandel dabei ist atemberaubend: Innerhalb von nur 16 Jahren geht der Weg von der Ablehnung der „Kirchwerdung“ (1988) über die Anerkennung eigenständiger Gemeinden als legitimer Form der Gemeinschaftsarbeit (1995) bis hin zu dessen Einordnung als Erfolgs- und Zukunftsmodell (2004)! Eine Kontinuität in diesen Äußerungen bilden die Abgrenzungen: „Verkirchlichung“ und „Kirchwerdung“ werden prinzipiell abgelehnt, zugleich wird ebenso klar betont, dass „Gnadau“ keine Freikirche werden wolle. Ganz offensichtlich wird der Weg von der Gemeinschaft zur Gemeinde nicht als „Verkirchlichung“ verstanden, auch wenn gefragt werden kann, worin der Unterschied besteht, wenn in Gemeinden Taufen vollzogen werden.

Blickt man zu den Anfängen der Gemeinschaftsbewegung, so wird die Ablehnung der „Kirchwerdung“ in verständlich: Innerhalb der Landeskirchen war abgesehen von den erwähnten Ausnahmen die Bildung eigener Gemeinden keine reale Option. Um Anliegen wie das Evangelisation, das als „typisch freikirchlich“ gelten konnte, innerhalb der Landeskirchen wirksam umsetzen zu können, musste zugleich klargestellt werden, dass damit nicht die Bildung von Freikirchen angestrebt wurde. Die Gemeinschaftsbewegung verstand sich deshalb als „Bewegung“, die bewusst anders sein wollte als die herkömmliche und etablierte Kirche, die mit ihrer Bürokratie und Schwerfälligkeit mehr als Negativfolie diente. Für die Anliegen von „Evangelisation und Gemeinschaftspflege“ brauchte es andere, flexiblere Formen.

Es ist nicht auszuschließen, dass der Verweis auf verkrustete Formen und überbordende Bürokratie in den Landeskirchen auch dazu dienen sollte, das Liebäugeln mit freikirchlichen Formen innerhalb der Gemeinschaftsbewegung einzudämmen. Oder ging es darum, dem Wunsch einiger Prediger, an der Reputation der Landeskirchen und ihrer finanziellen Ausstattung Anteil zu bekommen, eine klare Absage zu erteilen? Im Rückblick ist schwer festzustellen, welche Motive hinter dieser Argumentation stecken.

---

[10] Morgner, „Freude, Freude über Freude“ (Präsesbericht 2004), 30-31.

Dabei ist bemerkenswert, dass Warnungen vor einer „Verkirchlichung" vor allem im kirchendistanzierten Flügel der Gemeinschaftsbewegung zu hören sind. Das ist deshalb plausibel, weil die Gefahr, die „Kirchwerdung" oder Gründung einer Freikirche als attraktiv zu empfinden, dort weitaus höher war, wo die Gemeinschaftsarbeit bereits in einer gewissen Distanz zur Kirche verlief.

Das Thema „Kirchengründungen" hat auch eine soziologische und organisationsbezogene Dimension, hier deutet sich das Dilemma der Organisationswerdung an: Auf der einen Seite braucht eine Bewegung eine organisatorische Gestalt, um ihr Anliegen „auf Dauer" zu stellen, auf der anderen Seite bringen organisatorische Strukturen eine Eigendynamik mit sich, die sie zunehmend von der ursprünglichen „Bewegung" entfernen. Ist eine Organisation etabliert, so macht sich ein „Selbsterhaltungstrieb" bemerkbar, der nicht immer identisch mit der Ursprungsmotivation ist und sogar in Spannung dazu geraden kann: Der Einsatz für das „Reich Gottes" und die Erhaltung der eigenen Organisation sind nicht immer gleichzusetzen. Wenn hier die Freikirchen als negatives Beispiel für „Verkirchlichung" genannt werden, so ist zu fragen, ob nicht genau diese Effekte eine Nebenwirkung auf dem Weg von der Gemeinschaft zur Gemeinde darstellen können.

Interessant ist weiter, dass die „Kirchwerdung" mit „Ballast" verbunden wird – die kirchliche Bürokratie ist hier offensichtlich als negatives Beispiel vor Augen. Missionarisches Wirken („Seelenrettung") und „Kirchwerdung" werden als Gegensätze betrachtet. Als 1976 in den „Hattinger Thesen" die Möglichkeit eines „stellvertretenden Dienstes" ins Auge gefasst wird, wird das weder mit missionarischen Möglichkeiten noch mit dem Ziel der Eigenständigkeit begründet, sondern mit der „bedrückenden Lage in manchen volkskirchlichen Gemeinden".

Kurt Heimbucher versucht als Präses hier einen Mittelweg, bei dem rückblickend gefragt werden kann, inwieweit er konsistent ist: Er vermeidet die Bezeichnung „Gemeinde" für die Gemeinschaften[11], billigt ihnen gleichwohl „ekklesiologische Züge" zu. Er verweist auf Abendmahlsfeiern in den Gemeinschaften, lehnt aber Taufen dort grundsätzlich ab, damit würde der Weg in die Freikirche beschritten.

---

[11] Bereits sein Nachfolger Christoph Morgner akzentuiert erkennbar anders: „Die Gruppen innerhalb der Kirche Jesu Christi, in denen auf vielfältige Weise das Wort Gottes ausgerichtet wird, sind Gemeinde im vollen Sinn. Sie haben nicht nur ‚ekklesiologische Züge', sondern sind Ekklesia im Sinne von Gemeinde als ‚Leib Christi. Aber keine Gruppe steht für sich allein, sondern ist mit anderen in der Gesamtgemeinde und in der Kirche verbunden" (Morgner, Geistliche Leitung, 512 mit Bezug auf Kurt Heimbucher).

Die Zurückhaltung bis Ablehnung gegenüber der Selbstbezeichnung „Gemeinde“ wird nur wenig später aufgegeben. Nach der Jahrtausendwende schließlich werden Gemeindegründungen zunehmend positiv wahrgenommen; bei den Gnadauer Kongressen in Erfurt (2013: „Neues wagen!“) und Willingen 2019 bildete das Thema Gemeindegründung einen Schwerpunkt.

10.2 Der Übergang zum programmatischen Gemeindeaufbau

„Kirchwerdung“ und „Verkirchlichung“ waren innerhalb der Gemeinschaftsbewegung negativ konnotiert. Sie standen für „Erstarrung“ und wurden mehr oder wenig mit einem Verrat am Auftrag der „Seelenrettung“ gleichgesetzt. „Kirche“ stand für Ordnungen, Verwaltung und Hierarchie. Gegenüber diesem „schweren Gepäck“ verstand sich die Gemeinschaftsbewegung als „Bewegung“, die mit „leichtem Gepäck“ unterwegs war und so ihren Auftrag der Evangelisation und Gemeinschaftspflege flexibel wahrnehmen konnte.

Wie kommt es dann seit Mitte der 1970er Jahre zu Bestrebungen und Begründungen für die „Gemeindewerdung“ in Teilen des Gnadauer Verbandes, bei denen die bisherige Argumentation geradezu auf den Kopf gestellt wird? Eigenständigkeit steht nicht mehr für „Verkirchlichung“, sondern der Weg zur eigenständigen Gemeinde wird ungeachtet aller in früheren Zeiten geäußerten Bedenken als missionarisches Modell propagiert.

Wenn dieser Weg nicht als Abkehr vom bisherigen Auftrag, sondern als Weiterführung des ursprünglichen Auftrags „Evangelisation und Gemeinschaftspflege“ verstanden werden soll, wird zu zeigen sein, worin die Kontinuität angesichts der Diskontinuitäten besteht. Eine Kontinuität wäre dann vorhanden, wenn gezeigt werden könnte, dass sich „Evangelisation und Gemeinschaftspflege“ besser in Form eigenständiger Gemeinden umsetzen lassen als in Gemeinschaften als Teil einer Kirchengemeinde.

In diese Richtung gehen In der Tat die Argumente der Akteure seit den 1970er-Jahren: Durch „Gemeindewerdung“ sollten Evangelisation und „Gemeinschaftspflege“ als zentrale Anliegen der Gemeinschaftsbewegung gefördert werden. Das konnte bis dahin gehen, dass die „Gemeindewerdung“ als effektivster Weg in dieser Hinsicht betrachtet wurde.

Auffällig bei dieser Kehrtwende ist die Rolle, die die „missionarische“ Argumentation spielt. Während zuvor „Verkirchlichung“ und „Seelenrettung“ als Gegensätze gesehen wurde, wird jetzt die „Gemeindegründung“ zur missionarischen Strategie par excellence. Der Weg in die Eigenständigkeit wird nicht mehr primär mit dem Zustand der Kirche, sondern mit den damit verbundenen missionarischen Möglichkeiten begründet. Bemerkenswert ist, dass dort, wo zuvor die kräftigsten Töne gegen „Verkirchlichung“ zu hören waren, nun der programmatische Gemeindeaufbau am entschiedensten vorangetrieben wurde, vor allem im sog. „Neupietismus“, in diesem Fall konkret im DGD und den damit verbundenen Gemeinschaftsverbänden (heute im BeG organisiert).

Neu an der Entwicklung seit den 1970er-Jahren ist einerseits die Breitenwirkung und damit das Ausmaß, das die Bewegung „von der Gemeinschaft zur Gemeinde“ seitdem angenommen hat. Neu ist außerdem die damit verbundene Programmatik: „Gemeinde“ zu sein war nicht nur eine pragmatische Lösung für Einzelfälle; die Entwicklung wurde vielmehr in Teilen der Gemeinschaftsbewegung gezielt angestrebt.

Man tut den Protagonisten kein Unrecht, wenn hinter der Entwicklung zumindest teilweise ein pragmatisches Vorgehen zu sehen: Es war die Situation in Gemeinschaften vor allem im städtischen Raum, für die der Weg zur eigenständigen Gemeinde eine Konsolidierung und oft auch einen Neuaufbruch bedeutete[12]. Aus dem Nebeneinander von Gemeinschaftsstunde, Kinder- und Jugendarbeit wurde eine „Gemeinde“, bei der die unterschiedlichen Bereiche durch den Gottesdienst und die übergreifende Gemeindeleitung verbunden wurden.

Die Gemeinschaften waren nicht die Einzigen, die sich in jenen Jahren mit dem Thema „Gemeindeaufbau“ befassten. Parallel dazu fand das Thema in den evangelischen Landeskirchen starke Resonanz. Das wiederum war ein Niederschlag weltweiter Strömungen: Auf der einen Seite stand die ökumenische Diskussion um die Struktur missionarischer Gemeinden seit den 1960er-Jahren, auf der anderen Seite der Aufbruch der Evangelikalen und der Kongress in Lausanne 1974 in direktem Gegensatz zu den Entwicklungen im Ökumenischen Rat der Kirchen. Hier rückte die Verbindung von Evangelisation und Gemeinde vermehrt ins Blickfeld.

In den evangelischen Landeskirchen konzentrierte sich die Diskussion um den missionarischen Gemeindeaufbau bis in die 1990er Jahre auf die missionarische Neuausrichtung bestehender Gemeinden, also vor allem der Ortsgemeinden. Exemplarisch für den missionarischen Gemeindeaufbau seit der zweiten Hälfte der 1970er Jahre stehen drei Buchtitel, die im Jahresabstand erschienen[13]:

---

[12] S. Kap. 1.2.

[13] Sorg, Wie wird Kirche neu?; Handbuch für lebendige Gemeindearbeit; Schwarz, Überschaubare Gemeinde.

- 1977 Theo Sorg (damals Oberkirchenrat in Württemberg) „Wie wird Kirche neu?
- 1978 Handbuch für lebendige Gemeindearbeit (Brüderhaus Tabor).
- 1979 Fritz Schwarz (Superintendent in Herne) „Überschaubare Gemeinde“

Das Thema lag offensichtlich in der Luft – in den evangelischen Landeskirchen ebenso wie in der Gemeinschaftsbewegung[14]. Es ist davon auszugehen, dass diese Impulse auch in der Gemeinschaftsbewegung „ankamen“. Mit einem Problem freilich: „Gemeinde“ war klar die Domäne der Landeskirchen und Freikirchen.

Das war mit ein Grund dafür, dass für einige Kreise der Gemeinschaftsbewegung nordamerikanische Konzeptionen wie die Gemeindewachstumsbewegung[15] näher lagen als die landeskirchliche Diskussion[16]. Exemplarisch für diesen „Import“ steht der Satz von C. Peter Wagner, einem Schüler Donald McGavrans: *„Die für sich genommen effektivste Evangelisationsmethode, die es gibt, ist die Gründung neuer Gemeinden“*[17]. Das war Wasser auf die eigenen Mühlen und lag nah bei einem im Umfeld des Deutschen Gemeinschaftsdiakonieverbandes (DGD) verbreiteten pragmatischen Denken. Die Gemeindewachstumsbewegung bot offensichtlich eine Konzeption, die für die eigenen Anliegen „passte“.

Greifbar wird die Entwicklung im „Handbuch für lebendige Gemeindearbeit“ (1978)[18]. Es markiert geradezu den Übergang vom pragmatischen zum programmatischen Gemeindeaufbau in der Gemeinschaftsbewegung. Im Handbuch selbst sind keine ekklesiologischen Reflexionen zu finden, die einzelnen Beiträge reden nicht von „Gemeinschaften“, sondern von „Gemeinden“ und zeigen so eine Programmatik im Verständnis der Gemeinschaften als „Gemeinden“, bei der der innerkirchliche Charakter der Gemeinschaftsbewegung keine erkennbare Rolle mehr spielt.

---

[14] Die Gründe dafür wurden m. W. bisher nicht erforscht. Im Hintergrund des Booms des Gemeindethemas ist auch die „Kirchenkrise“ um 1970 mit einem rapiden Anstieg der Kirchenaustritte und einer Abnahme des Gottesdienstbesuchs zu sehen. Die gesellschaftliche Plausibilität der Kirchenmitgliedschaft ließ nach. Dies führte dazu, dass die Bedeutung der Kirche bzw. Gemeinde selbst bei der „Plausibilisierung“ des Glaubens und der Zugehörigkeit zur Kirche beim Einzelnen stieg.

[15] S. Zimmermann, Art. Gemeindewachstumsbewegung. – Vermittelt durch Campus für Christus, reiste in den 1970er-Jahren eine Gruppe mit Günther Hopp von Marburg in die USA, um Impulse vom Church Growth Movement in Deutschland zu implementieren (Jürgen Mette mündlich).

[16] „Amerikanische Einflüsse sind hier besonders deutlich. Es wird viel unter uns gesprochen vom Gemeindeaufbau und vom Gemeindewachstum. Und das übrigens auch in der Kirche“ (Heimbucher, Kirche und Gemeinschaft, 423).

[17] Wagner, Gemeindegründung, 12.

[18] S. dazu u. S. 142.

Nach einzelnen Gemeindegründungen in den 1980er-Jahren setzte eine Welle in den 1990er-Jahren ein, insbesondere in den vom Neupietismus geprägten Gemeinschaftsverbänden wie Chrischona, Liebenzell sowie im Umfeld des DGD[19]. Aufbruchsstimmung macht sich breit, Projekte werden initiiert, Konsultationen abgehalten, aber auch Krisen durchgestanden.

10.3 Auswirkungen der Gemeindewerdung

Innerhalb der Gemeinschaften war die Situation sehr unterschiedlich: An manchen Orten konnte der Weg von der Gemeinschaft zur eigenständigen Gemeinde mit internen Auseinandersetzungen zwischen einem „kirchennahen“ und „kirchenkritischen“ Flügel verbunden sein: Die einen – tendenziell die ältere Generation – wollten die Verbindung zur Landeskirche und den Ortsgemeinden aufrecht erhalten. Die Kirchengemeinde war mit eigenen Erfahrungen verbunden. Wo die Erinnerungen nicht vorwiegend negativ sind, führen Taufe, Konfirmation und Trauung, Gottesdienstbesuche und oftmals die eigene Mitarbeit zu einer landeskirchlichen Identität und Verbundenheit. Für diejenigen, die kaum eigene Erfahrungen mit der Kirchengemeinde hatten – eher die jüngere Generation – ist es nicht verwunderlich, wenn auch wenig Interesse an einem Miteinander vorhanden ist. An einigen Orten erfolgte die Gemeindewerdung in großem Konsens und war mit Aufbruchsstimmung verbunden, anderswo kam es zu Konflikten.

Konflikte auf dem Weg in die Eigenständigkeit gab und gibt es auch zwischen Kirchengemeinden und Gemeinschaften. Teilweise ist das Verhältnis dauerhaft getrübt, aber das Blatt kann sich auch eine Generation später wenden: Zwar gibt es für die nachwachsenden jungen Erwachsenen kaum Berührungen und Erfahrungen mit „Kirche“, aber der Wunsch, die Zerstückelung der christlichen Gemeindelandschaft zu überwinden, kann zu einem neuen Interesse und einer neuen Bereitschaft an einem Miteinander und an Kooperationen mit Landeskirchen und landeskirchlichen Gemeinden führen.

An vielen Orten war die Jugendarbeit der Gemeinschaften dem EC-Verband angeschlossen, agierte aber vor Ort eigenständig. Durch die Gemeindewerdung konnte es dazu kommen, dass neben dem Verband mit der Gemeinde eine weitere „Größe“ ins Spiel kam, die Einbindung in die örtlichen Strukturen und Mitarbeit erwartete: Die Jugendarbeit wurde als integraler Teil der Gemeinde betrachtet und deshalb auch in Gemeindekonzeptionen

[19] Mette/Schmidt, Ekklesiologische Erwägungen, 247.

und Leitbildern einbezogen. Aus vom Verband angestellten Jugendreferenten, die für ganze Bezirke zuständig waren, wurden Jugendpastoren mit Anstellung bei der örtlichen Gemeinde. Dieser Prozess der stärkeren Integration der Jugendarbeit in die „Gemeinschaftsgemeinden" konnte geradlinig verlaufen, führte an manchen Orten aber auch zu Reibungen und konnte von den Mitarbeitenden in der Jugendarbeit als Einschränkung der Eigenständigkeit empfunden werden[20].

Auch *auf der Ebene des Gnadauer Verbandes* wurde diese Entwicklung kontrovers diskutiert. Die Gnadauer Präsesberichte greifen die Thematik immer wieder auf. Seit 1970 versuchten die Präsides dabei einerseits, Konsenslinien innerhalb von Gnadau zu finden, scheuten aber auch nicht engagierte Stellungnahmen, wenn es um die ekklesiologische Verortung der Gemeinschaftsbewegung ging.

Dem Ringen um die Gestaltung des Wegs von der Gemeinschaft zur Gemeinde innerhalb der örtlichen Gemeinschaften entspricht die Diskussion innerhalb der einzelnen Verbände und des Gnadauer Verbands insgesamt. In der Regel ließ man einander gewähren, die Unterschiedlichkeit der „Gnadauer Modelle" bot dafür eine Grundlage.

In der Argumentation ist eine Weiterentwicklung erkennbar: Während Kurt Heimbucher als Präses Gemeinschaften noch nicht als Gemeinden bezeichnen wollte[21], gibt es mittlerweile gibt es in praktisch allen Strömungen der Gemeinschaftsbewegung Gemeinden und einen Diskurs zum Thema „Gemeindeaufbau". Die Berufung eines Referenten für Gemeindegründung und Neubelebung im Gnadauer Verband zeigt, dass das Thema im Gnadauer Zentrum angekommen ist. Gemeindeaufbau und selbst Gemeindegründung sind heute nicht mehr als solche strittig, es geht vor allem um das *Wie* und die Frage der Innerkirchlichkeit.

Man kann die anfängliche Argumentation der Gnadauer Leitung anfangs als Versuch sehen, einen Damm aufzurichten und eine Entwicklung aufzuhalten, die letztlich nicht aufzuhalten war. Die weiteren Bemühungen gingen stärker dahin, die vorhandene Dynamik zu strukturieren und zu ordnen.

Man kann es aber auch als erfolgreichen Einsatz für das Festhalten an der Innerkirchlichkeit Gnadaus sehen, die heute weithin Konsens ist. Vielerorts haben zwar die Verbindungen zu den Landeskirchen nachgelassen, aus einem oft konfliktvollen Miteinander ist oft ein schiedlich-friedliches Nebeneinander geworden. Der Weg in die Freikirchlichkeit hingegen hat an Attraktivität verloren. Eine quasi-freikirchliche Arbeit im Gnadauer Verband den Nimbus der Fortschrittlichen verloren, die Kritik an denen,

---

[20] Auskunft von Klaus Göttler, Generalsekretär der deutschen EC-Verbandes (mündlich).

[21] Heimbucher, Kirche und Gemeinschaft, 422-425 („Gemeinschaft oder Gemeinde?").

die bewusst innerkirchlich arbeiten („Ihr traut euch nur nicht!") ist abgeebbt.

Die Situation innerhalb des Gnadauer Verbandes stellt heute sehr unterschiedlich dar. Die Bandbreite reicht von Gemeinschaften, die sich als integraler Teil einer landeskirchlichen Kirchengemeinde verstehen und sowohl in der Gemeinschaft als auch in der Kirchengemeinde beheimatet sind und mitarbeiten bis hin zu Gemeinschaften als eigenständigen Gemeinden ohne direkte Verbindung zur Evangelischen Landeskirche. Ein Pastor erklärte mir das so: Freikirche werden können wir nicht, weil wir sonst nicht mehr Teil des Gemeinschaftsverbandes bleiben könnten. Zurück zur Kirche wollen wir nicht, weil ein Teil der Mitglieder das grundsätzlich ablehnt. Durch die Zugehörigkeit zum Gemeinschaftsverband sind wir indirekt Teil der Evangelischen Landeskirche.

Aus der Perspektive der Landeskirchen freilich arbeitet diese Gemeinde außerhalb der Vereinbarungen und damit faktisch freikirchlich; erkennbar wird das vor allem an den Kasualien, die keine landeskirchlichen Amtshandlungen darstellen und nicht in die Kirchenbücher eingetragen werden. Taufen führen nicht zur Kirchenmitgliedschaft. Weder Landeskirche noch Freikirche – eine solche Gemeinde hat einen unklaren ekklesiologischen Status und befindet sich gewissermaßen in einer Art ekklesiologischem Niemandsland[22].

Exemplarisch für die heute zu findende Gnadauer Vielfalt steht der im Kapitel über Kasualien ausgeführte *Umgang mit der Taufe*[23]. Es beginnt bei Gemeinden und Gemeinschaftsverbänden, bei denen die Taufe ganz selbstverständlich zur Kirchenmitgliedschaft führt. Die Palette reicht über Gemeinden, bei denen eine Eintragung von Taufen und den übrigen Kasualien in die Kirchenbücher nur auf Wunsch der Betroffenen erfolgt bis hin zu Gemeinden, die außerhalb der Vereinbarungen mit den Landeskirchen arbeiten.

Diese Entwicklung und das Festhalten an der Zugehörigkeit zur Evangelischen Kirche haben auch dazu geführt, dass in den Landeskirchen insgesamt die Bereitschaft erkennbar gestiegen ist, eigenständigen Gemeinschaften als Gemeinden innerhalb der Evangelischen Kirche Raum zu geben und eine Eigenständigkeit zuzugestehen, die vor wenigen Jahrzehnten noch undenkbar schien[24].

---

[22] Vgl. dazu Morgner, Geistliche Leitung, 525-527; er nennt eine solche Gemeinde eine „religiös ortlose Gemeinschaft, die nicht innerkirchlich arbeiten will, sich aber auch nicht als Freikirche verstehen möchte" (527).

[23] S. dazu ausführlich oben Kap. 5, v. a. 5.5.

[24] S. u. Kap. 13.4.4.

Der *Versuch einer Zwischenbilanz* zum Gemeindeaufbau im Gnadauer Verband zeigt eine Ambivalenz: Insbesondere in städtischen Regionen war die Eigenständigkeit mit Aufbrüchen und zu Gemeinden verbunden, die deutlich gewachsen sind und vor allem für Familien mit Kindern attraktiv sind.

Nicht nur, aber insbesondere in strukturschwachen und ländlichen Gebieten hingegen sind Gemeinden zu finden, für die die mit der Gemeindewerdung verbundenen Strukturen wie einem eigenen Gebäude und einem eigenen Pastor auf Dauer eine Überforderung darstellen. Es gibt mittlerweile nicht nur leerstehende Gebäude von Kirchengemeinden und Freikirchen, sondern auch leerstehende und ungenutzte Gemeinschaftshäuser. Stellen von Pastoren werden gekürzt oder der Dienstauftrag wird in Verbindung mit der Zusammenlegung von Gemeinden ausgeweitet.

Hier wie dort finden wir Gemeinden, die gut vernetzt sind, die missionarisch und diakonisch nach außen ausstrahlen. Ihnen stehen Gemeinden gegenüber, bei denen die Abtrennung vom Resonanzraum „Landeskirche" zur selbstgewählten Isolation führte und die durch eine starke Binnenorientierung einschließlich einer *Insider*-Mentalität geprägt sind.

Dazwischen spielt sich Gemeindeaufbau in der Gemeinschaftsbewegung in einer bunten Vielfalt ab. Führte anfangs ein ungestümes Vorpreschen zu Konflikten innerhalb von „Gnadau" und mit den Landeskirchen, kann es heute auch vorkommen, dass die vorhandenen Möglichkeiten und Freiräume in den Landeskirchen bei weitem nicht ausgefüllt werden.

10.4 Die Folge: Ausweitung der Organisation

Organisation und Bürokratie wurden in der Gemeinschaftsbewegung lange Zeit als „typisch Kirche" gesehen; man grenzte sich davon ab. Der Tabor-Dozent Erich von Eicken sprach 1954 vom „Ballast von umfangreicher Finanzverwaltung, Verfassung, Kirchenordnung und Hierarchie". Sein Ratschlag: „Das alles belassen wir bei der Volkskirche, die stellvertretend für uns diese Lasten mitträgt. So können wir unbeschwerter marschieren, tragen nur das leichtere Gepäck von einem Minimum an Verfassung, schriftlichem Bekenntnis und Verwaltung und können uns umso konzentrierter auf unseren eigentlichen Auftrag […] beschränken"[25].

[25] Eicken, „In der Kirche, soweit möglich mit der Kirche, aber nicht unter der Kirche", 101; S. dazu o. S. 114.

Die Gemeindewerdung führt zu einer Zunahme der organisatorischen Seite[26]. Damit wird derjenige Bereich ausgeweitet, den die Gemeinschaften aufgrund ihres Selbstverständnisses als „Bewegung“ möglichst klein halten wollten – die teils ausufernde kirchliche Verwaltung und Bürokratie stand als abschreckendes Beispiel vor Augen: So wollte man auf keinen Fall sein!

Grundsätzlich ist es so, dass dort, wo „Gemeinschaft“ gelebt wird, diese auch gestaltet werden muss. Gemeinschaft hat immer auch eine organisatorische Seite, bei der Strukturen und Ordnungen ins Spiel kommen. Bei einer landeskirchlichen Gemeinschaft als Teil einer Kirchengemeinde konnte das oft auf ein Minimum beschränkt und flexibel gehandhabt werden. Aber bereits dort, wo die Gemeinschaft in Vereinsform organisiert war bzw. ist, steigt der Organisationsbedarf: Es geht um Mitgliedschaft, Vorsitz, Finanzen – und häufig auch um ein eigenes Haus, evtl. sogar einen angestellten Prediger.

Eine nicht immer wahrgenommene Nebenwirkung des Wegs von der Gemeinschaft zur Gemeinde besteht darin, dass eben dieser „Ballast“ damit beträchtlich zunimmt: Die organisatorische Seite gewinnt an Gewicht, administrative Aufgaben weiten sich aus.

Mancherorts stellen sich Strukturfragen mit dem Wachstum der Gemeinde. Familiäre Strukturen sind oft nicht geeignet für größer werdende Gemeinden mit 100 oder mehr Mitgliedern bzw. Gottesdienstbesuchern. Fehlende oder ungeeignete Strukturen können im Konfliktfall zum Problem werden: Gerade dann zeigt sich, ob Strukturen und Mechanismen ihre Aufgabe erfüllen, unterschiedliche Interessen zu regeln und zugleich entscheidungsfähig zu bleiben.

Wurde der organisatorisch-administrative Bereich lange Zeit häufig fast ausschließlich von Ehrenamtlichen getragen, so kann er im Zuge der Gemeindewerdung ein Ausmaß annehmen, das die Kapazitäten und die Kompetenzen von Ehrenamtlichen übersteigt. Nicht selten landet die Zuständigkeit dafür bei denen, die dafür bezahlt werden: Beim Jugendpastor bzw. der Gemeinschaftspastorin.

[26] S. dazu u. Kap. 10.8.4. „Von der Bewegung zur Organisation“ und 11.2.2 „Die Kirche als ‚Bewegung‘, ‚Institution‘ und Organisation‘.

10.5 Die Begründung: „missionarische Gemeinde“ als neues Leitparadigma

Theologisch wurde der Weg von der Gemeinschaft zur Gemeinde vor allem mit den damit verbundenen missionarischen Möglichkeiten begründet. Etwas weiter aus holt das „Gemeindepapier“ des BeG von 2011 und nimmt Bezug auf den Wandel des Evangelisationsverständnisses:

> „Evangelisation war das eine klassische Kernanliegen der Gemeinschaftsbewegung seit ihrer Gründung. Viele Gemeinschaften verdanken ihre Entstehung dieser neuen Missionsform der modernen Massengesellschaft [...] Nach dem 2. Weltkrieg ist ein zunehmender Wandel im Missionsverständnis der evangelikalen Bewegung zu beobachten [...] Der Missionstheologie[sic] *George Peters* betonte in Lausanne, dass die Gemeinden ihre eigentlichen Möglichkeiten gar nicht ausschöpften. Die Gemeinde selbst sei das wesentlich ungenutzte Potential in der Befolgung des missionarischen Auftrages [...]
> Diese Einsichten sind es, die im Bereich des heutigen BeG bzw. in TABOR im *Handbuch für Lebendige Gemeindearbeit* ab Ende der 1970er-Jahre umgesetzt werden. Die evangelisierende Gemeinde ersetzt das Ideal des charismatischen Evangelisten. Diese Umorientierung hat bis in die Gegenwart hinein Bestand (vgl. die Impulse von Willow Creek, Alpha-Kurs usw.). Die Gemeindeaufbaubewegung in ihren verschiedenen Ausprägungen dürfte der wesentliche Anstoß im Selbstverständnis der Gemeinschaften gewesen sein, dass der Gemeindebegriff auch für das eigene Selbstverständnis zentral wurde. Die beiden Aufgaben der Evangelisation und der Gemeinschaftspflege werden zusammengezogen zum neuen Leitparadigma der missionarischen Gemeinde. Der Begriff der Gemeinde steht nun nicht mehr nur für die gelebte Gemeinschaft der Christen, sondern eben auch für das Anliegen der Mission und integriert damit die beiden Aspekte des Gnadauer Selbstverständnisses“[27].

Die Bedeutung dieser Argumentation liegt darin, dass hier nicht nur „Gemeinschaftspflege“ mit dem Gemeindeaufbau in Verbindung gebracht wird, sondern auch und gerade das Anliegen der Evangelisation. Unter Bezug auf die neuere Entwicklung des Evangelisationsverständnisses werden im Leitbild der „missionarischen Gemeinde“ Evangelisation ebenso wie Gemeinschaftspflege integriert.

„Gemeindewerdung“ wird hier nicht als „Kirchwerdung“ und somit als Abkehr vom bisherigen Gnadauer Weg verstanden, sondern dessen konsequente Weiterführung betrachtet.

---

[27] Dem Auftrag verpflichtet, 28. – Diese Gedanken finden sich bereits in Dietz, Gemeinschaft, Gemeinde, Kirche, 6-7.

Ein weiteres Kontinuum stellt die Rezeption angelsächsischer Modelle dar: In den letzten Jahrzehnten waren es etwa die Gemeindewachstumsbewegung, die Willow-Creek-Gemeinde; später kamen die *fresh expressions of church* dazu.

Neben den theologischen Begründungen war der Weg zur eigenständigen Gemeinde häufig mit einem pragmatischen Zug verbunden: Der Erfolg diente gleichfalls zur Legitimation des Weges von der Gemeinschaft zur Gemeinde.

10.6 Gemeindegründung

In der Gemeinschaftsbewegung, insbesondere im Umfeld des DGD, wurden Impulse zur Gemeindegründung aus der internationalen Gemeindewachstumsbewegung aufgegriffen. In den Landeskirchen kam in Verbindung mit der Diskussion um den missionarischen Gemeindeaufbau Anfang der 1990er Jahre ebenfalls die Strukturfrage auf: Es ging nicht mehr nur um die Erneuerung bestehender Gemeinden, sondern zunehmend um Neugründungen in missionarischer Absicht. Inspiriert durch die anglikanische *church planting*-Bewegung, bestand das Anliegen bestand darin, Menschen anzusprechen und zu beheimaten, die durch die bestehenden Gemeindeformen nicht erreicht wurden[28].

Im Kontext der Fortsetzung dieser Bewegung durch die *fresh expressions of church* seit etwa 2005 fanden auch die bis dahin weithin getrennt laufenden Diskussionen zum Gemeindeaufbau in Gemeinschaftsbewegung und Landeskirche näher zueinander. Das „Fresh-X-Netzwerk“ in Deutschland vernetzt Verbände und Kirchen aus dem Bereich der Landeskirchen, des Gnadauer Verbandes und der Freikirchen. Hatten Bestrebungen zu „Gemeindegründungen“ in den Landeskirchen anfangs einiges Befremden ausgelöst, so erhöht die Diskussion darüber innerhalb der Landeskirchen die Akzeptanz von Gemeindegründungen in der Gemeinschaftsbewegung.

Die landeskirchliche Rezeption ist durch die Entwicklung von „Erprobungsräumen“ und vergleichbaren Modellen seit etwa 2015 in eine neue Phase eingetreten: Aus einzelnen Modellen mit Piloncharakter wird allmählich eine breitere Bewegung[29].

Mit dem Begriff „Gemeindegründung“ verbunden sind mehrere Aspekte:

---

[28] S. Knoblauch/Eickhoff/Aschoff (Hg.), Gemeinde gründen in der Volkskirche.; s auch Herbst, Eine Perspektive der Gemeindeentwicklung in nach-volkskirchlicher Zeit, v. a. 42-44.

[29] S. u. Kap. 13.4.4 Nr. 5.

- Die Grenzen zwischen „Gemeindewerdung" einer Gemeinschaft und einer „Gemeindegründung" sind fließend. Nicht immer erfolgte eine „Gemeindegründung" vom Nullpunkt an, oftmals gab es bestehende Gemeinschaften, EC-Jugendbünde oder Hauskreise als Ausgangspunkt für die „Gemeindegründung". Diese Unschärfe bzw. Doppeldeutigkeit ist bis heute festgehalten in der Bezeichnung der Gnadauer Referats für „Neugründung und Neubelebung". Die Zielrichtung ist beide Male dieselbe, die Ausgangsituation kann unterschiedlich sein und zwischen der „Neubelebung" einer bestehenden Gemeinschaft und einer „Neugründung" angesiedelt sein.
- Fast noch stärker als bei der „Gemeindewerdung" bestehender Gemeinschaften stellt sich bei Neugründungen innerhalb der Gemeinschaftsbewegung als innerkirchlicher Bewegung die Frage nach dem kirchlichen Status der gegründeten Gemeinschaften. Auch hier gibt es eine große Vielfalt und Bandbreite zwischen Neugründungen, die in Absprache und mit Unterstützung der Landeskirchen erfolgen und zu Gemeinden führen, die aufgrund von Vereinbarungen einen klaren Status innerhalb der jeweiligen Landeskirchen haben auf der einen und Gemeinden, die ohne Verbindung mit der Evangelischen Kirche arbeiten. Ihr einziger „Kirchenbezug" besteht bisweilen darin, dass sie einem Gemeinschaftsverband angehören, der sich als innerkirchlich versteht. Dazwischen gibt es eine Palette von Möglichkeiten. Was schon für Gemeinschaften insgesamt gilt, gilt fast noch verstärkt für Neugründungen: In der Perspektive einiger Landeskirchen stellen sie „unregelmäßige Verben" dar, die quer zu vorgesehenen landeskirchlichen Formen stehen und den Kirchenjuristen Kopfzerbrechen bereiten können. Manche Landeskirchen haben in den zurückliegenden Jahren ihren „Gemeindebaukasten" erweitert und können daher auch Gemeinden innerhalb der Gemeinschaftsbewegung einen offiziellen Status in der Landeskirche verleihen[30].
- Der Gedanke der *fresh expressions* hat eine breite Aufnahme in der Gemeinschaftsbewegung gefunden und löst gewissermaßen „Gemeindegründung" als Hoffnungswort ab. Das kann einen Motivationsschub bewirken, aber stellt in der Reflexion auch vor Herausforderungen: Welche Kriterien muss eine „Gemeindegründung" innerhalb der Gemeinschaftsbewegung erfüllen, um als *Fresh X* gelten zu können? Wichtig ist dabei neben der missionarischen Ausrichtung die Frage nach der Kontextualität: Ist die neugegründete Gemeinde vom Bezug auf den spezifischen Kontext geprägt mit dem Ziel, das „Gemeinde"

---

[30] S. u. Kap. 13.4.4 Nr. 4.

für eine soziologisch abgrenzbare Zielgruppe entsteht, die in bisherigen Formen von Gemeinde kaum oder nicht zu finden ist – oder ist es der Transfer von klassischen Formen, Strukturen und Mentalitäten der Gemeinschaftsbewegung in eine neue Gemeinde? Eine Gemeindegründung mit klassischen „Komm-Strukturen", die in einem großstädtischen Ballungsgebiet anziehend auf junge Familien wirkt und deren Mitgliederzahl überwiegend durch „Transferwachstum" zunimmt, wird kaum als *Fresh X* bezeichnet werden können[31].

Für die weitere Reflexion anregend ist eine Unterscheidung dreier Motive von Gemeindegründungen des in Amsterdam lehrenden Missionstheologen und Gemeindegründers Stefan Paas[32]:

1. „Bessere Gemeinden"[33] zu gründen war der Anspruch bei der Etablierung der klassischen Freikirchen vor allem im 19. Jh. Gemeindegründung erfolgte in Abgrenzung zu den Landeskirchen, die dem Auftrag zur Evangelisation nur unzureichend nachkamen oder gar als geistlich „tot" betrachtet wurden. Der Anspruch, die „bessere" Gemeinde bzw. Gemeinschaft zu sein, prägt auch den Beginn der Gemeinschaftsbewegung und kann sich bis heute mit Gemeindegründungen verbinden.

   „Bessere Gemeinden" operieren im Blick auf die eigene Identität im Modus der Abgrenzung. Wo jedoch die Zahl der Christen und Kirchenmitglieder abnimmt und Christen zur Minderheit werden, verliert der Anspruch, die „bessere" Gemeinde zu sein an Plausibilität; vielmehr kann es der Glaubwürdigkeit und damit dem Auftrag der Evangelisation schaden.
2. Den zweiten Typ nennt Stefan Paas „mehr Gemeinden"[34]. Hier bezieht er sich auf die Gemeindewachstumsbewegung. Er zeigt insbesondere auf, dass dahinter das US-amerikanische „Marktmodell" für Religion steht. Der Grundgedanke ist dabei vereinfacht gesagt „Konkurrenz belebt das Geschäft": Je mehr Kirchen bzw. Gemeinden es gebe, umso besser sei das für den Auftrag der Evangelisation, weil viele „Wettbewerber" zu einem größeren und besseren Angebot führten und sich aktiv darum bemühen müssten, Menschen zu erreichen. Die beste

[31] In Kap. 8 war zu erkennen, dass im Blick auf die empirischen Daten beträchtliche Unterschiede zwischen landeskirchlichen Gemeinschaften und „neuen Gemeindeformen" bzw. Fresh X bestehen.

[32] Paas, Church Planting in the Secular West; s. dazu und zum Folgenden den Buchbericht Zimmermann, Gemeindegründung.

[33] Paas, a. a. O., Kap. 2, 50-110.

[34] Paas, a. a. O., Kap. 3, 111-180.

Evangelisationsstrategie besteht in dieser Perspektive darin, möglichst viele Gemeinden zu gründen.

Das Problem liegt darin, dass eine konstante Nachfrage vorausgesetzt wird. Ist diese nicht oder nicht mehr gegeben, nützt eine Ausweitung des Angebots wenig, das gesamte Modell verliert an Plausibilität, weil offene Konkurrenz der Glaubwürdigkeit schaden kann. Eben das ist im säkularen Umfeld in Westeuropa ganz offensichtlich der Fall.

Paas entlarvt einige damit verbundene Mythen und macht geltend, dass Gemeindegründung kein Wert an sich ist und auch kein aus dem Neuen Testament abzuleitender Auftrag. Vielmehr ist Gemeindegründung in der gegenwärtigen Situation in Westeuropa *eine* mögliche Strategie, den missionarischen Auftrag umzusetzen – aber keineswegs die einzige. Je nach Ort und Situation ist zu prüfen, ob es sinnvoller ist, bestehende Gemeinden zu stärken oder neue zu gründen.

3. Den dritten Typ nennt Paas „neue Gemeinden“[35]. Ihre Berechtigung beruht nicht ausschließlich auf ihrem Beitrag zur Evangelisation, sondern mindestens ebenso darin, die kirchliche Innovation voranzutreiben. Es kann sich um experimentelle Formen handeln, die einen Beitrag zur Zukunft der Kirche insgesamt leisten können. Paas skizziert innerhalb der „neuen Gemeinden“ drei Modelle:
   1. „Freihäfen“ liegen außerhalb des Bereichs, in dem die Gesetze und Bestimmungen eines Landes gelten. Bei Gemeindegründungen nach diesem Modell können in Freiheit radikale Ideen umgesetzt werden und neue Formen entstehen, die belebend auf die Kirche insgesamt zurückwirken. Als Beispiel aus der Geschichte nennt Paas die Klöster.
   2. Die zweite Form sind „Laboratorien“, die dadurch leben, dass hier Experimente stattfinden, bei denen möglichst unterschiedliche Menschen zusammenkommen. Das führt zu unerwarteten Begegnungen, bei denen wiederum Kreativität freigesetzt werden kann. Auf diese Weise soll ein Umfeld entstehen, das stimulierend für neue Ideen und Formen und damit für Innovation wirkt.
   3. Als „Inkubatoren“ bzw. „Brutkästen“ betrachtet Paas experimentelle Formen an den „messy margins“ („unordentliche Ränder“) der großen Kirchen. Sie leben von der Unterstützung dieser Kirchen. Menschen mit Pioniergeist entwickeln hier neue Formen. Ein Problem kann dadurch entstehen, dass unkonventionelle Wege auf wenig Verständnis bei der Kirchenbürokratie stoßen. Hier braucht es Vermittler zwischen Pionieren und Bürokraten.

[35] Paas, a. a. O., Kap. 4, 181-241.

Dieses letztere Modell zeigt eine deutliche Nähe zu den *fresh expressions of church.* Insgesamt geht es bei den „neuen Gemeinden“ auch darum, bestehenden Gemeinden und Kirchen die Verbindung von Gemeinde und Mission vor Augen zu halten.

Die Unterscheidung und Typologie von Paas kann hilfreich sein, weil hier eine Missionstheologe und Gemeindegründer selbst einen kritischen Blick auf bestehende Formen wird und manche Mythen entlarvt – nicht, weil er Gemeindegründung per se ablehnt, sondern in der Absicht, den Blick zu schärfen und die Chancen und Grenzen der jeweiligen Formen damit herauszuarbeiten.

Bei Gemeindegründungen in der Gemeinschaftsbewegung sind Einflüsse der Modelle „bessere Gemeinden“ und „mehr Gemeinden“ erkennbar; hier könnte das Potenzial, das bei die mit den „neuen Gemeinden“ verbundenen Modellen bergen, stärker zur Geltung kommen.

10.7 Motive und Faktoren der Gemeindewerdung

Nach dem Überblick über die neuere Entwicklung und vor einem näheren Blick auf die theologischen und ekklesiologischen Argumentationen (Kap. 11) geht es hier um die Frage, welche Motive und Faktoren hinter dieser Entwicklung stehen. Diese sind sowohl im kirchlichen und gesellschaftlichen Umfeld als auch innerhalb der Gemeinschaften selbst zu finden.

Wichtige Gründe für diese Entwicklung wurden bereits genannt[36]: Der Wandel im Evangelisationsverständnis; die Entfremdung von den Landeskirchen und der Bedeutungszuwachs lokaler Verwurzelungen. Auch auf die Veränderungen im Verständnis von Evangelisation wurde bereits eingegangen[37]; hier dienen deshalb die beiden letztgenannten Aspekte hier als Ausgangspunkt.

10.7.1 Entfremdung von den Landeskirchen und Spannungen mit den Ortsgemeinden

In den Jahrzehnten nach dem Zweiten Weltkrieg gab es enge Verbindungen zwischen Landeskirchen und Gemeinschaftsbewegung. Exemplarisch dafür steht ein Brief des Berliner Bischofs Otto Dibelius vom 10. Juli 1946, der in einer Sammlung Gnadauer Dokumente unter der Überschrift „Die Kirche bekennt sich zur Gemeinschaftsbewegung“ veröffentlicht ist[38]. Auf

---

[36] Dietz, Gemeinde, Gemeinschaft, Kirche und „Dem Auftrag verpflichtet“ 2011, 17-20.
[37] S. o. Kap. 10.6.
[38] Heimbucher/Schneider (Hg.). Gnadauer Dokumente I, 94-95.

der anderen Seite gab es auch eine schleichende Entfremdung beider Seiten. Dafür kann exemplarisch auf die „Bultmann-Debatten" in den 1950er und 1960er-Jahren und die Entstehung der Bekenntnisbewegung „Kein anderes Evangelium" als Reaktion darauf verwiesen werden. In den 1970er und 1980er-Jahren war es dann die Politisierung weiter Teile der Evangelischen Kirche, die in den Gemeinschaften weithin auf Ablehnung stieß. In den zurückliegenden Jahrzehnten ist beides zu beobachten: Entwicklungen hin zu einem stärkeren Miteinander, aber auch von Distanz und Distanzierung.

Auf der einen Seite prägt weithin ein vertrauensvolles Miteinander die Beziehungen auf der Leitungsebene, exemplarisch dafür steht die Wahl von Michael Diener als Gnadauer Präses in den Rat der EKD 2015. Auch vor Ort ist an vielen Stellen ein gutes und respektvolles Miteinander zu finden.

Daneben gab und gibt es auch danach immer wieder Erfahrungen der Entfremdung. Dazu zählt der Umgang mit dem Thema Homosexualität in den Landeskirchen in den Jahren nach 2000. Vor Ort konnte das so aussehen, dass ein Kirchenvorsteher, der zugleich Mitarbeiter in der landeskirchlichen Gemeinschaft war, sich plötzlich als einziger im Kirchenvorstand wiederfand, der aufgrund seiner theologischen Überzeugung der Einführung der Segnung gleichgeschlechtlicher Paare nicht zustimmen konnte. „Entfremdungserfahrungen" dieser Art können den Wunsch nach Eigenständigkeit befördern.

Neben gesamtkirchlichen Entwicklungen gibt es weiterhin Reibungen und Konflikte vor Ort. Dabei ist es wie bei vielen Konflikten: Zu einem Konflikt gehören zwei Beteiligte, die Anteile der jeweiligen Seite können unterschiedlich und für den Betrachter von außen nicht ohne Weiteres durchschaubar sein. Oft wird der Wunsch nach größerer Eigenständigkeit einer Gemeinschaft von der Kirchengemeinde vor Ort als „unfreundlicher Akt" verstanden. Entsprechend versuchen Pfarrerinnen, Pfarrer und andere Beteiligte, diesen Prozess zu behindern oder blockieren. Konkret geht es dabei um das Feiern eigener Gottesdienste und damit verbunden um Gottesdienstzeiten; ebenso sind in kirchlichem Auftrag durchgeführte Kasualien ein häufiges Konfliktthema[39]. Auf der einen Seite gibt es Gemeinschaften, die ohne Absprache vorpreschen und die andere Seite vor vollendete Tatsachen stellen, auf der anderen Seite aber auch Pfarrerinnen und Pfarrer, die Absprachen, die auf der Ebene der Landeskirchen und Gemeinschaftsverbände getroffen wurden, nicht kennen bzw. nicht kennen wollen und mit Blockadehaltungen reagieren.

---

[39] S. dazu o. Kap. 2 (Gottesdienst) und Kap. 5 (Kasualien).

10.7.2 Der Wunsch nach Eigenständigkeit

2006 schreibt Michael Herbst über die pietistischen wie charismatischen Bewegungen:

> „Alle diese Bewegungen hatten sich die Erneuerung vorhandener Gemeinden auf die Fahnen geschrieben. Und sie merkten mit der Zeit, dass es zuweilen in den vorhandenen Strukturen schwierig war, missionarische Gemeinde zu bauen. Die Gründe sind vielfältig: Der Reibungsverlust durch Konflikte mit einer gewissen, damals noch stärker verbreiteten Missionsallergie gehört ebenso hierher wie der Wunsch, das eigene Profil einmal pur und unvermischt ausgestalten zu können. Ich kann nicht erkennen, dass es überwiegend missionarische Motivationen waren. Der Überdruss gegenüber einem bestimmten Pluralismuskonzept war vielleicht doch das stärkere Motiv. Pluralismus auf Deutsch hieß: In jeder Gemeinde muss möglichst Unterschiedliches Raum finden. Pietisten fanden wohl nicht zu Unrecht, dass diese Liberalität häufig endete, wenn es zu fromm zu werden drohte. Und man war des ewigen Ausgleichens satt. Man suchte auch die Nische für das Eigene"[40].

Das Gegenüber von missionarischer Motivation und dem Wunsch nach Eigenständigkeit markiert ein Spannungsfeld, in dem theologische Argumente, soziologische Dynamiken und Menschlich-Allzu-Menschliches sich in einer Weise verbinden, in der die einzelnen Elemente und ihr Anteil am Ganzen oftmals nicht auseinandergehalten werden können. Handelt es sich bei dem Weg zur Eigenständigkeit um eine missionarische Öffnung oder um einen Rückzug in die Nische? Möglicherweise verschränkt sich sogar beides.

10.7.3 Glaube braucht ein Zuhause – die Bedeutung lokaler Beheimatungen

Glaube benötigt einen Ort, an dem er Wurzeln schlagen kann, ein „Haus" (griechisch *oikos),* in dem er „zuhause" ist, ein „Biotop", einen „Lebens-Ort", an dem er nicht fortwährend infrage gestellt wird und sich behaupten muss, sondern an dem er Förderung und Wachstum erfahren kann. Soziologisch formuliert: Er benötigt eine „Plausibilitätsstruktur"[41], einen sozialen Kontext, in dem er bestätigt und gestützt wird. Für erlebbare Gemeinschaft sind die Strukturen mit „häuslichem" und überschaubarem Charakter wichtig, die in der Größe zwischen der neuzeitlichen Kleinfamilie und der Ortsgemeinde liegen[42] und in etwa dem entsprechen, was das „ganze Haus" in der Antike und in der frühen Neuzeit war. Landeskirchliche

---

[40] Herbst, Eine Perspektive der Gemeindeentwicklung, 44 (zur Thematik insgesamt: 42-44).
[41] S. dazu Zimmermann, Gemeinde zwischen Sozialität und Individualität, 6-8.
[42] A. a. O., 9.

Gemeinschaften und Hauskreise auf evangelischer, Basisgemeinden auf katholischer Seite sind Beispiele dafür.

Je mehr das gesellschaftliche, bisweilen auch das landeskirchliche und das private Umfeld im Hinblick auf den Glauben als unwirtlich empfunden wird, umso mehr steigt das Bedürfnis nach Orten, an dem man geistlich „zuhause“ ist. Das führt zu erhöhten Erwartungen an das, was die Gemeinde für den Glauben des Einzelnen und die Erfahrung von Gemeinschaft bieten soll. Oft ist kaum zu unterscheiden, wo dieses berechtigte Bedürfnis nach geistlicher Beheimatung endet und ein Sich-zurückziehenwollen beginnt, das in Spannung zur Sendung steht.

Diese Entwicklung bleibt nicht ohne Folgen für den Gemeindeaufbau. Die Beschleunigung des täglichen Lebens trägt ein Übriges dazu bei, dass das Bedürfnis nach Beheimatung steigt. Eine zunehmende zeitliche Beanspruchung kann schließlich dazu führen, dass Doppel-Beheimatungen in landeskirchlicher Gemeinde und zugleich in der „Gemeinschaft“ schwieriger werden und vielfach kaum noch lebbar sind. Das wiederum führt dazu, dass im Zweifelsfall meist der Beheimatung und Mitarbeit in der landeskirchlichen Gemeinschaft der Vorrang gegeben wird.

10.7.4 Von der Bewegung zur Organisation

Das Gegenüber von Landeskirche und landeskirchlicher Gemeinschaft ist von seinen Ursprüngen her das Gegenüber von neuen geistlichen Bewegungen und verfasster Kirche. Dieses Gegenüber zieht sich seit der Entstehung des Mönchtums durch die gesamte Kirchengeschichte und ist spannungsvoll. Dier Pietismus ist nur ein Beispiel von vielen.

Wo die Spannung ausgehalten wird, kann es zu einem für beide Seiten fruchtbaren Miteinander kommen: Hier der geistliche Aufbruch, die von ihren Strukturen her flexible Bewegung mit ihren neuen Impulsen und ehrenamtlichem Engagement – dort die eher schwerfällige, dafür aber auch beständigere Organisation. Die Einbindung in die Landeskirche verhilft der Bewegung zur Bodenhaftung und zu einer breiteren Wirkung, umgekehrt profitiert die Landeskirche vielfach davon. Jugendarbeit, Diakonie, Mission, Posaunenarbeit, Hauskreise und vieles andere sind durch geistliche Bewegungen entstanden. Trotz vieler positiver Beispiele gibt es auch die gegenteilige Erfahrung: Nicht immer gelang die Integration. Manche Freikirche entstand aus einer geistlichen Erneuerungsbewegung, die nicht in die Landeskirche integriert werden konnte oder wollte.

Das Gegenüber von Bewegung und Organisation ist auch ein spannendes Thema für Soziologen: Eine Bewegung, die dauerhaft sein will, muss eine organisatorische Gestalt annehmen, sie braucht eine feste Struktur[43]. An den landeskirchlichen Gemeinschaften kann man das gut beobachten[44].

Damit verbunden ist – gewollt oder ungewollt – eine Eigendynamik. Wo beispielsweise ein eigenes Haus und ein hauptamtlicher Prediger da sind und sich die Gemeinschaftsarbeit auf einen Ort konzentriert, ist die Tendenz zur Eigenständigkeit in der Regel deutlich stärker ausgeprägt als bei einer landeskirchlichen Gemeinschaft, die von Ehrenamtlichen geleitet wird und sich im Gemeindehaus der Kirchengemeinde versammelt.

Gemeinschaftsgemeinden sind in dieser Hinsicht ein bedeutender Schritt auf dem Weg von der „Bewegung“ hin zur „Organisation“. Eine der möglichen Folgen besteht darin, dass aus dem Gegenüber von Bewegung und Organisation ein Nebeneinander zweier Organisationen wird. Das bedeutet, dass die Impulse der „Bewegung“ (landeskirchliche Gemeinschaften) für die „Organisation“ (Landeskirche) verebben, aus dem für beide Seiten fruchtbaren, wenn auch nicht immer spannungsfreien Miteinander droht ein unverbundenes Nebeneinander zu werden.

An dieser Stelle müsste m. E. im Hinblick auf Gemeinschaftsgemeinden weitergedacht werden. Je mehr Gemeinschaftsbewegung und Landeskirche von diesem Miteinander in der Vergangenheit profitierten, umso mehr werden Veränderungen in diesem Bereich beide Seiten treffen. Für mich stellt sich die Frage: Wie kann das geistliche Potenzial des Pietismus weiterhin für die Landeskirche fruchtbar gemacht werden? Wie kann es weiterhin (oder auch neu) zu einem fruchtbaren Zusammenwirken beider Seiten kommen, zu einer Symbiose, von der beide Seiten profitieren?

10.7.5 „Weiche“ Faktoren

Bisher ging es vor allem um strukturelle Faktoren, die in Verbindung mit den handelnden Personen, aber auch unabhängig davon ihre Wirkung entfalten. Daneben steht die Ebene der „weichen“ Faktoren. Dazu zählen Verletzungen und leidvolle Erfahrungen auf beiden Seiten. Wo auf Seiten der Gemeinschaft bzw. des Gemeinschaftspastors die Erfahrungen mit Landeskirche ausschließlich negativ und von Frustration, Verletzungen und erfahrener Ablehnung geprägt sind, ist es verständlich, wenn irgendwann Konfliktmüdigkeit entsteht, verbunden mit dem Wunsch, ungestört die eigene Arbeit weiterzuführen. Umgekehrt kann auch eine ständige Nörgelei an der

---

[43] S. o. Kap. 10.4. „Ausweitung der Organisation“ und u. 11.2.2. „Die Kirche als ‚Bewegung‘, ‚Institution‘ und ‚Organisation‘“.

[44] Nicht von ungefähr hat Christoph Morgner diesem Thema 1997 einen ganzen Präsesbericht gewidmet: „Fest stehen – beweglich bleiben. Gemeinschaftsarbeit in der Spannung zwischen Bewegung und Institution“ (Morgner, Geistliche Leitung, 335-382).

Ortsgemeinde oder eine antikirchliche Stimmungsmache innerhalb der Gemeinschaft ein Miteinander erschweren. Ein „Beziehungskiller" ist auch ein gegenseitiges Aufeinander-Herabsehen: hier die separatistische Gruppe, dort die geistlich tote Landeskirche; hier der Anspruch, wahrhaft „biblische" Gemeinde zu sein, dort der Anspruch, für alle zuständig zu sein.

Akute Konflikte sind oft nur der Auslöser für Beziehungsstörungen, die tiefer liegen. Dadurch werden theologische Fragen nicht belanglos. Wo aber das Verhältnis stimmt, erträgt das Miteinander nicht alle, aber doch manche Unterschiede. Man wird Wege finden, mit Konflikten umzugehen. Wo Machtfragen mit im Spiel sind, kann dies Lösungen erschweren.

Auch dort, wo aufgrund einer geistlichen und theologischen Nähe zur Landeskirche eigentlich eine gute Zusammenarbeit zu erwarten wäre, gab und gibt es deshalb Konflikte: Der „erwecklich" predigende Pfarrer stellt mitunter eher eine direkte Konkurrenz zum Gemeinschaftspastor dar als die „liberale" Pfarrerin.

Bei den „weichen" Faktoren können die Motive oft nicht im Detail rekonstruiert werden, weil die nach außen vorgebrachten Argumente nicht immer deckungsgleich mit den dahinterstehenden Motiven sind.

Wo Pfarrerinnen und Pfarrer die Eigenständigkeit landeskirchlicher Gemeinschaften nicht kennen oder nicht kennen wollen und eine ausgesprochene Revierförstermentalität entwickeln (im Bild von Hirte und Herde: „das sind meine Schafe"), ist eine Eigendynamik des Auseinander-Lebens nur schwer zu bremsen. Hier und auch in anderen Fällen ist zu beobachten, dass ein Verhalten, dass pfarrherrliche Züge trägt, immer weniger Akzeptanz findet. Auf Seiten der Gemeinschaftsgemeinden kann dem eine Tendenz zur „Selbstverfreikirchlichung" korrespondieren.

Es kann aber auch umgekehrt sein: Eine räumliche und strukturelle „Nähe" zur landeskirchlichen Gemeinde führt zu Reibungsflächen, die das Miteinander erschweren. Umgekehrt habe ich von Pastoren aus landeskirchlichen Gemeinschaften gehört, dass aufgrund der Eigenständigkeit das Verhältnis entspannter geworden sei, weil durch die Eigenständigkeit die direkten Berührungen und Konflikte minimiert worden seien. Das hat eine positive Seite, aber auch einen Preis: Aus einem ehemaligen Miteinander wird ein Nebeneinander: Man kann sich im Alltag aus dem Weg gehen, dafür bei den wenigen noch vorhandenen Berührungspunkten ein entspanntes Verhältnis entwickeln.

10.7.6 Zwischenresümee

Bei den dargestellten Beobachtungen und Analysen habe ich mich bemüht, Zusammenhänge und Entwicklungen dazustellen, ohne zu werten. Ich verstehe das als Beitrag zur vertieften Kenntnis für landeskirchliche Gemeinschaften, für Landeskirchen und interessierte Beobachter.

Die Kenntnis der Hintergründe soll zunächst entlasten: Es handelt sich um Entwicklungen und Dynamiken, die über die einzelnen Akteure und ihre partikularen Interessen hinausreichen. Auf der anderen Seite sind diese Entwicklungen nicht zwangsläufig und irreversibel. Geschichtliche Entwicklungen sind grundsätzlich offen, wir sind ihnen nicht einfach ohnmächtig ausgeliefert, jeder und jede trägt durch sein Verhalten einen kleinen Teil dazu bei, dass vorhandene Strömungen und Tendenzen verstärkt, gebremst oder auch korrigiert werden. Damit ist noch nicht gesagt, was an dieser Stelle „gut“ und hilfreich ist. Meine Absicht besteht darin, die am Geschehen Beteiligten zu ermutigen, den weiteren Weg bewusst, reflektiert und verantwortlich zu gestalten.

10.8 Landeskirchliche Gemeinschaften als KdöR?

1. In diesem Abschnitt geht es um eine aktuelle Diskussion zur Frage der *Rechtsform* von Gemeinschaftsverbänden. Landeskirchliche Gemeinschaften sind weitgehend vereinsrechtlich und damit privatrechtlich organisiert – anders als die Landeskirchen und weitere Religionsgemeinschaften, die „Körperschaften öffentlichen Rechts“ (KdöR) bilden. Diese Rechtsform wurde Religions- und Weltanschauungsgemeinschaften von der Weimarer Reichsverfassung 1919 (vor allem Art. 137) zugestanden, konkret vor allem den beiden großen Kirchen. Übernommen wurde dies vom Grundgesetz der Bundesrepublik Deutschland. Inzwischen hat ein beträchtlicher Teil der etablierten Freikirchen die Rechtsform einer KdöR übernommen, auch wenn wichtige damit verbundene Privilegien von diesen oft ungenutzt bleiben, insbesondere der Beamtenstatus für Pastoren und die Möglichkeit, Kirchensteuern über staatliche Stellen zu erheben.

   Ist die KdöR eine Rechtsform, die auch für landeskirchliche Gemeinschaften eine Perspektive darstellen kann? Als erster Mitgliedsverband im Gnadauer Evangelischen Gemeinschaftsverband erhielt die Evangelische Gesellschaft (EG, Sitz: Radevormwald) 2019 den Status einer Körperschaft des öffentlichen Rechts. Innerhalb des Gnadauer Verbandes nimmt die EG insofern eine Sonderstellung ein, als nur noch wenige der Gemeinschaften bzw. Gemeinden Verbindungen zu

Evangelischen Landeskirchen haben und die EG insgesamt quasi-freikirchlich arbeitet.

> Der Weg zur KdöR sei aufwendig und mit Kosten verbunden, aber dadurch hätten sich Erleichterungen in rechtlichen Fragen ergeben, z. B. im Blick auf die Verwaltung von Grundstücken. Spürbar sei auch eine Erleichterung im Umgang mit staatlichen Stellen; aufgrund des geänderten rechtlichen Status habe sich die Stellung etwa in der Kommunikation mit staatlichen Stellen merklich verbessert; man würde dort mehr ernst genommen.[45]

2. Derzeit (Stand Anfang 2023) wird der Status einer KdöR vom Liebenzeller Gemeinschaftsverband angestrebt[46], die dabei auf den Widerstand der Evangelischen Landeskirche in Württemberg stößt. Letztere sieht dadurch die Innerkirchlichkeit des Liebenzeller Gemeinschaftsverbandes (LGV) infrage gestellt, während der Liebenzeller Gemeinschaftsverband sich dadurch eine Stärkung der Eigenständigkeit erhofft – gegenüber staatlichen wie gegenüber kirchlichen Stellen.

   Das Gutachten „Soll der Liebenzeller Gemeinschaftsverband Körperschaft des öffentlichen Rechts werden?“ Beweggründe und Interesse. Chancen und Risiken (2022), verfasst von Michael Herbst, Wolf Kammerer und Renate Penßel, widmet sich dieser Frage in juristischer wie praktisch-theologischer Perspektive[47].

   Im Blick auf die Körperschaftsfrage kommt das Gutachten zu dem Ergebnis: „Dass die Mitgliedschaft im LGV grundsätzlich auf eine Ergänzung durch die Mitgliedschaft in einer (anderen) Religionsgemeinschaft ausgelegt ist, verträgt sich nicht mit der Annahme, dass der LGV als solcher die religiösen Bedürfnisse seiner Mitglieder umfassend erfüllt […] Insofern müsste bzw. würde sich der LGV mit der Behauptung, selbst ‚Religionsgemeinschaft‘ zu sein, von seiner bisherigen besonderen Nähe zu den evangelischen Landeskirchen mit der Befürwortung einer Mitgliedschaft in diesen abwenden“ (40). Eine Mitgliedschaft in den Landeskirchen könnte allenfalls geduldet, aber nicht prinzipiell befürwortet werden. Anders formuliert: Der Erfolg eines Antrags würde wesentlich davon abhängen, „ob der LGV tatsächlich anstrebt, der Landeskirche so stark selbständig gegenüberzutreten, dass er der Ergänzung durch sie nicht mehr bedarf, sondern als eigenständige,

---

45 Mündliche Information von Matthias Hennemann, Regionalleiter der EG (Mai 2022).

46 Beschluss der LGV-Delegiertenversammlung vom 12.11.2022 (s. Herbst/Kammerer/Penßel, Nachtrag zum Gutachten „Soll der Liebenzeller Gemeinschaftsverband KdöR werden?“ Neue kirchliche Entwicklungen, 2).

47 Herbst/Kammerer/Penßel, „Soll der Liebenzeller Gemeinschaftsverband KdöR werden?“ Beweggründe und Interessen (daraus die folgenden Seitenzahlen).

vollwertige Religionsgemeinschaft neben sie tritt“ (44). Der LGV würde durch diesen Schritt „seine ‚Innerkirchlichkeit‘ verlieren [...] und den Landeskirchen als eigenständige Religionsgemeinschaft gegenüber treten“ (48). Mit anderen Worten: Der Status einer KdöR ist mit der Innerkirchlichkeit nicht kompatibel, „der LGV würde [...] im Verhältnis zu den Landeskirchen damit rechnen müssen, als Freikirche behandelt zu werden“ (84). Das schließt Vereinbarungen mit der Landeskirche nicht aus – sehr weitgehende Vereinbarungen gibt es insbesondere mit der Evangelisch-methodistischen Kirche –, aber es wären Vereinbarungen zwischen zwei eigenständigen Religionsgemeinschaften und nicht zwischen einer Landeskirche und einem innerkirchlichem Gemeinschaftsverband.

Das Gutachten befasst sich daher mit Alternativen, die auf ein „weiteres Entgegenkommen [der Landeskirchen] gegenüber den Gemeinschaftsgemeinden“ (54) setzen und kommt zu dem Schluss: „Insgesamt zeigt sich damit, dass durchaus auch im Rahmen einer Fortsetzung der innerkirchlichen Zusammenarbeit mit den Landeskirchen Möglichkeiten bestehen, dem Anliegen des LGV, seinem Wunsch nach zwar selbständigerer, aber gleichwohl von der Landeskirche anerkannter Gemeindearbeit besser als bisher Rechnung zu tragen. Sie setzen auf Seiten der Landeskirche ein größeres Entgegenkommen und eine größere Anerkennung der eigenständigen Arbeit des LGV voraus. Gleichzeitig kann damit der Zusammenhalt von Landeskirche und LGV (mit ihrem jeweils eigenen ‚Profil‘) gefördert und dem LGV ein Stück weit die Veranlassung genommen werden, den Schritt aus der Landeskirche heraus zu gehen und die damit verbundenen, hier an verschiedenen Stellen erörterten Nachteile auf sich zu nehmen“ (55).

Dabei sieht das Gutachten noch deutliche Spielräume im Blick auf die eigenständige Gestaltung des Dienstes des LGV innerhalb der jeweiligen Landeskirchen[48]. Es verweist auf Regelungen in der EKHN, die den Gemeinschaftsverbänden größere Spielräume der Eigenverantwortlichkeit einräumen; ein weiteres „Modell“, auf das mehrfach Bezug genommen wird, ist der besondere Status der Brüdergemeinde Korntal innerhalb der Evangelischen Landeskirche in Württemberg[49].

---

[48] Im Fall des Liebenzeller Gemeinschaftsverbandes ist das vor allem die Evangelische Landeskirche in Württemberg, dazu kommen Gemeinden im Bereich der Evangelischen Landeskirche in Baden, der Evangelisch-lutherischen Kirche in Bayern und im Bereich der Evangelischen Kirche in Hessen und Nassau.

[49] S. dazu Evangelische Landeskirche in Württemberg, „Vereinbarungen zwischen der Evangelischen Brüdergemeinde Korntal [...]“, 2000.

Die Themen, bei denen die Eigenständigkeit konkret wird sind, sind diejenigen, die bereits in der Vergangenheit Gegenstand von Vereinbarungen waren[50]: Gottesdienstzeiten und Gottesdienstgestaltung; Kasualien und die Beauftragung zur Verkündigung und Sakramentsverwaltung, Anerkennung von Gemeinschaftsgemeinden.

3. In einem Nachtrag verweisen die Verfasser auf „neuere kirchliche Entwicklungen“ in Bayern und Baden. Bemerkenswert ist insbesondere das „Gemeindeformengesetz“ der Evangelischen Kirche in Baden vom November 2022[51]. Die Absicht ist klar erkennbar: Neuen Gemeindeformen soll mehr Freiraum gewährt werden, die Möglichkeiten des „Andockens“ an die Landeskirche sollen erweitert werden. Die Verfasser des Gutachtens sehen diese Möglichkeiten jedoch als nicht vereinbar mit dem Bestreben, KdöR zu werden: „Nach heute geltendem Recht ist jedem Antrag auf Anerkennung als KdöR der Anspruch inhärent, selbst Religionsgemeinschaft im Sinne des staatlichen Religionsverfassungsrechts zu sein, ein Anspruch, der zu einer dezidierten Innerkirchlichkeit, wie sie auch die ‚zugeordneten Gemeinden‘ nach dem neuen badischen Gesetz besitzen, im Widerspruch steht“ (10). Etwas später wird erläutert: „Das Problem ist nicht das des Übergangs vom Verein zur KdöR als solchem, sondern das des Übergangs vom Verein zur ‚Religionsgemeinschaft‘“ (12).

   Im Blick auf das neue Badische Gesetz stehe der LGV vor der „Entscheidung an einer Weggabelung“, entweder unter den Bedingungen des Gesetzes im Modell der „Zuordnungsgemeinde“[52] eine eigenständige Gemeindearbeit innerhalb der Landeskirche zu gestalten – oder den Weg zur „Religionsgemeinschaft“ und damit faktisch zur Freikirche zu gehen.

4. Die Evangelische Landeskirche in Württemberg sieht bereits in der Absicht, KdöR zu werden, ein geändertes Selbstverständnis des LGV, das sich „vom religiösen Verein innerhalb der Landeskirche zu einer Religionsgemeinschaft neben der Landeskirche gewandelt“ habe. Damit sei den wechselseitigen Vereinbarungen die Geschäftsgrundlage entzogen[53].

---

[50] S. die Sammlung „Kirche und Gemeinschaft“.

[51] Evangelische Kirche in Baden, Gemeindeformengesetz 2022; s. dazu auch Herbst/Kammerer/Penßel, „Soll der LGV KdöR werden?“ Neue kirchliche Entwicklungen (daraus die folgenden Seitenzahlen).

[52] S. u. Kap. 13.4.3 Abschnitt 4.

[53] Evangelischer Oberkirchenrat Stuttgart, Rundschreiben vom 21.12.2022.

5. Gibt es eine Lösung, die den Interessen beider Seiten gerecht wird? Bei allem damit verbundenen Konfliktpotenzial sollte im Blick bleiben, dass Strukturfragen im Blick auf den Auftrag nachgeordnet sind. Wo Strukturfragen im Vordergrund stehen, entwickeln sie rasch eine Eigendynamik. Angemessener ist es, vom Auftrag auszugehend zu fragen: Welche Strukturen dienen dem Auftrag? Welche Strukturen können gelebt werden und sind im Blick auf die Situation und die Finanzen umsetzbar? Welche Strukturen sind im Spannungsfeld von Selbstverständnis der Gemeinschaften, kirchlichem und staatlichem Recht und nicht zuletzt im Blick auf die Innerkirchlichkeit denkbar?

11. „Sag' mir, wie hältst du's mit der Kirche?"

Die „Gretchenfrage" in der Gemeinschaftsbewegung

Die Rede von der „Gretchenfrage" geht zurück auf das Drama „Faust" von Johann Wolfgang von Goethe. Dort stellt Margarete an Faust die Frage: „Sag mir, wie hältst du's mit der Religion?" In abgeleiteter Weise kann die „Kirchenfrage" als „Gretchenfrage" für die Gemeinschaftsbewegung gesehen werden – als eine „Gewissensfrage", wenn nicht sogar als „Frage, deren Beantwortung peinlich ist"[1].

Wenn hier der „Kirchenfrage" eine wichtige Bedeutung zukommt, muss beachtet werden, dass dieses Thema innerhalb der Gemeinschaftsbewegung gegenüber den zentralen Themen von Evangelisation und Gemeinschaftspflege weithin als ein untergeordnetes Thema betrachtet wird. In diesem Kapitel will ich den Gründen dafür nachgehen und dabei auch die Perspektive der Betroffenen mit einbeziehen: Wie kommt es, dass die „Kirchenfrage" oft nur als zweitrangig betrachtet wird?

Eine erste Antwort ist scheinbar einfach und klingt auf den ersten Blick naiv: Wenn Jesus im Zentrum steht, rückt die Kirche an die zweite Stelle. Ebenso ist es, wenn es darum geht, Menschen mit dem Evangelium zu erreichen: Dem missionarischen Auftrag gegenüber ist die „Kirchenfrage" deutlich nach- und untergeordnet. Aber ist das nicht zu kurz gedacht? Können „Jesus" und „Kirche" als Gegensatz gedacht werden? Auch diese Frage bedarf der Erörterung.

Beim Thema Mitgliedschaft[2] wurde bereits darauf hingewiesen: Die „Kirchenfrage" gehört zu den Themen, die in der internen Diskussion und Kommunikation der Gemeinschaften und Verbände eine eher untergeordnete Rolle spielen. Man hat sich auf einen Status quo verständigt, und

---

[1] Art. „Gretchenfrage" (Der neue Brockhaus). – Jürgen Mette und Norbert Schmidt reden vom „Schibboleth" der Gemeinschaftsbewegung: „Das Schibboleth der Gemeinschaftsbewegung, oder vielleicht besser des Gnadauer Verbandes, ist gegenwärtig die Kirchen- bzw. die Gemeindefrage geworden: Sag mir, wie hältst Du es mit der Gemeinde […] ?: Mette/Schmidt, Ekklesiologische Erwägungen zum Gemeindeaufbau im Gnadauer Kontext, 254f.

[2] S. o. Kap. 7.

meidet ansonsten das Thema, um damit keine internen Konflikte zu provozieren. Das schließt nicht aus, dass das Thema ab und an doch auf die Tagesordnung kommt und ein weit höheres Maß an Aufmerksamkeit beansprucht.

Nach dem Thema „Mission kommt vor Kirche“ (11.1) werden die ekklesiologischen Fragen auf zwei Themenbereiche konzentriert: Einmal geht es um das Das Bild von Kirche als einer primär durch Ordnungen bestimmten Organisation, dem die „Gemeinschaft“ als „geistliche“ und erfahrbare Größe gegenübergestellt wird (11.2). Von Gewicht ist die „ekklesiologische Selbstverortung“: Es ist die Frage, ob im Blick auf die Kirche von einer Zugehörigkeit ausgegangen wird, oder ob Kirche „die anderen“ sind (11.3). Der zweite Themenkreis geht um die Frage nach der Verhältnisbestimmung von Einzelgemeinde und übergreifender Organisation (11.4), gefolgt von einer grundsätzlichen Verhältnisbestimmung von „Ortsgemeinde“ und „universaler Kirche“ (11.5).

11.1 „Mission kommt vor Kirche“

„Oft hört man unter uns: Es geht uns darum, Menschen für Jesus zu gewinnen. Dahinter haben die Fragen der Institution und der Strukturen als zweitrangig zurückzustehen“[3] – so formuliert es Christoph Morgner im Präsesbericht von 1995. Anders formuliert: Wo es darum geht, Menschen für den Glauben zu gewinnen, darf die Rücksicht auf kirchliche Strukturen und Vorgaben keinen Hinderungsgrund darstellen.

In einer Variante dieser Argumentation wird die Zugehörigkeit zur Landeskirche dem missionarischen Auftrag untergeordnet bzw. es wird argumentiert, der missionarische Auftrag erfordere die Eigenständigkeit als „Gemeinschaft“ bzw. „Gemeinde“.

„Mission kommt vor Kirche“: Die Gewichtung ist in gewisser Hinsicht plausibel und nachvollziehbar: Der missionarische Auftrag steht in der Tat über Strukturfragen. Strukturen haben keinen Eigenwert, sondern nur dienende Funktion. Hinzu kommt, dass es in der Geschichte der Gemeinschaftsbewegung hinreichend Vorfälle gibt, in denen kirchliche Ordnungen dazu verwendet wurden, landeskirchliche Gemeinschaften und vergleichbare Initiativen auszubremsen.

Trotzdem ist eine solche Äußerung problematisch, weil ihr die Tendenz innewohnt, Strukturen zu vergleichgültigen – oder aber konkrete (in der Regel landeskirchliche) Strukturen als solche der Kritik zu unterziehen.

[3] Morgner, Geistliche Leitung, 285.

Auf diese Weise kann rasch die Innerkirchlichkeit der Gemeinschaftsbewegung zu einer zweitrangigen „Strukturfrage" herabgestuft werden, die dem missionarischen Auftrag unterzuordnen sei. Auch als Bewertungsmaßstab für das eigene Handeln wird die Frage nach der Zugehörigkeit und Beziehung zur Landeskirche abgelehnt, weil diese ja gegenüber dem evangelistischen Auftrag nachrangig sei. Darüber hinaus wird allen, die diese Frage nicht nur für nebensächlich halten, unterstellt, sie würden Nebenfragen zu Hauptfragen aufwerten und dadurch vom eigentlichen Auftrag ablenken. Diejenigen, die so argumentieren, sind freilich rasch dabei, daraus einen Freibrief für das eigene Handeln abzuleiten: „Mission kommt vor Kirche". Konsequent weitergedacht kann das dazu führen, dass auch an anderen Stellen die Priorität der Mission ins Feld geführt wird – bis dahin, dass es sich auch gegen den eigenen Gemeinschaftsverband richtet. Mission wird dann zur Begründung dafür, sich nicht in den Gemeinschaftsverband einordnen zu müssen. Dem Missbrauch sind Tür und Tor geöffnet.

Gegen ein solches Denken wenden sich Christoph Morgner und Michael Diener in ihren Präsesberichten im Abstand von 17 Jahren mit unterschiedlichen Akzenten in der Argumentation:

a) Morgner teilt zwar die Verhältnisbestimmung und die Priorisierung der Mission, hält aber den Gegensatz von „missionarischem Auftrag" und „Fragen der Institution und der Strukturen" für eine Scheinalternative. Er lehnt es ab, beides als „trennbare Gegensätze" zu betrachten und hält dem entgegen: „Es gibt kein Gewinnen von Menschen ohne die Form, aus der heraus das Gewinnen erwächst und in die hinein es sich vollzieht. Jede Verkündigung vermittelt ein bestimmtes Gepräge von Christsein und Kirchenform"[4] (Präsesbericht 1995).
b) Diener bemerkt zur Argumentation mit dem „missionarischen Auftrag", der über Fragen der Kirchlichkeit stehe (konkret im Blick auf Taufen): „Genauso deutlich sage ich aber auch, dass ich mir wünschen würde, dass wir die Argumentation mit unserem ‚missionarischen Auftrag' differenzierter gebrauchen. Es ist doch längst nicht gesagt, ob eine auch unter Einschränkungen beibehaltene Innerkirchlichkeit, die dann eben auch nicht ohne Grundlage landeskirchlicher Vereinbarungen tauft, diesem missionarischen Anliegen mittel- und langfristig besser dient. Es ist auch in unserer säkularisierten Gesellschaft immer noch so, dass das Junktim mit der evangelischen Kirche uns mehr Türen öffnet, als es uns umgekehrt Menschen entfremdet, die zwar zur

[4] Morgner, Geistliche Leitung, 285.

Gemeinschaft, aber nicht zur evangelischen Kirche gehören wollen"[5] (Präsesbericht 2012).

11.2 Kirchenbilder

11.2.1 Die „Kirchenfrage" als Frage von Strukturen, Ordnungen und Bürokratie?

Die Ablehnung der Kirche in ihrer organisatorischen und rechtlichen Gestalt war im 19. Jh. weitverbreitet. Das „Eigentliche" der Kirche sei demgegenüber unsichtbar. Exemplarisch für eine solche Spiritualisierung steht der Kirchenrechtler Rudolf Sohm mit der Spitzenäußerung: *„Das Wesen des Kirchenrechts steht mit dem Wesen der Kirche im Widerspruch"*[6].

Die Abneigung gegenüber der Kirche als Organisation war auch in der Gemeinschaftsbewegung verbreitet[7] und wirkt weiter in der verbreiteten Tendenz, die Kirchenfrage primär als Frage von Strukturen und Kirchenordnungen zu verstehen, zu denen die „Gnadauer" traditionell auf Distanz bleiben.

Die Kirche wird primär als Institution bzw. Organisation betrachtet, deren vorrangiges Merkmal die Bürokratie ist. Zu einer solchen Größe ist es in der Tat schwierig, ein inneres Verhältnis oder sogar eine emotionale Bindung zu gewinnen. Rasch wird daraus ein Denken in Gegensätzen: Hier die familiäre Gemeinschaft, dort die unpersönliche Kirchenorganisation.

Ein solches Denken kann von eigenen Erfahrungen herrühren: Wo Mitarbeiterinnen und Mitarbeiter neue Ideen hatten, wurden sie mit dem Verweis auf kirchliche Ordnungen ausgebremst. Wo Gemeinschaften den Weg in die Eigenständigkeit im Einvernehmen mit der Landeskirche gehen wollten, wurden ihnen bürokratische Hindernisse aufgebaut.

Solche Erfahrungen können allerdings auch verselbständigen und unabhängig von konkreten Erfahrungen zu Stereotypen werden – oder gar zu Argumenten, mit denen die eigene Kirchendistanz gerechtfertigt wird. Auf dieser Ebene ist eine Verständigung schwierig. Hier liegt jedoch ein verkürztes ekklesiologisches Denken vor, das Kirche auf eine organisatorische Größe reduziert[8].

---

5 Diener, Lasst uns Neues wagen! Präsesbericht 2012, 18-19.

6 Sohm, Kirchenrecht, 700, zit. nach: Krumwiede/Greschat/Jacobs/Lindt, 32.

7 S. Drechsel, Gemeindeverständnis, 163-166.

8 S. dazu Drechsel, Gemeindeverständnis, 52-55 zur Kirche als „Baugerüst".

11.2.2 Die Kirche als Bewegung, Institution und Organisation

Verbreitet ist das Gegenüber von „Gemeinschaft" auf der einen und der Kirche als „Institution" bzw. „Organisation" auf der anderen Seite mit klarer Wertung[9]. Es hat den Anschein, als verbinde sich hier die Aversion gegen die institutionelle bzw. organisatorische Seite der Kirche hier mit einer allgemeinen Insitutionenverdrossenheit und einer bestimmten Form der Gnadauer Kirchenkritik. Allerdings ist das Gegenüber von „Gemeinschaft" und „Institution" in doppelter Hinsicht unpräzise:

- Die Bezeichnung der Kirche als „Institution" unterscheidet vielfach nicht zwischen „Institution" und „Organisation"; ganz abgesehen davon, dass die Verwendung weniger einer präzisen Charakterisierung der Kirche, sondern primär der Abgrenzung dient.
- Mit dem genannten Gegenüber wird übergangen, dass auch landeskirchliche Gemeinschaften Anteile von „Institution" und „Organisation" aufweisen. Mit der Eigenständigkeit als Gemeinde nehmen die Organisationsanteile zu.

Präziser und hilfreicher ist hier das von Eberhard Hauschildt und Uta Pohl-Patalong eingeführte Modell der Kirche als „Hybrid"[10], das in der neueren kirchentheoretischen Diskussion verbreitet ist. Die Kirche als „Hybrid" setzt sich aus Anteilen von „Bewegung", „Institution" und „Organisation" zusammen. Diese können so charakterisiert werden:

- Bewegung (Idealbild: „aktive Gruppe") bezeichnet die kleine Gruppe, flexibel, geprägt durch Gemeinschaft und soziale Nähe.
- Eine Institution (Idealbild „Volkskirche") ist eine Einrichtung in der Gesellschaft, der eine gewisse Selbstverständlichkeit zukommt (z. B. Mitgliedschaft, religiöse Sozialisation, Kasualien).
- Die Organisation (Idealbild: „Unternehmen Kirche") ist gekennzeichnet durch die Tätigkeit auf dem „Markt" mit Konkurrenz, durch wirtschaftliches Denken und strategische Planung, Werbung, Mitgliederkommunikation und -bindung.

Die Bezeichnung der Kirche als „Hybrid" bedeutet, dass sie Merkmale aller drei Logiken miteinander verbindet. Dabei können die Anteile der einzelnen Logiken unterschiedlich gewichtet sein.

Genauso kann eine landeskirchliche Gemeinschaft dieser Betrachtungsweise unterzogen werden. Hier ist zu erwarten, dass die Anteile der „Bewegung" stärker ausgeprägt sind als die der „Institution"; Anteile der „Organisation" haben deutlich zugenommen.

---

[9] S. dazu o. Kap. 10.4. „Ausweitung der Organisation" und Kap. 10.8.4 „Von der Bewegung zur Organisation".

[10] Hauschildt/Pohl-Patalong, Kirche, 138-219; s. v. a. die Zusammenfassung 216-219.

Die kirchentheoretische Unterscheidung als Bewegung, Institution und Organisation kann vor falschen Alternativen bewahren: So wenig eine landeskirchliche Gemeinschaft nur „Bewegung" ist, kann die Landeskirche auf ihren Charakter als „Institution" oder „Organisation" reduziert werden.

11.2.3 Die „heilige christliche Kirche" und die „Gemeinschaft der Heiligen"

Wenn in einer landeskirchlichen Gemeinschaft von „*der* Kirche" gesprochen wird, ist die Wahrscheinlichkeit hoch, dass die institutionelle oder organisatorische Dimension von Kirche im Blick ist. Umgekehrt ist davon auszugehen, dass bei „Gemeinschaft" vor allem die eigene „Gemeinschaft" evtl. auch die damit verbundene Erfahrung geistlicher Gemeinschaft und die „Gemeinschaftspflege" im Blick sind.

„Kirche" und „Gemeinschaft" stehen auf der einen Seite als feste organisatorische Größen, auf der anderen Seite als theologische und geistliche Größen; beide werden im Apostolischen Glaubensbekenntnis genannt. Das kann zu Kommunikationsproblemen und Missverständnissen führen. Wenn der Vertreter einer landeskirchlichen Gemeinschaft eine distanzierte oder negative Einstellung zur „Kirche" erkennen lässt, ist davon auszugehen, dass er die „Organisation Landeskirche" und weniger das Bekenntnis zur „heiligen christlichen Kirche" im Blick hat.

Als gemeinsamer Bezugspunkt und sinnvoller Ausgangspunkt im Gespräch kann das Apostolische Glaubensbekenntnis dienen, weil er zu den Grundlagen der Ekklesiologie führt. Der Ausgang von der geistlichen Dimension kann helfen, „Kirche" nicht auf eine organisatorische oder gar bürokratische Größe zu reduzieren.

„Ich glaube an den Heiligen Geist, die heilige christliche Kirche, Gemeinschaft der Heiligen […]" – „Kirche" (griech. ἐκκλεσία, lat. ecclesia) ist dem Glaubensbekenntnis zufolge nicht nur eine organisatorische Größe, sondern verdankt sich dem Wirken des Heiligen Geistes und gehört in das Bekenntnis zum dreieinigen Gott. Biblisch gesehen geht es um das „Volk Gottes" als Grundkategorie im Heilshandeln Gottes. Im Alten Testament ist es die Erwählung Israels, im neuen Testament die Berufung der Jünger durch Jesus als „Urdatum" des neuen Gottesvolkes aus Juden und Heiden. Anders formuliert: Zu Christus gehört der Leib Christi, die Gemeinde – bis dahin, dass Bonhoeffer von „Christus als Gemeinde existierend" sprach11 „Kirche" ist so vom dritten Artikel des Glaubensbekenntnisses her zuerst als geistliche Wirklichkeit zu verstehen.

[11] S. Bonhoeffer, Sanctorum Communio, 335 s. v. Christus.

Zur „heiligen christlichen Kirche" gehört die „Gemeinschaft der Heiligen". „Gemeinschaft" ist im Glaubensbekenntnis mehr als eine zwischenmenschliche Erfahrung. Sie hat biblisch-theologisch zwei Aspekte: koinonia bedeutet einerseits „Anteilhabe", andererseits „Gemeinschaft". Christliche „Gemeinschaft" wurzelt in der Anteilhabe (koinonia) an Christus und wirkt sich aus in der Gemeinschaft (koinonia) der Christen untereinander. In 1Kor 10,16 werden diese beiden Dimensionen in Verbindung mit dem Herrenmahl genannt[12]:

> „Der Kelch des Segens, den wir segnen, ist der nicht die Gemeinschaft des Blutes Christi? Das Brot, das wir brechen, ist das nicht die Gemeinschaft des Leibes Christi? Denn ein Brot ist's. So sind wir, die vielen, ein Leib, weil wir alle an einem Brot teilhaben" (1Kor 10,16-17).

Die „Gemeinschaft" bzw. „Teilhabe" am Leib und Blut Christi im Herrnmahl verbindet „die vielen" untereinander zur „Gemeinde" als „Leib Christi". Christliche Gemeinschaft ist insofern grundlegend eine auf gemeinsamer Anteilhabe an Christus basierende Gemeinschaft.

Schon diese kurze Skizze zeigt, wie die Ekklesiologie untrennbar mit der Christologie zusammenhängt. Die „Kirchenfrage" ist in dieser Hinsicht alles andere als randständig, sie ist vielmehr eines der zentralen Themen von Theologie und Kirche.

Christus ist nicht ohne seine Kirche zu haben, im Neuen Testament verbindet Formulierung „in Christus sein" die Zugehörigkeit zu Christus mit der Zugehörigkeit zur christlichen Kirche. Die „Gemeinschaft der Heiligen", in die ich durch die Taufe und Glaube gestellt werde, umfasst nicht nur die überschaubare Gemeinde vor Ort, sondern reicht weiter und bezeichnet die universale Gemeinde derer, die an Christus Anteil haben. Um eben diese Einbettung in die „Gemeinschaft der Heiligen" geht es bei der Zugehörigkeit zur „Kirche" – und nicht darum, eine emotionale Beziehung zu Kirchenordnungen zu entwickeln.

11.3 Die ekklesiologische Selbstverortung

> „Unsere Väter in der Gemeinschaftsbewegung haben immer und überall von ‚unserer Kirche' gesprochen und geschrieben. Das hat sich heute in manchen

[12] Sprachlich ist „Gemeinschaft der Heiligen" (communio sanctorum) doppeldeutig: Es kann einerseits die „Gemeinschaft der heiligen Menschen" bezeichnen, ebenso jedoch die „Gemeinschaft an den heiligen Dingen", also an Leib und Blut Christi im Herrenmahl. – Zu 1Kor 10,16f und dem Thema der Koinoina s. o. Kap. 2.3.2.

> Kreisen der Gemeinschaftsbewegung geändert. Wir sprechen distanziert von ‚der Kirche‘. Das ist nicht gut“[13].

Der hier von Kurt Heimbucher als Gnadauer Präses 1988 ausgesprochene Gegensatz ist keineswegs neu, er führt die oben dargestellten Strömungen und Selbstbilder (Kap. 9.2) weiter, man kann darin geradezu eine ekklesiologische Wasserscheide innerhalb der Gemeinschaftsbewegung sehen. Gemeindeaufbau und Gemeindegründung als solche sind nicht mehr strittig und finden sich in Gemeinschaftsverbänden mit sehr unterschiedlichen Prägungen. Die entscheidende Differenz liegt in der ekklesiologischen Selbstverortung: Sieht sich die Gemeinschaft als Teil der Kirche – oder als deren Gegenüber bzw. als Alternative dazu? Konkret wird das in der Frage, ob das, was in der Gemeinschaft bzw. Gemeinde geschieht, als Dienst *in* der Kirche und *für* die Kirche gesehen wird, oder als etwas gegenüber der Kirche Eigenständiges und Unabhängiges. Sehen die Mitarbeiter in der landeskirchlichen Gemeinschaft eine Verantwortung für ihre Kirche oder ist Kirche lediglich der Raum, in dem sich die Arbeit der Gemeinschaft vollzieht? Wichtig ist auch die Frage, wie mit Problemen und Fehlentwicklungen in den Landeskirchen umgegangen wird: Leidet die Gemeinschaft als Teil der Kirche mit[14], oder sind das Probleme der „anderen“?

Wo die Notwendigkeit kritischer Worte zum Weg der Kirche gesehen wird, macht es einen Unterschied, ob es sich um interne Kritik von Christen handelt, die aus einer Zugehörigkeit zur Kirche als Mitbetroffene reden, oder die Kritik von außen kommt. Damit verbunden ist auch die Frage nach der Identität der Gemeinschaften und Gemeinden: Lebt die eigne Identität von der Abgrenzung zu den Landeskirchen, oder ist es eine Identität der Zugehörigkeit – wohl wissend, dass man zu einer Familie gehört, in der die Geschwister sehr unterschiedlich sein können? Der ekklesiologischen Selbstverortung kommt eine zentrale Bedeutung in der Frage zu, ob und wie die Gemeinschaftsbewegung ihren Platz innerhalb der Evangelischen Kirche ausfüllt und zukünftig ausfüllen wird.

„In der Kirche, wenn möglich mit der Kirche, aber nicht unter der Kirche“ – Das sog. „Christliebsche Diktum“ ist zwar bei Theodor Christlieb nicht nachweisbar[15], erfreut sich aber innerhalb der Gemeinschaftsbewegung

---

[13] Heimbucher, Kirche und Gemeinschaft, 417. Heimbucher beruft sich dabei für seine Position auf „Väter“ der Gemeinschaftsbewegung von Elias Schrenk über Walter Michaelis bis hin zu Klaus Bockmühl.

[14] S. dazu Heimbucher, Kirche und Gemeinschaft, 421 in Bezug auf Klaus Bockmühl: „Wo waren eure Tränen über Jerusalem?“

[15] Drechsel, Gemeindeverständnis 114-121; Diener, Kurshalten, 372ff; s. dazu auch Voigt, Theodor Christlieb (1833-1889), v. a. 113ff; außerdem Heimbucher, Kirche und Gemeinschaft, 432-434.

einer weiten Verbreitung, um das Verhältnis zu den Landeskirchen zu beschreiben und kann in dieser Hinsicht als Konsens betrachtet werden[16].

Innerkirchlichkeit und Eigenständigkeit sind hier in einer Weise austariert, dass darin seit über 100 Jahren das Selbstverständnis der Gemeinschaftsbewegung quer durch die unterschiedlichen Strömungen zum Ausdruck gebracht wird. *In der Kirche* bezeichnet dabei die grundlegende Innerkirchlichkeit, *wenn möglich mit der Kirche* präzisiert die Innerkirchlichkeit mit einer Zielrichtung: Die innerkirchlich verortete Arbeit der Gemeinschaftsbewegung zielt auf Kooperation, sie soll *wenn möglich mit der Kirche* erfolgen, also in Zusammenarbeit und wechselseitiger Unterstützung. Das letzte der drei Glieder *aber nicht unter der Kirche* schließlich zieht eine Grenze, indem es die Eigenständigkeit der Gemeinschaftsbewegung als „freies Werk innerhalb der evangelischen Kirche" betont.

Auf der einen Seite zielt die Formel auf Klarstellungen, auf der anderen Seite ermöglicht und eröffnet sie Räume für unterschiedliche Interpretationen: „Ihre unpräzise, offene Ausdrucksweise ermöglichte es sehr unterschiedlichen Gruppierungen innerhalb der Gemeinschaftsbewegung, sich auf sie zu berufen"[17].

> In diesem Zusammenhang wehrt sich Michael Diener gegen eine Interpretation der Formel, in der das „wenn möglich mit der Kirche" zum Kriterium dafür gemacht wird, ob eine Gemeinschaft innerkirchlich arbeitet oder nicht: „Und ich wäre auch dankbar, wenn wir das Christliebsche Zitat nicht wider seinen Ursprungssinn verwenden würden. Theodor Christlieb hat der Gemeinschaftsbewegung gleichermaßen gewichtig die Innerkirchlichkeit und die Selbständigkeit ins Stammbuch geschrieben und dazu gehörend ein intensives Ringen um Gemeinsamkeit. Das „wenn möglich mit" wird anachronistisch verwendet, wenn es gegen das „in der Kirche" gesetzt wird[18].

Ein aufschlussreiches römisch-katholisches Pendant zur „Christliebschen Formel" ist das Motto *sentire in et cum ecclesia*, das die Stellung von Gemeinschaften innerhalb der römisch-katholischen Kirche prägnant formuliert[19]: *„in der und mit der Kirche fühlen/empfinden/wahrnehmen/denken"*. Auf der Grundlage der damit formulierten klaren innerkirchlichen Verortung ist in der römisch-katholischen Kirche gleichwohl eine erstaunliche organisatorische Eigenständigkeit möglich.

---

[16] S. dazu Eicken: „In der Kirche, soweit möglich mit der Kirche, aber nicht unter der Kirche".

[17] Diener, Kurshalten, 372.

[18] Diener, Lasst uns Neues wagen! (Präsesbericht 2012), 19.

[19] Beispielhaft: Park: Laien auf dem Weg der Evangelisation; s. dazu Zimmermann, Rezension; s. u. Kap. 13.3.3.

11.4 Vorrang der Einzelgemeinde? Argumente auf dem Prüfstand

Mit dem „Vorrang der Einzelgemeinde“ ist eine kongregationalistische Ekklesiologie gemeint, also ein Kirchenverständnis, das übergeordnete Instanzen wie das Bischofsamt oder die Landeskirche ablehnt oder zumindest für nachgeordnet hält. Ein solches Denken ist vor allem in Freikirchen verbreitet, findet aber auch seinen Niederschlag in der Gemeinschaftsbewegung.

Die Auseinandersetzung wird im Folgenden anhand paradigmatischer Äußerungen geführt.

11.4.1 Nicht nur die Ortsgemeinde bzw. Parochie ist „Gemeinde“

Zunächst liegt diese Äußerung ganz auf der Linie der neueren Diskussion zur Gestalt von Gemeinde. Im EKD-Papier „Kirche der Freiheit“ (2006) ebenso wie von den Protagonisten der *fresh expessions of church* wird für eine Erweiterung des Gemeindebegriffs über parochiale Formen hinaus plädiert, und gerade bei den letzteren sind mit dem Wunsch nach Vielfalt in missionarischer Hinsicht verbunden.

Die noch weitergehende Äußerung *„Gnadau als ‚richtige' Gemeinde ist die größere missionarische Chance“* freilich kann hinterfragt werden. Sie ist jedenfalls nicht einlinig zu bejahen, sondern ambivalent: Auf der einen Seite steht Chance einer eigenständigen missionarischen Inkulturation, aber zugleich verzichtet eine Gemeinschaftsgemeinde auf diejenigen missionarischen Chancen, an denen eine landeskirchliche Gemeinschaft als Teil einer Ortsgemeinde teilhaben kann. Auf der einen Seite werden dadurch Reibungsflächen vermindert, auf der anderen Seite bindet Eigenständigkeit häufig auch viele Kräfte nach innen – eine typische Erscheinung dort, wo eine Bewegung zur Organisation wird.

Wer nicht an einem Monopol der Parochie festhalten will und sich für Ergänzungen zur Ortsgemeinde ausspricht, sollte daher auch wissen, was die Parochie besonders gut „kann“, wo ihre Stärken liegen[20] – und nicht vergessen, dass auch und gerade die Ortsgemeinde nach wie vor ein großes missionarisches Potenzial besitzt.

---

[20] S. Zimmermann, Die Parochie ist kein Auslaufmodell.

11.4.2 Landeskirchliche Gemeinschaften als „vollgültige" Gemeinden der Landeskirche?

„Ist es möglich, dass eine landeskirchliche Gemeinschaft zu einer vollgültigen und anerkannten Kirchengemeinde (Richtungsgemeinde) der [...] Landeskirche [...] wird?" So fragt ein Prediger einer landeskirchlichen Gemeinschaft in einem Papier mit theologisch-strukturellen Überlegungen zur Gemeindefrage[21]. Die Antwort darauf ist relativ einfach: grundsätzlich ja – allerdings unter der Voraussetzung, dass eine Regelung gefunden wird, der beide Seiten zustimmen. Nicht vorstellbar ist hingegen, dass eine landeskirchliche Gemeinschaft sich selbst zur „vollgültigen" Gemeinde innerhalb der Landeskirche erklärt, wenn dann das zweite, die Anerkennung fehlt.

Ähnlich verhält es sich mit folgender Behauptung: „Kirchliche Ordnungen können den Gemeinschaften den Status als Gemeinde nicht absprechen, da sie nach lutherischem Verständnis lediglich menschlichen, nicht göttlichen Ursprungs sind"[22].

Hier werden unterschiedliche Kategorien vermischt: Kirchliche Ordnungen sind in der Tat „menschlichen, nicht göttlichen Ursprungs", sie können sich daher nicht auf das Ursprungsgeschehen von Gemeinde erstrecken: Auf Kirche bzw. Gemeinde als der „durch das Wort Gottes gegründete[n] Gemeinschaft der Glaubenden"[23] (W. Härle). Sie können aber – und hier greift das genannte Zitat zu kurz – regeln, ob einer Gemeinde der Status einer *landeskirchlichen* Gemeinde zukommt. M. a. W.: Sie können daher einer landeskirchlichen Gemeinschaft, die sich kirchlichen Regelungen verweigert, nicht das Gemeindesein als solches, sehr wohl jedoch den landeskirchlichen Status absprechen.

Einen Schritt weiter geht der Versuch, unter Berufung auf die Bibel den Vorrang der Ortsgemeinde vor übergeordneten Strukturen wie der Landeskirche zu behaupten.

> „Das Konstrukt einer institutionalisierten Landeskirche, die den Gemeinden strukturell mindestens ebenbürtig, wenn nicht gar übergeordnet ist, ist mit dem neutestamentlichen Befund nicht zu legitimieren. Kleine Andeutungen übergemeindlicher Initiativen und temporärer Leitungsämter lassen nicht den Schluss auf das zu, was wir heute vorfinden.
> Es muss also festgehalten werden, dass Landeskirche eine rein organisatorische Größe ist. Ihre Legitimation richtet sich nicht nach geistlichen Maßstäben, sondern nach ihrer Zweckmäßigkeit unter Wahrung des Gemeindeprimates.

---

[21] Das Papier ist Anfang der „Nuller Jahre", also kurz nach 2000 entstanden. Im Folgenden wird daraus mehrfach (auf Wunsch des Verfassers anonym) zitiert.

[22] Siehler, Leiten von geistlichen Leitern, 28.

[23] Härle, Art. Kirche, 285.

Die Zweckmäßigkeit wiederum richtet sich nicht nach biblischen Kriterien, sondern ganz pragmatisch nach sozialen, strukturellen und finanziellen Kriterien.
Eine Beschneidung der Autorität der Gemeinden durch die Landeskirche ist – egal auf welchem Gebiet – also nicht akzeptabel.
Der Hinweis auf die weltweite Kirche Christi über alle Gemeinden hinaus trägt nichts zur Lösung dieser Frage bei. Diese weltweite Kirche Christi hat ihren Charakter ja gerade in ihrer informellen, überkonfessionellen Form."
– „Der Leib Christi ist sowohl die nichtinstitutionalisierte weltweite Gemeinde aller Christen, als auch die sichtbare geformte Gemeinde vor Ort, nicht aber eine Landeskirche!"

So wird das nicht überall formuliert. Aber ein Denken, das in derartige Richtungen geht, ist verbreitet. Wenigstens ist im vorliegenden Fall der Prediger konsequent, rechnet auch den Gemeinschaftsverband den übergeordneten Strukturen zu und will deshalb auch „die Lenkung der örtlichen LKGs [landeskirchlichen Gemeinschaften]" durch den entsprechenden Verband überdenken. Sein Fazit: „Es scheint ein verbreiteter und wenig hinterfragter Gedanke zu sein, dass Übergeordnetes immer auch klüger und weiser ist als die Organe vor Ort".

Meine erste Entgegnung: Ich hoffe, dass dieser Prediger nicht eines Tages die Erfahrung machen muss, dass die Hauskreisleiter zu ihm kommen und argumentieren, Gemeinde sei im Neuen Testament zuerst die Hauskirche, von der Existenz eines bezahlten hauptamtlichen Predigers und eines Gemeinschaftshauses sei dort nirgends die Rede, wie denn überhaupt übergeordnete Strukturen kritisch zu hinterfragen seien. Hauskirchenbewegungen wie die englische Cell-Church-Bewegung zeigen, dass das nicht aus der Luft gegriffen ist!

Das entscheidende Argument gegen eine solche Sicht besteht im Verweis auf die doppelte Bedeutung von *ekklesia* im Neuen Testament, das im nächsten Teil (Kap. 11.5.1) entfaltet wird.

Der Gegensatz „sichtbare geformte Kirche vor Ort" und „nichtinstitutionalisierte weltweite Christenheit" greift daher zu kurz und entspricht vor allem nicht dem Neuen Testament. Die Argumentation des Verfassers mit der kategorischen Ablehnung der „Beschneidung der Autorität der Gemeinden" entpuppt sich daher als kongregationalistische Engführung, deren Gefährdung zudem in der Frage nach der Begrenzung und Kontrolle von Macht liegt: Damit werden auch notwendige Korrekturen von außen von vorneherein abgeblockt.

Gelegentlich zu hören sind auch Aussprüche wieder dieser: *„Ob wir Freikirche werden oder nicht, ist für uns zweitrangig. Was ist daran schlimm? Hauptsache, wir bleiben der Bibel treu."* Auch hier ist die

Antwort klar: Über die Notwendigkeit von Kirchenspaltungen in der Vergangenheit kann man unterschiedlicher Meinung sein, für die Gegenwart gilt der Imperativ, Spaltungen und Zertrennungen im Leib Christi nach Kräften zu vermeiden und auf Grundlage der in Christus gegebenen gemeinsamen Grundlage das Miteinander zu suchen und zu gestalten. Anders formuliert: Eine Gemeinde, die die Verbundenheit mit anderen Gemeinden nicht als ein kostbares Gut hütet und pflegt, sondern leichtfertig preisgibt, kann sich dazu nicht auf die Bibel berufen. Natürlich gibt es den Grenzfall, dass eine Trennung um der Klarheit des Evangeliums willen nötig wird. Beim bisherigen Weg der Gemeinschaftsgemeinden sprechen viele Indizien dafür, dass insgesamt eher soziologische als theologische Gründe und Faktoren in Betracht zu ziehen sind.

Je selbständiger eine Gemeinschaft wird, umso wichtiger ist die Einbindung in den größeren kirchlichen Kontext. Diese ist nicht nur ideell („wir fühlen uns zugehörig oder verbunden"), sondern hat die Tendenz, konkret und erfahrbar zu werden: Als Fürbitte im Gottesdienst, Kanzeltausch, Gastfreundschaft usw. Gefragt ist eine kreative Suche nach Formen, in denen die Zusammengehörigkeit Gestalt gewinnt. Nicht immer wird das möglich sein, deshalb kann frei nach Römer 12,18 formuliert werden: Soviel an euch liegt, praktiziert diese Freundschaft und Gemeinschaft mit allen Gemeinden.

11.4.3 Gemeinschaftsgemeinden als „die etwas andere Gemeinde"

So bezeichnete sich eine landeskirchliche Gemeinschaft in Vorpommern vor mehreren Jahren. Diese Selbstbezeichnung ist zunächst deskriptiv: Die Gemeindestruktur ist „anders" als bei einer parochialen landeskirchlichen Gemeinde. Fast noch stärker und sicher auch beabsichtigt ist es, dem „Anders-Sein" einen programmatischen Charakter als Alternative zu bestehenden Gemeinden zu geben. Das kann bis zu einem elitären Unterton gehen: Eine Gemeinde will „etwas Besonderes" sein, sie zeigt das im Modus der Abgrenzung an.

Dabei kann eine solche Bezeichnung im Hinblick auf Gemeinschaftsgemeinden auch etwas Positives haben: Gemeinschaftsgemeinden haben eine andere Geschichte, eine andere Prägung, andere Stärken und Begabungen, und – in gewisser Hinsicht – auch eine andere Berufung und daher einen anderen Auftrag als eine „normale" landeskirchliche Ortsgemeinde. Das ist keine Frage der Wertigkeit. Wo Gemeinschaften zu Gemeinden werden, sind sie daher „andere" Gemeinden – und sollen es auch bleiben.

Allerdings meine ich, hier eine Spannung zu erkennen: Auf der einen Seite will man *nicht* so sein wie „Kirche", aber insgeheim ist die Kirche bzw. die Ortsgemeinde vielfach doch das Leitbild, an dem man sich unausgesprochen orientiert.

Michael Herbst formulierte es bei der Verabschiedung von Ulrich Parzany so:

> „Es irritiert mich schon heftig, wenn Landeskirchliche Gemeinschaften oder CVJM sich nun als Gemeinden verstehen (bis dahin habe ich kein Problem!), die nichts sehnlicher wollen als endlich so zu werden wie die Ortskirchengemeinden, mit einem Gottesdienst am Sonntag Morgen, mit Pastoren, die sich dann Gemeinschaftspastoren nennen, und mit dem gesamten Ballast, den eine Ortskirchengemeinde mit sich herumschleppen muss. Die Sehnsucht nach Augenhöhe mit der Kirche verstehe ich, nicht aber das Begehren, so zu werden wie das jahrhundertealte Modell der Ortskirche. Ihr Freien Werke habt Eure Chancen, weil Ihr anders seid und anders dienen könnt als die Ortskirchengemeinden. Mehr Diversifizierung gemeindlichen Lebens tut not, nicht mehr Uniformität.“[24]

11.4.4 Die Menschen wollen „Heimat an einem Ort“[25]

Wo Menschen einen Ort als geistliche Heimat erleben, kann es in der Tat schwierig sein, ihnen sagen zu müssen, dass es bestimmte Fälle gibt, in denen sie sich an die landeskirchliche Pfarrerin wenden müssen, vor allem bei den Kasualien. Grundsätzlich habe ich viel Verständnis für dieses Anliegen. Hinzu kommt, dass es Pfarrer gibt, mit denen die Zusammenarbeit alles andere als erquicklich ist.

Dennoch bleibt ein Rest an Fragen: Ich bin bei der Argumentation „die Leute wollen das so“ inzwischen hellhörig geworden. Manchmal heißt das in Wirklichkeit: Die Pfarrerin oder der Gemeinschaftspastor will das so – die Leute nicht unbedingt, aber sie spüren das und verhalten sich entsprechend – dem Pfarrer oder Pastor zuliebe.

Noch ein weiterer Gesichtspunkt zum Wunsch nach „Heimat an *einem* Ort“: Zunächst bin ich der Überzeugung, dass eine Gemeinschaft von ihrer Struktur her oft bessere Voraussetzungen hat als eine Kirchengemeinde, zur geistlichen Heimat für Menschen zu werden. Darüber sollte aber nicht vergessen werden, dass auch der Dienst in Diakoniestationen, Kindergärten, im Religionsunterricht usw. auf eine geistliche Weise ausgeführt werden kann und auch wird. Auch diese Dienste, die von Gemeinschaften nur selten angeboten werden, können einen Beitrag zur geistlichen Vertiefung und Beheimatung leisten und stellen damit ein zu eng gedachtes „Heimat an einem Ort“ infrage.

---

[24] Herbst, Mission im Plural, 183.

[25] S. nochmals das Papier des Predigers einer landeskirchlichen Gemeinschaft, s. o. Anm. 21.

11.5 Eine Lücke in der Lehre von der Kirche

11.5.1 Gemeinde vor Ort und universale Kirche

Die Argumentation mit dem Vorrang der Einzelgemeinde zeigt ein deutliches Defizit gegenüber einem biblisch-theologischen Verständnis von „Gemeinde", hier kann geradezu von einer „Lücke" in der Lehre von der Kirche gesprochen werden[26]. Worin besteht diese Lücke?

Das kann an der doppelten Bedeutung von ἐκκλεσία im Neuen Testament gezeigt werden. Der Begriff bezeichnet sowohl die örtliche Gemeinde – in diesem Fall kann im Plural von *den* ἐκκλεσίαι die Rede sein – als auch die Gesamtheit aller an Jesus Christus Glaubenden; in diesem Fall ist die Rede von *der* ἐκκλεσία Gottes bzw. Jesu Christi im Singular. Wie sich beide Bedeutungen miteinander verbinden, wird in 2Kor 1,1 deutlich: Die ἐκκλεσία τοῦ θεοῦ ἡ οὖση ἐν Κορίνθῳ [„Gemeinde/Kirche Gottes, die in Korinth ist"] ist auf der einen Seite Ortsgemeinde, nämlich die Gemeinde in Korinth und nicht die in Athen oder Thessalonich. Als Einzelgemeinde ist sie immer auch „Kirche Gottes" bzw. „Kirche Jesu Christi", und insofern „Gemeinde, in deren Existenz zugleich die Wesenszüge der weltweit entstehenden Kirche Gottes sichtbar in Erscheinung treten und die darum diese Kirche in ihrer Gesamtheit zu repräsentieren vermag" (J. Roloff[27]).

Wer deshalb „biblische Gemeinde" sagt und ausschließlich die Ortsgemeinde meint, greift zu kurz. Zum biblischen Verständnis von Gemeinde gehört immer auch der Bezug zur *ecclesia universalis.* Diese besteht nicht nur im Gefühl der Verbundenheit mit allen Christen, die *ecclesia univeralis* hat ebenso wie die *ecclesia localis* die Tendenz, erfahrbar zu werden: Sie wird erfahrbar im gemeinsamen Bekenntnis, in den Sakramenten, in der Fürbitte, in der Kollekte für andere Gemeinden, in der Aussendung von Missionaren usw. – und eben auch in übergemeindlichen Strukturen und Diensten. Zur *ecclesia universalis* zählen die Visitation und die Bereitschaft, sich von anderen Gemeinden bzw. von Repräsentanten der *ecclesia universalis* korrigieren zu lassen. Wer darf eine Gemeinde, die auf krummen Wegen ist, kritisieren und zurechtbringen? Eine Gemeinde, die ihr eigener Papst ist, ist keine „biblische Gemeinde". Hier ist auch die Gefahr

[26] Die Rede von der „ekklesiologischen Lücke" entstammt ursprünglich einem anderen Kontext, s. dazu Jüngel, Referat zur Einführung. – Jüngel sieht eine „ekklesiologischen Lücke" in der reformatorischen Bekenntnisbildung darin, dass die missionarische Dimension der Kirche fehlte; diese Lücke werde durch die 6. These der Barmer Theologischen Erklärung geschlossen.

[27] Roloff, Art. ἐκκλησία, 1003.

des Machtmissbrauchs groß – eine Gefahr, die mittlerweile nicht nur in immer wiederkehrenden Berichten über US-amerikanischen Gemeinden ins Rampenlicht rückt, sondern auch in „freien“ Gemeinden in Europa erkennbar ist[28].

Wer die sichtbare Seite der *ecclesia universalis* ablehnt, droht einem Doketismus zu erliegen. Natürlich ist eine Landeskirche nicht gleichzusetzen mit der *ecclesia universalis.* Aber als *ecclesia particularis* kann sie das Bindeglied dazu darstellen, vor allem dann, wenn sie wiederum in ein größeres kirchliches Ganzes eingebunden ist. Mit Ausnahme eines dezidierten Kongregationalismus ist das auch die Überzeugung gewesen, die die Kirche von Anfang an prägte und sich in ihren Strukturen niederschlug:

> „Keine Gemeinde steht für sich allein, sondern weiß sich geistlich wie organisatorisch in die – meist regionale – Kirche Jesu Christi eingebunden. Dieses Verbundensein existiert nicht lediglich ideell, sondern praktisch und aktuell. Die einzelne Gemeinde partizipiert an den Gaben der Kirche: Bekenntnisse, Lieder, Arbeitsformen etc. (Chr. Morgner[29]).

Eine Variante des kongregationalistischen Gemeindeverständnisses in der Gemeinschaftsbewegung ist dort zu finden, wo die Zusammengehörigkeit von Glaube bzw. Taufe und Gemeinde betont wird, aber darunter fast ausschließlich die Einzelgemeinde bzw. die zur „Gemeinde“ gewordene eigene „Gemeinschaft“ verstanden wird. Das hat zur Folge, dass die Frage nach der verbindlichen Einbettung in den größeren Leib Christi und damit nach kirchlicher Zugehörigkeit ausgeblendet bleibt. Eher unterbelichtet ist hier die Einsicht und „Anerkenntnis, daß die Ortsgemeinde nicht alleine steht“[30]. Auch hier wird von der doppelten Bedeutung von ἐκκλεσία im Neuen Testament nur eine aufgegriffen wird, nämlich die der Ortsgemeinde. Der Bezug zur *einen* Kirche Jesu Christi hingegen wird vernachlässigt oder fällt ganz aus.

> Im Taufpapier (2007) und Gemeindepapier (2011)[31] des BeG (Bund evangelischer Gemeinschaften) zeigt sich diese reduzierte Ekklesiologie: Im *Taufpapier* wird zu Recht die Zusammengehörigkeit von Taufe und Gemeindemitgliedschaft betont, aber im Blick auf die verbindliche Zugehörigkeit zu einer größeren kirchlichen Gemeinschaft klafft eine Lücke.

---

[28] Anfang 2019 wurde das an Konflikten um Führungsfragen im „Gospel-Forum“ in Stuttgart deutlich.

[29] Morgner, Geistliche Leitung als theologische Aufgabe, 511.

[30] Mette/Schmidt, Ekklesiologische Erwägungen, 258.

[31] Die eine christliche Taufe in der Vielfalt ihrer Formen; Dem Auftrag verpflichtet, (Positionspapier BeG).

Das *Gemeindepapier* will den eigenen Auftrag landeskirchlicher Gemeinschaften nicht nur vom Zustand der jeweiligen Kirchengemeinde als „Ergänzung" oder „Stellvertretung" bestimmen. Indem dann aber Beispiele für den Auftrag von Gemeinden genannt werden, wird dieselbe Lücke erkennbar: Auch hier fehlt die Einbettung einer Gemeinde und ihres Auftrags in die größere kirchliche Gemeinschaft.

11.5.2 Gemeinde im Kontext

Wo durch die Vernachlässigung der Einbindung und Vernetzung der Einzelgemeinde in den weltweiten Leib Christi eine „ekklesiologische Lücke" entsteht, hat das Auswirkungen auf die Beziehungen einer Gemeinde nach außen. Wo ein „Gemeindeaufbau" nur den „Aufbau" der eigenen Gemeinde im Blick hat, droht dies auf Kosten des Kontextbezugs und der Außenbeziehungen zu gehen.

Mit zunehmender Eigenständigkeit steigt die Bedeutung der Außenbeziehungen und einer stärkeren Einbindung. Dazu gehören die ökumenische Vernetzung und die öffentliche Präsenz[32].

Ein Beispiel ist die Rezeption der „Natürlichen Gemeindeentwicklung" nach Christian A. Schwarz[33], die auch in Teilen der Gemeinschaftsbewegung rezipiert wird. Für die „natürliche Gemeindeentwicklung" ist die Arbeit an „Qualitätsmerkmalen" grundlegend. Wachstum ist nicht „machbar", aber nach Schwarz weisen Gemeinden, die wachsen, praktisch durchweg ein hohes Qualitätslevel auf. Die Arbeit an den Qualitätskriterien stellt damit gewissermaßen einen indirekten Weg zum Wachstum dar. Hier kommt der sog. „Minimumfaktor" ins Spiel: das am wenigsten ausgeprägte Qualitätskriterium („Minimumfaktor") bestimmt die Qualität und damit das mögliche Wachstum insgesamt. Der beste Weg zu mehr Qualität ist daher die Arbeit an diesem „Minimumfaktor". Blickt man jedoch auf die konkreten Bereiche, so sind praktisch ausschließlich Binnenbereiche im Blick: „bevollmächtigende Leitung, gabenorientierte Mitarbeit, leidenschaftliche Spiritualität, ganzheitliche Kleingruppen, inspirierende Gottesdienste" usw. sind wichtige Themen. Nicht im Blick hingegen sind der Kontext und das Umfeld der Gemeinde, lediglich die „bedürfnisorientierte Evangelisation" öffnet ein kleines Fenster in diese Richtung. Trotz häufiger Verwendung von Begriffen wie „natürlich", „organisch", „biotisch" usw. kommt daher eine Konzeption heraus, die eine Binnenorientierung nicht überwindet, sondern im Gegenteil zu verstärken droht.

---

[32] S. o. Kap. 6.

[33] Schwarz, Die natürliche Gemeindeentwicklung (und eine Reihe weiterer Publikationen).

11.5.3 „Verbunden mit allen Christen“

Die erörterten ekklesiologischen Fragen lassen sich mit einem Modell illustrieren, das EC aus England übernommen hat[34]. Es greift es die *notae ecclesiae* des Nizänischen Glaubensbekenntnisses *(Nicaeno-Constantinopolitanum)* aus dem 4. Jh. auf. Der Glaube an die ***eine, heilige, allgemeine und apostolische Kirche*** wird in vier grundlegenden Beziehungsrichtungen einer Gemeinde ausgeführt:

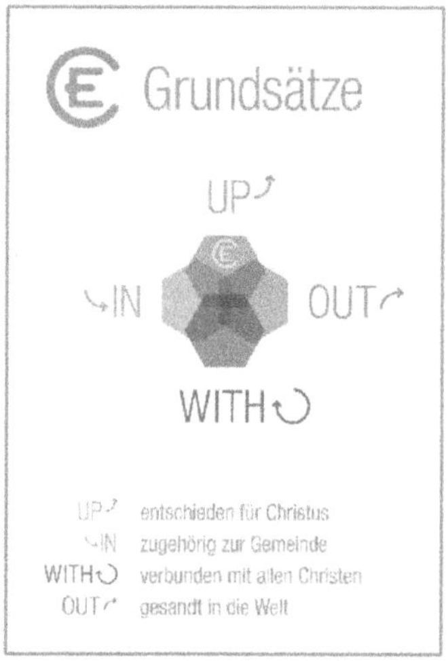

1. Die erste ist die Richtung nach oben, „up“, (aufwärts), es geht um die Beziehung zu Gott, um die Heiligkeit der Kirche.
2. Beim „in“ geht es um die Gemeinschaft untereinander, die *eine* Kirche und ihre Einheit.
3. „with“ („miteinander“) meint „verbunden mit allen Christen“. Hier geht es um und Einbindung in die Christenheit als größeren Leib Christi und die Verbundenheit mit der christlichen Traditon, also um die Allgemeinheit bzw. Katholizität der Kirche.
4. Bei der vierten Beziehungsrichtung schließlich „out“ („hinaus“) „gesandt in die Welt“ geht es um die Sendung, die Mission – um die Kirche als *apostolische* Kirche.

Das Modell eignet sich für eine ekklesiologische Schnelldiagnose: Wie ist es um die einzelnen Beziehungsrichtungen bestellt?

In den vorangehenden Ausführungen lag der Fokus auf dem „with“: „verbunden mit allen Christen“. Wie sieht diese Verbundenheit bei einer landeskirchlichen Gemeinschaft konkret aus? Es geht um Außenbeziehungen, die bei der landeskirchlichen Gemeinde vor Ort und der verbindlichen Zugehörigkeit zu einem größeren kirchlichen „Ganzen“ beginnen, über christliche Netzwerke wie die Evangelische Allianz und die Arbeitsgemeinschaft christlicher Kirchen (ACK) weiter zur Ökumene reichen.

---

[34] S. Herbst (Hg), Mission bringt Gemeinde in Form, 179ff. – Die Graphik findet sich z. B. bei EC, Jugendverband Hessen-Nassau, EC-Grundsätze.

12. „Biblische Gemeinde"

Weil bei den ekklesiologischen Diskussionen in der Gemeinschaftsbewegung im Kontext der Gemeindewerdung das Ideal der „Biblischen Gemeinde" eine bedeutende Rolle spielt, gehe ich ausführlicher darauf ein.

12.1 „Biblische Gemeinde"

„Deshalb zurück in allen Stücken zum biblischen apostolischen Christentum! Zurück auch zur biblischen Gemeindeordnung!"[1] So schrieb 1921 Eduard Wächter, ein ehemals landeskirchlicher Pfarrer. „Im Frühjahr 1901 verließ er die Landeskirche und gründete in Frankfurt die ‚Christliche Gemeinde', die sich später dem Bund Freier evangelischer Gemeinden anschloss"[2].

„Biblische Gemeinde" ist ein Thema, das auch die Gemeinschaftsbewegung seit ihren Ursprüngen begleitet. Bereits auf der zweiten Gnadauer Pfingstkonferenz 1890 hielt Pfarrer Witt ein Referat über „Die geschichtlich gewordene Kirche in ihrem Unterschiede von der biblischen ‚Gemeinde des Herrn'"[3].

Ich springe 80 Jahre weiter: Ein neues Stadium erreichte die Diskussion seit den 1970er-Jahren dadurch, dass „Gemeinschaften" zunehmend zu eigenständigen Gemeinden wurden. „Gemeindeaufbau" wurde zum Thema in der Gemeinschaftsbewegung[4], die Frage nach „biblischer Gemeinde" bekam konkrete Bedeutung.

Die Rückkehr zu den biblischen Wurzeln und das Ideal der „biblischen Gemeinde" zieht sich durch die Geschichte der Kirche. Auch in der Reformationszeit ist die Überzeugung zu finden, die reformatorische Gottesdienstreform diene der „widererhebung des / uralten / apostolischen / hochgegründten / gottesdiensts" – so der Reformator Erhard Schnepf 1532[5]. Viele Aufbrüche und Erweckungen sind davon geprägt, praktisch jede neue Freikirche will „biblische Gemeinde" sein – in Abgrenzung zu vorhandenen Kirchentümern, insbesondere der Volkskirche.

Das reicht bis zur „Vision einer nach biblischem Vorbild funktionierenden Gemeinde" bei Willow Creek, dort verbunden mit demjenigen Text,

---

[1] Wächter, Volkskirche oder Gemeinde, 48 (zit. bei Drechsel, Gemeindeverständnis, 30).
[2] Art. Wächter, Eduard (Wikipedia).
[3] Drechsel, Gemeindeverständnis, 29.
[4] S. dazu Lüdke/Schmidt (Hg.), Alter Wein in neuen Schläuchen? und oben Kap. 10.
[5] Brief an den Heilbronner Rat, zit. bei Figel, Der reformatorische Predigtgottesdienst, 408.

der für viele die Grundlage dieser Vision darstellt, nämlich Apg 2,42-47[6]. Auch die ICF versteht sich als „freie, überkonfessionelle Kirche auf biblischer Grundlage“ und bezieht sich in ihrer Vision auf Apostelgeschichte 2[7].

Für die einen ist „biblische Gemeinde“ ein Hoffnungsbegriff und Ideal, für andere ein Reizwort. Das Begriffspaar lässt kaum jemanden kalt. Manche lächeln müde und sagen: „Das ist nur Urchristentumsromantik. Ihr überseht völlig, dass wir in ganz anderen Zeiten leben als die ersten Christen“.

Dahinter steht ein geistliches Anliegen, das sich nicht mit einer erstarrten Christlichkeit zufriedengibt und biblischen Berichte über die ersten Gemeinden nicht nur als Darstellungen vergangener Epochen, sondern als Verheißung für die Gegenwart liest. Eine Theologie, die nicht mehr zu sagen hat als ein „So nicht!“, verfehlt ihre Aufgabe. Neben die hermeneutische Frage tritt damit die praktisch-theologische Aufgabe eines angemessenen und konstruktiven Umgangs mit dem Konzept der „biblischen Gemeinde“.

12.2 Die Gnadauer Diskussion

„Gemeindeaufbau“ in der Gemeinschaftsbewegung mit dem Ideal einer „biblischen Gemeinde“ konnte sehr pragmatisch durchgeführt werden. Ein Beispiel dafür ist das 1978 vom Brüderhaus Tabor herausgegebene „Handbuch für lebendige Gemeindearbeit“[8]. Ekklesiologische Reflexionen sucht man hier vergebens. Unbekümmert von Kontroversen wie die Volkskirchenfrage oder der Frage der innerkirchlichen Stellung der Landeskirchlichen Gemeinschaften sind die Beiträge ausgerichtet auf die praktische Gemeindearbeit. Die Frage nach dem Kontext entfällt völlig, der Leser erfährt (abgesehen von einer Notiz) nicht einmal, dass das Handbuch für Gemeinschaften bzw. Gemeinden innerhalb der Evangelischen Kirche gedacht ist. Unterschwellig ist das Ideal einer „biblischen Gemeinde“ leitend.

Das Thema „biblische Gemeinde“ war das Einfallstor für Kritiker, die den Gnadauer Gemeinschaften angesichts des Festhaltens an der Innerkirchlichkeit Inkonsequenz vorwarfen[9]. Unter der Überschrift: „Die große Chance. Wenn sich Gemeinschaften für das neutestamentliche Gemeindebild öffnen“ sieht Helge Stadelmann 1997 ein „ekklesiologisches Argumentationsdefizit“

---

[6] Hybels, Gemeinde neu entdeckt, 238: „Die Vision einer nach biblischem Vorbild funktionierenden Gemeinde“; direkt danach wird Apg 2,42-47 zitiert.

[7] ICF (Homepage) bzw. ICF Vision.

[8] Handbuch für lebendige Gemeindearbeit; s. dazu auch o. S. 117.

[9] S. Zimmermann, Von der Gemeinschaft zur (Gemeinschafts-)Gemeinde, v. a. 84f.

bei den Gemeinschaften und plädiert für eine „angstfreie Beschäftigung mit biblischer Ekklesiologie“[10]. Er sieht darin eine „Chance der Gemeinschaften, nicht weitere 100 Jahre auf dem ekklesiologischen Zaun sitzen zu müssen“[11].

Innerhalb der Gemeinschaftsbewegung in dasselbe Horn stoßen Volker Brecht[12] und Judith Hildebrandt[13]. Die Argumentationsmuster ähneln sich.

Judith Hildebrandt kontrastiert in ihrem Band „Pietistischer Gemeindeaufbau zwischen Gemeinschaft und Gemeinde“ (1998) die „geschlossene Innerkirchlichkeit“ Gnadaus mit dem Weg der Evangelischen Gesellschaft; ihre Argumentation stellt zugleich eine Apologie für den Weg der Evangelischen Gesellschaft dar:

> „In den 70er Jahren unter Herbert Becker gewann das Anliegen des ‚biblischen Gemeindebaus‘ zunehmend an Bedeutung. Für ihn sollten sich die Gemeinschaften als Gemeinde verstehen, an den Strukturen der neutestamentlichen Gemeinde orientieren und dem Wort Gottes auch in Strukturfragen Gehorsam leisten. Mit der Herausgabe des Buches Gemeinde nach Gottes Bauplan präsentierte man eine ausführliche, vom NT erhobene Ekklesiologie. Während in den ersten 100 Jahren von den ‚Vätern‘ der EG betont wurde, daß man das NT nicht in bezug auf Strukturfragen für den Bau der Gemeinde heranziehen könne, ist mit diesem Schritt ein enormer Wandel im ekklesiologischen Denken der EG vollzogen worden“ [14].

Volker Brecht (2002) bemängelt das Fehlen einer Gnadauer Ekklesiologie und kritisiert, die Innerkirchlichkeit werde nur mit der „Berufung auf die Väter“ begründet, die für ihn in der Nähe des katholischen Traditionsverständnisses steht[15]. Dem will Brecht eine biblische Begründung entgegenstellen. Er macht dies mit einer Auslegung des von ihm so genannten „ekklesiologischen Grundtextes für die Gemeinschaftsbewegung“[16], nämlich Apg 2,42-47[17].

Bereits einige Jahre zuvor, nämlich 1988, hatte Wolfram Kopfermann, vormaliger Hamburger Hauptpastor und Leiter der Geistlichen Gemeindeerneuerung, die Evangelische Kirche verlassen. In seinem Buch „Das Ende einer Illusion. Volkskirche ohne Zukunft“ von 1990 wirft er dem Gnadauer Verband „ekklesiologische Halbherzigkeiten“18 vor. Konkret sieht er einen Widerspruch zwischen dem Gnadauer

---

[10] Stadelmann, Die große Chance, 287.
[11] Stadelmann, 286.
[12] Brecht, Zwischen Landeskirche und Freikirche.
[13] Hildebrandt, Pietistischer Gemeindeaufbau zwischen Gemeinschaft und Gemeinde.
[14] Hildebrandt, 233; ausführlicher dazu: 214-221.
[15] Brecht, 91f.
[16] Brecht, 48.
[17] Brecht, 52-86.
[18] Kopfermann, Das Ende einer Illusion, 194ff.

Selbstverständnis, in der Kirche zu sein, sich aber der Kirche nicht unterordnen zu wollen und der neutestamentlichen Erwartung von Gehorsam und Unterordnung gegenüber den Leitungsdiensten in der Gemeinde. Das Kapitel zu Gnadau endet mit dem Satz: „Ich bin überzeugt, daß ein Gnadauer Verband, der von seinen ekklesiologischen Halbherzigkeiten Abschied nähme und den Weg zu konsequenter neutestamentlicher Gemeindebildung zu Ende ginge, der Christenheit in unserem Land einen noch größeren Dienst täte als bisher"[19]. Angesichts des Untertitels „Volkskirche ohne Zukunft" kann das für Kopfermann nur der Weg in die Freikirche sein.

12.3 Ekklesiologische Engführungen

Die einen malen das Ideal einer „biblischen Gemeinde" in leuchtenden Farben, andere üben heftige Kritik daran. In einem nächsten Schritt kommen Schwachstellen und ekklesiologische Engführungen in den Blick[20]. Nicht alle Konzeptionen von „biblischer Gemeinde" sind davon in gleicher Weise betroffen.

12.3.1 Gesetzliches Missverständnis der Heiligen Schrift

Der Band „Gemeinde nach Gottes Bauplan" von Alfred Kuen (1975, 3. Aufl. 1986) erschien im Verlag der Evangelischen Gesellschaft und wurde von dieser gezielt verbreitet[21]. Kuen beginnt das erste Kapitel mit dem Satz: „Gott verlangt, daß wir seine Richtlinien befolgen"[22]. Aus der Unveränderlichkeit Gottes („Gott bleibt stets derselbe") wird die Unveränderlichkeit der „Ordnung der Urgemeinde" gefolgert, sie sei „die einzige, die zu allen Zeiten und an allen Orten paßt"[23]. – Eine derartige Äußerung zeigt für Morgner ein „statisches Bibelverständnis"[24].

> Ein neueres (und nicht aus dem Umfeld der Gemeinschaftsbewegung stammendes) Beispiel für die Auffassung einer Unveränderlichkeit biblischer Vorgaben im Blick auf Gemeindestrukturen finden wir bei Michael Frost und Alan Hirsch in ihrem Band „Die Zukunft gestalten. Innovation und Evangelisation in der Kirche des 21. Jahrhunderts"[25]. Aus den fünf in Eph 4,12 genannten Leitungsdiensten wird bei Frost und Hirsch durch die Verbindung

[19] Kopfermann, 196.
[20] S. dazu Dietz, Gemeinschaftsbewegung und Kirchenverständnis.
[21] S. Hildebrandt, 217-221.
[22] Kuen, Gemeinde nach Gottes Bauplan, 21.
[23] Kuen, 23.
[24] Morgner, Geistliche Leitung als theologische Aufgabe, 521.
[25] Frost/Hirsch, Die Zukunft gestalten.

> der Anfangsbuchstaben von Apostel, Propheten, Hirten oder Pastoren, Lehrer, Evangelisten die „APPLE-Theologie“. Die beiden sind der Meinung, hier handle es sich um eine „zeitlos gültige Beschreibung für die Gestaltung von Gemeinde“[26]. Dass dieses Leitungskonzept nicht praktiziert wurde, sei „verantwortlich für die Unreife der Kirche im Westen und ihre missionarische Lähmung“[27].

Hier tritt jeweils ein gesetzliches Missverständnis der Heiligen Schrift zutage, die Bibel wird zum „übergeschichtlichen Regelkodex“[28] zu einer Art Gebrauchsanweisung, bei der ausbleibender Erfolg auf die Nichtbeachtung von Regeln zurückgeführt wird. Wenn der Gemeindeaufbau nicht wie erwartet blüht, dann kann es nicht an den unveränderlichen biblischen Vorgaben liegen, es muss an der Umsetzung liegen. Diejenigen, die sich um „Regeltreue“ bemühen, denen aber der Erfolg versagt bleibt, kann dies in Zweifel und Krisen stürzten. Dass eine Führung Gottes auch Wüstenstrecken beinhalten kann, und dass Gott es ist, der Türen öffnet und verschließt (Offb 3,7), bleibt außer Betracht.

Christoph Morgner kommentiert das mit den Worten: „Wir haben es hier mit einer bestimmten Form von Gesetzlichkeit zu tun, denn man ist davon überzeugt, durch bestimmte Gehorsamsakte das Wirken Gottes herbeiführen zu können“[29].

12.3.2 Selektiver Umgang mit der Heiligen Schrift

Morgner weist weiter darauf hin, dass ein in Gemeinschaftskreisen anvisierter biblischer Gemeindeaufbau selektiv um bestimmte Themen kreise, nämlich „verbindliche Mitgliedschaft, Ältestenfrage, Taufe, Abendmahl, Kirchenzucht“[30]. Er fährt fort: „Daß es sich hier bestenfalls um eine biblische Gemeinde in Auswahl handelt, machen fehlende, aber auch im NT vorkommende Elemente neutestamentlicher Gemeinden deutlich: Bischofsamt, Diakonenamt, Güterteilung, Rede- und Lehrbeiträge von Frauen etc.“[31] In einer Anmerkung ergänzt er: „Wenn ich Vertreter dieser Position darauf anspreche, wann denn das Bischofsamt, das ja durchaus biblisch ist, in der Gemeinde eingeführt werden soll, ernte ich gewöhnlich ein verlegenes Lächeln“[32].

---

[26] Frost/Hirsch, 271.
[27] A. a. O., 274.
[28] Dietz, Gemeinschaftsbewegung und Kirchenverständnis, 101.
[29] Morgner, Geistliche Leitung, 520.
[30] Morgner, 520.
[31] Morgner, 520.
[32] Morgner, 521 Anm. 447.

Ähnlich verhält es sich mit der Frage, warum das Konzept „biblische Gemeinde“ fast durchweg auf Apg 2 rekurriert, aber kaum auf die Geschichte von Ananias und Saphira in Apg 5.

12.3.3 Unhistorischer Umgang mit der Heiligen Schrift und ausbleibende Kontextualisierung

Ein weiteres Problem für ein solches Denken besteht in der Vielfalt biblischer Gemeindeformen, Ämter und Dienste, die eine Entwicklung widerspiegeln und nicht auf einen einheitlichen „Bauplan“ reduzierbar sind. Was ist hier normativ: Die Apostelgeschichte, die Korintherbriefe, der Epheserbrief oder die Pastoralbriefe?

Wer die Geschichtlichkeit der Heiligen Schrift übergeht und biblische Vorgaben und Strukturen direkt in unsere Zeit übertragen will, steht vor dem Problem, dass wir in einer anderen Zeit leben und uns nicht mehr wie die Jerusalemer Gemeinde im Tempel versammeln können.

Eine Folge des unhistorischen Denkens ist die ausbleibende Kontextualisierung. Was Gemeinde ist und wie sie wahrgenommen wird, ist ohne Kontext und Kultur nicht verständlich.

Wenn die Worte Jesu erklärt werden, ist es selbstverständlich: Die Exegese stellt die Worte Jesu in sein damaliges Umfeld. Was für die die Bibelauslegung selbstverständlich ist, gilt auch für die neutestamentliche Gemeinde, ihre Struktur, ihr Zusammenleben, ihre Mission, ihre Stellung gegenüber ihrer Umwelt: Sie sind nicht „zeitlos“, sondern auf dem jeweiligen kulturellen und historischen Hintergrund zu verstehen. Zugleich bedeutet es: Eine unveränderte und unreflektierte Übertragung in andere Kontexte führt dazu, dass etwas „anderes“ daraus wird. Die Einbildung, ein Konzept von „biblischer Gemeinde“ lasse sich unverändert in andere Zeiten und Kontexte übertragen, ist eine Fiktion und damit eine Selbsttäuschung. Die Missionsgeschichte bietet genügend Beispiele für die Problematik ausbleibender Kontextualisierung bzw. einer unreflektierten und unveränderten Übertragung[33].

12.3.4 Weitere Problemanzeigen

Gegenwärtig kann nicht mehr damit gerechnet werden, dass das Ideal einer „biblischen Gemeinde“ auf ungeteilte Begeisterung stößt. Bei Studierenden und der jüngeren Generation Hauptamtlicher beobachte ich eine Zurückhaltung. Fragt man nach, sind in der Regel Engführungen vor Augen: Das können schlechte Erfahrungen mit Gemeinden sein, die für sich das

[33] Z. B. Grethlein, Kirchentheorie.

Prädikat „biblische Gemeinde“ in Anspruch nehmen, aber auch Versuche, bestimmte Interessen unter Berufung auf ein vorgebliches biblisches Verständnis von Gemeinde durchzusetzen, etwa im Blick auf Verkündigungs- und Leitungsdienste von Frauen. „Biblische Gemeinde“ wird hier zum Machtinstrument.

Eine weitere Problemanzeige: Die Schwachstellen des Konzepts einer „biblischen Gemeinde“ aufzuzeigen ist das eine. Das Modell „Distanz“ alleine träge auch nicht: Was hilft es, zu wissen, dass früher alles anders war? Das gibt keine Orientierung, weckt keine Hoffnung und motiviert niemanden.

Akademisch gebildete Theologen mögen noch so sehr die Nase rümpfen und ihre hermeneutischen Waffen ins Feld führen – offensichtlich sind sie stumpf gegen das subversive Potenzial der biblischen Texte, oder zurückhaltender formuliert: Ihre Kontrolle und Regelungsmacht ist im Blick auf populäre Interpretationen und Rezeptionen biblischer Texte begrenzt.

Theologinnen und Theologen müssen sich der Aufgabe stellen, konstruktiv Wege aufzuzeigen, wie der Beitrag und die Bedeutung der Bibel für den Gemeindeaufbau heute positiv bestimmt werden können.

Gibt es einen dritten Weg zwischen ahistorischer Unmittelbarkeit und historischer Distanzierung? In einem ersten Schritt werden dazu hermeneutische Impulse in die Diskussion eingebracht, in einem zweiten Schritt ergänzt durch praktisch-theologische Anregungen.

12.4 Zum Bibelverständnis

Die Geschichte des Gnadauer Verbandes bietet nicht nur Beispiele für das Konzept einer „biblischen Gemeinde“, sondern auch für einen hermeneutisch reflektierten Umgang damit.

12.4.1 Walter Michaelis: Gegen eine „mechanische Auffassung von der absoluten Verbindlichkeit der neutestamentlichen Gemeindezustände“

Walter Michaelis (1866–1953), langjähriger Präses des Gnadauer Verbandes, war in seinen jungen Jahren stark vom Ideal einer „biblischen Gemeinde“ geprägt. Im Frühjahr 1901 nahm er nach achteinhalb Jahren Abschied vom Pfarramt einer landeskirchlichen Gemeinde in Bielefeld. Er hatte Gewissensnöte mit der volkskirchlichen Konfirmationspraxis: Das bei der Konfirmation abverlangte Gelöbnis führe viele Jugendliche zur Unwahrhaftigkeit. Weil er diese Praxis nicht mit seiner Überzeugung von biblischer Gemeinde in Übereinstimmung bringen konnte, zog er die

Konsequenz und verließ die Gemeinde und damit zugleich den kirchlichen Dienst.

Anschließend war Michaelis von 1901 bis 1906 Missionsinspektor der Evangelischen Missionsgesellschaft für Deutsch-Ostafrika[34]. Er hoffte, auf diese Weise der Problematik der Volkskirche zu entfliehen. Seine Ausgangserwartung war es, dass durch Mission unter Heiden „reine Gemeinden der Gläubigen“ statt „volkskirchliche Mischgemeinden“ gegründet werden[35]. Diese Erwartung musste er freilich korrigieren.

Konkret wird das in der Frage nach den Zugangsbedingungen zur Taufe. Es geht um die Überzeugung, „die Taufe dürfe nur an solchen vollzogen werden, die mit ihrer Taufe das öffentliche Bekenntnis ihres Glaubens auf Grund ihrer Bekehrung und Wiedergeburt ablegen und in der Taufe von Gott das Siegel dafür erhalten“[36]. Im Kontrast dazu stand die Missionssituation: Bei denen, die die Taufe begehrten, sah Michaelis zwar eine „aufrichtiges Motiv“, zugleich war „ihre Erkenntnis […] oft noch weit entfernt von dem Wesen reformatorischen Heilserlebnisses in Erkenntnis von Sünde und Gnade“[37]. Ein Taufaufschub stelle aber auch keine Lösung dar, weil damit die Gefahr verbunden sei, dass die Menschen dann wieder in das Heidentum zurückfielen. Kurzum: Wenn eine „mechanische Auffassung von einer absoluten Verbindlichkeit der neutestamentlichen Gemeindezustände […] berechtigt wäre, dann würde freilich das Neue Testament die Missionsarbeit in Schranken zwingen, die für die Erfüllung ihrer Aufgabe sehr hinderlich wäre“[38].

Michael Diener resümiert: „Michaelis hatte erkannt, dass eine dem biblischen Zeugnis verpflichtete Theologie und Glaubenshaltung nicht umhin kommen kann, die Geschichtlichkeit dieser Offenbarung mitzubedenken“[39]. Michaelis konnte so Verengungen überwinden und fand zu einer biblisch-reformatorischen Grundhaltung, die sich in den Auseinandersetzungen und Kontroversen späterer Jahre als tragfähig erwies[40].

---

[34] S. dazu Diener, Kurshalten in stürmischer Zeit, 90ff.

[35] Michaelis, Erkenntnisse und Erfahrungen, 120; Diener, Kurshalten, 93.

[36] Michaelis, Erkenntnisse, 124-125.

[37] Michaelis, 124.

[38] Michaelis, 126; s. Diener 94.

[39] Diener, Kurshalten in stürmischer Zeit, 94.

[40] So etwa in der 1931 publizierten Schrift „Das Evangelium in der Wortverkündigung, in der Taufe und im Herrenmahl“. Das Kapitel zur Taufe lässt noch deutlich die Spuren der oben dargestellten Erfahrung erkennen.

12.4.2 Adolf Schlatter: Gehorsam statt Imitation

Adolf Schlatter (1852–1938) gehört von seiner Theologie und ihren Wirkungen her in das Umfeld des Pietismus. In seiner Dogmatik zeigt er einen möglichen Weg zwischen ahistorischer Unmittelbarkeit und historischer Distanzierung: „Dass wir uns verdeutlichen, wann und wie weit das den Propheten und Aposteln Gegebene auch für uns Wahrheit und Geltung hat, ist eine unentbehrliche Voraussetzung für unseren Gehorsam. Versäumen wir diese Arbeit, tritt an die Stelle des Gehorsams die Nachahmung, die, indem sie tun will, was David oder Paulus taten, das nicht tut, was wir heute zu tun haben“[41].

Es geht also nicht um Imitation, sondern um Gehorsam! Für den Gehorsam aber ist die Bibel unentbehrlich. Die wirksame Macht der Schrift besteht darin, „dass sie, wie sie aus der Geschichte stammt, auch wieder Geschichte schafft und unseren Gedanken- und Willenslauf so an das dort Geschehene anheftet, daß unser eigenes Leben aus ihm seinen Grund und Inhalt bekommt“[42]. Die Bibel „hält uns nicht bloß Vergangenes vor, damit wir uns daran erinnern, sondern bestimmt durch die einst geschehene Geschichte unsere eigene Geschichte, und zwar so, dass sie in Gottes Gemeinschaft verläuft“[43].

Anders formuliert: Kritiklose Schrifttreue kann den Schriftinhalt verfehlen, weil dann Nachahmung an die Stelle des Gehorsams tritt. Nicht eine vermeintliche biblische Unmittelbarkeit, sondern Gottes Handeln in der Geschichte ist das Bindeglied zwischen damals und heute.

12.4.3 Der geschichtliche Weg der Gemeinde Jesu Christi

In einem Beitrag von 1988 stellen Walter Schaal und Walter Nieke die ekklesiologischen Positionen im Gnadauer Verband einander gegenüber: „Es stehen nebeneinander Vorstellungen, die ein Gemeindeverständnis unmittelbar aus dem NT in unsere Zeit übertragen wollen, und Vorstellungen, die dafür halten, dass der geschichtliche Weg der Gemeinde Jesu über die Reformation, den frühen Pietismus und die Erweckungsbewegungen nicht einfach übersehen werden kann“[44].

Es geht um den geschichtlichen Weg der Gemeinde Jesu und die Frage, welche Bedeutung ihm auch in theologischer Hinsicht zukommt. Wird die Geschichte der Kirche primär als Weg von Irrtümern und Verfehlungen

---

[41] Schlatter, Dogmatik, 591 Anm. 218. Er fährt fort: „Ein grelles Beispiel, wie die kritiklose Schrifttreue den Schriftinhalt verlieren kann, ist die heutige Glossolalie“ (ebd.).

[42] Schlatter, Dogmatik, 368.

[43] Schlatter, Dogmatik, 368.

[44] Nieke/Schaal, Zum Verhältnis von Kirche und Gemeinschaftsbewegung, 398.

gesehen? Ist Kirchengeschichte nur ein negativer Hintergrund für die dadurch umso heller leuchtenden neutestamentlichen Aussagen und Zustände?

Der Verweis auf den geschichtlichen Weg der Gemeinde Jesu setzt einen anderen Akzent: Aus der Erfahrung, dass Gott in allen menschlichen Irrungen und Wirrungen sein Volk durch die Zeiten hindurchführt, erwächst das Vertrauen, dass er seine Kirche am Ende zu seinem guten Ziel führen wird. Wenn Gott nicht überzeitlich, sondern in Raum und Zeit handelt, dann ist es die fortwährende Aufgabe der Gemeinde Jesu, die jeweilige Zeit und den eigenen Ort genau wahrzunehmen und als Ort der Berufung anzunehmen. Es geht nicht darum, das Rad der Geschichte zurückzudrehen oder einen zeitlosen Bauplan umzusetzen. Die Verheißungen zielen vielmehr darauf, dass *in der jeweiligen Situation das aufleuchtet, was Gemeinde Jesu über alle Zeiten ausmacht.*

Gerade so wird die Bibel in ihrer Autorität und Eigenart als Urkunde der Geschichtlichkeit der Offenbarung ernst genommen. Gott offenbart sich in der Geschichte, er führt sein Handeln in der Geschichte weiter. Die Gemeinde Jesu hat die Aufgabe, die *Acts of God in History*[45] wahrzunehmen und danach zu fragen, wie sie in der Gegenwart seinem Handeln in der Geschichte dienstbar werden kann. Am Ende steht das Lob Gottes, der sein Volk durch die Geschichte hindurch erhält und zu seinem Ziel führt.

12.5 „Biblische Gemeinde“ – Anregungen für die Gegenwart

Von den hermeneutischen Grundlagen aus geht es weiter zur praktisch-theologischen Aufgabe, einen konstruktiven Beitrag zu leisten und das geistliche Potenzial der Heiligen Schrift für den Gemeindeaufbau heute zu erschließen.

12.5.1 Biblische Texte als Verheißungen

„Biblische Gemeinde“ kann positiv so verstanden werden: Gemeinde Jesu lebt damals wie heute aus dem Hören auf Gott. Sie lebt aus Gottes Verheißungen, aus dem unerschöpflichen Reichtum der Bibel. Biblische Texte wollen zuallererst als Verheißungen verstanden werden, die auf Glauben und Vertrauen abzielen.

---

[45] Deines, Acts of God in History.

> Mit Worten von Michael Herbst zu Apg 2: „Ich sehe in dem Bericht des Lukas weder ein unerreichbares Ideal noch einen Bericht von längst versunkenen goldenen Zeitaltern. Ich sehe in Apostelgeschichte 2 eine Verheißung Gottes"[46].

Wer eine Imitation der Urgemeinde ablehnt, schließt damit ein unmittelbares Reden Gottes durch das Wort der Heiligen Schrift nicht aus. Es geht um die Erfahrung, dass Gott durch Bibelworte direkt anspricht und Orientierung gibt.

In diesem Sinne kann mit Gerhard Lohfink die Frage gestellt werden: „Wie hat Jesus Gemeinde gewollt?"[47] Das führt zu einer Auslegung, in der das Neue Testaments für die Gemeinde in der Gegenwart transparent wird. Daraus können Impulse aus Apostelgeschichte 2, 42ff für die Gestaltung von Hauskreisen abgeleitet werden[48] und anderes mehr.

Biblische Texte können daher als Verheißung, als Ermutigung und Motivation, als Korrektiv und Leitlinie, als *norma normans* und als Quelle für immer neue Inspirationen gelesen werden. Auch eine hermeneutisch reflektierte Grundhaltung sollte offen sein für die Erfahrung, dass biblische Texte unmittelbar in die jeweilige Situation hineinsprechen.

12.5.2 Biblische Bilder von Gemeinde

Wenn es um Gemeinde geht, verwenden die biblischen Autoren nicht zuerst Begriffe und Definitionen, sondern Bilder. Diese können einen wichtigen Beitrag dazu leisten, „biblische Gemeinde" positiv zu füllen. Bilder haben den Vorzug, dass sie nicht nur tief in der biblischen Theologie verwurzelt sind, sondern bis heute die Vorstellungskraft anregen, berühren, mitgehen und im Gedächtnis bleiben. Vor allem aber stellen diese Bilder Verheißungen dar.

- Gemeinde als „Volk Gottes" ist im Alten Testament verwurzelt ist und wird im neuen Testament weitergeführt. Zum „Volk Gottes" gehört das Sich-Versammeln.
- Das Bild der Gemeinde als Leib Christi hat seine Wurzeln im Abendmahl (1Kor 10,16f), es wird entfaltet im einen Leib mit vielen Gliedern (1Kor 12), bei dem jedes der Glieder seine unverwechselbare Aufgabe hat.
- Die Gemeinde als „Tempel des Heiligen Geistes" (1Kor 3,) ist der Ort der Gegenwart Gottes. Das Bild des Tempels steht überall dort im Hintergrund, wo von „Erbauung" die Rede ist.

---

[46] Herbst, Ja zum Miteinander, 168.
[47] Lohfink, Wie hat Jesus Gemeinde gewollt?
[48] Z. B. Douglass, Ein Idealbild von Gemeinde.

- Gemeinde als Braut Christi (Eph 5; Offb 21) ist ein sprechendes Bild: Als seine Braut ist die Gemeinde von Christus geliebt und wertgeachtet, Christus gibt sein Leben für die Gemeinde. Gemeinde: schmückt sich für Christus, den Bräutigam – ihm will sie gefallen!
- Beim Bild vom Weinstock und den Reben (Joh 15) liegt der Akzent auf der Frucht durch Verbundenheit mit Christus.
- Schließlich ist das im Alten Testament verwurzelte Bild der Gemeinde als Herde zu nennen: Im Neuen Testament mit Christus als dem guten Hirten (Joh 10; vgl. Ez 34 u. ö.)

Diese unvollständige Aufzählung kann zeigen, worum es geht, wenn in verantwortlicher Weise von „biblischer Gemeinde" geredet wird: *Ihr aber seid [...] ein heiliges Volk, [...] dass ihr verkündigen sollt die Wohltaten dessen, der euch berufen hat aus der Finsternis in sein wunderbares Licht" (1Petr 2,5.9).*

13. Innerkirchlichkeit als Gabe und Aufgabe

Im Zentrum dieses Bandes steht die Beschreibung von Wegen zu mehr Eigenständigkeit innerhalb der Gemeinschaftsbewegung. Ausgangspunkt ist dabei das, was die Gemeinschaftsbewegung seit ihren Ursprüngen als ihren Auftrag sieht: Die Bildung christlicher Gemeinschaften innerhalb der evangelischen Kirche mit den beiden Schwerpunkten von Evangelisation und Gemeinschaftspflege. Wie kann dieser Auftrag in einem veränderten Umfeld weitergeführt werden? Ist das überhaupt möglich und sinnvoll? Dazu gehört auch, die bisherigen Formen und Arbeitsweisen auf den Prüfstand zu stellen und weiterzuentwickeln. Wie ist der Weg von der Gemeinschaft zur Gemeinde in diesem Zusammenhang einzuordnen?

Die damit verbundenen ekklesiologischen Themen wurden in den letzten Kapiteln erörtert. Dabei sind die Situationen sehr unterschiedlich, das Selbstverständnis, innerkirchlich zu arbeiten, hat an Selbstverständlichkeit verloren und kann in Spannung zur vorfindlichen Situation stehen. Am Ende werde ich im Fazit auf die unterschiedlichen Möglichkeiten zu sprechen kommen, mit dieser Spannung umzugehen.

In den bisherigen Teilen wurde die deskriptive Ebene immer wieder mit einer theologischen Orientierung verbunden; dieses Kapitel geht noch einen Schritt weiter: Es soll einen Beitrag zur normativen Orientierung leisten und hat dabei vor allem diejenigen im Blick, die sich für die Option der Innerkirchlichkeit entscheiden und diese als „Gabe und Aufgabe" verstehen wollen. Was Innerkirchlichkeit bedeuten und wie sie gelebt werden kann, ist dabei nicht ein für alle Mal festgelegt, sondern mit der Herausforderung und Chance für alle Beteiligten in den Gemeinschaftsgemeinden wie den Landeskirchen verbunden, die Beziehung zwischen Kirche und Gemeinschaftsbewegung innerhalb sich wandelnder Kontexte flexibel, kreativ und konstruktiv zu gestalten.

Zunächst geht es um grundsätzliche Fragen der kirchlichen Identität und Positionierung (13.1. und 13.2), dann um Fragen der Haltung und Mentalität (13.3) und schließlich um Möglichkeiten der strukturellen Umsetzung (13.4).

13.1 „Innerhalb der evangelischen Kirche und darüber hinaus"

Die Zugehörigkeit zur Evangelischen Kirche nimmt in der Satzung des Gnadauer Verbandes einen prominenten Platz ein, in der Fassung von 2016 wird sie in §1 Abs. 2 genannt:

> „Der Verband ist der Zusammenschluss von Gemeinschaftsverbänden und Werken, die innerhalb der evangelischen Landeskirchen und darüber hinaus durch Gemeinschaftspflege und Evangelisation die Anliegen des biblisch-reformatorischen Pietismus vertreten“[1].

Während „innerhalb der evangelischen Landeskirchen“ klar die innerkirchliche Positionierung der Gemeinschaftsbewegung zum Ausdruck bringt, ist die Formulierung „und darüber hinaus“ erläuterungsbedürftig und zugleich umstritten.

Konsens dabei ist, dass die missionarische Arbeit nicht auf ein „innerhalb der evangelischen Landeskirchen“ begrenzt werden kann, sie drängt „darüber hinaus“. Aber wie ist es mit Gemeinschaften als Gemeinden, die sich auf das „darüber hinaus“ berufen, um zu begründen, weshalb sie sich nicht auf einen innerkirchlichen Standort festschreiben lassen wollen?

Christoph Morgner betont im Präsesbericht 1995, dass der missionarische Dienst über die Kirchengrenzen hinausreicht. Zugleich grenzt er sich ab und schließt eine „Gnadauer Gemeinschaftsarbeit“ aus, „die sich als freikirchlich versteht und inhaltlich wie strukturell außerhalb der evangelischen Kirche arbeitet“[2]. Zugespitzt formuliert Michael Diener (Präsesbericht 2012): „Ich halte die Lesart der Gnadauer Satzung für überzeugend, die das ‚darüber hinaus‘ für missionarisch absolut geboten, aber ekklesiologisch verboten betrachtet“[3].

Einen etwas anderen Akzent setzt Steffen Kern in seinem ersten Präsesbericht 2022:

> „[…] der Raum der Kirche wird kleiner, die Gnadauer Werke aber und ihre verschiedenen Arbeitszweige vielfältiger. Längst ragen sie über das ‚Gebiet‘ der Kirche hinaus. Was bedeutet es für eine freie Bewegung innerhalb der Kirche, wenn sie zunehmend mit Menschen konfrontiert ist, die keiner evangelischen Kirche angehören? […] Es gilt Wege zu finden, wie eine konfessionelle Bekenntnisgemeinschaft in institutioneller Freiheit und verbindlicher Zusammengehörigkeit von Kirche und Gemeinschaftsverbänden neu gelebt werden kann“[4].

---

[1] Gnadauer Verband, Neufassung der Satzung vom 17.09.2016, 1 Abs. 2.
[2] Morgner, Geistliche Leitung als theologische Aufgabe, 285.
[3] Diener, Lasst und Neues wagen! (Präsesbericht 2012), 18.
[4] Kern, Die Hoffnungsbewegung (Präsesbericht 2022), 27-28.

13.2 „Ein Stück evangelischer Kirche in pietistischer Ausprägung"

In den 1990er-Jahren wurde im Gnadauer Verband kontrovers über die Innerkirchlichkeit diskutiert: „Soll Gnadau in der Kirche bleiben?"[5] Die Wogen haben sich geglättet, aber die „Kirchenfrage" steht weiter im Raum. Eine theologische Grundlegung dazu bietet Christoph Morgner in seinem Präsesbericht 1995, der zur Orientierung im Blick auf die Innerkirchlichkeit dienen kann[6].

Morgner beginnt mit der Formulierung „innerhalb der evangelischen Kirchen" aus der Gnadauer Grundordnung. Innerkirchlich zu arbeiten bedeutet für ihn: „Wir sind evangelische Christen. Das ist unsere Identität im religiösen Kontext" (279). Er fährt fort: „Wir stehen zum Modell Volkskirche". Volks- bzw. Landeskirchen sind „'weder mit der Gemeinde Jesu Christi, die wir glauben, gleichzusetzen, noch als bloße Organisation von ihr zu trennen', sondern sie bildet einen Raum, in dem ‚wahre Gemeinde Jesu Christi' entsteht"[7]. Ihre Traditionen bieten auch für die Gemeinschaftsbewegung Anknüpfungspunkte für geistliches Leben, aber die Verbundenheit reicht tiefer: „Wir bejahen die inhaltlichen Grundlagen der Volkskirche" (280). Das hat Aus- und Rückwirkungen auf die Landeskirchen: „Damit tun wir dem Ganzen der Volkskirche einen wichtigen substantiellen Dienst" (281). Die Gemeinschaftsbewegung ist Teil der evangelischen Kirchen, konkret: „ein Stück evangelischer Kirche in pietistischer Ausprägung" (281).

Damit ist auch klar: „Wir wollen keine eigene Kirche bilden" (282). De facto gebe es keine Alternative zum innerkirchlichen Standpunkt. Wenn „Gnadau" sich entscheiden würde, Freikirche zu werden, würde das auf der einen Seite eine Spaltung bewirken, weil nicht alle Verbände diesen Weg mitgehen würden. Und selbst wenn das der Fall wäre, würde dadurch eine Lücke entstehen, die rasch von anderen eingenommen würde. „Innerkirchlichkeit" ist daher keine unglückliche Ehe und auch nicht nur ein Zweckbündnis, sondern unverwechselbarer Ort und Berufung der Gemeinschaftsbewegung seit ihren Ursprüngen.

---

5 Hempelmann, Soll „Gnadau" in der Kirche bleiben?

6 Morgner, Geistliche Leitung als theologische Aufgabe, 277-285 („Unser Standort und seine Begründung"); daraus die folgenden Seitenangaben.

7 Morgner, Geistliche Leitung, 280. Das Zitat im Zitat stammt aus „Der Gnadauer Verband als geistliche Bewegung innerhalb der evangelischen Kirche", Gnadauer Grundsatzpapier 1987.

Das bedeutet keineswegs, dass alles bejaht wird, was in der Kirche geschieht oder gar das „Akzeptieren von Mißständen“[8]. Der Gemeinschaftsbewegung kommt eine „Verantwortung für die Kirche und ihren künftigen Weg“ zu. Morgner ergänzt: „Das Problem sehe ich unter uns weniger im Zustand der Kirche als im Desinteresse an ihr“ (283). Positiv bedeutet das: „Innerkirchlich zu arbeiten heißt: Wir gehören zu unserer Kirche. Wir versuchen das Unsere, damit in ihr das Evangelium atmen und blühen kann“ (283). Als Konsequenz ist von einem Mitglied Gnadaus zu erwarten, „dass es nicht nur die grundsätzliche Platzanweisung Gnadaus bejaht, sondern dass seine Verantwortlichen in ihrem Bereich auch dementsprechend bewusstseinsbildend wirken“ (283).

13.3 Innerkirchliche Identität und Haltung

13.3.1 Identität der Zugehörigkeit

Innerkirchlichkeit ist damit nicht nur ein wünschenswertes Merkmal der Gemeinschaftsbewegung, die gehört gewissermaßen zu ihrer „DNA“, zu ihrer genetischen Ausstattung. Dabei markiert die Formulierung „ein Stück evangelischer Kirche in pietistischer Ausprägung“ eine *Identität der Zugehörigkeit*. Die Gemeinschaftsbewegung ist *Teil* der evangelischen Kirche, nicht nur ihr *Gegenüber*. „Kirche“ sind nicht „die anderen“, die sich „landeskirchlich“ nennenden Gemeinschaften sind selbst „ein Stück evangelische Kirche“. Zugleich wird die „pietistische Ausprägung“ als das Spezifikum der Gemeinschaftsbewegung und insofern als „Identitätsmarker“ genannt, mit dem der Unterschied innerhalb der Kirche benannt wird.

Immer wieder ist zu hören: „Wir sind nicht mit der Kirche verheiratet“. Das trifft zu, weil es bei der Ehe um eine verbindliche Gemeinschaft zweier Personen geht. Trotzdem ist die Ehe an dieser Stelle ein treffendes Bild: Eine Ehe nur formal als Lebensbund zu sehen, greift zu kurz: Das Miteinander zielt darauf, mit Leben gefüllt zu werden. Das Miteinander in der Ehe ist mit Einschränkungen der Freiheit des Einzelnen verbunden, zugleich ist die Gemeinschaft ein „Mehrwert“ gegenüber der Addition zweier einzelner Personen. Ohne das Bild strapazieren zu wollen: Es ist ein Miteinander, das „fruchtbar“ werden kann. Grundlage ist eine verbindliche und verlässliche Gemeinschaft, gekennzeichnet von Liebe und Fürsorge,

---

[8] „Unser grundlegendes Ja bedeutet natürlich nicht das Akzeptieren von Mißständen, die wir in der Kirche antreffen, Diese sehen und markieren wir deutlich. Weil wir jedoch auch um unsere eigenen Schäden wissen, äußern wir uns nicht überheblich, sondern bei aller inhaltlichen Klarheit bescheiden und demütig“ (Morgner, Geistliche Leitung, 283).

vom Bewusstsein: „wir gehören zusammen". Eine Ehe lebt von einem „unbedingten" Miteinander, zugleich gibt es Grenzen, die die Gemeinschaft einer Ehe zerstören.

Auf der Basis einer unumstrittenen Innerkirchlichkeit konnte in der Gemeinschaftsbewegung lange Zeit die eigene Identität als Identität des Unterschieds bis hin zur Abgrenzung in den Vordergrund gestellt werden. Die Gemeinschaften präsentierten sich – teilweise ähnlich wie viele Freikirchen – als „Alternative" zur Landeskirche.

In einem geänderten Umfeld wird eine solche Profilierung immer weniger tragfähig. Solange christlicher Glaube und Kirchenzugehörigkeit allgemein anerkannt und verbreitet waren, konnte es sinnvoll sein, die eigene Gemeinschaft im Gegenüber zur bestehenden volkskirchlichen Gemeinde zu profilieren und die Unterschiede in den Vordergrund zu stellen. In einem Umfeld, in dem die Zahl der Christen und die Plausibilität des „Christlichen" rasant abnehmen, macht es zunehmend weniger Sinn, die eigene Identität in der Unterscheidung zu profilieren („die etwas andere Gemeinde"). Hier ist es – und das gilt für landeskirchliche Gemeinschaften in ähnlicher Weise wie für Freikirchen[9] – weitaus plausibler und für die Glaubwürdigkeit des Zeugnisses angemessener, eine Identität der Zugehörigkeit zu entwickeln und zu profilieren: „Wir sind Teil der größeren christlichen Gemeinschaft". Das schließt nicht aus, dass dann in einem zweiten Schritt das besondere Profil innerhalb dieser christlichen *community* hervorgehoben wird.

13.3.2 Eine Frage der Haltung

Vereinbarungen und die Frage nach konkreten Formen der Zusammenarbeit zwischen Gemeinschaftsverbänden und Landeskirchen bzw. zwischen landeskirchlichen Gemeinschaften und landeskirchlichen Ortsgemeinden sind unentbehrlich, weil sie dort, wo unterschiedliche Interessen aufeinandertreffen oder Konflikte entstehen, für Klarheit sorgen und helfen können, Konflikte zu regeln.

Sinnvoll sind solche Regelungen allerdings nur auf der Basis des Willens zum Miteinander und zur Zusammenarbeit. Sicherlich ist auch eine „kalte" Kooperation denkbar und in gewissen Fällen womöglich unumgänglich, aber der Grundgedanke ist der eines vertrauensvollen Miteinanders. Es geht um eine der Innerkirchlichkeit entsprechende *Haltung.*

Unangemessen ist weder die Haltung einer Fundamentalopposition noch einer Indifferenz, sondern die einer Loyalität und Verbundenheit.

---

[9] S. dazu Bartholomä/Paas: „Die Zeiten haben sich geändert".

Kennzeichnend für eine solche Haltung ist der bereits zitierte Satz von Christoph Morgner: „Innerkirchlich zu arbeiten heißt: Wir gehören zu unserer Kirche. Wir versuchen das Unsere, damit in ihr das Evangelium atmen und blühen kann“.

Aus einer solchen Haltung der Zugehörigkeit und Verbundenheit heraus sollte die Frage, ob etwas „für die Kirche“ oder „für die Gemeinschaft“ geschieht, nur eine untergeordnete Rolle spielen, auch wenn hier in der Praxis durchaus gegensätzliche Interessen denkbar sind.

Weiter gehört dazu eine Haltung der Wertschätzung, der Dankbarkeit und des Respekts:

> „Die Kirche Christi ist mir das Höchste auf Erden. Nächst dem, daß ich ein Mensch bin, bin ich ein Glied der Kirche, und ich möchte jenes nicht sein, wenn ich dieses nicht zugleich sein könnte. Was hülfe es auch Mensch zu sein, wenn man mit der Menschheit verloren gehen müßte? Die Kirche ist die Rettungsarche, die einzige, die es giebt [...] Ihr gehören alle die herrlichen Verheißungen Gottes, die wir im alten und neuen Testamente lesen (Eph 2, 11 ff.) und die einen unermeßlichen Schatz darstellen [...] Wie es für einen Israeliten des alten Bundes keinen höheren Adel gab, als zum auserwählten Volke Gottes zu gehören, so kenne ich keine höhere Würde als die Zugehörigkeit zu derjenigen Gemeinschaft, welche man die Kirche Christi nennt. Mit ihr bin ich verknüpft für Zeit und Ewigkeit. Ihr Wohl ist mein Wohl, ihr Leid mein Leid, ihre Schmach meine Schmach, ihre Ehre meine Ehre, ihre Herrlichkeit meine Herrlichkeit. Von ihr singe ich mit Dr. Luther: Sie ist mir lieb, die werte Magd [...]“[10]

Mit diesen Worten beginnt Christian Dietrich, einer der „Gnadauer Väter“, sein Buch „Kirchliche Fragen der Gegenwart“ (2. Aufl. 1888), das auf die Notwendigkeit der Gründung von „Gemeinschaften“ innerhalb der Kirchengemeinden hinausläuft.

Ein solches Loblied auf die Kirche aus den Reihen der Gemeinschaftsbewegung mag ungewohnt sein, und es gab und gibt auch ganz andere Stimmen und Haltungen zur Kirche. Es ist eine Haltung, die deutlich weiter geht als eine pragmatische verstandene Zugehörigkeit zur Kirche, die diese nur als „Baugerüst“ oder als „Missionsfeld“ versteht. Hier kommt eine Zugehörigkeit zum Ausdruck, die nicht nur auf einem Zweckbündnis beruht, sondern tiefer reicht.

Eine klare Zugehörigkeit schließt ein Doppeltes ein: die Kommunikation gegenüber den eigenen Mitgliedern, die für eine solche Haltung wirbt und die Erwartung, dass auch die Landeskirchen diese Haltung anerkennen.

---

[10] Dietrich, Kirchliche Fragen der Gegenwart, 1.

> „Wir meinen es von Herzen wohl mit den bestehenden Kirchen […] Wir bitten […], doch endlich einmal das Misstrauen gegen solche kirchlichen Erbauungskreise fahren zu lassen […] Wir bitten auch unsere Kreise, doch die in der Kirche vorhandenen Heilsgüter dankbar anzuerkennen und zu nutzen." – So Theodor Christlieb in seiner Eröffnungsrede bei der ersten Gnadauer Pfingstkonferenz 1888[11].

Haltungen und insbesondere Vertrauen können nicht angeordnet oder gar erzwungen werden. Vertrauen entsteht dort, wo das Miteinander mit positiven Erfahrungen verbunden ist und der Partner sich als vertrauenswürdig erweist. Nötig sind „vertrauensbildende Maßnahmen". Vor allem wird es eine Haltung des selbstlosen Dienens sein, die die Interessen und das Ergehen des anderen im Blick hat und über den eigenen Vorteil stellt. Eine solche Haltung erzeugt Vertrauen und ist glaubwürdig – ganz abgesehen davon, dass es die der Nachfolge Jesu angemessene Haltung ist.

Ein wichtiges Signal nach innen wie nach außen kann die wechselseitige Fürbitte füreinander in den Gottesdiensten und anderen öffentlichen Versammlungen sein. Die Haltung kommt im „Reden mit" in der direkten Begegnung ebenso wie auch im „Reden über" innerhalb der Gemeinschaft und Kirche zum Ausdruck.

Durch die Geschichte hindurch zieht sich die Herausforderung, die Zugehörigkeit zur Kirche aus argumentativ zu begründen. In der Anfangszeit war das unter anderem die Dankbarkeit für das Erbe der Reformation und des frühen Pietismus, die Verkündigung des Evangeliums, die Weitergabe der Bibel und der Kirchenlieder, der Einfluss in Erziehung, Bildung und Sitte. Auch für das damals in der Inneren Mission wie in der Gemeinschaftsbewegung verbreitete Ziel der Rechristianisierung des deutschen Volkes war ohne die Volkskirche undenkbar.

Manches ist hier zeitgebunden, anderes ist heute noch aktuell. Wofür können die Gemeinschaften der Kirche dankbar sein? Wer vor Ort wenig Grund dazu sieht, wird hier mindestens die öffentliche Präsenz des Christlichen in der Gesellschaft nennen können, die ohne die beiden großen Kirchen in Deutschland in der bestehenden Form nicht denkbar wäre. Hinzu kommen Dienste von denen auch die Gemeinschaften profitieren: im Bereich der Diakonie, der Bibelverbreitung, der Bildung usw.

Hinzu kommen weniger beachtete Bereiche: Quasi nebenbei profitieren die landeskirchlichen Gemeinschaften von Angeboten der Fort- und Weiterbildung, von Vereinbarungen im Bereich der Versicherungen, der Expertise in rechtlichen Fragen bis hin zu Corona-Regeln. Nicht zuletzt

---

[11] Kirche und Gemeinschaft, 7; s. Lange, Eine Bewegung bricht sich Bahn, 86 (zit. nach Pagel, Theodor Christlieb – Ein Lebensbild, Berlin 1960, 49f).

erweist sich die Bezeichnung „landeskirchlich“ immer noch als Schutz gegen den Sektenvorwurf.

Die Frage nach der Haltung ist nicht nur an die Gemeinschaftsbewegung, sondern umgekehrt auch an die Landeskirchen zu richten. Hier wird das Gutachten „Soll der Liebenzeller Gemeinschaftsverband KdöR werden?“ deutlich: „Hier wäre viel gewonnen, wenn die Kommunikation mehr auf Augenhöhe geschähe und anerkennte, dass Gemeinschaften (Modell 3) und Gemeinschaftsgemeinden nicht mehr nur ergänzenden oder stellvertretenden Dienst tun, sondern inzwischen eigenständige und vollständige evangelische Gemeinden mit erwecklichem Profil sind. Für die Frage künftiger Innerkirchlichkeit der Gemeinschaften wie ihrer Mitglieder dürfte einiges davon abhängen, wie partnerschaftlich und wohlwollend das innerkirchliche Miteinander auf Augenhöhe geregelt wird“[12].

13.3.3 Der „geistliche Sinn” für die Kirche

Die Rede vom *sentire cum ecclesia* – bisweilen auch *sentire in et cum ecclesia*[13] geht auf Ignatius von Loyola zurück. Die Grundbedeutung ist „mit der Kirche fühlen, empfinden, wahrnehmen“. Die Bedeutungen von *sentire* gehen aber noch weiter und schließen das „gesinnt sein“, den „geistlichen Sinn“ und damit eine kirchliche „Gesinnung“ und Haltung ein. Es geht um eine „kirchliche Gesinnung“, die hier als römisch-katholische Anregung für die Gemeinschaftsbewegung dienen kann.

> In einem Vortrag von 2009 entwickelt Medard Kehl (1942–2021), von 1976–2012 Professor an der Jesuitenhochschule St. Georgen bei Frankfurt, von der ursprünglichen Bedeutung des *sentire cum ecclesia* aus Impulse für eine „kirchliche Gesinnung“ der Gegenwart[14].
> Bei Ignatius geht es um das „geistliche Programm, die ganz persönliche Suche des Einzelnen nach dem Willen Gottes für sich selbst und damit auch die Suche nach seiner persönlichen Nachfolge Christi einzubinden in die konkrete sichtbare Kirche und ihre Strukturen“ (3). Eng damit verbunden ist eine „Kultur des Lobens“ (4). Eine solche versteht sich nicht von selbst, sie gewinnt aber ihre Bedeutung angesichts der Gefahr, dass die „(keineswegs immer unberechtigte) Kritik an der konkreten Kirche, an ihren Leitungsstrukturen und am Verhalten mancher Amtsträger in Gefahr steht, mit der Zeit

[12] Herbst/Kammerer/Penßel, „Soll der Liebenzeller Gemeinschaftsverband KdöR werden?“, 82-83. In umgekehrter Richtung, im Blick auf die Haltung der Gemeinschaften gegenüber der Landeskirche ebenso wie auf mögliche Zumutungen für den LGV übt das Gutachten deutlich mehr Zurückhaltung. Das ist im Kontext der Entstehung des Gutachtens und dessen Charakter als Auftragsgutachten nachvollziehbar.

[13] Park, Laien auf dem Weg der Evangelisation.

[14] Kehl, Was heißt „sentire cum ecclesia“ – heute? (die Seitenzahlen beziehen sich auf das Manuskript).

eine grundsätzlich negative und im Blick auf die jüngeren Generationen auch ausgesprochen kontraproduktive Eigendynamik zu entwickeln. Das heißt: Der kritische Blick auf die institutionelle Kirche wird so sehr zum Vorzeichen jeglicher Kirchenwahrnehmung und Kirchendiskussion, dass eine tiefverwurzelte, wirklich unbezwingbare Freude an der Kirche mehr und mehr abhandenkommt oder erst gar nicht mehr entstehen kann" (4).
Auf der anderen Seite soll damit Kritik nicht unterbunden werden. Daher „hat auch *innerhalb* einer gesunden und gesund machenden ‚Kultur des Lobens' der freimütige Einspruch und Widerspruch in der Kirche seinen legitimen Platz. Z. B. dann, wenn es um die stets neu zu erbittende und zu erringende Transparenz kirchlicher Strukturen und Verhaltensweisen auf Jesus Christus hin geht, auf sein befreiendes, in die Weite führendes, der Situation des einzelnen Menschen gerecht werdendes Handeln hin" (5).
Ein wichtiges Kriterium beim „Einspruch und Widerspruch" liegt in der Sprache: „ob sie von Polemik und dem Wunsch nach Polarisierung bestimmt ist oder auf Versöhnung und Vermittlung hinzielt" (5).
„Sich an solchen und vergleichbaren Orten anschaulich gelebter Kirchlichkeit zu orientieren, dürfte ein guter Weg sein, um diese hier angedeutete Kunst immer besser zu erlernen: nämlich eine Kultur des Lobens zu verbinden mit einem der Versöhnung dienenden, kritischen Freimut in der Kirche" (5-6).

13.4 Gegenseitige Ergänzung und Formen der Zusammenarbeit

13.4.1 Gemeinsamer Auftrag und gegenseitige Ergänzung

Eine mit dem Bewusstsein der Zusammengehörigkeit verbundene Innerkirchlichkeit reicht über ein bloßes Nutzendenken hinaus. Das schließt nicht aus, dass ein Miteinander so gestaltet wird, dass beide Seiten einander ergänzen und so davon profitieren, dass eine „Win-Win-Situation" entsteht. Angesichts der Unterschiede der beiden Partner ist allerdings damit zu rechnen, dass die Vorstellungen von Zusammenarbeit und gegenseitiger Ergänzung nicht immer deckungsgleich sind.

In den „Leitsätzen über Ordnung und Leitung der Evangelisation und des Gemeinschaftslebens innerhalb der Landeskirche" von 1895 wird im Blick auf die Evangelisationsvereine folgendes ausgesagt: „Sie bieten in den Wirren und Nöten der Gegenwart ihre Kräfte zur Mitarbeit für die Landeskirche und zur Unterstützung ihrer Organe freiwillig und unentgeltlich dar, und

> daher ist es für die Kirche und ihre Organe geboten, solcher Hilfsarbeit, ebenso wie der äußeren und inneren Mission, freien Spielraum zu gewähren“[15].

Hier ist gut erkennbar: Das Anliegen der Evangelisationsvereine ist es, den Landeskirchen und ihre Organe zu unterstützen. Diese Mitarbeit ist mit der Erwartung verbunden, dafür „freien Spielraum“ zu erhalten. Die Formulierungen lassen erahnen, dass eine gelingende Zusammenarbeit nicht selbstverständlich ist und die Vorstellungen und Erwartungen der Evangelisationsvereine sich von denen der Kirche unterscheiden können. Hier wie auch an anderen Stellen ist ein konstruktives Miteinander zweier eigenständiger Partner gefragt. Auf der einen Seite steht die Bereitschaft zur Mitarbeit, auf der anderen die Frage nach einem Raum zur Entfaltung dafür.

Allgemeiner formuliert: Landeskirchliche Gemeinschaften können und sollen zwar ihre Vorstellungen von Innerkirchlichkeit äußern, aber zu gelebter und gestalteter Innerkirchlichkeit kann es nur im Dialog kommen, eine Seite allein kann das nicht festlegen. Daran hat sich bis in die Gegenwart nichts geändert: Was Innerkirchlichkeit ist und wie sie gestaltet wird, kann nur gemeinsam geklärt werden; die Interessen beider Seiten sind jeweils neu zu bestimmen und auszutarieren.

Damit dürfte auch klar sein: Ein einseitiges „Wir verstehen Innerkirchlichkeit so oder so“ vonseiten der Gemeinschaften ist ebenso wenig möglich wie einseitige kirchliche Vorgaben, wie die Arbeit der Gemeinschaftsbewegung auszusehen habe.

> „Umso wichtiger ist es, dass die Kirche und die Landeskirchlichen [sic] Gemeinschaften sich dessen vergewissern, dass sie einen gemeinsamen Auftrag zur Verkündigung des Evangeliums in Zeugnis und Dienst haben. Sie sind zum Dienst miteinander und aneinander berufen, ‚ein jeder mit der Gabe, die er empfangen hat‘“[16] (1Petr 4,10)

– so wird im Vorwort der Sammlung von Vereinbarungen zwischen Landeskirchen und Gemeinschaftsverbänden formuliert.

Die gegenseitige Ergänzung kann unterschiedlich aussehen. Dazu mögliche Beispiele:

- In landeskirchlichen Gemeinschaften ist Ehrenamtlichkeit oft stärker ausgeprägt. „Klassisch“ ist die Mitarbeit in landeskirchlichen Gemeinden in der Jugendarbeit, in Posaunenchören, in Besuchsdiensten, bei Prädikantendiensten usw.

---

[15] Leitsätze über Ordnung und Leitung der Evangelisation und des Gemeinschaftslebens, 153 unter A 6.

[16] Kirche und Gemeinschaft, 5 (aus dem Vorwort zur 1. Auflage).

- Auch wenn es unscharf ist, kann das Gegenüber von „Bewegung“ und „Organisation“ von der Tendenz her Möglichkeiten der Ergänzung aufzeigen: Auf der einen Seite steht die Beweglichkeit und Flexibilität in landeskirchlichen Gemeinschaften, die Offenheit für neue Formen und Innovationen – auf der anderen Seite die Beständigkeit und Dauerhaftigkeit, aber bisweilen auch Schwerfälligkeit der landeskirchlichen Gemeinden.
- Wenn in landeskirchlichen Gemeinden die Offenheit „für alle“ bisweilen zur einer Offenheit „für alles“ führt, bei dem das evangelische Profil kaum noch erkennbar ist, können landeskirchliche Gemeinschaften an den gemeinsamen Auftrag erinnern und zur Profilschärfung beitragen.
- Innerhalb der Gemeinden und über die Gemeindeebene hinaus kann Kritik aus den landeskirchlichen Gemeinschaften immer wieder als „Ruf zur Sache“ dienen, während umgekehrt Gemeinschaften es bisweilen nötig haben, von landeskirchlicher Seite auf Verengungen ebenso wie auf die Gefahr der Abkapselung hingewiesen und vor Sonderlehren bewahrt zu werden. Hier kann das gegenseitige und nicht immer nur angenehme „Aneinander-Reiben“ für beide Seiten hilfreich sein.

Für die Partnerschaft und den wechselseitigen Dienst ist ein verlässlicher Rahmen nötig, der zwar weiterentwickelt werden, aber nicht ständig infrage gestellt werden sollte. Je größer die strukturelle Eigenständigkeit ist, umso nötiger sind Vereinbarungen im Blick auf ein verbindliches Miteinander für beide Seiten.

Dabei ist die Wechselseitigkeit grundlegend. Für die Landeskirchen bedeutet es, die Gemeinschaftsbewegung als Teil der Landeskirchen wahrnehmen und würdigen, ihr Möglichkeiten des Wirkens innerhalb der Kirchen einzuräumen. Umgekehrt bedeutet es für die Gemeinschaften, die Zugehörigkeit zu leben und kirchliche „Regeln“ zu respektieren. Ein „wir gehören dazu, aber wir tun, was wir wollen“ ist dem abträglich, auch wenn im Einzelfall der Veränderungsbedarf offensichtlich sein kann.

Für beide besteht die Herausforderung darin, Formen zu finden, die Zugehörigkeit und Eigenständigkeit zugleich ermöglichen.

Anregungen dazu sind in der Ökumene zu finden.

- In bischöflich verfassten Kirchen wie der anglikanischen oder der römisch-katholischen Kirche ist der Bischof der Garant der Einheit: In der Gemeinschaft mit dem Bischof ist eine Vielzahl von Formen in großer Freiheit möglich.

- Die Orden in der römisch-katholischen Kirche sind nicht dem jeweiligen Ortsbistum unterstellt, sondern eigenständig. Zuständig sind die Ordensoberen, die wiederum direkt dem Papst unterstehen.

Es geht nicht um eine direkte Übernahme, sondern um Denkmöglichkeiten, wie eine Vielfalt der Formen eine Zusammengehörigkeit und Einheit aussehen kann. Abgesehen davon kann erwartet werden, dass evangelische Landeskirchen, die die Vielfalt und Pluralität von individuellen Frömmigkeitsformen hochhalten, auch Raum für unterschiedliche und vielfältige Formen gemeinschaftlich gelebter Frömmigkeit schaffen.

13.4.2 „Ergänzender“ und „stellvertretender“ Dienst

Die Unterscheidung der Arbeit in landeskirchlichen Gemeinschaften zwischen einem „ergänzenden“ und einem „stellvertretenden Dienst“ spielt bei den „Gnadauer Modellen“ bei Christoph Morgner eine wichtige Rolle[17]. Dabei geht es um ein anderes Verständnis von Ergänzung als im vorangegangenen Abschnitt: Gemeint ist nicht wie oben die gegenseitige Ergänzung, vielmehr „ergänzt“ der Dienst der landeskirchlichen Gemeinschaft denjenigen der Kirchengemeinde. „Ergänzender Dienst“ meint beispielsweise die Gemeinschaftsstunde als Ergänzung zum landeskirchlichen Gottesdienst und weiteren Angeboten der Kirchengemeinde. Von „stellvertretendem Dienst“ hingegen ist dort die Rede, wo ein Angebot der Gemeinschaft(sgemeinde) an die Stelle des landeskirchlichen Angebots tritt: Das ist insbesondere der Fall bei den Kasualien, aber auch dort, wo der Gottesdienst durch den Zeitpunkt am Sonntagvormittag das Angebot der Kirchengemeinde nicht ergänzt, sondern ersetzt.

Das Gutachten „Soll der LGV KdöR werden?“ greift diesen Vergleich mit verändertem Akzent auf: Während die Realität in den Gemeinschaften schon weithin bei „Modell 3“, also dem stellvertretenden Dienst angelangt sei, hinkten viele der Vereinbarungen mit den Landeskirchen und insbesondere die Perspektive der württembergischen Landeskirche dieser Realität hinterher, weil sie primär in der Kategorie der „Ergänzung“ dächten[18].

---

[17] S. o. Kap. 9.3.2. – Für „problematisch“ gehalten wird die Rede von stellvertretendem bzw. partiell stellvertretendem Dienst vom Gemeindepapier des BeG mit folgendem Argument: „Jedes eigenständige Wirken der Gemeinschaft lässt sich so nur über die Kritik an den Defiziten der Kirchengemeinde begründen“ (Dem Auftrag verpflichtet, 23) – und eben diese Begründung mit Defiziten will der BeG hinter sich lassen. Hier wäre zu fragen, ob Stellvertretung notwendig Defizite voraussetzt.

[18] Herbst/Kammerer/Penßel, Soll der Liebenzeller Gemeinschaftsverband KdöR werden?, S. 68. Verwiesen wird dabei auf einen Entwurf der Evangelischen Landeskirchen in Baden und Württemberg („Eckpunktepapier 2022“).

Die Unterscheidung kann weitergedacht werden: Eine Ergänzung kann weitgehend eigenständig erfolgen, weil sie die Zuständigkeit der Landeskirche nur wenig berührt. Eine stellvertretende Wahrnehmung von Aufgaben hingegen bedarf einer *Beauftragung,* sie ist verbunden mit der V*erantwortung,* die Aufgaben im Sinne des Auftraggebers durchzuführen. Bei den Kasualien ist dies offensichtlich[19]. Das wiederum bedarf einer hohen Verbindlichkeit und Verlässlichkeit: Der Auftraggeber – in diesem Fall die Landeskirche – muss davon ausgehen können, dass die Dienste in seinem Sinne durchgeführt werden.

Während eine Ergänzung auch in der Haltung einer „innerkirchlichen Opposition" erfolgen kann, ist das mit einem „stellvertretenden Dienst" kaum noch vereinbar, ebenso wenig eine Selbstverortung als „Gegenüber" zur Kirche; hier bedarf es vielmehr einer grundsätzlichen Identifikation als *Teil* der Kirche, die „eine grundlegende Loyalität gegenüber der Landeskirche sichtbar werden lässt"[20].

Das führt zu einem Paradox: Wenn an der Innerkirchlichkeit der Gemeinschaftsbewegung festgehalten werden soll, dann ist eine größere Eigenständigkeit nur denkbar, wenn sie mit einer größeren Verbindlichkeit verbunden ist. Es ist die Frage an Gemeinschaftsverbände, die sich durch den „stellvertretenden Dienst" größere Freiheiten und Unabhängigkeit erhoffen, ob sie bereit sind, sich zugleich auf größere Verbindlichkeiten einzulassen. Ist dies nicht der Fall, geht es auf Kosten der Innerkirchlichkeit.

13.4.3 Ebenen der Zusammenarbeit

Die klassische Gemeinschaft war vor allem über die örtliche Ebene der Kirchengemeinde in die evangelische Landeskirche eingebunden. Die Beziehung zwischen Gemeinschaften und Kirchengemeinden vor Ort umfasst eine breite Palette von Erfahrungen von beglückender Zusammenarbeit bis hin zu erfahrener und erlittener Ablehnung; vom gegenseitigen Wunsch, enge Beziehungen und konstruktive Zusammenarbeit zu gestalten bis hin zu wechselseitiger Interesse- und Beziehungslosigkeit. Der Weg zur Eigenständigkeit bringt die Chance mit sich, über die örtliche Ebene hinaus zu denken und weitere Ebenen einzubeziehen.

1. Das bedeutet nicht, dass die *örtliche Ebene* ausgedient hat, wesentliche Begegnungen und im positiven Fall ein konstruktives Miteinander werden weiter auf dieser Ebene stattfinden. Vor allem dort, wo der Weg in die Eigenständigkeit von Konflikten begleitet war und ist, kann der

[19] S. o. Kap. 5.6.2.

[20] Evangelische Landeskirche in Baden, Gemeindeformengesetz (2022), 2 Abs. 7.

Einbezug weiterer Ebenen helfen, diese zu entschärfen; zugleich dient er der Konfliktprävention.

Negative Erfahrungen wurden vor allem dort gesammelt, wo Vereinbarungen zwischen Landeskirchen und Gemeinschaftsverbänden zusätzlich der Ratifizierung vor Ort bedurften. Damit war es möglich, dass Kirchengemeinden solche Vereinbarungen blockierten; Gemeinschaften stellten zu Recht den Wert solcher Vereinbarungen infrage. Das schließt nicht aus, dass Fragen der Ausgestaltung und Konkretion von Vereinbarungen vor Ort getroffen werden.

2. Der Weg von der Gemeinschaft zur Gemeinde bringt einen Bedeutungszuwachs der *mittleren Ebene des Bezirks bzw. Kirchenkreises/Dekanats*, teilweise auch von Untergliederungen wie Distrikte mit sich. Eine stärkere Einbindung von Gemeinschaftsgemeinden auf dieser Ebene ist deshalb sinnvoll, weil auf dieser Ebene weithin die regionale Kooperation von Gemeinden stattfindet. Hier können Gemeinschaftsgemeinden ihr Profil einbringen, etwa im Rahmen einer regiolokalen Gemeindeentwicklung[21]. Gemeinschaftspastorinnen und -pastoren können in Pfarrkonvente eingebunden werden. Auch ein rechtliches „Andocken" von Gemeinschaftsgemeinden ist auf dieser Ebene oft sinnvoller als auf der örtlichen Ebene – nicht nur, aber gerade auch in Konfliktsituationen.

   Klärungsbedarf besteht hinsichtlich der Aufsichtspflicht über Gemeinschaftsgemeinden: Findet sie innerhalb des Gemeinschaftsverbandes statt oder wird damit die Dekanin bzw. der Superintendent des Kirchenkreises beauftragt? Das erstere setzt voraus, dass innerhalb der Gemeinschaftsverbände eine funktionierende Aufsicht vorhanden ist. Tendenziell war eine solche bisher eher schwach ausgeprägt. Eine kirchliche Aufsicht kann von den Gemeinschaften als Beschränkung der Eigenständigkeit empfunden werden.

3. Damit kommt die *dritte Ebene*, die *der Gemeinschaftsverbände und Landeskirchen* in den Blick. Auf dieser oberen Ebene ist am meisten Professionalität zu erwarten. Wenn ein gegenseitiges Vertrauen vorhanden ist, können die Gemeinschaftsverbände vieles intern regeln und bei der Landeskirche melden: Beauftragungen, Kasualien, Taufen usw. Das würde weithin der Konstellation der Orden in der römisch-katholischen Kirche entsprechen. Voraussetzung ist die eben erwähnte Aufsicht innerhalb des Verbandes. Ob mit einer solchen gerechnet werden kann,

[21] S. u. Kap. 13.4.4. Abs. 3 und o. Kap. 4.11.

zeigt sich im Ernstfall, wenn die Situation einer Gemeinde einen Eingriff von außen nötig macht.

Insgesamt wird es sinnvoll sein, Strukturen der Kooperation zu schaffen, die alle Ebenen einbeziehen. Hier gilt, was bei Strukturen grundsätzlich gilt: Strukturen können das persönliche Miteinander nicht schaffen, aber im positiven Fall einen hilfreichen Rahmen dafür schaffen; ebenso können sie Transparenz ermöglichen und bei unterschiedlichen Interessen oder im Konfliktfall Klärungen erleichtern.

13.4.4 Formen und Strukturen der Zusammenarbeit

1. Auch bei der Zusammenarbeit von Landeskirche und Gemeinschaftsbewegung gilt die Maxime „structure follows strategy". Anders formuliert: Grundlegend sind die Fragen der Haltung und Identität auf beiden Seiten. Auf deren Grundlage kann und muss dann weitergedacht werden, wie konkrete Strukturen aussehen können, die für eine Zusammenarbeit ermöglichen und für die Zusammengehörigkeit und den gemeinsamen Auftrag förderlich sind.

   In der Anfangszeit der Gemeinschaftsbewegung ging es um christliche Gemeinschaften innerhalb der bestehenden landeskirchlichen Gemeinden. Seitdem ist das Repertoire möglicher Formen breiter geworden und weiter im Wandel.

   Nach wie vor gibt es das „ergänzende" Modell einer Gemeinschaft als Teil einer Kirchengemeinde. Zunehmend – in diesem Band stand das im Fokus – begegnen uns landeskirchliche Gemeinschaften als eigenständige Gemeinden. Hier werden Formen der Zusammenarbeit anders aussehen: Über die Mitarbeit einzelner Mitarbeiterinnen und Mitarbeiter, die weiterhin möglich ist, stellt sich die Frage der Zusammenarbeit auf Gemeindeebene. Wie können landeskirchliche Gemeinde und „Gemeinschaftsgemeinden" einander in einer förderlichen und konstruktiven Weise zugeordnet werden?

   Hier ist die Bereitschaft auf beiden Seiten nötig, sich auf neue Wege der Zusammenarbeit und Zuordnung einzulassen und dies nicht primär als Einengung, sondern als Chance zu sehen.

   Eine der Grundlagen dabei kann das das aus der Anglikanischen Kirche stammende Modell der *mixed economy*[22] bilden, der „Mischwirtschaft" aus Ortskirchengemeinden und Netzwerkgemeinden, *fresh expressions of church* und anderen Formen. Hier könnten auch

[22] S. dazu die Beiträge im Themenheft „Mixed Economy – Chancen und Grenzen einer Strategie der Kirchenentwicklung, PTh 109 (2020), Heft 1.

landeskirchliche Gemeinschaften ihren Ort innerhalb unterschiedlicher einander ergänzender Formen finden.

2. Der in diesem Band im Fokus stehende Weg von der Gemeinschaft zur Gemeinde ist kirchenrechtlich teilweise mit enormen Herausforderungen verbunden. Für die meisten evangelischen Landeskirchen stellt die Ortskirchengemeinde die „Normalform“ dar, hinzu kommen einzelne Ausnahmen wie „Anstaltsgemeinden“ (Krankenhaus, Gefängnis) oder Hochschulgemeinden. Landeskirchliche Gemeinschaften sind für die Kirchenjuristen so etwas wie „unregelmäßige Verben“. Nach den bisherigen Erfahrungen muss nüchtern gesagt werden: Kirchenjuristisch sind landeskirchliche Gemeinschaften häufig nur schwer bis gar nicht in bestehende landeskirchliche Gemeindeformen integrierbar.

   Hier ist in den letzten Jahren viel in Bewegung geraten. Nicht nur landeskirchliche Gemeinschaften stellen die Landeskirchen vor neue Herausforderungen, sondern auch Migrationskirchen, internationale Gemeinden und unterschiedliche Gemeindeinitiativen. Einige Landeskirchen sind dabei, hier neue Formen zu entwickeln[23]. Exemplarische Modelle sind

   - Personalkirchengemeinden (Evangelische Kirche in Hessen und Nassau [EKHN])[24]
   - Personalgemeinden, Regionalgemeinden, „Zuordnungsgemeinden“ und „Gemeindeinitiativen (Evangelische Landeskirche in Baden, s. u. 3.)
   - „Erprobungsräume“ und ähnliche Modelle (Evangelische Kirche in Mitteldeutschland und weitere Landeskirchen, s. u. 4.)

3. Auch das ursprünglich für deutsche landeskirchliche Kontexte entwickelte und weiter oben[25] bereits skizzierte Modell der „regiolokalen Gemeindeentwicklung“[26] kann unschwer durch landeskirchliche Gemeinschaften ergänzt werden: Innerhalb der „etwas unordentlichen Region“ mit einer Mischung aus Ortskirchengemeinden, Citykirchen, *fresh expressions*, funktionalen Angeboten (Krankenhaus, Schule, Gefängnis,

---

[23] Ein Überblick über „kirchenrechtliche Regelungsversuche für plurale Gemeindeformen“ findet sich in: Elhaus/Schendel, Mit beiden Händen geht es besser (2021), 3-5.

[24] EKHN, Gemeindeordnung, 2 Kirchengemeindeformen, Abs. 3: „1 Kirchengemeinden können bei Bedarf auch für Kirchenmitglieder gebildet werden, die sich durch Herkunft, Bekenntnis oder besondere Aufgaben und Anliegen verbunden wissen (Personalkirchengemeinde). 2 Mitglieder sind jene Kirchenmitglieder, die durch Umgemeindung, Aufnahme oder Taufe der Personalkirchengemeinde angehören“.

[25] S. oben Kap. 4.11.

[26] Herbst/Pompe, Regiolokale Kirchenentwicklung.

Hochschule) können auch Formen wie Gebetshäuser und landeskirchliche Gemeinschaften einen Beitrag dazu leisten, gemeinsam missionarische Verantwortung für eine Region wahrzunehmen. Im Grunde genommen stellt die „regiolokale Gemeindeentwicklung“ eine konkretisierte und auf deutsche Verhältnisse adaptierte Variante der *mixed economy* dar.

4. Neue Möglichkeiten der Zusammenarbeit eröffnet das „Gemeindeformengesetz“ (GemfoG) der Evangelischen Landeskirche in Baden vom November 2022[27]. Mit dem GemfoG werden die bisherigen Verordnungen über Personalgemeinden und Gemeinschaftsgemeinden abgelöst und auf ein neues Niveau gehoben. Unterschieden werden dabei Personalgemeinden, Regionalgemeinden, Zuordnungsgemeinden und Gemeindeinitiativen.

   Für landeskirchliche Gemeinschaften und ebenso für Migrationsgemeinden interessant ist dabei insbesondere das Modell der „Zuordnungsgemeinden“. Die wichtigsten Regelungen dazu sind:

   - Voraussetzung ist ein regelmäßiges Gemeindeleben mit Gottesdienst „im Rahmen eines rechtlich selbstständigen Trägers“ (§9 Abs. 1), gedacht ist dabei an die Form eines Vereins. Mit der Anerkennung durch den Evangelischen Oberkirchenrat „wird das gottesdienstliche und gemeindliche Leben der Gemeinde […] der Evangelischen Landeskirche in Baden staatskirchenrechtlich zugeordnet“ (§9 Abs. 1).
   - Voraussetzung ist weiter eine Anerkennung der Bekenntnisgrundlagen der Evangelischen Landeskirche in Baden, „Daneben können weitere Bekenntnistraditionen gepflegt werden, soweit diese nicht zum Bekenntnis der Landeskirche in Widerspruch stehen“ (§9 Abs. 2).
   - Die Beauftragung zu Wortverkündigung und Sakramentsverwaltung bleibt an die landeskirchlichen Regelungen gebunden (§2 Ab. 3).
   - „Taufen, die von den Verantwortlichen einer besonderen Gemeindeform durchgeführt werden, führen ausnahmslos zur Mitgliedschaft in der Evangelischen Landeskirche in Baden“ (§2 Abs. 4[28]).
   - „Der rechtliche selbständige Träger kann einem Dachverband oder einer nicht in Deutschland bestehenden evangelischen Kirche (Auslandskirche) angehören“ (§9 Abs. 4) – Bei den „Dachverbänden“

[27] S. Evangelische Landeskirche in Baden, Gemeindeformengesetz (2022).
[28] S. o. Kap. 5.5.3.

werden vor allem an Gemeinschaftsverbände im Blick sein; denkbar sind auch andere Verbände wie der CVJM. An der zweiten Bestimmung wird deutlich, dass an Gemeinden im Kontext von Migration gedacht ist.

- Beim Mitgliedschaftsrecht betritt die Evangelische Landeskirche in Baden Neuland[29]. Für Mitglieder der Landeskirche ist Doppelmitgliedschaft in der örtlichen Kirchengemeinde und der „Zuordnungsgemeinde“ (bzw. einer anderen der neuen Gemeindeformen) möglich. Umgekehrt müssen Mitglieder einer „Zuordnungsgemeinde“ nicht zugleich Mitglieder der Landeskirche sein, nur für die Gemeindeleitung gibt es eine „Soll-Bestimmung“: „Im Leitungsorgan der Zuordnungsgemeinde sollen überwiegend Mitglieder der Evangelischen Landeskirche in Baden vertreten sein“ (§9 Abs. 6).
- Erwartet wird eine „grundlegende Loyalität gegenüber der Landeskirche“ (§2 Abs. 7).

Insgesamt wird dadurch eine große Freiheit zur eigenständigen Gestaltung des Gemeindelebens bei gleichzeitiger Zugehörigkeit zur Landeskirche ermöglicht. Auf der anderen Seite werden durch die Beauftragung und die Regelung zur Taufe auch klare Verbindlichkeiten markiert. Bei den Regelungen zur Mitgliedschaft ist deutlich, dass dadurch Wege der Annäherung an die Landeskirche bzw. hin zur Taufe ermöglicht werden sollen, während Taufen ohne Mitgliedschaft ausgeschlossen werden.

Das Gutachten von Herbst, Kammerer und Penßel sieht im Modell der Zuordnungsgemeinden „eine Chance für eine zukünftige Zugehörigkeit zur Landeskirche auf Augenhöhe mit der Landeskirche und ihren Kirchengemeinden bei eigenständiger Verantwortung für die eigene Gemeindearbeit“[30].

5. Von den Anliegen und den Modellen der *fresh expressions of church* herkommend, sind deutsche Landeskirchen dabei, nicht nur einzelne Projekte zu fördern, sondern Strukturen der Vernetzung, Begleitung und Unterstützung für Initiativen vor Ort und in Kirchenbezirken zu schaffen. Das erste und bisher prominenteste Modell sind die „Erprobungsräume“[31] der Evangelischen Kirche in Mitteldeutschland, die

---

[29] S. dazu Herbst/Kammerer/Penßel, Nachtrag zum Gutachten „Soll der Liebenzeller Gemeinschaftsverband KdöR werden?“ Neue kirchliche Entwicklungen, S. 8.

[30] Herbst/Kammerer/Penßel, Nachtrag zum Gutachten „Soll der LGV KdöR werden?“, S. 9.

[31] Erprobungsräume (Homepage); Schlegel/Kleemann (Hg.), Erprobungsräume. Andere Gemeindeformen in der Landeskirche.

mittlerweile von fast allen Landeskirchen unter unterschiedlichen Bezeichnungen rezipiert werden[32].

Die sieben Kennzeichen der mitteldeutschen „Erprobungsräume" weisen eine hohe Kongruenz mit dem Selbstverständnis und Auftrag der landeskirchlichen Gemeinschaften auf.
Die sieben Kennzeichen sind[33]:

01 Gemeinde: In ihnen entsteht Gemeinde Jesu Christi neu.
02 Durchbruch: Sie überschreiten die volkskirchliche Logik an mindestens einer der folgenden Stellen: Parochie, Hauptamt, Kirchengebäude.
03 Evangelium: Sie erreichen die Unerreichten mit dem Evangelium und laden sie zur Nachfolge ein.
04 Kontext: Sie passen sich dem Kontext an und dienen ihm.
05 Freiwillige: In ihnen sind freiwillig Mitarbeitende an verantwortlicher Stelle eingebunden.
06 Finanzen: Sie erschließen alternative Finanzquellen.
07 Spiritualität: In ihnen nimmt gelebte Spiritualität einen zentralen Raum ein.

Fast alle Kriterien liegen ganz auf der Linie dessen, was landeskirchlichen Gemeinschaften wichtig ist und führen dazu, dass eine Reihe von ihnen mit Projekten und Gemeindegründungen an den Erprobungsräumen beteiligt sind[34]. Es ist geradezu ein Modell der Zusammenarbeit unter Einschluss der Eigenständigkeit. Eine Herausforderung für die Gemeinschaftsgemeinden stellen vor allem die Frage nach dem Kontext dar. Die missionstheologische Aufgabe der Kontextualisierung oder Inkulturation ist in der Gemeinschaftsbewegung zunehmend, aber noch nicht überall im Blick; sie ist verbunden mit der Herausforderung der öffentlichen Präsenz (s. Kap 6).

Landeskirchliche Gemeinschaften können hier ihre Erfahrung und ihr Engagement einbringen, sie erfahren kirchliche Förderung und werden innerhalb der Kirche als „Modell" präsentiert – eine neue Form der Zusammenarbeit, von der beide Seiten profitieren können.

Ich verstehe die vorgestellten Modelle als Möglichkeiten, die zeigen, wie unter den durch den Weg von der Gemeinschaft zur Gemeinde veränderten

[32] Weitere Beispiele: „Erprobungsräume" (Evangelische Kirche im Rheinland; Lippische Landeskirche), „TeamGeist" (Evangelische Kirche in Westfalen), M.U.T.-Projekte (Evangelisch-lutherische Kirche in Bayern), LabORAtorien (Evangelische Kirche in der Pfalz).
[33] Erprobungsräume, Über uns (Homepage).
[34] So ist etwa die Jugendgemeinde „Eastside" ein Projekt der LKG Magdeburg (Eastside, Jugendgemeinde Magdeburg).

Bedingungen innerkirchliches Arbeiten der Gemeinschaftsbewegung in konkreten Strukturen möglich sein kann. Welche Modelle sich dabei als tragfähig erweisen, wird der weitere Weg zeigen. Die Herausforderung besteht darin, vorhandene Modelle zu rezipieren und in konkreten Situationen zu adaptieren – und zugleich immer wieder kreative und innovative Formen der Zusammenarbeit zu entwickeln. Entscheidend bleiben die entsprechende Haltung auf beiden Seiten, der Wille zur Zusammengehörigkeit und zum Zusammenhalt.

Immer wieder wird gefragt: Geht das nicht auch als Freikirche? Manches ist auch im ökumenischen Miteinander möglich, aber das Zusammen ist hier weniger verbindlich; eine feste Zugehörigkeit eröffnet hier andere und tiefer gehende Möglichkeiten. Hinzu kommt die Differenz zwischen von „innen" und von „außen". Bei Mitarbeitenden, die Mitglieder der Landeskirche sind, sind andere Möglichkeiten der Mitwirkung und Mitgestaltung möglich, sie können Verantwortung übernehmen. Das schließt auch die „Gemeinschaft im Leiden" mit ein, ebenso die Möglichkeit, Kritik anzumelden und Widerspruch einzulegen.

Innerkirchlichkeit verstehe ich als Gabe und Aufgabe: Innerkirchlichkeit ist kein Wert an sich, der über dem Auftrag zu „Evangelisation und Gemeinschaftspflege" steht, sondern eine „Ortsangabe", in der Gemeinschaftsbewegung vielfach verstanden als „Platzanweisung", die den Ort der Berufung präzisiert. Seit den Anfängen der Gemeinschaftsbewegung kann sie als Last und Beschränkung empfunden werden, aber eben auch als Gabe und zugleich Aufgabe.

13.5 Fazit

Durch den Weg von der Gemeinschaft in weiten Teilen der Gemeinschaftsbewegung haben sich die Situationen der landeskirchlichen Gemeinschaften weiter ausdifferenziert. Die Palette reicht von sehr kirchennahen Gemeinschaften bis zu Gemeinden, die faktisch keinen Bezug mehr zur evangelischen Landeskirche haben. Im letzteren Fall besteht eine Spannung zwischen dem bisherigen Selbstverständnis der Innerkirchlichkeit und der Situation, in der eine Gemeinde lebt und wirkt.

Im letzteren Fall gibt es unterschiedliche Möglichkeiten, mit der Situation und der damit verbundenen Spannung umzugehen. Die erste besteht darin, den Selbstanspruch der Innerkirchlichkeit und damit das bisherige Selbstverständnis der Gemeinschaftsbewegung aufzugeben. Dabei können zwei Varianten unterschieden werden. Die erste Variante besteht darin, die bestehende Situation weiterzuführen und auf eine Klärung zu verzichten.

Der Preis dafür ist eine Inkonsistenz: Man will nicht Freikirche werden, sondern Teil eines Gemeinschaftsverbandes bleiben, aber auch nicht landeskirchlich arbeiten, und bewegt sich somit in einer Art ekklesiologischem Niemandsland. Außerdem sehe ich hier die Gefahr, dass ungeklärte ekklesiologische Fragen auf Dauer nicht ohne Auswirkungen auf die Arbeit der Gemeinden bleiben.

Konsequenter wäre hier die zweite Variante, den Weg in die Freikirche zu wählen. Dann wäre es möglich, als eigenständige Kirche ökumenische Beziehungen zu den Landeskirchen aufzubauen. Hier bleibt die Frage der Glaubwürdigkeit, ein solcher Weg kann den Eindruck der (Ab-)Spaltung erwecken.

Die zweite Möglichkeit eines Umgangs mit der Spannung zwischen Realität und Selbstanspruch im Blick auf die Innerkirchlichkeit besteht darin, nach Möglichkeiten Ausschau zu halten, die Innerkirchlichkeit unter veränderten Bedingungen zu gestalten und weiterzuführen. Für den letzteren Fall hält dieses Kapitel zwar keine fertigen Konzepte, aber Anregungen und Denkmöglichkeiten bereit.

Insgesamt geht es an dieser Stelle um Entscheidungen und Weichenstellungen, die den zukünftigen Weg der Gemeinschaftsbewegung prägen werden und die in ihrer Tragweite nicht unterschätzt werden sollten.

Dabei geht es nicht in erster Linie um die Frage von Vorteilen oder Nachteilen, die aus der Zugehörigkeit zu den evangelischen Landeskirchen entstehen, sondern um eine Frage der Berufung und damit um eine Frage, die in die Ursprünge der Gemeinschaftsbewegung zurückreicht.

Literaturverzeichnis

Veröffentlichte Quellen

Adam, Gottfried: Konfirmandenarbeit: Profil und Perspektiven, in: ders./Rainer Lachmann (Hg.), Neues Gemeindepädagogisches Kompendium, Göttingen 2008, 255-282.

Ahrens, Petra-Angela: s. Rebenstorf, Hilke.

Albrecht, Christian: Von der Pressearbeit über die Öffentlichkeitsarbeit zur digitalen Kommunikation. Alte Ansprüche und neue Herausforderungen der evangelischen Publizistik, PTh 106 (2017), 186-198.

Alimentationsprinzip: https://de.wikipedia.org/w/index.php?title=Alimentationsprinzip&oldid=218794124 [25.01.22].

Alphakurs: https://alphakurs.de/ [27.06.2022].

Aschoff, Friedrich: s. Knoblauch, Jörg.

Augsburger Bekenntnis: https://www.ekd.de/Augsburger-Bekenntnis-Confessio-Augustana-13450.htm [07.02.22].

Bartholomä, Philipp/Paas, Stefan: „Die Zeiten haben sich geändert" – Rahmenbedingungen für freikirchlichen Gemeindeaufbau im nachchristlichen Kontext, in: Timothy Keller, Center Church Deutsch, Worms 2015, 356-368.

Bayer, Oswald: Leibliches Wort. Reformation und Neuzeit im Konflikt, Tübingen 1992.

Behrendt-Raith, Nina/Schäfer, Gerhard K.: Diakonie in der Ortsgemeinde, in: Andreas Lob-Hüdepohl/Gerhard K. Schäfer (Hg.), Ökumenisches Kompendium Caritas und Diakonie, Göttingen 2022, 375-394.

Bonhoeffer, Dietrich: Gemeinsames Leben (DBW 5), Gütersloh 24. Aufl. 1993.

Bonhoeffer, Dietrich: Sanctorum Communio. Eine dogmatische Untersuchung zur Soziologie der Kirche, hg. von Joachim von Soosten (DBW 1), München 1986.

Bosch, David: Art. Evangelisation, Evangelisierung, in: LMG (1987), 102-105.

Brecht, Volker: Zwischen Landeskirche und Freikirche: die Suche der Gemeinschaftsbewegung nach einem eigenen Gemeindeverständnis, Wuppertal 2002.

Brockes, Ferdinand: S. Dietrich, Christian.

Evangelische Christus-Gemeinde Ebsdorfergrund e. V., Über unsere Gemeinde: https://www.ecge-cvjm-ebsdorfergrund.de/ueber-uns/evangelische-christus-gemeinde.html [19.10.2022].

Deines, Roland: Acts of God in History. Studies Towards Recovering a Theological Historiography, ed. By Christoph Ochs and Peter Watts (WUNT 317), Tübingen 2013.

Dem Auftrag verpflichtet, Theologische Stellungnahme des Bundes evangelischer Gemeinschaften zu Gemeinschaft, Gemeinde und Kirche, Marburg 2011.

Die eine christliche Taufe in der Vielfalt ihrer Formen. Positionspapier des Bundes evangelischer Gemeinschaften durch seinen theologischen Arbeitskreis von der Delegiertenversammlung des Bundes evangelischer Gemeinschaften am 03.10.2007 in Marburg verabschiedet.

Diener, Michael: Gemeinschaftsbewegung mit Perspektive. Der Evangelische Gnadauer Gemeinschaftsverband 2030 (Präsesbericht 2015).

Diener, Michael: Kurshalten in stürmischer Zeit. D. Walter Michaelis – Ein Leben für Kirche und Gemeinschaftsbewegung, Gießen/Basel 1998.

Diener, Michael: Lasst uns Neues wagen! Theologische Begründungen und Impulse zu den Themenfeldern „geistliches Leben“, „Gemeindeverständnis“ und „gesellschaftliche Verantwortung“ in der Gemeinschaftsbewegung (Präsesbericht 2012).

Diener, Michael: Lasst uns unseren Auftrag leben. Beobachtungen und Fragen zur Situation unserer Gemeinschaftsbewegung, Präsesbericht 2010.

Dietrich, Christian/Brockes, Ferdinand: Die Privat-Erbauungsgemeinschaften innerhalb der evangelischen Kirchen Deutschlands, Stuttgart 1903.

Dietrich, Christian: Kirchliche Fragen der Gegenwart, 2. Aufl. Kassel 1888.

Dietz, Thorsten: Die Spiritualität der Gemeinschaftsbewegung, in: Peter Zimmerling (Hg.), Handbuch Evangelische Spiritualität Band 1: Geschichte, Göttingen 2017, 671-694.

Dietz, Thorsten: Gemeinschaftsbewegung und Kirchenverständnis – Entwicklungen der Ekklesiologie im Gnadauer Raum in den 1970er–1990er Jahren, in: Lüdke/Schmidt (Hg.), Alter Wein in neuen Schläuchen, 93-106.

Dietz, Thorsten: Menschen mit Mission. Eine Landkarte der evangelikalen Welt, Holzgerlingen 2022.

Douglass, Klaus: Ein Idealbild von Gemeinde. Biblische Besinnung über Apg. 2,42 bis 47, in: Perspektiven spezial Nr. 84: 40 Jahre unterwegs. Die landeskirchliche Hauskreisarbeit in Württemberg, hg-. vom Amt für Missionarische Dienste, Stuttgart 2019, 10-13.

Drechsel, Joachim: Das Gemeindeverständnis in der Deutschen Gemeinschaftsbewegung, Gießen/Basel 1984.

Eastside, Jugendgemeinde Magdeburg: https://www.erprobungsraeume-ekm.de/erprobungsraum/eastside/) [8.9.22]

EC, Entschieden für Christus Deutschland: https://www.ec.de/ [15.09.2022]

EC, Landesjugendverband Hessen-Nassau e. V., EC-Grundsätze: https://echn.de/landesverband/ec-grundsaetze/ [29.3.19]

Eckstein, Ellen: Von der Gemeinschaftsstunde zum Gemeinschaftsgottesdienst, in: Klaus Meiß (Hg.), Gottesdienst, Marburg 1991, 82-93.

Eicken, Erich von: „In der Kirche, soweit möglich mit der Kirche, aber nicht unter der Kirche“! Begründung und praktische Auswirkung des Leitwortes von Prof. Th. Christlieb, in: in: Kurt Heimbucher/Theo Schneider (Hg.), Gnadauer Dokumente II, Gießen/Basel und Dillenburg 1988, 95-113.

Eickhoff, Klaus: s. Knoblauch, Jörg.

Elhaus, Philipp & Schendel, Gunter: Mit beiden Händen geht es besser. Innovation in der Kirche am Beispiel von Erprobungsräumen und Ambidextrie, SI Kompakt Nr. 1/2021.

Erfurter Impuls: https://www.gnadauer.de/der-verband/erklaerungen-texte/ >> Erfurter Impuls [27.06.2022].

Erprobungsräume: https://www.erprobungsraeume-ekm.de/ [27.06.2022]

Erprobungsräume, Über uns: https://www.erprobungsraeume-ekm.de/ ueber-uns/ [8.9.2022].

Evangelische Gemeinde Silberburg: https://silberburg.die-apis.de/startseite/ [29.03.2022].

Evangelischer Gemeinschaftsverband AB: https://de.wikipedia.org/wiki/ Evangelischer_Gemeinschaftsverband_AB [22.11.2022].

Evangelische Kirche in Hessen und Nassau (EKHN), Gemeindeordnung, https://www.kirchenrecht-ekhn.de/document/18742#s10560072 [08.2.23].

Evangelische Landeskirche in Baden, Kirchliches Gesetz über besondere Gemeindeformen und Gemeindeinitiativen (Gemeindeformengesetz – GemfoG), Fassung vom November 2022.

Evangelische Landeskirche in Württemberg, „Vereinbarungen zwischen der Evangelischen Brüdergemeinde Korntal, der Evangelischen Kirchengemeinde Korntal und der Evangelischen Landeskirche in Württemberg“ vom 27. Juli 2000, in: Amtsblatt der Evangelischen Landeskirche in Württemberg 59 (2000), Nr. 8, 123-125.

Evangelischer Gemeinschaftsverband Hessen-Nassau e. V. (EGHN): SATZUNG des Evangelischen Gemeinschaftsverbandes Hessen-Nassau e.V. in der Fassung vom 20.05.2017: https://eghn.de/wp-content/uploads/2017/10/SATZUNG_2017-05-20-final.pdf [24.2.2020].

Evangelischer Gemeinschaftsverband Hessen-Nassau e. V. (EGHN): Unser Selbstverständnis als Gemeinden im Evangelischen Gemeinschaftsverband Hessen-Nassau e.V. (EGHN) (2015): https://eghn.de/wp-content/uploads/2015/12/Gemeindeverstaendnis-im-EGHN-_-final.pdf [24.2.2020].

Evangelischer Oberkirchenrat Stuttgart, Rundschreiben Nr. AZ 16.21-10 Nr. 16.23-04-V20/1.1 des Evangelischen Oberkirchenrats Stuttgart vom 21.12.2022.

Figel, Matthias: Der reformatorische Predigtgottesdienst. Eine liturgiegeschichtliche Untersuchung zu den Ursprüngen und Anfängen des evangelischen Gottesdienstes in Württemberg, Epfendorf/Neckar 2013.

Finney, John: Wie Gemeinde über sich hinauswächst. Zukunftsfähig evangelisieren im 21. Jahrhundert, (BEG-Praxis), Neukirchen-Vluyn 2007.

Fleisch, Paul: Die moderne Gemeinschaftsbewegung in Deutschland. Erster Band: Geschichte der deutschen Gemeinschaftsbewegung bis zum Auftreten des Zungenredens 1875-1907, 3., vermehrte und vollst. umgearb. Aufl., Leipzig 1912.

Frost, Michael/Hirsch, Alan: Die Zukunft gestalten. Innovation und Evangelisation in der Kirche des 21. Jahrhunderts, Glashütten 2008.

Geldbach, Erich: Art. Gemeinschaftsbewegung I. Europa, RGG[4] Bd. 3 (2000), 645-649.

Gnadauer Bündnis für theologische Ausbildung und hauptamtlichen geistlichen Dienst in der Gemeinschaftsbewegung: https://www.gnadauer.de/uploads/_gnadauer/2019/01/2020-08-B%C3%BCndnistext-November-2019.pdf [9.12.2021]

Gnadauer Verband, Keine Gemeinschaft ohne Diakonie! https://www.gnadauer.de/uploads/_gnadauer/2018/02/17-09-20-Keine-Gemeinschaft-ohne-Diakonie.pdf [27.06.2022].

Gnadauer Verband, Neufassung der Satzung vom 17.09.2016: https:// www.gnadauer.de/uploads/_gnadauer/2016/11/2016-09-Anlage-8b-Satzung-Evangelischer-Gnadauer-Gemeinschaftsverband-e.-V.-Neufassung-vom-17.09.2016.pdf) [06.09.2022].

Gnadauer Verband, Über uns: https://www.gnadauer.de/der-verband/ ueber-uns/ [20.07.2022].

Gnadauer Verband, s. Kirche und Gemeinschaft.

„Gretchenfrage", Art. in: Der neue Brockhaus Bd. 2, Wiesbaden 1974, 452.

Grethlein, Christian: Kirchentheorie. Kommunikation des Evangeliums im Kontext, Berlin/Boston 2018.

Gutachterliche Stellungnahme der Theologischen Kammer [der EKKW] zum Verhältnis von Taufe und Kirchenmitgliedschaft im Gespräch mit den Landeskirchlichen Gemeinschaften, Juni 2008 (Download unter https://www.ekkw.de/unsere_kirche/texte.html [29.01.20]).

Hahn'sche Gemeinschaft: https://de.wikipedia.org/wiki/Michael_Hahn% E2%80%99sche_Gemeinschaft [02.09.2022].

Hahn-Brickart, Thomas: Heiligungsbewegung, Gemeinschaftsbewegung und Freikirchenbildung, in: Wolfgang Breul (Hg.), Pietismus Handbuch, Tübingen 2021, 626-634.

Handbuch für lebendige Gemeindearbeit. Hilfen für Gemeinschafts- und Jugendarbeit, hg. vom Brüderhaus Tabor, Marburg 1978ff.

Härle, Wilfried: Art. Kirche VII. dogmatisch, TRE 18 (1989), 277-317.

Hauschildt, Eberhard/Pohl-Patalong, Uta: Kirche (Lehrbuch Praktische Theologie Band 4), Gütersloh 2013.

Heimbucher, Kurt/Schneider, Theo (Hg.): Besinnung und Wegweisung. Gnadauer Dokumente II. Ausgewählte Aufsätze und Vorträge, Dillenburg 1988.

Heimbucher, Kurt/Schneider, Theo (Hg.): Sammlung und Zeugnis. Gnadauer Dokumente I: Die Gnadauer Pfingstkonferenzen von 1888-1988. Gnadauer „Worte" und „Erklärungen" von 1930-1987, Dillenburg 1988.

Heimbucher, Kurt: Evangelisation, in: ders. (Hg.), Dem Auftrag verpflichtet. Die Gnadauer Gemeinschaftsbewegung, Dillenburg 1988, 330-352.

Heimbucher, Kurt: Kirche und Gemeinschaft – eine grundsätzliche Betrachtung, in: ders. (Hg.), Dem Auftrag verpflichtet. Die Gnadauer Gemeinschaftsbewegung, Gießen/Basel & Dillenburg 1988, 414-438.

Hemminger, Hansjörg: S. Kick, Annette.

Hempelmann, Heinzpeter: Soll „Gnadau" in der Kirche bleiben?, Bad Liebenzell 1998.

Henrichs, Ludwig: Die Aufgabe der Evangelisation, in: Heimbucher, Kurt/Schneider, Theo (Hg.): Besinnung und Wegweisung. Gnadauer Dokumente II, Dillenburg 1988, 29-54.

Herbst, Michael (Hg.): Mission bringt Gemeinde in Form. Gemeindepflanzungen und neue Ausdrucksformen gemeindlichen Lebens in einem sich wandelnden Kontext, Neukirchen-Vluyn 2006.

Herbst, Michael: Eine Perspektive der Gemeindeentwicklung in nach-volkskirchlicher Zeit, in: Matthias Bartels/Martin Reppenhagen (Hg.), Gemeindepflanzung – ein Modell für die Kirche der Zukunft? (BEG 4), Neukirchen-Vluyn 2006, 36-67.

Herbst, Michael: Ja zum Miteinander. Gemeinde bauen – nicht zerstören, in: Theo Schneider (Hg.), Fest stehen – beweglich bleiben. Festschrift für Präses Christoph Morgner, Gießen 2003, 162-185.

Herbst, Michael: Mission im Plural. Herausforderungen für die Mission in der Postmoderne. ThBeitr 37 (2006), 173-184.

Herbst, Michael: Missionarischer Gemeindeaufbau in der Volkskirche, Neukirchen-Vluyn, 4. Aufl. 2010.

Herbst, Michael: Neue Gottesdienste braucht das Land. Programm und Zwischenbilanz, in: ders. Aufbruch im Umbruch. Beiträge zu aktuellen Fragen der Kirchentheorie, BEG 24, Neukirchen-Vluyn 2018, 126-150.

Herbst, Michael/Pompe, Hans-Hermann: Regiolokale Kirchenentwicklung. Wie Gemeinden vom Nebeneinander zum Miteinander kommen können, Dortmund 2017.

Hertlein, Kathinka: Dienst und Beruf des Taborbruders. Ein pastoraltheologischer Beitrag, Leipzig 2020

Hessischer Gemeinschaftsverband (HeGeV), Verbindliche Mitgliedschaft: https://www.bevge.de/hessischer-gemeinschaftsverband-ev-marburg-he-gev/informationen/ [7.1.2020]

Hildebrandt, Judith: Pietistischer Gemeindeaufbau zwischen Gemeinschaft und Gemeinde. Das Gemeindeverständnis der Evangelischen Gesellschaft für Deutschland im Vergleich zum Evangelischen Gnadauer Gemeinschaftsverband, Neuhausen-Stuttgart 1998.

Hirsch, Alan: s. Frost, Michael.

Holthaus, Stephan: Heil – Heilung – Heiligung. Die Geschichte der deutschen Heiligungs- und Evangelisationsbewegung (1874-1909), Gießen/Basel 2005.

Hybels, Bill & Lynn: Gemeinde neu entdeckt. Die Geschichte von Willow Creek, Asslar 2006.

Hybels, Bill: https://de.wikipedia.org/w/index.php?title=Bill_Hybels&oldid=205152804 [07.02.22].

ICF, Vision: https://www.icf.church/de/vision/ [31.1.20].

ICF: https://www.icf.church/de/#about [31.1.20].

Jüngel, Eberhard: Referat zur Einführung in das Schwerpunktthema, in: Reden von Gott in der Welt. Der missionarische Auftrag der Kirche an der Schwelle zum 3. Jahrtausend, epd-Dokumentation 49/1999 (bzw. Frankfurt 2000), 1-12.

Karle, Isolde: Praktische Theologie, Leipzig 2020.

Kehl, Medard: Was heißt „sentire cum ecclesia“ – heute? Oder: Der geistliche Sinn für die konkrete Kirche. Festvortrag zur Verabschiedung von Akademiedirektor Dr. Jürgen Thomassen Domschule Würzburg, am 18. Juli 2009 (https://www.sankt-georgen.de\fileadmin/user_upload/personen/Kehl/Kehl_Was_heisst_Sentire_cum_ecclesia_heute.pdf) [07.09.2022].

Keller, Tim: Center Church deutsch. Kirche in der Stadt, Worms 2015.

Kern, Steffen: Die Hoffnungsbewegung. Mitgliederversammlung des Evangelischen Gnadauer Gemeinschaftsverbandes e.V., Marburg (digital), 17. bis 18. Februar 2022 (Präsesbericht 2022).

Kick, Annette/Hemminger, Hansjörg: Unabhängige Gemeinden neben Kirchen und Freikirchen, ezw-Texte 265, Berlin 2020.

Kimball, Dan: Emerging Church. Die postmoderne Kirche. Spiritualität und Gemeinde für neue Generationen, Asslar 2005.

Kirche und Gemeinschaft. Die Vereinbarungen zwischen den Gliedkirchen der EKD und den im Gnadauer Verband zusammengeschlossenen Gemeinschaftsverbänden, Hannover/Kassel, 4. Auflage 2016 (https:// www.gnadauer.de/uploads/_gnadauer/2016/11/2016-10-Kirche-und-Gemeinschaft-4.-%C3%BCberarbeitete-Auflage-10_2016.pdf [08.02.2022]).

Klaiber, Walter: Ruf und Antwort. Biblische Grundlagen einer Theologie der Evangelisation, Stuttgart/Neukirchen-Vluyn 1990.

Kleemann, Juliane: s. Schlegel, Thomas.

Knoblauch, Jörg/Eickhoff, Klaus /Aschoff, Friedrich (Hg.): Gemeinde gründen in der Volkskirche. Modelle der Hoffnung, Moers 1992.

Kopfermann, Wolfram: Das Ende einer Illusion. Volkskirche ohne Zukunft, Glashütten 1990.

Kuen, Alfred: Gemeinde nach Gottes Bauplan, Wuppertal 1975 ([3]1986).

Kurse zum Glauben: https://www.kurse-zum-glauben.de/ [16.09.2022].

Landeskirchliche Gemeinschaft Enger, Mitglied werden!: https://www. lkg-enger.de/Mitgliedwerden.html [15.1.20].

Landeskirchliche Gemeinschaft Enger, Mitgliedsantrag: LKG Enger – Mitgliedsantrag 2018-2 Formular pdf.pdf [25.10.2022]

Landeskirchliche Gemeinschaft Enger, Unser Verein: https://www.lkg-enger.de/unser-verein.html [15.1.20].

Landeskirchliche Gemeinschaft Pfuhl: 100 Jahre Heimat & Zukunft. Landeskirchliche Gemeinschaft Pfuhl, o. O., 2022.

Landeskirchliche Gemeinschaft Pfuhl: https://www.lkg-pfuhl.de/geschichte/ [21.07.2022]

Lange, Dieter: Eine Bewegung bricht sich Bahn. Die deutschen Gemeinschaften im ausgehenden 19. Und beginnende 20. Jahrhundert und ihre Stellung zu Kirche, Theologie und Pfingstbewegung, Gießen/Dillenburg 1979.

Lehmann, Gerhard: Die Erweckungsbewegung im südlichen Teil des Hessischen Hinterlandes, Diss. Mainz 1973 (masch.).

Leitsätze über Ordnung und Leitung der Evangelisation und des Gemeinschaftslebens innerhalb der Landeskirche, angenommen auf der Nakel'er Konferenz am 12. und 13. Juni 1895, in: Philadelphia 5/1895, 153-155.

Liebenzeller Gemeinschaftsverbband, Gemeindeprofil des LGV: https://lgv.org/geistliches-profil [20.12.2019].

Liebenzeller Gemeinschaftsverband, Ordinationsgottesdienst, https:// www.youtube.com/watch?v=0KgvWYHuis0 [Link zur Ordinationsfeier 2022, Zugriff am 6.2.23]

Lohfink, Gerhard: Wie hat Jesus Gemeinde gewollt? Freiburg u. a. [9]1991.

Lüdke, Frank/Schmidt, Norbert (Hg.): Alter Wein in neuen Schläuchen? Gemeinschaftsbewegung und Gemeindeaufbau seit den 1970er Jahren (SEHT 10), Berlin 2020.

Lüdke, Frank: Diakonische Evangelisation. Die Anfänge des Deutschen Gemeinschafts-Diakonieverbandes 1899-1933, Stuttgart u. a. 2003.

Malich, Nina: Der Gottesdienst in Landeskirchlichen Gemeinschaften, in: Frank Lüdke (Hg.), Glaube in Erfahrung. Theologische Studien, Marburg 2009, 120-135.

Martin Schian, Grundriß der Praktischen Theologie, Gießen 2. Aufl. 1928.

Meiß, Klaus (Hg.): Gottesdienst, Marburg 1991.

Mette, Jürgen/Schmidt, Norbert: Ekklesiologische Erwägungen zum Gemeindeaufbau im Gnadauer Kontext, in: Helge Stadelmann (Hg.), Bausteine zur Erneuerung der Kirche. Gemeindeaufbau auf der Basis einer biblisch erneuerten Ekklesiologie. Bericht von der 10. Theologischen Studienkonferenz des

Arbeitskreises für evangelikale Theologie (AfeT) vom 7.-10. September 1997 in Bad Blankenburg, Gießen / Basel und Wuppertal 1998, 247-258.

Michaelis, Walter: Das Evangelium in der Wortverkündigung, in der Taufe und im Herrenmahl, 2. durchges. Auflage, Berlin 1952 (Erstausgabe 1931).

Michaelis, Walter: Erkenntnisse und Erfahrungen aus fünfzigjährigem Dienst am Evangelium, Gießen 1940.

„Mixed Economy – Chancen und Grenzen einer Strategie der Kirchenentwicklung, Themenheft PTh 109 (2020), Heft 1.

Morgner, Christoph: Geistliche Leitung als theologische Aufgabe. Kirche – Pietismus – Gemeinschaftsbewegung, Stuttgart 2000.

Morgner, Christoph: „Freude, Freude über Freude". Beobachtungen und Perspektiven zur Situation in Gemeinschaftsbewegung, Kirche und Gesellschaft. Theologischer Bericht des Präses, Mitgliederversammlung des Evangelischen Gnadauer Gemeinschaftsverbandes 2004.

Morgner, Christoph: Im Wirbel der Veränderung gemeinsam die Zukunft gestalten. Beobachtungen und Perspektiven zur Situation in Gemeinschaftsbewegung, Kirche und Gesellschaft, Theologischer Bericht des Präses 2005.

Morgner, Christoph: Wir dienen dem Herrn. Ermunternde und kritische Anmerkungen zu Glauben, Theologie und pastoraler Praxis in Gemeinschaftsbewegung und Kirche, Theologischer Bericht des Präses 2009.

Moynagh, Michael: Fresh Expressions of Church. Eine Einführung in Theorie und Praxis, Gießen 2016.

Nieke, Walter/Schaal, Walter: Zum Verhältnis von Kirche und Gemeinschaftsbewegung in Gegenwart und Geschichte, in: Kurt Heimbucher (Hg.), Dem Auftrag verpflichtet. Die Gnadauer Gemeinschaftsbewegung, Gießen/Basel und Dillenburg 1988, 397-413.

Ohlemacher, Jörg (Hg.), Die Gemeinschaftsbewegung in Deutschland. Quellen zu ihrer Geschichte 1887-1914 (TKTG 23), Gütersloh 1977.

Ohlemacher, Jörg: Art. Gemeinschaftsbewegung, $ELThG^2$ Band 2 (2019), 448-453.

Ohlemacher, Jörg: Evangelikalismus und Heiligungsbewegung im 19. Jahrhundert, in: Ulrich Gäbler (Hg.), Der Pietismus im neunzehnten und zwanzigsten Jahrhundert (Geschichte des Pietismus Band 3), Göttingen 2000, 371-391.

Ohlemacher, Jörg: Von der Ausbreitung des Christentums in Pommern und anderswo. Das Werk der Gräfin Schimmelmann, ThBeitr 48 (2017), 180–194.

Ordnung der Kasualien in den Gemeinschaften und Gemeinden des Bundes evangelischer Gemeinschaften (BeG), Mai 2009.

Paas, Stefan: Church Planting in the Secular West. Learning from the European Experience, Grand Rapids 2016.

Paas, Stefan: s. Bartholomä, Philipp.

Pagel, Arno, Theodor Christlieb – Ein Lebensbild, Berlin 1960.

Park, Hyun-Chang: Laien auf dem Weg der Evangelisation. Die „Gemeinschaft Christlichen Lebens" als geistliche Bewegung, Würzburg 2006.

Philadelphia. Organ für evangelische Gemeinschaftspflege, Nro. 1, Dezember 1890ff.

Pickel, Gert: Religionssoziologie. Eine Einführung in zentrale Themenbereiche, Wiesbaden 2011, 294-307.

Pohl-Patalong, Uta: s. Hauschildt, Eberhard.

Pompe, Hans-Hermann, s. Herbst, Michael.
Prediger: https://de.wikipedia.org/wiki/Prediger_(Begriffskl%C3%A4rung) [23.08.21].
Putnam, Robert: Bowling Alone. The Collapse and Revival of American Community, New York 2000.
Rebenstorf, Hilke/Ahrens, Petra-Angela/Wegner, Gerhard: Potenziale vor Ort. Erstes Kirchengemeindebarometer, Leipzig 2015.
Reppenhagen, Martin: Auf dem Weg zu einer missionalen Kirche. Die Diskussion um eine „Missional Church" in den USA (BEG 17), Neukirchen-Vluyn 2011.
Roloff, Jürgen: Art. ἐκκλησία, EWNT I ([2]1992), 998-1011.
Schaal, Walter: s. Nieke, Walter.
Schäfer, Gerhard K.: s. Behrendt-Raith, Nina.
Schendel, Gunter: s. Elhaus, Philipp.
Schian, Martin: Grundriß der Praktischen Theologie, Gießen 2. Aufl. 1928.
Schlatter, Adolf: Dogmatik, Stuttgart [3]1977.
Schlegel, Thomas/Kleemann, Juliane (Hg.): Erprobungsräume. Andere Gemeindeformen in der Landeskirche, Leipzig, 2022.
Schmidt, Norbert: s. Lüdke Frank.
Schmidt, Norbert: s. Mette, Jürgen.
Schneider, Theo: Bruderschaft und Dienstgemeinschaft, in: Kurt Heimbucher (Hg.), Dem Auftrag verpflichtet. Die Gnadauer Gemeinschaftsbewegung, Gießen/Bassel und Dillenburg 1988, 308-329.
Schneider, Theo: s. Heimbucher, Kurt.
Schoell, Jakob: Evangelische Gemeindepflege. Handbuch für die evangelisch-kirchliche Gemeindearbeit, Heilbronn 1911.
Schröder, Anna-Konstanze: S. Zimmermann, Johannes.
Schwarz, Christian A.: Die natürliche Gemeindeentwicklung nach den Prinzipien, die Gott selbst in seine Schöpfung gelegt hat, Emmelsbüll [3]2000.
Schwarz, Fritz: Überschaubare Gemeinde. Band 1: Grundlegendes. Ein persönliches Wort an Leute in der Kirche, Herne 1979.
Schweyer, Stefan: Freikirchliche Gottesdienste. Empirische Analysen und theologische Reflexionen (APTh 80), Leipzig 2020.
Siehler, Martin: Feier-Abend. Arbeitszeit im hauptamtlichen Dienst, Seminar bei upgrade 2019.
Siehler, Martin: Leiten von geistlichen Leitern. Pastoraltheologische Überlegungen, Saarbrücken 2013 (zuvor Masterarbeit CTL 2010).
Sohm, Rudolf: Kirchenrecht Bd. 1 (1892), Neudruck [2]1970, 700, zit. nach: Hans-Walter Krumwiede/Martin Greschat/Manfred Jacobs/Andreas Lindt, Kirchen- und Theologiegeschichte in Quellen, Band IV/2: Neuzeit, 2. Teil, Neukirchen-Vluyn 3. Aufl. 1989, 32.
Sommer, Ulli Harald: Gestaltung der Liturgie in Landeskirchlichen Gemeinschaften. Möglichkeiten zur Bereicherung des Gottesdienstes, Masterarbeit (UNISA) 2015.
Sorg, Theo: Wie wird Kirche neu? Ermutigung zur missionarischen Gemeinde, Wuppertal 1977.
Stadelmann, Helge: Die große Chance. Wenn sich Gemeinschaften für das neutestamentliche Gemeindebild öffnen. Stellungnahme zu H. Hempelmanns Plädoyer, in: ders. (Hg.), Bausteine zur Erneuerung der Kirche. Gemeindeaufbau auf

der Basis einer biblisch erneuerten Ekklesiologie. Bericht von der 10. Theologischen Studienkonferenz des Arbeitskreises für evangelikale Theologie (AfeT) vom 7.-10. September 1997 in Bad Blankenburg, Gießen/Basel und Wuppertal 1998, 281-287.

Stapfer, Marianne: Als Gemeinde vernetzt in der Stadt wirken, WIR 2/2020, 12-13.

Steinkühler, Julia: Setzen sich evangelikale Gemeinden auf dem Markt der Religionen durch? Eine Bestandsaufnahme der evangelischen Denominationen in Deutschland: Ergebnisse des 2. Kirchengemeindebarometers, SI Kompakt Nr. 3/2021.

Thimme, Ludwig: Kirche, Sekte und Gemeinschaftsbewegung vom Standpunkt einer christlichen Soziologie aus, Schwerin 1925.

Thüringer Gemeinschaftsbund e. V., Selbstdarstellung: https://t-gb.de/wir/selbstdarstellung/ [8.1.20]

Voigt, Karl-Heinz: Der Zeit voraus. Die Gemeinschaftsbewegung als Schritt in die Moderne? Erwägungen zur Vorgeschichte und Frühgeschichte des Gnadauer Gemeinschaftsverbands, Leipzig 2014.

Voigt, Karl-Heinz: Theodor Christlieb (1833-1889). Die Methodisten, die Gemeinschaftsbewegung und die Evangelische Allianz, Göttingen 2008.

Wächter, Eduard: https://de.wikipedia.org/wiki/Eduard_W%C3%A4chter [5.2.20].

Wächter, Eduard: Volkskirche oder Gemeinde = Kelle und Schwert, Heft 1, Witten 1921, 48.

Wagner, C. Peter: Gemeindegründung. Die Zukunft der Kirche, Mainz-Kastel 1990.

Weber, Burkhard: Ist die Gemeinschaftsstunde ein Gottesdienst? WIR- Regionalausgabe für den Westfälischen Gemeinschaftsverband e.V. 1/2008. Bochum, 2008, 2-3.

Wegner, Gerhard: s. Rebenstorf, Hilke.

Wegner, Gerhard: Wirksame Kirche. Sozio-theologische Studien, Leipzig 2019.

Weimer, Markus: Gekommen, um zu bleiben – Methodologische Aspekte einer missionalen Initiative innerhalb der Church of England, in: Hans-Hermann Pompe / Patrick Todjeras / Carla J. Witt (Hg.), Fresh X – Frisch. Neu. Innovativ. Und es ist Kirche, Neukirchen-Vluyn 2016, 29-39.

Wendebourg, Dorothea: „Obgleich wir alle gleichermaßen Priester sind, können wir doch nicht alle predigen“. Das ordinationsgebundene Amt, Teil I: DtPfBl 118 (2018), 192-196; Teil II und Schluss: 256-259.

Zimmermann, Johannes: „Evangelisation“, ELThG², Band 1 (2017), 1863-1869.

Zimmermann, Johannes: Art. Gemeindewachstumsbewegung, ELThG², Band 2, 2019, 424-426.

Zimmermann, Johannes: Die Parochie ist kein Auslaufmodell, in: Bartels/Reppenhagen (Hg.), Gemeindepflanzung, 184-203.

Zimmermann, Johannes: Gemeinde zwischen Sozialität und Individualität. Herausforderungen für den Gemeindeaufbau im gesellschaftlichen Wandel, BEG 3, Neukirchen-Vluyn 2. Aufl. 2009.

Zimmermann, Johannes: Gemeinde, Mission und Transformation. Beiträge zur Gemeindeentwicklung, BEG 30, Göttingen 2020.

Zimmermann, Johannes: Gemeinde, Mission und Transformation. Ein Gespräch mit der „Transformationstheologie“, ThBeitr 49 (2018), 296-312.

Zimmermann, Johannes, Gemeindegründung und christliche Mission im säkularen Westen. Zwei bemerkenswerte Buchveröffentlichungen des niederländischen Missionswissenschaftlers Stefan Paas, ThBeitr 54 (2023), 47–54.

Zimmermann, Johannes: Gemeindegründungen und Gemeinschaftsgemeinden. Beobachtungen und Anmerkungen zu Entwicklungen im Gnadauer Verband, in: Matthias Bartels & Martin Reppenhagen (Hg.), Gemeindepflanzung – ein Modell für die Kirche der Zukunft (BEG 4), Neukirchen-Vluyn 2006, 134-153.

Zimmermann, Johannes, Grenzgänger, Grenzräume und Annäherungsversuche. Zugänge zur Kirche in praktisch-theologischer Perspektive, in: ders (Hg.), Kirchenmitgliedschaft. Zugehörigkeit(en) zur Kirche im Wandel (BEG 5), Neukirchen-Vluyn 2008, 114-125.

Zimmermann, Johannes: Ist der Gottesdienst eine „missionarische Gelegenheit“? Überlegungen zum Verhältnis von Gottesdienst und Mission, ThBeitr 39 (2008), 6-23.

Zimmermann, Johannes: Leben aus der Taufe. Zur seelsorglichen Bedeutung der Taufe, ThBeitr 46 (2015), 30-45.

Zimmermann, Johannes: Mitgliedschaft in Landeskirche und landeskirchlicher Gemeinschaft. Doppelte Zugehörigkeit als Spannungsfeld, ThBeitr 53 (2022), 313-327.

Zimmermann, Johannes: Rezension zu: Hyun-Chang Park: Laien auf dem Weg der Evangelisation. Die „Gemeinschaft Christlichen Lebens“ als geistliche Bewegung, Würzburg (Echter) 2006, in: ThLZ 132 (2007), 1124-1125.

Zimmermann, Johannes: Von der Gemeinschaft zur (Gemeinschafts-)Gemeinde – Ekklesiologische Entwicklungen seit den 1970er Jahren in praktisch-theologischer Perspektive, in: Lüdke/Schmidt (Hg.), Alter Wein in neuen Schläuchen, 77-91.

Zimmermann, Johannes: Zwischen Tradition und Event. Kirche wächst durch Gottesdienst. Gießen/Basel 2010.

Zimmermann, Johannes/Schröder, Anna-Konstanze: Wie finden Erwachsene zum Glauben?, (BEG-Praxis), Neukirchen-Vluyn 2. Aufl. 2011.

„Zu einem Leib getauft“ (1.Korinther 12,13). Gutachterliche Stellungnahme der Theologischen Kammer [der EKKW] zum Verhältnis von Taufe und Kirchenmitgliedschaft im Gespräch mit den Landeskirchlichen Gemeinschaften (Juni 2008) (https://www.ekkw.de/media_ekkw/downloads/ekkw_texte_zu_einem_leib_getauft.pdf) [26.10.2012].

Unveröffentlichte Quellen

Dietz, Thorsten: Gemeinschaft, Gemeinde, Kirche. Zur Entwicklung des Gemeindeverständnisses der landeskirchlichen Gemeinschaften, Hofgeismar, 20. 01. 2010 (unveröffentlichter Vortrag). Gespräche und persönliche Korrespondenzen mit versch. Personen (in den Anmerkungen jeweils genannt).

Herbst, Michael / Kammerer, Wolf / Penßel, Renate: „Soll der Liebenzeller Gemeinschaftsverband Körperschaft des öffentlichen Rechts werden?“

Beweggründe und Interessen. Chancen und Risiken, Gutachten 2022 (nicht veröffentlicht).

Herbst, Michael / Kammerer, Wolf / Penßel, Renate: „Soll der Liebenzeller Gemeinschaftsverband Körperschaft des öffentlichen Rechts werden?“ Neue kirchliche Entwicklungen (Nachtrag vom 20.12.2022). Im Auftrag der AEEK im Werk für Evangelisation und Gemeindeaufbau der Ev. Kirche in Österreich AB. Attersee 2022 (nicht veröffentlicht).

Online-Gesprächsforum mit Vertretern der EKD und des Gnadauer Verbandes am 22. April 2021 zum Thema „Taufe & Kirchenmitgliedschaft“: Mitschriften zu den Beiträgen von Andreas Rauhut, Volker Ulm, Hartmut Schmid und Thies Gundlach.

Stolz, Gerhard: Das Berufsbild eines Gemeinschaftspastors im Hannoverschen Verband Landeskirchlicher Gemeinschaften (HVLG, unveröffentlichte Präsentation, 2021).

Überlegungen zur Gemeindefrage, Papier eines Predigers aus Niedersachsen um 2000 (auf Wunsch des Vf. anonym zitiert).

Sachregister

Namensregister

Philipp Bartholomä, Stefan Schweyer

Gemeinde mit Mission

Damit Menschen von heute leidenschaftlich Christus nachfolgen.
Grundlagen und praktische Impulse.

256 Seiten, Klappenbroschur, ISBN 978-3-7655-2141-6

Im neuen Buch von Stefan Schweyer und Philipp F. Bartholomä „Gemeinde mit Mission“ dreht sich alles um die großartige Liebesgeschichte, wie Gott und Mensch zusammenkommen. Wie um alles in der Welt kann es gehen, dass Gott und Mensch einander begegnen, miteinander in Beziehung sind, einander lieben? Die Kirche, die „Gemeinde mit Mission“, ist dazu berufen, ein Ort zu sein, an dem auch bisher glaubensferne Menschen Gott begegnen und zu leidenschaftlichen Nachfolgern Jesu werden. Aber ist das wirklich so?

Im ersten Teil nehmen die Autoren die Realität unserer säkularen Kultur in den Blick, in der viele Menschen den Zugang zu Christentum, Kirche und Gemeinde verloren haben. Im zweiten Teil werden die theologischen Weichen gestellt: Was sind die Grundlagen, was ist das Zielbild von Kirche und Gemeinde? Im Zentrum steht das Evangelium von Jesus, aber was bedeutet das z.B. für die Gemeindekultur oder für den sensiblen Umgang mit der Kultur, von der die Gemeinde umgeben ist? Der dritte Teil führt von der Vision zur Praxis: Mit vielen Good-Practice-Beispielen geben die Autoren ganz konkrete Anregungen, wie eine Gemeinde ihren Auftrag erfüllen kann, in einem säkularen Kontext Menschen mit Gott zusammenzuführen.

Dr. Stefan Schweyer / Dr. Helge Stadelmann / Philipp Bartholomä

Praktische Theologie

Ein Grundriss für Studium und Gemeinde

600 Seiten, Paperback, ISBN 978-3-7655-9586-8

Die Autoren präsentieren einen Grundriss der Praktischen Theologie, der sich von anderen abhebt:

- Sie sind überzeugt: jede gute Praxis braucht eine gute Theorie, und in der Gemeinde wird gute Praxis immer auch theologisch reflektierte, biblisch begründete Praxis sein.
- In das Zentrum ihres Entwurfs haben die Autoren den Gemeindeaufbau gestellt: Wie können Gemeinden qualitativ und quantitativ wachsen? Themen wie Mission und Evangelisation werden durchgängig reflektiert.
- Die Autoren schreiben aus freikirchlicher Perspektive und ergänzen so die Lehrbücher für Praktische Theologie aus volkskirchlichem Kontext.

Im ersten Hauptteil werden die theoretischen und methodischen Grundlagen gelegt, im zweiten Hauptteil rückt der gesellschaftliche Kontext in den Fokus. Im dritten Hauptteil, der untergliedert ist in „Gemeinde aufbauen", „Gemeinde sammeln" und „Gemeinde senden" wird überblicksartig und grundlegend in die einzelnen Teildisziplinen eingeführt, wobei einzelne Themen in „Aspekten" exemplarisch vertieft werden.

Dr. Stefan Schweyer

Gottesdienst verstehen – gestalten – feiern

Grundlagen und praktische Impulse

224 Seiten, Paperback, ISBN 978-3-7655-2124-9

Im Gottesdienst kommen Himmel und Erde zusammen. Gott begegnet seiner Gemeinde. Was gibt es Schöneres als das? Diesem Geheimnis des christlichen Gottesdienstes geht Stefan Schweyer vor allem im Hinblick auf frei gestaltete Gottesdienste auf die Spur, wie sie in Freikirchen, freien Gemeinden, landeskirchlichen Gemeinschaften, aber immer öfter auch in Landeskirchen gefeiert werden.

Was geschieht eigentlich, wenn wir Gottesdienst feiern? Wie hängen sonntäglicher und alltäglicher Gottesdienst zusammen? Wie können Gottesdienste ansprechend gestaltet werden? Wie kann das Zusammenspiel von Gottesdienstleitung, Musik und Verkündigung gelingen?

Zuerst wird das „große Bild" vom Gottesdienst entfaltet, damit alle Beteiligten verstehen, worum es eigentlich geht. Dann werden die wichtigsten gottesdienstliche Elemente (z.B. Eröffnung, Gebet, Lobpreis, Abendmahl, Segen) mit zahlreichen konkreten Gestaltungshinweisen vorgestellt. Im letzten Teil wird der Blick über den Sonntagsgottesdienst hinaus erweitert auf Onlinegottesdienste, auf das Kirchenjahr und auf Gottesdienste zu besonderen Anlässen.